北京大学海上丝路与区域历史研究丛书

区域与国别之间

吴小安 著

科学出版社
北　京

内 容 简 介

作为范式的传统标签，殖民研究是欧洲的，区域研究是美国的，地域研究是日本的，区域国别研究则是中国的。在全球学科发展脉络的大背景下，本书探讨了区域与国别的概念、区域研究的谱系，以及"区域与国别之间"的维度。结合东南亚研究与华侨华人研究，本书从学科方法论与个案专题研究两大层面，系统考察了区域与国别究竟是为什么暨到底是什么等当下重大学术关怀的方方面面。本书分上、下两编，共13章。

本书是区域国别研究、"一带一路"研究、东南亚研究、华侨华人研究和跨学科研究的重要参考书。

图书在版编目（CIP）数据

区域与国别之间 / 吴小安著. —北京：科学出版社，2021.3
ISBN 978-7-03-068263-5

Ⅰ. ①区⋯　Ⅱ. ①吴⋯　Ⅲ. ①国别史-研究　Ⅳ. ①K062

中国版本图书馆CIP数据核字（2021）第042121号

责任编辑：耿　雪　李秉乾 / 责任校对：韩　杨
责任印制：张　伟 / 封面设计：黄华斌
联系电话：010-64005207

科 学 出 版 社 出版
北京东黄城根北街16号
邮政编码：100717
http://www.sciencep.com

北京捷迅佳彩印刷有限公司 印刷
科学出版社发行　各地新华书店经销

*

2021年3月第 一 版　开本：720×1000　1/16
2021年10月第二次印刷　印张：24 1/2
字数：292 000
定价：128.00元
（如有印装质量问题，我社负责调换）

丛书编委会

委 员 荣新江 徐 健 董经胜 党宝海 昝 涛

总　序

中国是一个幅员辽阔的大国，中国也是一个拥有漫长海岸线的国家。溯至远古时期，我国先民就已开始了对海洋的探索。秦汉以降，经由海路与外部世界的交往，更成为一种国家行为，秦始皇派徐福东渡，汉武帝遣使西到黄支，孙吴时有朱应、康泰前往南洋，唐朝时则有杨良瑶远赴大食，直到明初郑和七下西洋，官方主导的外交与外贸持续不断。而民间的交往虽然被史家忽略，但仍然有唐之张保皋、明之郑芝龙家族等，民间的向海而生，时时跃然纸上。特别是唐宋以降，海上"丝绸之路"的迅猛发展，使得中国官民通过海路与沿线国家进行着频繁的政治、文化交往，海上贸易也呈现出一片繁荣的景象。

这条海上"丝绸之路"，联通东北亚、日本、南洋、波斯、阿拉伯世界，远到欧洲、东非，并以此为跳板，连接到世界更广阔的地域与国家，它不仅仅是东西方商业贸易的桥梁，也是沿线各国政治经济往来、文化交流的重要纽带。海上"丝绸之路"沿线的国家，也同样是面向海洋的国度，它们各自的发展与壮大，也见证了海上"丝绸之路"的发展；这些国家的民众，也曾积极参与海上贸易，特别是在大航海时代到来之后，逐步营建出"全球化"的新时代。

古为今用,我国"一带一路"合作倡议的提出,旨在借用古代"丝绸之路"的历史符号,积极发展与沿线国家的经济合作伙伴关系,彰显我国在国际社会中的担当精神。

2019年初,北大历史学系受学校委托,承担大型专项课题"海上丝绸之路及其沿线国家和地区历史文化研究",我们深感这一研究的时代意义以及史学工作者承载的历史使命。重任在肩,我们积极组织系内有生力量,打通中外,共同攻关;与此同时,我们也寻求合作伙伴,拓展渠道,与校内外同行共襄盛举。以此项目启动为契机,我们筹划了《北京大学海上丝路与区域历史研究丛书》,希望在课题研究深入的同时,有助于推动历史学系的学科建设,利用这套丛书,发表本系及其他参与人员的研究成果,共同推进海上丝绸之路与沿线区域的历史研究。

让我们共同翻开史学研究的新篇章!

丛书编委会(荣新江执笔)

2020年6月6日

目 录

导论 / 1

上编　学科方法论

01　东南亚研究与东南亚华人研究：田野调查的经验 / 23

02　从"南洋研究"到"东南亚研究"：历史的观察与方法论的思考 / 44

03　华侨华人学科建设的反思：东南亚历史研究的视角与经验 / 66

04　概念脉络、文化关怀与比较视角：华侨华人研究的再梳理 / 88

05　全球视域下的马新华人研究：学术脉络的回顾与前瞻 / 109

06　福建学与东南亚福建学：个案透视与学术建构 / 124

07　"我在等风"：跨界与比较视野中的本·安德森回忆录 / 149

下编　专题个案研究

08　试论东南亚国家与国家形成：形态、属性和功能 / 167

09　中国与东南亚：长时段的历史考察 / 193

10　日本与东南亚：战后中日关系架构下的透视分析 / 230

11　公平的尺度：试论中华性与华人社会的共赢发展 / 263

12　移民、族群与认同：东南亚华人方言群的历史特征与发展动力 / 284

13　地区政治、家族历史与权力关系：以槟城庄氏为个案的研究（1857—1916） / 311

参考文献 / 346

跋 / 380

导　论

　　区域与国别研究成为学人谈论的显学无疑为时过早，不是因为区域与国别研究不重要，而是因为基础性与框架性的学理共识仍很薄弱。然而，中国的区域与国别研究很流行、很热闹，却是不争的事实。区域与国别研究，无论是概念和范式，还是学科框架与研究对象，中国学人都众说纷纭、莫衷一是。然而，其已然正式上马、开始前行，同样是不争的事实。区域与国别研究的内涵要旨和动力源泉，很多中国学人与机构依然是自话自说、模糊不清。然而，在可贵的探索前行中，涌现了一批清醒的中国学人，介绍了国际上通行的区域研究可取做法与问题，也取得了一些不俗的成绩。①

---

① 王缉思：《专题研究　中国的地区国别政治研究：历史、理论与方法》，《国际政治研究》2016年第5期，第9—10页；安刚：《对中国区域国别研究的几点思考——访北京大学副教授牛可、云南大学教授卢光盛》，《世界知识》2018年第12期，第64—67页；程多闻：《国际学界对区域研究的反思与再定位》，《国际论坛》2019年第2期，第125—139、159—160页；李晨阳：《关于新时代中国特色国别与区域研究范式的思考》，《世界经济与政治》2019年第10期，第143—155、160页；李国栋：《冷战后美国"区域研究"的危机与挑战》，《国际观察》2019年第3期，第139—156页；牛可：《地区研究创生史十年：知识构建、学术规划和政治—学术关系》，《北京大学教育评论》2016年第1期，第31—61、189页；牛可：《区域研究、学科体系与大学组织——〈看世界：美国大学如何在全球化时代生产知识〉述评》，载王缉思主编：《中国国际战略评论2019（上）》，北京：世界知识出版社，2019年，第222—231页；任晓：《再论区域国别研究》，《世界经济与政治》2019年第1期，第59—77、158页；任晓、孙志强：《区域国别研究的发展历程、趋势和方向——任晓教授访谈》，《国际政治研究》2020年第1期，第134—160页。

大致而言，中国的区域与国别研究，是在国家战略层面推动下，以北京大学、清华大学为引领，以各主要外国语大学为主体，依托周边具有区位优势的大学而开展的新一轮外国研究与新一轮外国语学院的学科调整。传统的名校、专业的外国语学院与具有区位特色的地方大学，三驾马车，鼎足而立。有意思的反差是，国际关系与国际政治研究，尤其是大国的国际关系与国际政治研究，而不是依托亚非拉的全球南方和国内传统的区域特色研究院所，成为新世纪区域与国别研究的热门生力军。这应该是中国的区域与国别研究与国际的区域研究一个根本性的不同特征。

一、区域与国别

有两大类区域，首先需要澄清：第一类，属于民族国家范畴内的区域。此类区域的界定与研究者身份的界定相吻合，具有作为"我们的"学人研究"本土的"民族国家的区域含义，依然是本国研究的范畴。这里的区域概念，应该是指在同一国度框架下的民族国家层面（nation-state）与地方单元（locality）之间的维度。第二类，属于民族国家范畴之外的区域。此类区域的界定与研究者身份的界定异化，具有作为"他者"研究异国他乡的区域含义，是外国研究的范畴。本书所言的区域研究，明显地指的是第二类，即指通常意义上的、作为研究范式的区域研究。

尽管如此，并不意味着第一类的区域研究与本书所讨论的区域研究毫无关联。相对而言，实际上存在三个重要转换的关联点：其一，相对于外国的"他者"研究中国的区域而言，"我们"的学人研究本国的区域问题，无疑同样应该属于区域研究的范畴。其二，就区域研究的对外互动关系维度，尤其是跨地方、跨地区、跨国家的对外互动关系而言，"我们"的学人研究本国的区域问题，同样会涉及本国与外国研究同行的交叉领域，深受美国区域研究范式影响的华南研究和中国区域史研究即是最好的证明。其三，此外，还有一个处于"之间"的、具有双重身份的区域研究共同体值得关注。这个特殊学术共同体主要是来自世界各个区域、从事区域研究的留学生群体，接受美国或西方区域研究的训练，其中一部人毕业后留在美国或西方其他国家高校任教，另一部分人回到祖籍国大学研究机构。前者大多归化入籍，政治上认同美国，但是文化认同与职业生涯却围绕祖籍国的区域研究；后者回到祖籍国高校或科研院所，站在本土的立场深耕区域研究，学术训练却是美国区域研究范式。两者的研究都属于区域研究，却有着鲜明的内与外、我与他、文化认同与政治意识形态等之间的张力和分野。①

同样地，有两类国别，需要明确：其一，指国际上美国主导的区域研究范式，以民族国家为宏大叙事、身份认同和分析单元的范畴，特别是指区域研究的重点地区——亚非拉地区的国别和区域研究范式，以国别为分析单元的专门指涉。其二，指中国的"区域与国别研究"的国别指涉，既包括作为研究对象的西方大国的国别，又包括作为区域范畴内非西方的国别。区域与国别，相提并论，是中国特色的发明，也是中国特色的差异。

作为国际研究范式的区域研究，区域与国别的关联转换关系有三点显著特征：其一，研究方法上，区域研究是以国别为中心

---

① Winichakul T. Writing at the interstices: Southeast Asian histories and postnational histories in Southeast Asia. *In* Ahmad A T, Tan L E. eds. *New Terrains in Southeast Asian History*. Athens: Ohio University Press, 2003, pp. 18-22; Goh B L. ed. *Decentring and Diversifying Southeast Asian Studies: Perspectives from the Region*. Singapore: ISEAS Publishing, 2011.

单元的，或者说，民族国家是区域研究的主要分析单元。其二，地理上，区域的划分远远超越了单一民族国家的范畴，也不是几个民族国家简单松散的集合体，而是在国际关系作用方面最终具有某种社会文化、族群、历史、地理与政治经济的方法论意义上的共同属性。或者说，差异性导致了区域与区域之间的不同分类，相似性则是各个区域内各民族国家之所以构成各自区域的属性规定。其三，区域研究的基本宗旨是对区域和区域内国别的总体性的、一般性的、科学性的理解与把握，因而是人文与社会科学跨学科、多学科的合作尝试。总体性与普遍性，具有地理的、科学的和学科的维度，各个不同特性的区域构成世界或全球地理的综合性整体。各个不同地区的具有特殊性的地方性知识，最后建构成整个人类社会的普遍性学科知识，对各个不同特性的地域的研究是人文与社会科学交叉合作的跨学科与多学科的学科综合性研究。

除了语言翻译与文化理解差异，无论是中国的区域与国别研究，还是国际上的区域研究，区域与国家，都不是决然对立或孤立的，两者之间，相互界定、彼此参照。从这种意义上，中国的区域与国别研究与国际上的区域研究有着基本的共同点。然而，这并不能掩盖两者之间的不同。中国的区域与国别研究中"区域"的维度与国际上的区域研究的区域基本无异，但是"国别"的维度却多了一个明确的重要含义，即指欧美大国。这是基于中美两国的国情与国际格局中定位的差异性而言的。2017年，教育部首批获批的37个区域与国别研究中心明确地指出："针对美国、法国、德国、日本、加拿大、英国、俄罗斯等不同国别和非洲、南亚、中亚、拉美、东盟、中东、中东欧、欧盟、大洋洲等不同区域，最终目标是全面覆盖世界各个国家和地区，基本方法和路径是加强统筹、建立中心、开展备案、课题支持。"① 国际上的区域研究，虽然其区域的地理划分和中国区域与国别研究的区域地理划分基本一致，但是对于国别的内涵却存在着根本性的不同：前者基本不包括欧美大国国别，主要是以非西方地区的国别为分析单元。这是一个非常显著的不同点。

无论是国内范畴的区域，还是国外范畴的区域，两组相互关联层面的比较维度应该构成界定区域的最鲜明的参照：第一组，全球与洲际；第二组，国家与地方。具体而言，相应地两大方面的区域互动关系，非常关键：其一，全球与洲际视野之下的跨国家（transnational）、跨区域（transregional）、跨洲际（海洋的联系）的互动；其二，民族国家之内对应的跨地方（translocal）的互动。区域的地理概念是某个一体化的大的脉络框架规定之下的、超行政疆域的、多维度密切关联的政治经济和社会文化互动地带。一体化的大的脉络框架，是指跨洲际的、跨地区的、跨国家的、跨省际的、跨地市级的复合单元。支撑与链接一体化的大的脉络框架，大致包括四方面要素：其一，指共同的主权国家疆域、共同的国际地区组织、共同的族群文明传统。其二，指大洋、大湾、大海、大江、大河和大湖，以及大山、大草原、大高原、大平原、大沙漠、大峡谷和大盆地所规定的地缘政治、地缘经济、地缘文化的相似性与差异性。其三，指连接与超越上述这些单元的基础设施互联互通与根本动力。其四，指政治经济的大变局与技术革命发展大浪潮驱动的结果。

概而言之，一方面，区域是地理概念，也是文化与分析范畴的概念，与行政区划、社会文化单元、国际地区组织与学科分析

---

① 安刚：《对中国区域国别研究的几点思考——访北京大学副教授牛可、云南大学教授卢光盛》，《世界知识》2018 年第 12 期，第 64 页。

工具相关联。① 另一方面，区域的定义，既不是自然的和既定的，也不是稳定的和中性的，区域的划分及其含义随着政治、经济与社会文化的变动而变动。理解作为学术层面区域研究的区域（area）概念，基本上需要同时满足三条原则：作为特别专门的地理性空间、作为知识生产的象征性场域及作为职业生涯机器的制度化空间。② 美国区域研究的"区域"，一方面，既是地理空间的划分，又具有美国全球霸权的战略安全内涵，对应的是 region。另一方面，受当时项目筹划委员会中人类学家的影响，主要指族群文化的维度标识，更是对超越地理空间的族群与社会的空间划分，对应的是 area。

相应地，衡量区域研究范式的标准也有三点：其一，区域研究是意识形态性的和霸权性的。冷战与现代化是区域研究的重要理论支撑。区域是特定的、专门的地理空间，同时又与整个世界相对应，特别是与美国的世界霸权相对应。其二，区域研究是跨学科性的、域外的地方性知识。区域研究一直处于两个"孪生之间"的微妙位置：一方面处于"学科"普遍性知识与跨学科的特殊性地方知识之间；另一方面处于大学与国家之间。其三，区域研究是大学制度化的新举措与新机制。一般以"中心"为建制，与大学以传统单一学科为基石的"院系"建制相对应，前者从属于后者，权力关系类似不仅是新与旧的关系，更是主流与边缘的关系。③ 作为研究范式的区域研究，虽然是美国主导的、美国模

---

① Powers M K. Area studies. *The Journal of Higher Education*, 1955, 26 (2): 82-89, 113; Schwartz B I. Presidential address: Area studies as a critical discipline. *The Journal of Asian Studies*, 1980, 40, (1): 15-25.

② Schendel W V. Geographies of Knowing, Geographies of Ignorance: Jumping Scale in Southeast Asia. *In* Kratoska P H, Raben R, Nordholt H S. eds. *Locating Southeast Asia: Geographies of Knowledge and Politics of Space*. Singapore: Singapore University Press, 2005, pp. 277-279.

③ Stevens M L, Miller-Idriss C, Shami S. *Seeing the World: How U.S. Universities Make Knowledge in a Global Era*. Princeton: Princeton University Press, 2018, pp. 27-38.

式的，但是却成为国际的知识生产与再生产的样板，在全球学界纷纷扩散、传播仿效，成为全球范式。作为研究新机制的区域研究，虽然是创新，但是本身却具有结构性的、意识形态性的弱点，不仅导致了与传统学科的紧张关系，而且直接导致了区域研究本身的危机与重生。

大致五个基本维度的区域，对我们更好地理解问题的讨论非常重要。其一，区域是相对于霸权的，具有地方与边缘的含义。其二，区域是相对于国家的，具有跨国的与整体属性的含义。[1] 其三，区域是"我们"的和"中心"的视角，具有"他者"的与异域的含义。其四，区域是相对于传统单一学科的，属于多学科、跨学科合作研究的新尝试，以所在地域为专攻对象的语言学、历史学、人类学、政治学、经济学和社会学等学科，在区域研究中一直占有着重要地位。[2] 其五，区域是相对于全球维度的，全球性视野与背景下的国家与国家之间，区域与区域之间的族群，资本、货物、信息与文化的流动互动，成为重新塑造区域与国别身份单元暨互联互通的重要因素。[3] 相应地，内在单元构造的整体性、外在板块的结构性以及区域与中心之间的等级关系，是理解区域五个基本维度的重要把握。整体性、结构性与等级关系，既具有世界地理与文明板块分野的含义，又具有全球政

---

[1] Cahnman W J. Outline of a theory of area studies. *Annals of the Association of American Geographers*, 1948, 38 (4): 233-243; Katzenstein P J. Area studies, regional studies, and international relations. *Journal of East Asian Studies*, 2002, 2 (1): 127-137.

[2] Farmer B H. Geography, area studies and the study of area. *Transactions of the Institute of British Geographers*, 1973, 60: 1-15.

[3] Guyer J I. Anthropology in area studies. *Annual Review of Anthropology*, 2004, 33: 499-523; Schendel W V. Geographies of knowing, geographies of ignorance: Jumping scale in Southeast Asia. *In* Kratoska P H, Raben R, Nordholt H S. eds. *Locating Southeast Asia: Geographies of Knowledge and Politics of Space*. Singapore: Singapore University Press, 2005, pp. 275-307; Cartier C. State formation and comparative area studies—between globalization and territorialization. *The Journal of Asian Studies*, 2011, 70 (4): 965-970.

治经济格局与权力关系的含义，还具有非西方的、某一个特定同质性规定的、超国家的"区域"性的含义。

二、区域研究的谱系

"区域与国别研究"与"区域研究"，无论是语言形态还是内涵，应该是两个不同的概念与范式。在中国，"区域与国别研究"相提并论，虽然国别和区域的具体含义明显不同，但是学理上，究其实，指的却是同一个意思，即区域研究，或者外国研究。鉴于中外语言文化与智识传统的差异，这里需要强调的是，本书中凡是用"区域与国别"概念时，一般指中国话语背景下的区域研究；用"区域研究"概念时，一般指国际上通行的、以美国模式为主导和参照样版的区域研究。

区域研究是以美国为中心的，然而美国的研究区域覆盖了除美国和西欧之外的世界广大地区，超越了美国，发展成为一种流行的国际研究模式和范式。区域研究经历了第二次世界大战结束后的发生、20世纪五六十年代的繁荣、20世纪七八十年代的衰落（甚至危机）、20世纪90年代的调整与过渡，最后到世纪之交之后的振兴等系列发展历程。以冷战的诞生与结束为标志，区域研究分为两个大的不同时期与不同性质，分别称之为旧区域研究与新区域研究。旧区域研究自第二次世界大战后冷战开始至1989年冷战结束为止；新区域研究自20世纪90年代末、世纪之交开始一直至今。旧区域研究，自20世纪70年代始，一直陷于批判与危机之中；新区域研究，克服了许多原来的保守批评的缺点，兼容了20世纪90年代开始的全球化新形势与学科研究新视角，特别是跨地方、跨国界、跨区域和跨海洋研究的新视角。① 全球化，虽然加剧了区域研究的危机，但却催生了区域研究的重新调整和再生。"9·11"事件以及随后的阿富汗战争和伊拉克战争，2008年的美国次贷危机与随后的欧债危机，以中国、印度为代表的新兴经济体崛起与2016年特朗普上台后开始的美国逆全球化等一系列世界政治经济大事件，不仅再次证实了区域研究存在的合理性，而且进一步催生了新区域研究。② 鉴于此，区分与理解新旧不同时期、不同性质的区域研究，对于我们理解新时期中国的区域与国别研究具有非常重要的借鉴和前瞻性意义。

作为框架与范式的区域研究，有着特定的时间、空间、学科、视角立场、话语与意识形态的含义。从学科发展的视角，世界各大学人文与社会科学发展史大致是沿着从古典学到传统人文学科，从人文学科到社会科学，再到跨学科、交叉学科的轨迹历程。相应地，从地域研究发展的视角，外国研究经历了从古典学到东方学，再到殖民研究；从殖民研究到区域研究，再到全球研究的系列转变。上述学科与地域两大维度上的发展，虽然各自独

---

① Lewis M W, Wigen K. A maritime response to the crisis in area studies. *Geographical Review*, 1999, 89 (2): 161-168; Tsu J. New area studies and languages on the move. PMLA, 2011, 126 (3): 693-700.

② Karp I. Does theory travel? Area studies and cultural studies. *Africa Today*, 1997, 44 (3): 281-295; Shohat E. Area studies, transnationalism, and the feminist production of knowledge. *Signs: Journal of Women in Culture and Society*, 2001, 26 (4): 1269-1272; Smith A. Trans-locals, critical area studies and geography's others, or why "development" should not be geography's organizing framework: A response to Potter. *Area*, 2002, 34 (2): 210-213; Slocum K, Thomas D A. Rethinking global and area studies: Insights from Caribbeanist Anthropology. *American Anthropologist*, 2003, 105 (3): 553-565; Chabal P. Area studies and comparative politics: Africa in context. *Africa Spectrum*, 2005, 40 (3): 471-484; Graham L, Kantor J M. "Soft" area studies versus "hard" social science: A false opposition. *Slavic Review*, 2007, 66 (1): 1-19; Aguilar F, Hau C, Rafael V, et al. Benedict Anderson, comparatively speaking: On area studies, theory, and "gentlemanly" polemics. *Philippine Studies*, 2011, 59 (1): 107-139; King V T. Review: The problem with areas: Asia and area studies. *Bijdragen tot de Taal-, Land-, en Volkenkunde*, 2012, 168 (2/3): 314-324; Sidaway J D. Long live trans-area studies! *Bijdragen tot de Taal-, Land-, en Volkenkunde*, 2012, 168 (4): 506-508.

立平行，却不是截然对立封闭的，而是相互交叉、彼此渗透的。就学科与学科之间关系而言，人文学科一直是人类文明传统的智识分类与生产的主要学科。19世纪后半叶，社会科学开始从人文学科中逐渐分离，成为独立的学科。20世纪中叶，人文学科与社会学科开始交叉，跨学科的研究与合作开始流行，产生了许多令人兴奋的新兴学科。20世纪中叶开始，区域研究成为一种新的研究范式。20世纪90年代之后，超越国别与区域的全球性的主题研究范式又开始盛行，性别研究、族群研究、裔群研究、文化研究、跨国研究和海洋研究纷纷登台亮相，成为新一波学术潮流。无论研究范式如何转移，一个非常重要的基本点都是，古典学、东方学与殖民研究，并没有因为区域研究的兴起而消失，民族国家作为单元的研究范式并没有因为区域研究的危机而消亡，区域研究也没有因为全球研究范式勃兴而被淘汰。

全球智识生产谱系上，区域研究拥有三大智识来源：其一，欧洲以古希腊、古罗马为本源，以语言、文本、人文为传统的古典学。其二，欧洲对亚洲，特别是以中国、印度、阿拉伯世界古文明为基石，以文本、考据、地理为传统的东方学。其三，西方殖民地和其他地区原始部落，以人类学为主要特征的殖民研究。[①] 与古典学和东方学研究"死"的过去以及象牙塔里静止的文本研究不同，区域研究是探讨"活"的现代社会以及走向"田野"异域的研究方法。与人类学工具性知识的欧洲殖民研究不同，区域研究呈现的是以现代化理论、发展理论为模式的美国新帝国主义对外安全与霸权观。与第二次世界大战前美国学界以单一学科为分野，以社会科学主要关注美国国内问题、人类学和东方学主要关注海外异域古文明问题的智识生态为显著特征不同，区域研究

---

① Rafael V L. The cultures of area studies in the United States. *Social Text*, 1994, 41: 91-111; Kolluoglu-Kirli B. From Orientalism to area studies. *The New Centennial Review*, 2003, 3 (3): 93-111.

是美国对海外不同地域的、系统的、人文学科与社会科学合作的集体性研究范式。[①] 就传承与变迁关系而言,区域研究是第二次世界大战后新的世界政治经济形势和格局下对上述三大智识来源的继承与革新,同时蕴含与上述传统智识学科分类的张力和矛盾。正是这种张力和矛盾,不仅导致了区域研究的困顿,而且孕育了20世纪90年代全球化新形势下的新区域研究。更重要的是,新区域研究不仅突破了以民族国家为单一的分析单元的范畴,进而强调跨地方、跨国家、跨地区、跨海洋之间的联系,而且跳出了以中心霸权和陆地为轴心,同时强调边缘的、少数族群的和海洋的新研究视角。

区域研究的三个显著悖论是:其一,区域研究以跨学科为重要标识。然而,区域研究却始终从属于传统单一科系为基石的院系建制,区域研究的教授基本具有双重身份,他们同时被传统单一科系为基石的院系聘任。区域研究无论如何发展,都不会成为与哲学、文学、历史学、人类学、社会学、政治学、经济学等一般性学科相提并论的门类。这也是传统学科门类院系与区域研究紧张关系的根源所在。[②] 其二,区域研究以社会科学为重要标识。然而,"边缘"的区域研究却被长期主流社会科学家批评为理论过于肤浅、过于描述性、过于特殊性、缺乏定量的分析模式、缺乏全人类"科学的"普世性知识等。虽然区域研究产生过如格尔茨、安德森和斯考特等具有世界一流影响力的社会科学家,主

[①] Stevens M L, Miller-Idriss C, Shami S. *Seeing the World: How U.S. Universities Make Knowledge in a Global Era*. Princeton: Princeton University Press, 2018, pp. 27-28.

[②] Kuhn P A. Area studies and the disciplines. *Bulletin of the American Academy of Arts and Sciences*, 1984, 37 (4): 5-8; Bates R H. Area studies and the discipline: A useful controversy? *PS: Political Science and Politics*, 1997, 30 (2): 166-169; Ukaegbu C C. Area studies and the disciplines. *Africa Today*, 1998, 45 (3/4): 323-336; Szanton D L. *The Politics of Knowledge: Area Studies and the Disciplines*. Berkeley: University of California Press, 2004.

流社会科学家批评区域研究理论的肤浅性与描述性恰恰一直成为造成区域研究危机的重要因素之一。其三，正是区域研究的前生（古典学、东方学、殖民研究等）、区域研究的危机和区域研究的后世（如全球研究、文化研究）等三股不同的智力批评源泉，在20世纪90年代后直接促成了区域研究的新生。新区域研究取长补短，汲取了上述三个方面有益的、建设性的智识来源，重新获取了新的动能和拓展关怀。①

如果说，殖民主义背景下的殖民研究和东方学与冷战背景下的旧区域研究依然是西方中心与西方霸权映射的集成体现，那么，全球化背景下的文化研究与新区域研究则越来越成为丰富全人类智识生产的一个重要源头。尽管如此，中国的区域与国别研究却有着三个不同的背景特征：其一，中国的区域与国别研究，当下则是配合新时代中国发展、中国走出去的新形势而开展的域外地区和国家的实证研究。这与美国的区域研究在冷战背景下维护美国新帝国主义的霸权是不同性质的，也与中国之前以学习、翻译、介绍、引进为主的域外研究、外国研究、国际研究，特别是西学与中外关系研究，是不同性质的。其二，中国的区域与国别研究，是在反思旧区域研究的问题与不足、兼容全球化背景下的新形势而积极调整的新区域研究的基础之上进行的，以广阔、厚实的学科智识借鉴作为支撑。其三，中国的区域与国别研究不是中国单一的、孤立的学术潮流，而是在世纪大变局、结构性大调整的新形势下，在欧美、亚非拉许多大学都出现的一种学术气象。

那么，从全球比较的视角维度，一个非常吊诡的悖论和鲜活的现实是，历史上国际学术界的现代化和区域研究的范式的兴起

---

① Wesley-Smith T, Goss J. eds. *Remaking Area Studies: Teaching and Learning across Asia and the Pacific*. Honolulu: University of Hawaii Press, 2010.

与衰落,与几十年后中国国内学界相应对此的热切追捧,再次形成鲜明的对照。历史上区域经济发展模式是这样,现代化范式是这样,如今区域研究也是这样。20世纪五六十年代第三世界某些地区展开的现代化范式与70年代末开始的中国现代化历程的重要差别在于,前者是冷战的工具、西方的附庸,或者东西方争夺的中间地带,后者则是一个古老东方大国文明的改革开放和独立自主的体现,两者规模与效应远远不是同一个数量级的。同样地,自20世纪90年代开始的"全球南方"的整体性发展进步,特别是新兴经济体的崛起和"亚洲的复兴",改变了世界政治经济与国际关系的基本格局,也改变了人类文明与智识生产长期由西方独霸垄断的局面。新的世界发展形势,特别是西方发展的停滞不前、非西方的强大声音和非西方的发展经验等,使得区域研究在新时代下赋予了与第二次世界大战后发展根本不同的新动力与新内涵。反过来,对新兴经济体国家和地区而言,如何重新认识对方、重新认识西方和重新认识自己,不仅非常重要,而且非常必要。反过来,这些新发展必将改变近现代史上的"全球南方"研究,乃至整个人类文明知识生产长期唯西方独霸天下的局面。这应该是新一轮区域与国别研究的全球重大意义所在。

三、区域与国别之间

我们已经讨论了区域与国别的概念以及区域研究的谱系,无论是古典研究,还是东方学和殖民研究;无论是人文学科,还是社会科学;无论是单一的学科传统,还是跨学科的学科关怀;无论是区域研究,还是全球研究或文化研究,所有范式转移与"议程跳转"(agenda hopping)之间①,都是各有千秋,相互孕育,彼此丰富,共同发展的。下面,应该是时候探讨本书的主题"区域与国别之间"了。在上述讨论背景下,"区域与国别之间",可以问的问题是:"区域与国别之间"是什么,不是什么?固定、看得见的边界是什么,不固定、看不见的边界又是什么?到底是强调区域,还是国别,或者两者都不是?

先谈"之间"的含义。作为一个开放、多元与发展的概念,"之间",对应的英文大致有 between、in-between、intermediates 和 interstices 等,不仅是空间、时间范畴,而且是社会、文化含义和分析单元的概念,有中心与边缘、霸权与弱势、固定与待定、明确与模糊、交叉与平行甚至分野、建构与重构等差别。"之间",可以是不同单元分界的、交汇的、平行的、并列的、毗邻的、接壤的、间隔的、中间的、动态的部分,也可以在同一社会政治框架内互动、纷杂、混合,却属于不同族群、不同文化、不同宗教的智识分析单元。地方与地方之间,是谓"跨地方"(translocal);国家与国家之间,是谓"跨国"(transnational);区域与区域之间,是谓"跨地区"(transregional)。以前,地方(locality)主要是垂直性的和等级性的,很少横向性互动;以前,国家与国家之间,主要是国际关系属性,很少跨国性互动。其根本差别特征,除了时代性与全球性,便是互动主体单元的改变,不再只是行政主题,而且包括社会文化主体。换言之,突破行政边界与国家疆域的流动与互动,构成"之间"混杂性与多重性的最显著特征。在既定的分析框架内,就中心与边缘、主流与弱势关系而言,视角的不同与角色的变换,将明显地影响界定或者重新界定"之间"

---

① Barnard A. *History and Theory in Anthropology*. Cambridge: Cambridge University Press, 2000, pp. 1-14.

不同关系、内容和动力的性质。① 特别地，当"区域与国别"的边界并非既定的、理所当然的事实规定时，上述关系的内涵性质更富有建构和重构的颠覆性。很明显，"在区域与国别之间"与"区域与国别之间"，是两个不同含义，前者是限制性的，规定了区域与国别在 A 与 B 之间的范围；后者则要广泛得多、弹性得多，既包括了前者的内涵，又远远超远了前者的规定。

究其实，区域与国别之间的边界，既有看得见的接壤相邻的跨地域中间地带，也有看不见的超越接壤相邻地带的密切互动关联。区域与国别之间的根本特征是跨界、流动、互动、链接、离散、混杂与身份认同，既包括疆界交汇、毗邻、接壤的地带，又包括跨境的族群文化区域，或者地缘政治、地缘经济、地缘文化的区域，还包括跨越中间地带的人员、货物、资本、资讯等更为广阔、更为密集的流动和互动。在民族国家疆域内，区域与国别之间是地方；在民族国家疆域外，区域与国别之间是跨国主义。在学术的范式脉络谱系里，区域与国家之间，既不是冷战背景下的区域研究，也不是民族主义范式下的国别研究。区域与国别之间，不变的是专题研究课题；区域与国别之间，变化的是研究视角与方法论。

无论是地方还是国别，无论是区域还是全球，从来都不是僵化的和固定的、绝对的和密封式的，它们或多或少都是专题个案研究的依托框架。地理空间依然是知识生产与分类的重要框架和标识单元，问题是看世界的视角与研究的领域侧重点不同，因为世界发生了革命性的变化。如果说，20 世纪中叶，区域研究从根本上打破了传统的人文社会科学知识的象牙塔，让本土之外的世

---

① Winichakul T. Writing at the interstices: Southeast Asian histories and postnational histories in Southeast Asia. *In* Ahmad A T, Tan L E. eds. *New Terrains in Southeast Asian History*. Athens: Ohio University Press, 2003, pp. 3-29.

界广阔区域成为建构世界各地区、各族群丰富多彩知识与文明的革命性范式;那么,20世纪90年代的全球化,流动性、混杂性、海洋性、联结性、跨地方性、跨国性、跨区域性并没有让国家、族群与文化的地理的边界及其边界身份政治的张力从此消失,也不可能存在无地理边界差异标识作为依托的族群、文化、认同和知识的生产与再生产。[1]

"区域与国别之间",既是包容区域研究的,又是超越区域研究的;既承认国际上区域研究半个世纪来面临的挑战和危机,不可能继续如区域研究一贯强调冷战背景下以封闭的、既定的民族国家疆界与显著的语言文化区域为分野的分析单元那样进行研究,又考虑全球化背景下文化研究面临的无地域与文化身份特性依托的问题和困境。简言之,"区域与国别之间",既强调"区域与国别",又强调"之间";没有顾此失彼,更没有厚此非彼。任何情况下,无论权力关系,还是文化身份认同,都最终无法脱离地理空间属性的规定及其相应的独特族群语言文化特性的分野。换言之,"区域与国别之间",不只是A与B之间的交汇地带、中间地带,更是以A和B为重要参照标识的,同时包含A和B的、却又超越A和B的,更为广阔的空间舞台与范畴含义。

在方法论层面,对任何学者而言,"区域与国别之间",其命题的意义既可以类似"文献理论与经验材料之间",又可以比拟"某学科与其他学科之间",或者"区域研究与国别研究之间",或者"旧区域研究与全球研究之间",等等。与"之间"相对应的,最明显的是边界标识,包括两大维度:其一,民族国家之内中央政府治下的地方行政边界;其二,民族国家之外的国与国之间的主权边界。无论跨境,还是跨国和跨界,最显著的两大条件特征

---

[1] Jackson P A. Space, theory, and hegemony: The dual crises of Asian area studies and cultural studies. *Sojourn: Journal of Social Issues in Southeast Asia*, 2003, 18 (1): 1-41.

是：其一，毗邻与历史要素。这里，毗邻边境地区的互动往来历史悠久、生衍不息，非常重要。其二，流量、密度与性质。这里，政治、经济、移民、社会文化互动关系非常密切，且性质非常重要。学术研究中，无论跨界，还是跨学科研究，同样地，最重要的基本参照是：其一，大学层级的跨学科研究实体。其二，学科的历史传统与大学定位。跨界、跨学科性质的研究特色又与该大学某一强势专业传统优势、地理位置与学界定位密切相关。

区域研究的最典型特征是国家的工具性与大学规划教研基础设施的机制性，这也是区域研究与学科之间张力与争议的权力关系本质。世界在变化、全球南方在变化、中心与边缘关系在变化、东西与南北关系在变化、亚洲在变化、区域研究在变化、知识生产的源头在变化，而且这些变化都是结构性的、革命性的。[①]"区域与国别之间"的核心问题是，对每一位研究者而言，在已经变动和正在急剧变动的新形势下，如何兼顾区域与国别？如何在吸收旧区域研究的教训和新区域研究的经验基础上，定位自己和重新定位自己的研究课题？虽然学人受制于研究机构，但是作为单一的科学研究项目，"区域与国别之间"，对任何学人而言，都凸显了一个古老而永恒的知识论、方法论命题，即在新世纪新时代的变动形势下，如何在时间、空间、学科与身份认同的流动、活跃和灵活的边界关系中，合适定位、切入、处理和分析自己的研究对象暨主题。

一个不变的原则应该是：某一学科的深厚基础、经验个案的深度研究始终是无法回避的，地域、族群与文化的空间基本依托，依然是无法回避的。地域的疆界从来就不是僵化和固定不变的，地理同时应该是方法论分析范畴随机应变的机关。海洋的跨

---

① Winichakul T. Asian studies across academies. *The Journal of Asian Studies*, 2014, 73 (4): 879-897.

地区视角是应对区域研究危机的重要途径，大洲与大洲之间、地区与地区之间链接的大海与海洋研究模式，如"新地中海"研究、加勒比海研究、南海研究、爪哇海研究、印度洋研究、亚太研究、大西洋研究等，都是全球研究与区域研究之间的重要调和。① 同样地，陆地间的跨地区视角，如地区之间跨境联系，特别是地区与地区之间的结合部，大陆东南亚、南亚与中国南部边疆省份的交汇地带东南亚高地赞米亚（Zomia），就是一个富有争议的典型例子，欧亚结合部的中亚研究也是如此。虽然赞米亚并不能满足区域研究范式中的"区域"定义标准，不被称为区域研究，但它却仍然成为学者研究实践的一个分析尝试。②

四、结构与内容

顾名思义，本书主题是"区域与国别之间"，具体涉及东南亚研究与华侨华人研究之间、历史学人与其他学科之间、中国与东南亚之间、日本与东南亚之间、东南亚地区内各次区域与地方之间、华人家族与东南亚地方历史与地区之间，视角是跨学科、多学科的，立场始终是一位中国历史学人的。本来，中印关系视域

---

① Lewis M W, Wigen K. A maritime response to the crisis in area studies. *Geographical Review*, 1999, 89 (2): 161-168; Watkins J. The new mediterranean studies: A mediator between area studies and global studies. *Mediterranean Studies*, 2005, 21 (2): 149-154; Andaya B W. Presidential Address: Oceans unbounded: Transversing Asia across "area studies". *The Journal of Asian Studies*, 2006, 65 (4): 669-690.

② Schendel W V. Geographies of knowing, geographies of ignorance: Jumping scale in Southeast Asia. *In* Kratoska P H, Raben R, Nordholt H S. eds. *Locating Southeast Asia: Geographies of Knowledge and Politics of Space*. Singapore: Singapore University Press, 2005, pp. 282-295; Scott J C. *The Art of Not Being Governed: An Anarchist History of Upland Southeast Asia*. Singapore: NUS Press, 2010, pp. 1-39.

下的印度与东南亚的互动一直是笔者很感兴趣的比较维度,十多年前笔者就着手准备并把此想法告知国外圈内朋友,以致一次法国学术会议曾特地邀请笔者写作这方面的专题文章。无奈这些年自己的日程始终身不由己,加上资料收集困难,这里没有作为专门一章收入,实为一大憾事。

本书分上、下两编,上编为学科方法论,下编为专题个案研究,计13章,从笔者过去近二十年写作的系列中文论文中选辑16篇而成。可以说,本书是笔者在上述智识讨论背景下进行的写作尝试。有三点说明需要澄清:其一,本书中有5篇论文是在海外发表的,此次是第一次与国内读者正式见面。其二,第九章《中国与东南亚:长时段的历史考察》原为英文论文,此次是第一次翻译成中文与国内读者见面。其三,出于全书整体性、一致性和动态发展等因素考虑,除了专门撰写新的导论部分外,笔者对全书章节从头至尾进行了订正、删节与重新编排;对第二章和第十三章进行了重新改写,各新纳入了一篇在国外出版的相关专题论文;对第九章、第十章最后一部分专门进行了补写,力图反映最新的学术发展动态。

本书各章研究表明:"区域与国别之间"是跨学科、跨地域、跨国家、跨文化、跨族群的互动关系,是中国、印度和阿拉伯文明与东南亚历史悠久的文化交流、移民浪潮与商贸往来,是欧洲殖民主义几百年东南亚的殖民统治,是第二次世界大战之后日本和美国在东南亚的军国主义与冷战背景下新帝国主义极力争夺的权力博弈,是"一带一路"背景下的亚洲复兴、亚欧亚非链接和亚太发展的新纪元。

上　编

学科方法论

01
东南亚研究与东南亚华人研究：
田野调查的经验*

作为区域与国别研究的范畴，东南亚研究范围很大，东南亚华人研究范围也很大，田野调查研究范围则更大。笔者将根据自己研究东南亚及东南亚华人多年的经验和长期的思考，厘清几个相关的概念范畴，分析历史学人与理论的关系，分享自己的田野调查经历，阐释历史学与田野调查的关系。

一、区域与国别研究的几个重要问题

区域与国别研究是当下中国学界的热点，学界讨论得很热烈，也很有成果。这里，笔者不追逐学术热点，而是围绕本文讨论的主题、结合本文的论证框架，谈谈对其中重要问题的几点管见。

其一，区域与国别研究是专门针对中国域外研究或国外研究、国际研究而言的，是中国世界史考研学科目录"世界地区史

---

* 原载《云大地区研究》（创刊号）2019年第1辑，第120—136页。收入本书，有删减与订正。

与国别史"的衍生、浓缩和外延，是吸收和消化国外同类研究概念范式的中国化和本土化，是囊括或兼容中国之外各大洲、各地区、各国家、各地方研究的大框架和大融合，更是针对当下中国重新崛起之后我们国外研究严重滞后薄弱、明显不适应新时代国家社会需要的实际情况，当然也是在促进哲学社会科学繁荣背景下，各研究型大学高度重视、加大投入力度的政治正确和专业应对。

其二，区域与国别研究需要澄清作为冷战与新帝国主义背景下美国政府、基金会和大学院、系、所的特定学术机构暨意识形态研究范式，与作为广大学者对海外地区、国家、历史、社会、文化等研究课题一般性基本训练、方法与进程的异同差别，前者三四十年前在国际学界即已经过时，而后者却始终是学术课题研究所遵循的必须和必要的专业原则要求。也正是在后一种意义上，本尼迪克特·安德森在他的学术自述里，始终相信区域研究不朽的生命力，究其实，其用心应该真正在此也。①

其三，在上述前提下，如果提出如下系列批判问题，不应该被视为否定，恰恰相反，笔者相信这些讨论此时此刻也许具有些许建设性。世界分七大洲、四大洋、两百多个国家和地区，仅亚洲，又分为东亚、南亚、中亚、西亚、北亚、东北亚、东南亚，以及依托山地、草原、沙漠、河流、海洋的许许多多跨界、跨境、跨文化地区。地区与国别，到底是哪里的区域、哪个国别？又是谁的区域、谁的国别？何为重点，从何突破？到底是以"天下"（中华的）或"世界"（人类的）包装"区域与国别"，还是以"区域与国别"阐明"天下"或"世界"？姑且不论，在专业分工高度细化、激烈竞争和跨学科交叉融合的背景下，相信世界上没有哪一个研究院可以有勇气对外宣称，作为专业研究机构，能够

---

① 〔美〕本尼迪克特·安德森：《椰壳碗外的人生：本尼迪克特·安德森回忆录》，徐德林译，上海：上海人民出版社，2018年，第二章。

研究整个世界，这是个常识性伪命题。这里，不仅涉及学术研究机构设立的科学框架与政治兼容问题，更涉及学术研究机构如何在国际学界同类研究中的定位标识问题，涉及学术研究课题的组织、切入、突破与可行性问题。

在此背景之下，需要特别强调指出的是，国家与大学之所以大张旗鼓地重视推动区域与国别研究，不是为了区域与国别而区域与国别，不是为了旧瓶装新酒，而是为了提升中国学界国际问题、外国地区专题研究的质量水准，也是提升中国学者专业学科训练与跨学科视野关怀的时代要求。就世界史而言，作为研究的世界史是美国大学历史学科中边缘的边缘，然而这并不意味着美国对外国地区和外国历史的研究也同样是历史学科的学科边缘，两者属于截然不同的学科分类范畴，有着不同的学科定位与研究取向。实际上，美国的区域与国别历史研究水准绝不亚于任何本土国家学者的研究，甚至很多时候能够引领和激发本土国家学者的学术潮流和方向，无论是跟随阐释还是质疑回应的方式，其本质实际上都是一样的。这里，存在学科、专题研究与地域、国家框架标识的有机结合与密切关联。这里，不变的王道和基本常识是各自赖以在学术界立足的专题研究和国别研究标识的深厚根基，没有东西南北的差别借口。作为整体和联系的世界史的意义，更多的是背景框架和方法论关联的工具性的依托与面向。作为研究的世界史的意义，如同作为研究的区域（或地区）史的意义一样，只有建立在厚实的专题研究与国别研究的原创项目标识品牌基础上，才有可能，才能丰富、提升和拓展，才能与国际同行平等交流和竞争，也才能检讨世界史研究、拓展新世界史研究。否则，依然是纸上谈兵、换汤不换药，甚至是扯淡、忽悠。进一步分享笔者于 2017 年 7 月 8 日写下的一组新世界史特别问答感言，或许更能揭示问题（不仅是世界史，而且是区域与国别研究）与讨论的本质。

奢侈：中国的世界史研究。

问题：世界史研究在中国到底是伪命题，还是真视角、真信仰或真研究？

事实：没有地方史和国别史的原创性专题研究的依托，区域史的研究至多是概括性解释的教科书，然而，即使是概括性解释，也需要依托许多既有的系列专题研究，在此前提或基础之上，才能总结、分析、摘要、评论或翻译等等。那么，世界史呢？

选择：新世界史，旧瓶装新酒，还是争夺新高地？看似自信，实为任性；看似随意，确实刻意。选择，针对谁，面向谁，为了谁？

自言自语：纳了闷。

再谈东南亚、华侨华人与田野调查。在本章，三者相互说明、互为关联，构成一个整体命题。这里，依然绕不开的简单却非常重要的问题是：何谓东南亚研究？何谓东南亚华人研究？东南亚研究与东南亚华人研究到底是什么关系？什么是田野？什么是田野调查？这几个问题的提出，有助于更好地理解问题。

东南亚研究属于地域研究的范畴，即国内学术界所谓的区域研究。第二次世界大战后，学术界第一次把东南亚作为一个独立的、完整的区域进行研究，这是学术界应对冷战期间全球地缘政治、亚洲地缘政治版图的现实变化，在地域与学科研究方面做出的积极调整。从学科发展的历史来看，有两个关键因素影响到东南亚研究的发展，一是美国在东南亚研究中发挥着主导作用。美国国会、联邦政府、基金会等对外援助机构把东南亚视为一个整体来建构，使东南亚成为东西方冷战争夺的关键中间地带。二是东南亚国家联盟（Association of Southeast Asian Nations，ASEAN，简称东盟）的成立促进了东南亚研究的整体性建构及其认同。1967年，东盟成立并成为该地区第一个政治安全组织。经过10年的运作，这个地区组织在国际上才开始被接受和认可，东盟逐渐形成概念上的整体和外延上的地域差别，正积极推动东南亚研究学术地位的确立和提升，尽管20世纪80年代以来，东南亚研究作为区域研究在国外学术界一直面临诸多质疑和挑战。

在国际学术界，东南亚华人研究一般被划归传统的汉学范畴，或是中国研究向海外的延伸，具有很强的政治敏感度。在新加坡国立大学，东南亚华人研究设置在亚洲研究所，而非东亚研究所。东亚研究所的研究不包括东南亚华人研究，而是清晰定位为当代中国研究，这应该是鉴于华人身份在东南亚地区的敏感性而做出的刻意安排。在东南亚，研究华人的一般都是华人学者，其他族群身份的学者很少从事华人研究，尤其是马来人，或者其他族群人员（当然不排除个别例外）。这是东南亚社会结构的复合族群化的现实在学术分工上的反映。东南亚研究与东南亚华人研究到底是什么关系？国内外学术界有不同的界定。在东南亚学术界和东南亚之外的国际学术界，东南亚华人研究从来都是东南亚研究的一部分。中国学术界对此却存在多种观点，有的学者将东南亚华人研究视为中国研究的一部分，有的学者认为东南亚华人研究是一个独立的研究领域。

什么是"田野"？什么是"田野调查"？简言之，田野调查就是实地的调查研究工作，田野就是开展实地调查工作的场所或地点。学者在授课或演讲时常常以"田野"指代"田野调查"，当然不会引起不解或误解。田野调查最初是文化人类学和考古学研究工作中获取第一手资料的重要方法，这种方法在原始资料收集的有效性和科学性方面具有不可替代性，因此被其他学科广泛借鉴与应用，如社会学、生物学、生态学、环境科学、地质学、古生物学、语言学、建筑学等社会科学和自然科学领域。没有做过田野调查的人，可能对此很憧憬，觉得田野调查会很浪漫。其实不然。不同专业、不同领域都有各自所对应的专业生产和创造的场域。农民耕种的、厚实广阔的场域，也即一般原始意义上的田野，是和农民耕作对应的。与之类似，工人对应的田野是车间，学者对应的田野则是实验室、研究室、图书馆等。一般学术研究意义上的田野调查是相对于大学校园、图书馆、档案馆而言的，是为了收集大学校园、图书馆、档案馆无法获取的文字记载、没有收藏的资料。所以，田野调查同时也包括校外的图书馆、档案馆收藏的资料，尤其是外国的调查资料。田野调查在其空间、社会、文化维度中存在如下几组重要关系："我"与"他"的关系，田野调查一般主要是研究他者的，当然也有研究自己的；远和近的关系，田野调查的对象与调查者之间存在时间上的跨度和空间上的距离。此外，田野调查一般主要是研究中心与边陲的关系、多数族群与少数族群的关系、强势与弱势群体的关系、现代与原始的关系。不论存在何种关系，田野调查是社会科学研究与知识生产过程中的基本方法手段，是探索特殊性与普遍性的过程。

社会科学的田野调查与历史学的田野调查有何差异？两者的关联点与结合点在哪里？意义何在？如何正确定位田野调查与史学研究的关联点和侧重点？社会科学的田野调查针对性强，规范、深入而系统。在欧美大学里，博士候选人必须拥有最少 8—10 个月以上的田野调查经历，甚至 12 个月左右，通常分两个阶段完成，预留 2—3 个月时间查漏补缺。唯有如此，才具备做博士论文的资格。田野调查过程的缺失，会影响到研究资料的可信度，研究的结论将会受到质疑。除了时限要求外，田野调查还有一些形式，比如系统性的问卷调查、参与性观察、深度记录采访等。

历史学人的田野调查是传统史学的创新与发展的问题。与社会科学的田野调查相比较，历史学的田野调查有其特别的含义。其一，历史学的田野调查的核心问题是历史学人在多学科互动和交叉的背景下，如何收集资料与整理分析资料的问题，即历史学人如何借鉴社会科学研究的相关理论、方法与研究成果的问题。其二，历史学人的田野调查，是走出图书馆、走出大学、走出象牙塔，走向社会、走向社区、走向田野、走向现场，再现情景、重构历史，从个案中更好地理解整体与一般性的知识的过程。其三，历史学人的田野调查是利用社会科学的研究方法，通过参与性观察与体验，收集田野调查资料，其中最重要的资料主要是散落于民间而非图书馆藏的历史资料，主要是"历时性"，而非"共时性"的文献资料，包括口述史、民谣、族谱、金石文献、书信、契约文书和地方志资料等，以及感官的体验与记忆，如图片、声像、色彩、古迹遗址、情景气氛等。如果是外国地域研究，还包括当地图书馆、档案馆收藏的资料。作为研究外国的历史学人，应该亲历现场，置身于历史、地理、社会、政治经济文化的多维、多要素的现场，增加对研究对象国的感性认识。其四，历史学的田野调查必须以文献研究与相关主题理论为前提。在开展田野调查之前，做好前期的文献研究，熟悉相关的理论和方法，准备详细的调查提纲，提出问题并予以详细论证，进而提出可行性的研究报告，充分的准备将使田野调查事半功倍，增加研究的可信度，提升研究的学术价值。此外，田野调查还需要在行政上、技术上和生活上有充分准备。

二、历史学人与理论

田野调查与研究计划中的理论框架与核心问题意识密切相

关。只有带着理论关怀与问题意识，田野调查才有目的性、针对性、可操作性并因此而富有意义。如果忽视了这两点，那么田野调查至多是资料收集，甚至是没有品质、杂乱无章、自我封闭式地资料收集。

历史学人通常是忽视理论的，甚至很多历史学人骄傲地宣称是反理论的，或至少是理直气壮地漠视理论的。即使有理论关怀的历史学人，大多也是应用概念和理论，而非像社会科学家那样重视制造概念和理论。两者有所不同，但还是有关联的。因为理论除了背景、前提、概念、模式、范式、规律等基本要素外，更多的是以方法论为依托的规定，或是以叙述、概括、归纳，以及以总结、批判、分析为知识生产过程中呈现与再现要素的基本规范。因此，很多人不自觉地忽视理论，或因理论过于抽象望而却步。在实践、日常生活、思维方式以及知识生产的过程中，理论都是认识问题的重要视角、调查问题的重要方法、收集资料的重要手段以及研究结果呈现的重要方式。这不是感性的，不是天马行空的，而是有学科套路、学科规范与方法论关怀的。这是与当下的学术发展趋势，与跨学科、多学科面对的复杂多维的社会现象相对应的。在这种意义上，无论是历史学，还是其他社会学科，都具有一致性的连接点，遑论如马克斯·韦伯所言，历史学是一切社会科学的基础。如果一个学者对理论没有这样的基本理解、把握与关怀，若以高标准要求，大致可以说其没有达到研究自觉的更高境界。

方法论虽然与理论存在本质性的差异，但方法论总是与理论相对应和关联的。没有方法论厚实支撑的理论，几乎不会成为理论。就理论研究生产过程而言，方法论是理论之所以能成为理论的重要支撑。它不仅有经验材料的支撑，还有很多研究过程、学科规范和研究方法的指涉。方法论是指科学研究方法，科学研究的过程、进程和规则，它几乎是中性的、客观的、科学的，是实事求是的、辩证的程序进程与工具手段。为了获取一般性的、规律性的认识过程和操作手段，理论通常具有专门的假设条件、一般性的价值判断，同时具有某些特定前提条件和背景的适用性的专门法则。与方法论不同的是，理论往往带有强烈的意识形态话语霸权色彩与价值取向。所有理论都带有这样的特点，一定要通过这样的统一和剥离的认识，才能更好地理解理论，掌握理论。

实践中有一种理论，通常都具有更加个性化、应用性和普适性的特征。因每位学者的个性和学科背景的不同，理论（包括方法论）的应用与拿捏带有强烈的个人与学科的特色。具有真正的理论自信与理论关怀的学者，通常是一流的学者。对此，重视理论和跨学科的历史学人杜赞奇有着深刻的体会，他指出，所谓理论，是指在历史知识基础上的反思，包括历史概念的预设、历史学人的作用、再现历史的手段等。[1]美籍华人学者黄宗智指出："我自己的经验是理论读起来和用起来可以使人兴奋，但它也能使人堕落。它既可以使我们创造性地思考，也可以使我们机械地运用。它既可以为我们打开广阔的视野并提出重要的问题，也可以为我们提供唾手可得的现成答案并使人们将问题极其简单化。它既可以帮助我们连接信息和概念，也可以给我们加上一些站不住脚的命题。它既可以使我们与中国研究圈子之外的同行进行对话，也可以使我们接受一些不易觉察但力量巨大的意识形态的影响。它既可以使我们进行广泛的比较，也可以使我们的眼界局限于狭隘的西方中心的或中国中心的观念。对理论的运用将像一次艰难的旅行，其中既充满了令人兴奋的可能性和报偿，也同样布满了陷阱和危险……我将它们分为四个主要的陷阱：不加批判地

---

[1] 杜赞奇：《为什么历史是反理论的？》，载黄宗智主编：《中国研究的范式问题讨论》，北京：社会科学文献出版社，2003年，第9—16页。

运用，意识形态的运用，西方中心主义和文化主义（包括中国中心主义）。"①

所以，只有当具备足够鉴别能力的时候，才能更好地理解和掌握理论，批判和使用理论，否则理论就是一把双刃剑。尤其是对青年学者而言，理论始终很有煽动性、迷惑性和机械性，甚至是陷阱。对历史学这门具有深厚学术底蕴的强势学科而言，历史学人对理论与跨学科的关怀不仅需要超凡的学术勇气与远见卓识，而且如同所有新事物一样，两者的结合关联从来就不是一蹴而就、一帆风顺和理所当然的。20 世纪 60 年代，美国历史学人哈佛大学教授费正清与耶鲁大学教授芮玛丽，在美国《亚洲研究学刊》上针对历史学人是否需要借鉴社会科学发表不同意见，应该是最好的例证。芮玛丽的观点很快传播到大西洋两岸，引起同样做中国研究的英国人类学家莫里斯·弗里德曼与美国人类学家施坚雅的共鸣，两人双双加入，进一步深化了这场著名的讨论。②这场学术争鸣，发展为传统汉学与现代中国研究两派之间的论战，有着更深刻、更广阔的理论与方法论的背景，因而也成为传统汉学向现代中国研究转型的重要分水岭之一。今天学术界对这一革命性的学术转型已然视为大势所趋、理所当然，不存在异议，但在当时却是革命性的和争议性的新鲜事物。当下中国社会与中国人文社会科学同样面临着两个转型——一个是变迁，一个是转移。30 多年前，华南学派核心代表人物之一陈春声借鉴国外社会科学、社会经济史的方法论研究广东的地方史、社会经济史。他

---

① 黄宗智：《学术理论与中国近现代史研究——四个陷阱和一个问题》，载黄宗智主编：《中国研究的范式问题讨论》，北京：社会科学文献出版社，2003 年，第 102—103 页。
② Wright M C. The social sciences and the Chinese historical record. *The Journal of Asian Studies*, 1961, 20 (2): 218-221; Skinner G W. What the study of China can do for social science. *The Journal of Asian Studies*, 1964, 23 (4): 517-522; Freedman M. What social science can do for Chinese studies? *The Journal of Asian Studies*, 1964, 23 (4): 523-529.

于 1993 年在《历史研究》上发表了一篇文章,提出了在当时非常前卫、现在看来仍然很了不起的看法和方法论:"如果把社区(在实际工作中,可以是一个自然村,也可以是一片有相近文化特征或社会经济关系的地域)理解为构成社会的基本单位,那么通过实地深入观察而获得对社区内部各种社会关系和各种外部联系的了解,对于深化整个社会史的科学认识是有积极意义的。这种小社区的研究实际上已带有揭示'整体历史'的意义,而且这种在较深层次上对复杂社会关系的总体把握,也只有在小社区的研究中才有可能。"①

这是因为所有的社会科学研究一定要有操作性,该研究操作性可以模拟,且必须可以模拟,最终帮助你将宏大复杂的社会简约化。在这种意义上,对所有学者而言,无论是社会科学,还是自然科学,有几种能力是基本的,包括想象力、分析和批判的能力、叙述和概述的能力、比较与透视的能力。而这些又是与理论、方法论和做学术研究密切关联的。

三、关于田野调查的问题

田野调查需具备框架性、整体性、目的性与可操作性。在此基本前提下,田野调查可细化为如下几个重要维度。第一是空间的维度:其一是地图与地理,所有的研究都必须有明确的地图和地理;其二是社会空间,强调社会、社区、民间、地方、边缘、基层等层面,其中基层对应上层,边缘对应中心,只有这样才能形成对称的、全面的、专门的关系架构。第二是时间的维度,包

---

① 陈春声:《中国社会史研究必须重视田野调查》,《历史研究》1993 年第 2 期,第 12 页。

括研究的时间跨度与历史背景，离开对时间的维度的界定，空间的维度是无法操作的，因此时间的界定将保证田野调查的可操作性。第三是人口的维度，即社区的维度，或是社会的、人口普查的维度。第四是经济的维度，经济活动与发展水平是田野调查中的基本维度，即使调查研究的主题不是经济，调查者也不能忽略这一维度。第五是社会文化、社会结构与宗教文化的维度，只有在一个整体中，才能理解其中的某个侧面或层面，同样，只有深刻把握各个侧面或层面，才能真正呈现整体的内涵。第六是政治的维度，即权力的关系，这是所有研究者都无法绕过的层面。

田野调查中有几个需要重点把握的关键点。核心人物，譬如精英与弱势。只关注精英，而不关注弱势的普罗大众，田野调查绝对是不完整的。核心家族，譬如单姓与复姓。有的是单姓家族，有的是复姓家族，家族之内与家族之外的关系。仅关注家族之内，或仅关注家族之外，同样看不清、看不全。核心族群，譬如多数与少数。无论哪一种视角，都要从对立面来看，联系起来看，系统地看，辩证地看。核心故事，譬如内容与主题。故事很多，其中有的用于铺垫，有的用于勾勒意境，有的用于烘托，有的则是中心内容。故事背后能揭示主题，引出主题，所以，它有很多讲究的。核心机构与公共场域，譬如宗祠、庙宇、学校、商店、市场、交通要道、重要资源场所（比如渔业、矿产、森林、水资源、土地资源）等。这些关键点是很重要的角色和场域，是情景中各方博弈和争夺的对象。核心的权力关系，涉及性别的、宗法的、族群的、宗教文化的、阶级的、内部与外部的、上下级与平行左右的、国家与社会的等。只有把这些糅合在一起，无论是作为呈现和再现形式的，还是作为内在理解认识和把握的，我们才会真正知道研究的着眼点到底在哪里，重心在哪里，应在哪里着力，进而明白如何说明问题和回答问题。所以，学术研究中所有想象的东西,都是现实的社会。所有作为研究对象的现实社会,无论多么广阔、复杂和碎片,都应该被压缩、模拟成可以操作和分析的基本研究单元,然后成为脑海中的镜像,成为符号和元素,它们都有各自对应的社会、社区、地理、时间的现实生态,都有对应的具体映像。

田野调查的经验。一般做博士论文的田野调查,写一本书的田野调查,做一个国家基金的田野调查,或者省部级基金的田野调查,基本要求是一样的。第一,知识性准备。即使拿到了课题资助,依然需要系统的方法论的训练与文献阅读,撰写研究项目的可行性报告,进行严谨构思、规范写作和严密论证。需要头脑风暴式的专家讨论,小组讨论,然后开研讨会研讨,从而获取大量的批判性意见。第二,技术性准备。很多人不重视联络、健身、生活等技术性准备。除了联络,技术性的准备还包括健身。田野调查一般是到一个不熟悉的陌生地方,与一群陌生的人打交道,会面临新的挑战,面对意想不到的困难,小到饮食差别,大到文化隔阂,都要求研究人员具有较强的免疫力和抗压力,因此,良好的心理调适能力和身体素质是田野调查人员必须具备的条件之一。在田野调查中,有一个应该特别注意的事项便是安全问题。一个人到遥远陌生的地域,尤其是陌生且遥远的国度,进行田野调查,自然而然会涉及人身安全与社会安全。其一,人身安全包括生命、交通、财物、信息等安全事项。护照、银行卡、保命钱、其他重要身份文件和联络信息要随身携带。重要证件要备份多份,一般家里留一份,单位留一份,然后自己带上一份。其二,社会安全。田野调查者需要借助当地的社会关系和融入当地的社区。但稍有不慎,就可能陷于危险境地。笔者对如何确保人身安全与社会安全有两点经验。

第一,调查研究人员要知道,他需要别人的帮助,但在寻求帮助或接受帮助时必须坚持一个原则，即我不贪图别人的便宜，不去不该去的地方，不是我的东西绝对不要，不该要的好处绝对不能要，晚上不独自出门。第二，信任感。田野调查既涉及安全问题，也涉及信任问题。无论是研究对象，还是需要给予帮忙的人，建立信任都很重要。田野调查能不能成功，取决于所研究的社区和社会对自己的接纳程度和信任程度。要在短时间内在陌生的地方建立信任关系，只能通过实际行动实现，包括踏实做人、积极做事、坚持职业操守和提高专业能力。在研究中，不能给人带来麻烦，更不能给人带来伤害，做事情只有坚持原则和底线，客观公正，心正眼亮，才能获取信任。

四、笔者的田野调查

笔者博士论文的研究项目为"马来国家形成过程中的华人家族商业网络（1882—1941）：吉打州和以槟城为中心的地区互动背景下的考察"。[1]研究主要考察华人家族商业网络在东南亚转变的历史大背景下，以槟城—吉打州为轴心的亚细安成长三角的形成与发展（1882—1941），并探讨家族与国家、地区、种族及移民之间的互动关系。通过详细分析华人社区的核心活动，如包税商制度、稻米贸易、经济竞争、多种族的法律纠纷和典当业等，集中阐发两个相互关联的主题：第一，从纵向历史的视角，华人家族商业网络在地区地理层面上与背景下的形成和权力关系。第二，在垂直的功能关系上，家族商业网络发展与马来国家形成的互动

---

[1] Wu X A. *Chinese Family Business Networks in the Making of a Malay State: Kedah and the Region c. 1882-1941*. Ph. D. dissertation, University of Amsterdam, 1999.

关系。关注的焦点是一组著名的来自槟城和吉打州的华商家族，他们一起构成了一个整体的、跨国界的、槟城—吉打州华人商业社区最重要的部分。通过编年体例式的探讨国家、地区与种族的互动关系，考察华人家族商业网络形成的动态历史进程。

在理论与方法论上，笔者主要尝试寻找以下几种重要结合。第一，把东南亚历史研究与华侨华人研究结合起来考察，将社会经济史置于政治权力关系架构中分析。通常，社会经济史是地方的，没有中央的部分，没有政治关系的部分，但是笔者要将它们结合起来。第二，把微观社会人类学式的华人家族商业研究与宏观的吉打州的地方史和以槟城为中心的东南亚地区史重叠起来研究。通过研究华人家族商业网络，反映的是吉打州地方史的缩影，以及以槟城为中心的东南亚地区史的缩影。第三，把华侨华人研究与历史上全球化、区域化流动与整合背景下跨国界、多种族的互动关系对应起来考察。30年前，很少有人进行跨国界的研究，也很少人进行这么深层的研究。第四，把1882—1941年近60年东南亚社会、经济、政治的变动和发展，与华人家族内部代际间的商业与权力更替和演变并行起来考察。吉打州是地方史和地区史，笔者把内部与外部两个层面并行起来考察。如此雄心勃勃的研究计划，真是初生牛犊不怕虎。当时荷兰阿姆斯特丹大学人类学与社会学系有两位教授就直言不讳地说，这项研究太野心勃勃了，几乎不可能完成。但笔者的导师对笔者非常有信心，从没有怀疑过。无论对自己，还是对导师来说，这都需要勇气。勇气很重要，所有的学术都是冒险，所有的人生也是一样。2003年，笔者的博士论文在劳特利奇出版社正式出版，2010年，在新加坡国立大学出版社再版。

1994年4—5月，笔者第一次到英国做田野调查。导师建议笔者待3个星期，笔者实际上待了5个星期。笔者此前从未做过档案研究，也没到过英国。导师说，如有可能，找到经验研究的切入点，找到一些线索、方向。笔者要摸清和评估与研究课题相关的第一手档案资料与背景文献，包括官方档案的性质、内容和各通信文件往来的流程，手稿与报纸收藏以及其他文献。如有可能，收集一些经验的、能够成为将来潜在深层个案研究的材料，为以后的研究打下初步的基础。到英国之前，笔者在阿姆斯特丹训练了 10 个月的时间，看了近 20 年内与研究主题相关的所有书评，并把北美、亚洲等地所有相关博士论文的摘要过滤了一遍。当时可是没有电子数据库便利的，只有印刷成册的厚厚的年度博士论文题目要点。这些准备为以后的研究打下了一个好的基础。

1995 年 7—9 月，笔者第二次到英国，这次整整待了 3 个月。这次不是踩点，而是实实在在地要把博士论文所有相关资料"一网打尽"。因为有思想准备，这次调查依然围绕两大方面同时并行，大的政治经济社会背景、结构与脉络，以及核心层次的、多种族、跨国界的华人家族地区商业网络的形成与相关的权力关系。笔者的目标很明确，这次到英国的研究任务，是在已有的基础上穷尽那里的相关资料，为后来在中国南部和新加坡、马来西亚的田野调查奠定基础并明确方向。就这一点而言，在英国的研究应该是很成功的。整整 3 个月时间，笔者大多待在图书馆、大英博物馆、国家档案馆查阅资料。离开之后，笔者整理资料，写了一篇论文。通过及时整理资料，知道自己拥有什么，欠缺什么，软肋在哪里，突破口在哪里，重点方向在哪里。一环扣一环，这对及时整理分析和进行阶段性总结非常重要。

回到阿姆斯特丹进行了 2 个月的初步资料整理后，1995 年底笔者前往中国南部的福建、广东的侨乡开始了几个月的调查，同时焦急地等待马来西亚首相署批准研究申请。在侨乡，经过一番周折，笔者找到了所研究家族的村庄、族谱、碑铭与其他实地记录。但欢喜转瞬即逝，这些资料多是孤零零、一鳞半爪、支离破碎的。笔者要在历史学研究的中长时段的背景之下再现一个脉络和场景，要在宏观的背景中提炼微观的意义。社会科学为什么强调理论，微观的东西，就是在经验碎片化的条件下，经过理论的讨论，才有架构，才有主题，才有脉络。很多人没有这样深刻的自觉，理论和方法论的关怀其实就在这里。一流学者的主题一定跨越某一个很狭隘的地域，跨越很狭隘的学科。同时，又具备厚实的经验深度与宽广敏锐的洞察力。大家耳熟能详的跨学科著名学者，如王赓武、詹姆斯·C.斯科特、安东尼·瑞德和滨下武志等都是如此。下一阶段，如何情景化地结合地区与地方大的经济、政治、社会结构与背景开展考察，任务依然遥远而艰巨。

笔者只好把希望寄托在下一站的东南亚田野研究上，因为在福建调查时，笔者相继收到从荷兰和新加坡转来的传真，马来西亚研究许可和新加坡东南亚研究院（ISEAS）的研究签证都已办妥。笔者对新加坡、马来西亚很憧憬，终于要到现场去做田野调查了。1996年3月6日，笔者第一次前往新加坡调查。原来的计划是一次性至少停留3个月以上。除文献与其他档案外，在新加坡，笔者的主要目标是找到一套保存完整的华文报纸——《槟城新报》（1896—1941），希望能从中找到关于槟城—吉打州华人社区的资料。虽然在新加坡国立大学找到了《槟城新报》，但是早几年的都已缺失，于是荷兰的导师同意笔者马上去马来西亚。

在1996年3月—1997年3月整一年的时间里，笔者在马来西亚进行田野调查，主要集中在三个地方，即吉隆坡、槟城、吉打州。在吉隆坡，研究的重点是马来西亚国家档案馆最高专员署（1896—1941）与吉打州政府档案（1921—1935），马来亚大学图书馆的报纸与殖民部档案微缩胶卷，与此同时融入当地学者的网络。在槟城，重点是访谈华人家族后裔、探访寺庙、会馆与墓碑，浏览马来西亚理工大学图书馆报纸与档案收藏，以及拜访当地学者和地方业余历史学人。在吉打州，目标是浏览吉打州苏丹通信（1882—1924）和吉打州政府档案（1936—1940），访问所研究的华人和马来人的后裔和族人，以及熟悉地方社会历史地理情况。

一年的田野与档案研究，主要是在这三地之间频繁来往中进行的。辛苦和坚持最终证明是有收获的。到1997年3月底，笔者再回新加坡东南亚研究院时，已很坦然和自信，方向与目标更加明确、范围收缩得更小了。笔者重新浏览新加坡所藏的《槟城新报》（1898—1941）和其他英文报刊以及殖民部的档案，进行资料补充与重新查找。第二次在新加坡2个月的研究便很有方向和针对性了。1997年7月，经过一个多月的休假后，笔者回到荷兰，用14个月的时间整理和分析资料，写出论文第一稿。1998年9月，笔者应斯科特教授的邀请到耶鲁大学从事2个月的研究。对笔者来说，这同样是一次田野经历，查漏补缺的经历，换位思考的知识体验。这种机会令笔者逃离论文写作的乏味空间，置身于一个全新的、不同的地理与知识氛围，寻找新的资料与灵感。离开后，华南、东南亚对笔者来说是具体而抽象的分析单元，和笔者研究的第一手资料是对应的，不再是模糊和混沌不清的。那时，笔者从板块和总体线条上换位思考，这是很好的知识历程。回到阿姆斯特丹之后，笔者用半年时间关联理论文献与结构背景，就像给毛坯房装修一样，着手修改和提升论文。论文送夏威夷大学出版社后，出版社评价很高，愿意出版，但建议压缩内容，减少书稿的分量。简约是最精致的复杂，伦理是最精华的文化。坦白地说，如同所有人的基本反应一样，笔者起初对此是十分抗拒的，但后来还是想通并愉快地接受了，主动删除了博士论文中 60%的内容，仅保存精华部分。①大学出版社一般最快需要三年时间才能出版，出于找工作需要更快推向市场的原因，笔者之后选择了别的出版社，因为后者向笔者承诺，自收到书稿之日起最迟会在一年内出版面世。没有打招呼径自换出版社，对夏威夷大学出版社资深策划编辑帕梅拉·凯丽满怀歉意的同时，笔者对她的肯定与宝贵建议一直心怀感激。因为这对笔者来说，这是一次难得的内观自我、脱胎换骨的机会。把论文的水分挤掉，检阅、概括、浓缩、整合，这个过程对自我认识、把握学术著作是一次非常重要的学习与批判的过程。

五、尾　论

第二次世界大战以后，东南亚作为学术界完整且独立的研究对象，以及作为区域研究的进程，受到美国东南亚研究主导和东盟组织推动作用的双重影响，因此面临国外学术界的质疑和挑战。而一般被视为传统汉学范畴的东南亚华人研究，也被视为中国研究向海外的延伸而具有政治敏感性和不同的学术界定。田野调查作为社会科学研究与知识生产过程中的基本方法与手段，因结合了历史学的研究方法而具备了特殊的含义，是第二次世界大战后开始的国际学界跨学科趋势的体现。

回到本章开篇提出的一般性的大问题，当前对区域与国别研究来说是可喜的机遇，学界全面深刻系统检视正当其时，在中国更是亟须提升和加强。然而，学术研究与学科论证是严肃与严谨

---

① Wu X A. *Chinese Business in the Making of a Malay State, 1882-1941: Kedah and Penang*. RoutledgeCurzon, 2003; Singapore: The National University of Singapore Press, 2010.

的，需要系统科学的定位、学科与学理的论证、清醒客观合理的布局，尤其是那些经常宣称世界一流大学的研究院，更应如此对待行事。一般而言，区域与国别研究如果没有原创性专题个案研究为依托，只能是空中楼阁、纸上谈兵，没有厚实深入的田野调查研究作为支撑，专题研究只能是自言自语的个人宣言和对外声明。那么，进一步问，历史学需要田野调查吗？历史学能够做田野调查吗？历史学与社会科学的田野调查的异同之处到底为何？至此，答案应该是不言而喻、毫无疑问的。再回答专门性问题，近年来，中国历史学人纷纷走向田野，尤其是华南研究、华侨华人研究和东南亚研究的历史学人，由于研究条件的改善，更是如此。这是一个可喜的进步。那么，历史学人的田野调查，除了可喜的进步和收获之外，突出的基本问题在哪里呢？如下几点需要特别引起注意。

其一，同中国和海外华语研究的学者一样，虽然都是田野调查，虽然田野调查非常重要和必要，虽然田野调查一定要做实做细，但要知道为什么进行田野调查，不要为田野调查而田野调查，不要止步于田野调查，而要把田野调查之前的设计与准备以及田野调查之后的分析处理，与文献关联和理论主题关怀紧紧结合，做得与田野调查过程本身一样扎实厚重。三个阶段相结合，才算完整。

其二，田野调查是社会科学调查的基本方法，从方法论与资料收集的层面来说，不同的学科对田野调查的性质和资料收集的要求是不同的。换言之，田野调查尤其是跨学科的田野调查，如历史学人对民间资料的田野调查，需要立足于各自专门学科的基础之上，进行跨学科的实践。很多人连本学科的基本方法和套路都没有掌握，就去跨学科，变得什么都不是。不仅跨不了，反而成为学界笑话。所以，笔者认为方法论支撑特别重要，否则很可能会弄巧成拙。不仅不能跨学科，而且可能会把本学科基本面的阵地都丢了，陷入了什么都不是的"四不像"的困境。这是需要青年学子时刻警觉的。

其三，无论是东南亚研究，还是东南亚华人研究，都只是学科领域的标识与框架。同样，围绕东南亚研究或东南亚华人研究的田野调查，也都是全面系统收集第一手资料的手段、方法和过程。其最终的出发点和归宿仍然是这么一个核心的问题，即"为什么研究"的问题，以及根据自身的研究资料处理分析之后，回过头来回答当初提出的"为什么"的问题。第一个问题不够，还要第二个问题，两个问题之间有一个连接点。这很关键。这不仅是田野调查，而且是所有科学研究和人文社会科学都绕不过的问题。无论是提出问题，还是分析问题、回答问题，都是一般性的学术探讨的基本程序，都需要专门依托各自学科的基本文献讨论的理论基础、问题取向和基本研究方法。在此基础上进行跨学科的创新，才有真正的意义、真正的可能和真正的冲击力。跨越，不仅是跨学科，而且需要跨语文、跨文化、跨国界，作为一个学者，这样做才会真正成长和成熟。

02
从"南洋研究"到"东南亚研究":
历史的观察与方法论的思考*

作为两个不同发展阶段和性质的范式概念,"南洋研究"与"东南亚研究"在此相提并论,并非哗众取宠的文字游戏,而是鲜明地代表了两种不同时代、不同学术传统、不同意识形态和不同族群、国家与文化霸权建构的诉求、分野与碰撞。在变动的国际关系与全球学术史发展的双重背景下,什么是"南洋研究"?什么是"东南亚研究"?两者各自发展的动力有什么不同?两者的承继与变迁关系又体现在哪里?对中国和东南亚两个地区,特别是东南亚华社而言(无论是说英语还是说华语的群体),从"南洋研究"到"东南亚研究",到底意味着什么?在时间与程度上,为什么这种转型会呈现相似又殊异的发展轨迹?本章竭诚将与大家共同分享一位中国学者的观察与思考。

---

* 本章系根据两篇论文整合、重新改写而成。分别原载李晨阳、祝湘辉主编:《〈剑桥东南亚史〉评述与中国东南亚史研究》,广州:世界图书出版公司,2010年11月,第400—412页;李志贤主编:《南洋研究:回顾、现状与展望》,新加坡:南洋学会与世界科技出版公司联合出版,2012年,第103—114页。

一、南洋学会

讨论南洋研究,最合适的焦点当然要焦聚于南洋学会了。为了更好地理解和探讨问题,这里请允许笔者暂且先跳出东南亚,从东南亚之外的地区类似南洋学会的学会团体谈起,也许更能理解南洋研究的方法论之借鉴意义。

先看英美国家,有两个学会应该最具典型性:其一,英国的"皇家亚洲学会"(the Royal Asiatic Society);其二,美国的"亚洲学会"(the Association of Asian Studies)。英国的"皇家亚洲学会"成立于1823年,拥有非常悠久的历史,自1834年始一直出版久负盛名的《皇家亚洲学会学刊》(*Journal of the Royal Asiatic Society*),每年三期,延续至今。尽管如此,以20世纪五六十年代为分水岭,却不能不承认英国"皇家亚洲学会"影响力大不如前,本身面临着诸多挑战。为什么会出现如此的衰落?因为学会领导层长期老化,没有形成定期更新机制;因为时代变了,英国世界殖民主义霸权衰落了;也因为潮流变了,世界学术潮流也变了,开始从传统单一学科向跨学科的转型。

与英国"皇家亚洲学会"衰落形成鲜明对照的是,美国"亚洲学会"的蓬勃兴起。1956年,"亚洲学会"属下旗舰杂志《亚洲研究学刊》(*The Journal of Asian Studies*)正式取代旧名《远东研究学刊》(*The Far Eastern Quarterly*),原来的"远东学会"(the Far Eastern Association)相应地蜕变为现在的"亚洲学会"。而且,时至今日,该学会已发展为世界同类专业学会中拥有专业会员人数最多的专业学会。为什么会出现与英国如此迥异的转型?

因为时代变了，殖民时代的旧远东已成为独立时代的新亚洲；因为第二次世界大战后美国已取代了英国成为全球的新霸主；也因为美国的远东学会成功及时地实现了转型。

再看新加坡和马来西亚。在马来西亚，有趣的是，"皇家亚洲学会马来亚分会"（the Malayan Branch of the Royal Asiatic Society）及其学刊（*The Journal of the Malayan Branch of the Royal Asiatic Society*），继承了1878年创立的"海峡殖民地分会"的衣钵，像殖民宗主国英国"皇家亚洲学会"一样，曾经独立后短暂的昔日辉煌，依然可敬可佩地支撑延续到今天。然而，大约自20世纪70年代起，特别是20世纪80年代以降，其学术影响力已大不如前，目前处于勉强支撑与日益被边缘化的状态，这应该成为学界的共识。为什么？因为时代变了，新的民族国家诞生了，新的政治权力关系、新的经济政策、新的文化政策出笼了。

同样有趣的是，与"皇家亚洲学会马来亚分会"衰落形成鲜明对照的，是新加坡进行的对东南亚研究产生影响的一系列革命性举措。最显著的例子有三：其一，1960年，新加坡大学创刊著名的《东南亚历史学刊》（*Journal of Southeast Asian History*）；1970年后，改名为《东南亚研究学刊》（*Journal of Southeast Asian Studies*），一直延续至今。创刊、改刊后，独树一帜，坚持学术至上、全球面向，一路走来，声名鹊起，蓬勃发展，蒸蒸日上，不仅走出了历史单一学科，而且走出了新加坡国立大学，走出了东南亚，成为世界上顶尖级的东南亚研究学刊。其二，1968年，新加坡政府创立了著名的东南亚研究院，并成立配套东南亚研究的出版部门，以其及时高质量的政策报告、专题研究、期刊发行、专著出版，享誉全球，很快成为新加坡世界级的东南亚研究的官方智库和东南亚最大的研究专业出版部门。其三，2001年，配合新加坡国立大学的由教学型大学到研究型大学的结构性转型，该校整合全校特色资源，专门成立了"亚洲研究院"（Asia Research Institute，ARI），立足东南亚，以东南亚研究为重点，面向亚洲，使新加坡国立大学很快成为吸引汇聚全球大学亚洲研究，特别是东南亚研究专业人才的国际重镇与枢纽。这与当时西方国家以及新加坡周边其他国家的东南亚研究正逐步衰落形成另一个鲜明的反差。为什么？因为1959年新加坡实现了自治，因为1965年新加坡获得了独立，因为原在新加坡的马来亚大学一分为二（一为吉隆坡的马来亚大学，一为新加坡的马来亚大学），更因为独立后的新加坡是国际化标准、全球化面向的（不仅在语言，而且在人才招聘，在作者群、读者群、学术标准与专业评估程序等方面）。

联系上述全球和地区层面亚洲专业学会的沧桑变迁，南洋学会也不例外，独立后同样经历了几次重大的挑战与转型。挑战有二：其一，1966年，新加坡独立后的第二年成立的新社，应该是第一次大的挑战；其二，1982年，南洋大学与新加坡国立大学合并后不久成立的新加坡亚洲学会，应该算作第二次大的挑战。两个学会从南洋学会分离出来，南洋学会一分为三，从中不难看出明显转型的端倪与轨迹，当然同样明显的是分野与转型。最近的重要转型是，在20世纪90年代全球化背景下，华侨华人研究开始正常化，并且开始形成另一个研究的热潮。正常化与热潮的形成，不仅有中国蓬勃发展的积极效应，更有被纳入本土东南亚研究的面向。上述三个机构，虽然有双语发表，但基本上是以中文为主要媒介，本质上是一个与以英文和本土语言为主要媒介相对应的研究共同体，应该属于同一个南洋研究的范畴。不过，一个不争的事实是：相对于地区内以英语和本土语言为媒介的东南亚研究扩大化的趋势而言，在冷战的背景下，以中文为媒介的南洋研究长期呈现出被动防守、惨淡经营的局面，而南洋学会一分为三的现实，无异于雪上加霜。

二、南洋研究

首先，让我们从什么是南洋研究这一问题谈起。为了更好地说明问题，最好让笔者从我们所熟悉的一系列现象开始。

南洋研究，与南洋概念的起源以及有关南洋地区的著作密切相关，但并不止于此。①南洋研究当然与中国密切相关，因为"南洋"本身是以中国为坐标而定位的，是当时中国和南洋华侨用以称呼该地区的一个耳熟能详的专门名词，但并不止于此。南洋研究当然与1927年在上海成立的暨南大学特别是南洋文化教育事业部以及1956年成立的厦门大学南洋研究所密切相关，但并不止于此。南洋研究与1932年《星洲日报》正式开辟"南洋研究"的专栏版面、1940年在新加坡成立的南洋学会、1956年成立的南洋大学，以及一大批从事南洋研究的南洋学子密切相关，但仍不仅此而已。南洋研究与南洋华侨社会、辛亥革命有关，但并不止如此而已。

南洋研究的界定，与史地研究、华人研究密切相关，甚至还可以与西方殖民时期的东方研究、热带研究、远东研究相比照和关联。

作为一种学术气象的南洋研究，在本章的语境中，从时间与内涵上，南洋有着特定的历史、政治、族群与文化的含义。作为历史概念的南洋研究，有着特定的历史背景。如果说，南洋的概念的流行主要是始于20世纪初、止于20世纪60年代，那么，南

---

① 李金生：《一个南洋、各自界说："南洋概念的历史转变"》，《亚洲文化》2006年第30期，第113—123页。

洋研究的正式兴起则是20世纪二三十年代的事情，五六十年代达到了高潮。自70年代中后期、80年代初以降，南洋研究逐步走向衰落，与此同时在积极地调适、转型与坚守。

顾名思义，"南洋研究"应该泛指涉及南洋地区的方方面面的一切科研活动和成果，包含关于南洋的一切学术研究。从地域空间上看，"南洋研究"一般指以中国学者（包括旅居南洋地区的中国学者）和南洋地区的华裔学者为主体的研究学派。但是，南洋研究更有特定的指涉，一般以史地研究为代表，此即南洋研究的泰斗许云樵的经典含义：

> 其实所谓"南洋研究"，包括一切学术研究在内，不论哲学，宗教，社会，经济，教育，语文，自然科学，应用技术，文学，艺术，历史，地理都可以作专门的研究。不过有许多学问是有共同性的，譬如自然科内的火山研究，虽然在南洋有作专门研究，但在世界其他地方，也作同样的研究，地方色彩的意味降低，使人不觉得它是南洋的专门研究。地方色彩最浓的是史地研究，因此一般人常把南洋史地研究作为南洋研究的代表。①

实际上，全面地看，南洋研究还有着更多、更深的文化、政治、族群、社会和历史的广阔背景。具体地，南洋研究的显著特征大致具有如下特定的系列含义。

第一，南洋研究是以中国和华侨华人为中心的。笔者认为，南洋研究的源起，一方面与中国政府对华侨的态度与政策密不可分，另一方面与南洋华侨社会的形成和成熟密切相关。

中国政府对南洋与南洋华人的认识，在19世纪中后叶，发生

---

① 许云樵：《50年来的南洋研究》，原载刘问渠主编：《这半个世纪（1910—1960）：光华日报金禧纪念增刊》，槟城：光华日报，1960年，第133页。

了本质性的转变。从国际关系的角度，两次鸦片战争后，以中国为中心的东亚旧国际秩序朝贡体系正式宣告瓦解，中国本身成为西方殖民主义欺凌的对象，步入半殖民地、半封建社会。从中国对外政策看，在自强运动中，中国开始重新认识西方，重新发现华侨。华侨，特别是南洋华侨，不仅成为中国新的对外关系中的主要议题，而且成为推进中国国内近代化的重要工具。所以，清政府对华侨政策经历了从禁止限制到自由进出，从漠不关心到保护利用的转变。此后，由于华侨对辛亥革命、中华民国、抗日战争和中国革命的巨大贡献，东南亚华侨已经成为中国民族主义与政治意识形态中的重要工具与遗产。

在中国国家力量的影响下，南洋与南洋华侨的概念以及华侨合法性进一步得到了加强，上升到国家政治与意识形态的高度。南洋与南洋华侨，在中国特定的社会政治历史背景下，相应地，不仅代表了一种热带异国风情与先进时尚的文化生活方式，而且也代表了一种资本主义的富裕繁荣。这种进程的发展与 20 世纪前 30 多年，中国与南洋之间华侨的频繁大量的流动以及庞大且高度成熟发达的华侨社会的形成几乎是同步进行，相互呼应的。而在中国与南洋殖民主义政治架构中，南洋华侨的国籍与政治认同基本上也是中国取向和中国中心的。

虽然如此，但是一个非常有趣的悖论却是：在中国，无论是南洋还是南洋研究从来都不是中心。另一个悖论是：在中国，同样地，南洋华人也从来没有真正地成为中国革命与现代化的真正动力。即使历史上某个时期曾经出现过，那么，南洋华人与其说成为中国革命与现代化的动力，倒不如说是被用来推进中国革命与现代化的手段与政治策略。

同样的悖论是，作为中心和认同对象的中国，当时却是腐败的、无能的、衰落的和不稳定的，本身遭受着西方殖民主义欺压的屈辱和压迫。而这些大概便构成了南洋被边缘化的宿命，是南洋华侨社会与南洋研究的共同困境。

第二，相应地，南洋研究是以中文为中心的。虽然南洋研究一直用双语写作与发表，笔者认为，中国文化、中文媒体、中文教育和华人读者应该是南洋研究的重要文化依托。导致此种特征的因素有三：其一，是南洋华侨社会中国中心视角关怀下的自然发展；其二，是南洋华侨社会华文学校、华文教育、华文报刊的自然发展；其三，是中国南来知识分子集聚南洋以及南洋侨生回中国上大学的自然发展。

第三，南洋研究是以新马为中心的。笔者认为，南洋研究新马中心这一特征，不仅因为新马地区华人人口比例最高、中文教育与报纸最发达，也因为新马成为南洋区域的交汇集散中心，而且也恰好是中国南来知识分子集聚的中心。无论是南洋研究的开拓者如许云樵、姚楠、张礼千等，还是南洋研究的重要平台与机关《星洲日报》和南洋学会；无论是南洋研究重要支撑的华社与华校，还是后来的南洋大学、新社、亚洲学会、华研中心，都是以新马为基地，以新马华社、中文和中国文化等课题为主要关怀对象。南洋研究之所以能够形成如此气候，与背后新马华社、华校、华文报纸等结构性规模和影响力是分不开的，与许云樵等老一辈学者的辛勤耕耘与学术传承是分不开的，与两地大学中文系师生的文化学术坚守和薪火传承是分不开的，也与南洋学会、南洋大学、新社、亚洲学会、华研中心等民间学术机构团体的不懈努力是分不开的。所有这一切无不彰显新马的核心基地和中心视角。一个很有意思的自然发展现象需要注意，即便是以新马为中心的南洋研究后期，即所谓的"后南洋研究"，不仅各自在地化或本土化倾向非常明显，而且在新加坡与马来西亚两地的传承和发展也并非齐头并进、等量齐观,而是存在"河川与溪流"之别。①

第四,南洋研究是以中国学术传统的文史、地理、考据、翻译为主要学术关怀和以西方的殖民研究传统为主要回应对象的。如果说,南洋研究是以中国和华侨社会为中心的,那么,殖民研究则是以宗主国、殖民统治与殖民社会为中心的。南洋研究主要是中国南洋知识分子面对西方殖民研究的霸权而进行的中国视角的建构;南洋研究与殖民研究,在某种意义上,成为一种文化政治与知识诉求的分野。南洋研究的元素既吸收、介绍、批判了西方殖民研究的大量成果,又有以中文资料的发掘、中国视角的关怀、中国原乡暨当地华侨社会的面向为己任。

其实,如果回顾南洋学会的历史,便不难发现,在当时的中国学术史上,尤其是与对其他外国地区的研究状况相比而言,拜中国、东南亚之间地理、贸易、历史与华人移民等要素联系所赐,南洋研究已经属非常先进和超前了。但是,若细究起来,南洋研究,从其发生,到成形,一开始便不免有些先天不足、底气不够,不仅表现在其不够强大和稳定的队伍构成上,而且并没有本地大学体制和资源的支撑。第二次世界大战后,虽然经历过短暂的繁荣,但很快遭遇建国工程与冷战的冲击和分化,接下来更是长达几十年的惨淡经营。而且,与冷战和建国工程相对应,在格局分布上,南洋研究已基本一分为三:其一,流回中国;其二,流向马来西亚;其三,留在新加坡。在此背景下,虽然中国内地(大陆)、香港(台湾)此后发展为支撑东南亚地区南洋研究的重要国际市场与舞台,然而,与中国大陆、台湾等地南洋研究显著不同的是,东南亚地区的南洋研究一直没有纳入国家主流科研体系中,反而一直成为华社自己的文化与族群的事情。所以,

---

① 魏月萍:《中国与地方:新马两地对南洋研究传统的知识认同》,载李志贤主编:《东南亚与中国——连接、疏远、定位》,新加坡:新加坡亚洲研究学会出版,2009年,第165—188页。

这固然是华社的成就，但也是华社的困境。

　　诚然，东南亚很多国家的大学设立了中文系，尤其是新加坡和马来西亚。南洋研究的主力军主要依托中文系的师生，但是这些中文系，仍不免带有安抚华社的色彩与考量，而非像其他系科受到官方足够的重视。此种形势，反过来倒逼南洋研究不得不依托华社社团的支持。在此点上，新加坡和马来西亚形势倒非常相似，尽管存在程度差异之分。换句话说，如果以中文为媒介的论文与英文（或其他语言）一样受到同等重视，或许东南亚研究的动力机制将发生根本性的改变。以新加坡为例，南洋研究本身一直便有南大（南洋大学）情结与国大（新加坡国立大学）情结，在以英文或其他语文为媒介、依托国家主流科研体制支持的东南亚研究面前，本来就大打折扣了。而20世纪60年代和80年代新社与亚洲学会的相继成立，使南洋研究的学术组织再次一分为三，再次大大分散了南洋研究的力量。对南洋研究来说，不能不说是一件大憾事。一个非常有趣的例子是，学界脊梁王赓武教授既是治中国史出身，又通中文，而且也曾积极参与南洋学会和学报的工作，但是王赓武教授应该没有把自己的学术舞台定位在南洋研究的学术圈内，而是很快脱离，转而成为国际学界代表本地区东南亚研究、东亚研究、华侨华人研究的领军学者。鉴于此，应该不难窥视南洋研究在当时复杂形势下的吊诡和困境。如今，在可见的将来，趁南洋研究的一些大师级的元老仍健在，能否借助其深远的学术影响力与人格魅力，整合本已脆弱的东南亚地区的南洋研究，以便在新的地区与国际背景下重新出发？诚若如此，应该是每一位关注南洋研究的学人值得期待、乐观其成的美事。

　　有学者可能要问，日本也有南洋研究，既然如此，那么，日本的南洋研究是否属于"南洋研究"的范畴呢？① 在日本，与英文"东南亚"（Southeast Asia）一词相对应的日语名称是 Tonan Ajia 也是第二次世界大战结束后的 20 世纪 50 年代中叶才首次开始出现。同样地，饶有意味的是，之前日本的东南亚"南洋"有时也叫 Nanyo，但是通常称作 Nanyou，使用的是与中文相同的汉字"南洋"（Nanyang）。Nanyou 原来主要指南太平洋地区的群岛，但是 20 世纪 30 年代前，Nanyou 更通常用以指位于日本以南的地区，即今天所指的东南亚地区。日本的南洋研究，被称为 Nanyou Kenkyuu，通常指日本的东南亚研究。② 饶有趣味的是，Nanyou 未被用以特指"南洋"之前，主要指"南太平洋的群岛"，与英国原来对 the South Seas 的地理定位竟然是一样的，同样用以指南太平洋地区。③同样有意思的是，而这与中国的 the South Seas（意即"南海"或"南洋"）一词的地理含义是不一样的。当然，或许由于翻译借鉴的原因，这种现象只是日本与西方在 the South Seas 地理方位的部分交叉而已。

反过来，同样地，关于南洋的叫法和含义，日本和中国之间也存在交叉之处。或许由于中国商人和日本商人（以及倭寇）在南洋地区长期活动的原因，实际上，早在 19 世纪末日本明治时代的教科书便开始用 Nanyou 指涉南洋地区了。但是，奇怪的是，为什么日本 Nanyou 没有在更早些时期用以专指南洋地区呢？是不是因为官方翻译（主要以西方为主）与民间活动之间资讯的脱节与

---

① 笔者对中山大学袁丁教授就此问题的提问与评论，特此致以谢意。
② 笔者就此问题专门请教了日本亚洲经济研究所所长白石隆（Takashi Shiraishi）教授和京都大学东南亚研究所施蕴玲（Caroline Hau）教授，对他们的耐心解答在此特意致谢。
③ 参阅 Fogg G E. The royal society and the South Seas. *Notes & Records of the Royal Society of London*, 2001, 55 (1): 81-103; Geiger J. Imagined islands: "White Shadows in the South Seas" and cultural ambivalence. *Cinema Journal*, 2002, 41 (3): 98-121.

不对称所致呢？①无论如何，早期日本的南洋研究更多的是以社会经济政治资源调查报告为主，主要配合日本的"南进"政策，虽然名称、渊源与关注课题有重叠之处，但就趣旨、范式、本质含义、学者群，尤其是就东南亚地区内"南洋研究"的学术史与讨论而言，笔者仍坚持认为，"南洋研究"这里应该是特指的含义，有着独特的历史、族群、文化、语言和政治霸权的含义，尤其是不能忽视中国视角和华侨华人这一对重要而独特的内核关联。所以，不能简单地因为日本相对于南洋的地理方位和称谓与中国有重叠之处，而把日本的南洋研究与中国暨东南亚两地区的"南洋研究"混而为一、相提并论，归为同一范畴。所以，南洋研究具有鲜明的时代特征，其兴起更多地与第二次世界大战前欧洲殖民主义以及中国大规模对外移民相联系，而其衰落也与殖民主义的终结、新型民族国家的建设、华侨社会的转型等相对应。

三、东南亚研究

刚才我们简要地探讨了什么是南洋研究，特别应该指出的是，无论是南洋研究，还是殖民研究，都为以后的东南亚研究奠定了良好的基础。可以说，东南亚研究是在南洋研究和殖民研究的基础上发展起来的。但是，反过来，东南亚研究绝不等同于南洋研究或殖民研究，两者是两个截然不同的范式概念。如果说，"南洋研究"具有特定的历史、文化、族群、语言等视角关怀与含

---

① 日本京都大学东南亚研究所施蕴玲（Caroline Hau）教授对此问题的解释评论。同时参见 Hajime S. Southeast Asia as a regional concept in Modern Japan. In Kratoska P H, Raben R, Nordholt H S. eds. *Locating Southeast Asia: Geographies of Knowledge and Politics of Space*. Singapore: Singapore University Press, 2005, pp. 82-112.

义,那么,"东南亚研究"则不同,其含义远远超越了中国学者、华裔学者、中文语言、华人社会等专门范畴,是第二次世界大战结束以来全世界变动的政治经济与国际关系背景下具有共识性的研究范式,没有特定国家、文化、族群的边界界定和指涉。如果说有什么不同的话,那便是各地国家与地区,随着地缘政治经济背景情况不同、历史学术渊源传统各异,其研究应对的策略、调整的程度、确定的重点出现不同步调、不相对称的情况而已。这大概是与"南洋研究"最大的不同之处。由于我们所讨论的东南亚研究属于学说史发展的另一个阶段,因而必须承接之前上文中所讨论的南洋研究历史传统。鉴于此,在下文里,笔者所讨论的范围虽然是在全球的政治经济知识背景下进行的,但是依然围绕南洋研究的基本地域文化主体这个轴心来展开,即在中国和东南亚地区,东南亚研究是在什么情况下展开的?南洋研究又是如何演化的?

那么,下面笔者进一步谈谈什么是东南亚研究?为什么这里要专门引入东南亚研究这一概念?还是让笔者从我们熟悉的一系列现象开始。

东南亚研究的范式概念,从出现至流行,不仅仅因为1943年第二次世界大战期间东南亚地缘战略政治概念,不仅仅因为1954年的东南亚条约组织、1967年的小东盟(亚细安)、1999年的大东盟的区域性国家组织的成立,不仅仅因为《东南亚历史学刊》(1960—1969),《东南亚研究学刊》(1970—)和1968年新加坡东南亚研究院的成立,也不仅仅因为东南亚各国从殖民地到独立建国,从华侨到华人的转变,再到东南亚各国高等学校、科研机关的成立。

东南亚研究有着更广阔的全球性变动的国际关系和学术思潮的双重转变背景。从外部世界看,任何与东南亚相关的某一地区、某一国家、某一课题的科研活动，笼统地都应该属于东南亚研究。从东南亚地区内部看，东南亚研究特别地与所在国的本国研究相对应，大致是本国之外的其他东南亚国家和地区的研究，本国的研究则不属于东南亚研究的范畴。从大学科际学科分工看，东南亚研究更多地属于跨学科区域研究、与各专门学科相对应的独立的教学科研机构与范畴。例如，语言、历史、文学、人类学、地理学、政治学等分别属于以各自专门学科命名的科系，也有自己学科独特视角的东南亚研究，但是它们隶属各自不同的教学科研机构，教学科研人员之间存在着合作关系，甚至两机构之间存在合聘的现象。而且，与跨学科的东南亚区域研究不同的是，前者的毕业生拿的是各自学科的专业学位，后者却只能拿东南亚研究的专业学位。从研究范式看，东南亚研究更代表了一种与南洋研究和殖民研究根本不同性质的新时代、新国家、新国际关系、新社会、新经济、新公民意识与身份认同、新学术机构、新知识分子阶层、新学术气象等。

大致而言，东南亚研究以第二次世界大战为契机、20世纪五六十年代为肇始，经历了此后成型发展等不同阶段。

对于美国而言，早在1941年，美国在原荷属东印度研究所的基础上重新改组，正式成立了以东南亚为名称的东南亚研究所。这实际上比1943年经典的东南亚盟军指挥部的概念还早。不过，美国康奈尔大学著名教授沃尔特斯认为，美国东南亚研究的真正开始应该起源于1948年，以应对冷战刚开始不久的世界新格局。

对于本地区而言，20世纪五六十年代之前，东南亚研究几乎是处于从属、次要的地位，但是此后，东南亚研究逐步处于主导的地位，在国际上与以美国为首的西方霸权和地区研究计划相呼应，在区域内与去殖民主义化和东南亚建国相合拍，南洋研究则处于国家主流意识形态之外的边缘地位。与此同时，对东南亚地区而言，南洋研究在政治意识形态与学术网络建构方面越来越表现出去中国中心的视角观，而越来越展现出本土华社族群与文化中心的强烈诉求和鲜明化色彩。南洋研究却令人敬佩地、顽强地坚守着，并且实际上自身已经进行主动适应、调整与转型。例如：1966 年，"新社"成立，与新加坡独立有无关系？1982 年，"亚洲学会"成立，与南洋大学关闭、与新加坡大学合并，有无关系？这些都是很有意思的课题。

对于中国而言，依然处于南洋和华侨的情结之中，南洋研究俨然成为南洋华侨研究与反对西方殖民主义、霸权主义的研究。东南亚的概念与东南亚研究一直姗姗来迟，直至 20 世纪 80 年代才开始成为主流范式概念，较东南亚地区晚了几十年。非常有意思的现象是，中国东南亚研究的主要动力不仅主要来源于一批第二次世界大战前从南洋归来的老一代学者以及 20 世纪五六十年代从南洋归国求学的新一代知识分子骨干，其知识还来源于东南亚地区的南洋研究。20 世纪 80 年代前，南洋与南洋研究在中国依然成为主流范式概念，前期，南洋研究处于重视发展的阶段；后期，南洋研究处于停滞受压制的阶段。

为了更好地理解这一范式概念，可否这么认为，如下至少三方面要素与视角对我们更好地理解东南亚研究这一范式概念会有所帮助。其一，从学术史发展的层面看，东南亚研究不仅是与南洋研究相对应的一种范式概念，代表了一种与南洋研究相对应的学术分野，甚至同时代表了一种与殖民研究相对立的学术切割。其二，从变动的国际关系体系的层面看，东南亚研究不仅是与以宗主国为中心的西方殖民统治的瓦解和殖民研究相对立的一种新形势下的转变，而且代表了第二次世界大战后冷战背景下以美国为全球霸权，以区域研究、全球研究或跨国研究和多学科为特征的双重转型。其三，从东南亚地区的层面来看，东南亚研究是呼应东南亚各国建国工程，以及东南亚本土意识的形成，包括华侨国籍与身份认同、东南亚区域组织的形成、东南亚国家本土高等教育的兴起、东南亚本土知识分子的形成、东南亚本土教育体系的重新设置等结构性、革命性进程的本土化趋势。

东南亚研究大致呈现如下显著特征：第一，东南亚研究呈现出非常浓厚的政治与意识形态色彩。这种政治与意识形态表现为非殖民主义、冷战、建国工程、发展与现代化等。第二，东南亚研究呈现出从"西方"社会的重点关注到非西方社会、从传统人文学术与单一学科主导取向到现代社会科学与多学科取向、从欧洲中心论到本土中心论的多重转向。第三，东南亚研究呈现出以东南亚各新兴民族国家、地方社会、多元族群、多元文化、多种语言并存、分野与诉求为特征的，以新加坡为区域研究中心和国际交流中心的现实学术生态。

可以这么说，第二次世界大战后国际与区域内部背景对于帮助我们更好地理解从南洋研究到东南亚研究转向，非常关键。同样地，从全球的视角背景考察，东南亚地区的东南亚研究至少存在两个显著趋势。

第一，无论是理论范式还是研究课题议程，本地区东南亚研究大致上依附于欧美学界，以欧美学术界为主导，并从地区内部回应欧美学界理论争议。甚至有些东南亚国家，如印度尼西亚的研究，来自外国的研究成果与水平，无论是数量还是质量方面，都远远超过了印度尼西亚国内学者。但是，与殖民时期的东方研究、热带研究或远东研究最根本的区别是，西方不再是垄断东南亚知识政治话语霸权的主宰，同样地，本土的东南亚研究也不再是被动消极的盲从，而是越来越标榜独立自主甚至与西方异议对立的特征。

第二，相应地，本地区内部的东南亚研究大致上为各自新独立的国家或政府需要服务，表现出强烈的民族主义和浓厚的现实政治服务的意识形态色彩，这点特别是在20世纪90年代前表现得最为明显。另外，来自东南亚地区的研究队伍与成果，也取得了非常可喜的成就。以社会科学研究为例，有学者统计，纵向比较，20世纪70—90年代，东南亚本土学者的东南亚研究成果增长了三倍；横向比较，20世纪90年代中期以后的十年，本区域内东南亚研究的产出比全球东南亚研究的产出增长甚至更快，特别是，新加坡越来越成为东南亚研究的国际重镇与全球各地东南亚研究学者云集的中心。①但问题是，对于本土的东南亚研究，新加坡的个案极有可能是一个例外，即有可能是一种另类的来自东南亚地区的东南亚研究模式，而不能代表整个东南亚地区的东南亚研究状况。②

四、从南洋研究到东南亚研究

公正、客观、全面地说，如果要对南洋研究的方法论进行专业性深度学术评论，没有系统研读新马地区南洋研究的相关专业学会的期刊论文、系列专著、代表性学者群和历史，是做不到的。然而，这样系统而具体、全面而有针对性的评估考察，不仅并非愚钝如笔者这般的晚辈能力所及，而且也有拿捏不准、唯恐冒学界于大不韪之虞，实在不敢造次。不过，无论如何，或许一组富有启发性的问题是：首先，在理论与方法论贡献和借鉴方

---

① Gerke S, Evers H D. Globalizing local knowledge: Social science research on Southeast Asia, 1970-2000. *SOJOURN: Journal of Social Issues in Southeast Asia*, 2006, 21 (1): 1-21.
② 王赓武：《新加坡和中国关于东南亚研究的两种不同观点》，《南洋问题研究》2004年第2期，第1—15页。

面，南洋研究与东南亚研究之间，长期以来，是如何互动的？换句话说，在理论与方法论上，南洋研究对东南亚研究到底有何让学界共识的贡献？到底是南洋研究借鉴东南亚研究的理论与方法论，抑或是东南亚研究经常借鉴南洋研究的理论与方法论？其次，就南洋研究理论与方法论的局限而言，暂且撇开纯学术性因素不谈，回归南洋研究的中心舞台：如果仔细审视和反思，不难发现，其实南洋研究理论与方法论的困境，与华社在更广阔的东南亚社会的困境，与新马在更广阔的东南亚地区的局限，与东南亚国家和地区未来的发展趋势，不能说没有关系。笔者想，上述这些问题的提出，对总体客观把握南洋研究的学界定位、历史贡献与发展困境，是有益的。

权作替代之宜，下面，笔者将提出一系列问题来进一步进行反思。首先，南洋研究与东南亚研究的差异与分野仅仅是语言、文化与族群的差异与分野吗？其次，在地区内，南洋研究的衰落与新马分家有没有关联？如何关联？进一步讲，在地区外，南洋研究的衰落与东西方冷战、1949年后中国海峡两岸的现状有没有关联？如何关联？其三，南洋研究的困境，从历史的视角看，在地区内，是否是一种后殖民地建国工程的必然趋势？在地区外，是否与西方东南亚研究的相对先进以及中国东南亚研究相对滞后密切关联？如何关联？进一步，南洋研究的困境是否类似于东亚研究或中国研究在东南亚地区的现实局限？此种局限到底如何研判：是长期积累下来的暂时困境，抑或是此种困境在新形势下正在为当地国家和社会所正视、矫正和重视？展望未来，如果中国的东南亚研究成为国际学界主流的一部分，而非像目前相对滞后的境地，那么，东南亚地区的南洋研究是否会有结构性、革命性的发展？学术的品质与提升，往往与社会经济政治发展程度密切相关。中英双语是否真正能够为社会广泛熟练地掌握和灵活运用,东南亚其他国家的发展是否都能够达到如新加坡般的程度与水准,这些都是非常重要的考量。

如果说,南洋代表了一个历史时代,一份身份认同,或者一种浪漫情怀,那么南洋研究则代表了一种对应的文化霸权诉求,一个独立的知识传统,一份自发的凝视关注,或者一幅无法回避的社会历史生态。

在多族群、跨文化交汇,以及多种复杂政治势力博弈的东南亚地区,南洋研究自然有其固有的族群、文化、社会与知识背景。在跨越殖民主义与建国工程、冷战与全球化的历史大进程中,南洋研究如何发源与兴盛、转向与合流?南洋研究是否真正存在过昔日的辉煌?如果是,那么当下是否是乾坤再现、回光返照?如果不是,那么到底该如何恰如其分地和历史地定位界说南洋与南洋研究?有鉴于此,南洋研究最终将身栖何处、心属何方?从南洋学会来看南洋研究,固然是基本,会有很多启迪,但是,如果从新社或新加坡亚洲学会来看南洋研究?会是什么样的视角与经验呢?更进一步,如果从新加坡来看南洋研究与从马来西亚,甚至从整个东南亚地区来看南洋研究,会不会有不一样的启示呢?同样地,从中国来看南洋研究与从亚洲,甚至从全球视角来看南洋研究,会不会更全面和客观?会不会有一些新的重要发现和启发?再譬如,从一个短暂的十年,甚至几十年的时间跨度来审视南洋研究,与从长时段的视角,特别是跨几个不同时代的长视角的角度考察南洋研究,会不会更客观、全面?或者有更不一样的发现和心得?

南洋研究有一种非常值得钦佩的精神与关怀,那便是文化与族群的情愫与诉求,一种边缘对主流、草根对精英、民众对政府的抗争。南洋研究一个重要特征是,一直以学术研究与文化工程为工具手段来反映族群的诉求,反过来又以族群的诉求为使命目标来组织学术研究与文化工程。这是因为学术与文化毕竟显得超然，且在政治上不算敏感，总是具有广泛的合法性与恒久的合理性。实际上，历史上南洋研究从来就不是中心，从来就没有成为主流：在中国没有，因为南洋研究一直是中国研究和西方研究的附庸；在东南亚也没有，因为南洋研究是东南亚研究的附庸；在殖民主义时期更没有，因为南洋研究是对殖民研究的回应；在后殖民主义时期同样没有，因为在官方的系统里，南洋研究一直游离于主流机构体制之外，基本被定性为民间社区文化关怀，至今仍未得到应有的承认，遑论重视了。

值得强调的是，南洋研究的生命力，或许正在于打压下的被迫转型和抗争中的诉求所激发出来的坚守与努力。最显著的例子是一代南洋大学的杰出学子，如颜清湟、吴振强、廖建裕、杨进发、李元谨等，纷纷负笈海外，发奋图强，以自己的努力和学术成就为南大正名，为南洋研究做出了巨大的贡献。一个很有意思的悖论是，固然昔日南洋大学被歧视和打压下的奋发与诉求凝聚或重塑了今日南洋研究复活的生力军。然而，走出南洋大学、走出华社、走出新加坡、走出南洋研究的原有局限，转而向国际主流学界、向英文学界、向东南亚研究吸收有益的元素，才实现了扬长补短，开拓进取，与时俱进，积极回归，或许正是如此这般曲曲折折、反反复复，反而真正奠定了延续南洋研究传承的强大生命力和文化韧劲。同时，在一批批新马留台学生、最近留学中国的东南亚华裔子弟、从海外留学加盟新加坡的大学教师、留学新加坡的中国学子，以及一大批走向社会的南大毕业生的热心关怀和支持下，南洋研究才一代代薪火传承、繁衍不息，所以才出现今天的可喜局面。值得骄傲，值得庆贺，令人鼓舞。

一个毫无疑义的事实是，当下该地区南洋研究的国际与国内、政治与社会、文化与学术的氛围早已变得非常正面、宽松与开放了，不再像从前那样遭受来自国家对学术原则、视角、方向等敏感性政治质疑和纷争。这无疑是进步的和喜人的。虽然时过境迁，但是一个不可否认的事实是，在组织架构、方法论等问题上，该地区的南洋研究基本架构几十年来本质上并没有发生根本性的改变，仍然承载着太重的语言、文化、族群以及国家意识形态等要素。不知这到底是喜还是悲？到底多大程度上是现实的使然、个人因素的作祟，还是大江东去的无奈？难道南洋研究的复兴真的没有指望了吗？那么，在今日大好形势面前，南洋研究真正的出路到底在哪里呢？是需要好好思考、反思与应对的时候了，不是吗？这是笔者对南洋学会八十周年庆典，甚至九十周年和一百周年的热切期待。祝福南洋学会，祝福南洋研究。

从南洋研究到东南亚研究，不只是名称的改变而已，而且是体现着两个不同历史时代、不同国际政治霸权、不同身份认同、不同知识学术传统、不同国家族群语言文化的交汇、分野、博弈、碰撞。

有学者认为，从20世纪70年代以来从"南洋研究"向"东南亚研究"的转型过程，"华人研究"越来越明显地成为转型的方向和风气，这是一个很中肯的观察。[1]但是，笔者以为，这只能相对地看，不能简单地从字面上把"华人研究"与"东南亚研究"孤立割裂开来，因为"华人研究"与"东南亚研究"的关系，应该理解为前者是后者的一个重要的组成部分，而不应该是平行、对等的两个不同研究领域。两个领域之间交叉、关联与整合，应该是现在和将来发展的大势方向，尤其值得东南亚和中国两地学

---

[1] 廖文辉：《从"南洋研究"到"华人研究"：20世纪新马华文源流马新史学发展分期刍论》，《马来西亚华人研究学刊》2003年第6期，第71—100页；廖文辉：《南大历史系师生对马新史研究的贡献》，载李业霖主编：《南洋大学史论集》，马来西亚南洋大学校友会，2004年，第195—237页。

者关注，因为欧美和日本学者在这方面的分野已经不那么明显和重要了。

可否这么认为，从本地区内部来看，如果说第二次世界大战结束以来是从南洋研究到东南亚研究的转变与分野，那么，随着冷战的结束、中国的发展和东南亚国家的日益成熟，20世纪90年代开始出现上述两种范式互为补充、甚至合流的现象。

但是，这种互为补充、甚至合流的现象，到底是暂时性的抑或是长期性的，到底是实质性的抑或是表面形式的，值得我们思考。随着几十年来东南亚研究的国际化、国家化、制度化，合流的方向本质上是否最终朝向东南亚研究，更是一个非常值得关注的有趣现象。

五、尾　论

无论是"南洋研究"还是"东南亚研究"，有一点是共同不变的：那便是新马，特别是新加坡的中心地位。"南洋研究"之所以可以形成气候和传统，新马的华社、华校、华团、华报、华人知识分子功不可没；"东南亚研究"之所以在全世界得以推进，除了上述所提到的背景外，特别与新加坡从国家和地区的战略安全高度大力推动和一贯努力是分不开的；而"华侨华人研究"之所以得以合法化而没有被边缘化，更与新加坡所赋予的独特官方机构合法性密不可分。

03
华侨华人学科建设的反思：
东南亚历史研究的视角与经验*

历史是一切社会科学的基础，东南亚历史研究对华侨华人研究，无疑具有密不可分的根本框架与历史进程的重要意义。联系当下整个中国和国际上的华侨华人研究，一个重要基本点是：东南亚华侨华人研究早已完成了与东南亚华人社会、东南亚建国进程相适应的根本性转型，即从"中国中心论"到"海外中心论"的转变。国外东南亚华侨华人研究，一方面已经融入当地社会、国家、文化、政治、经济生活的方方面面，无论选题还是经验研究（empirical study）都已经非常细致和深入；另一方面同时关注与中国、中国文化、华人性，甚至跨国性等一般结构性主题，理论关怀非常广阔。而且，经过半个多世纪的积累，国外东南亚华侨华人研究已经拥有相当坚实而深厚的学科基础和支撑，专业分工相当明确，紧紧地依托历史学、人类学、社会学、政治学、语言学、地理学以及文化研究等，无论从研究的深度、理论的高度，还是学科知识的积累、学术史的发展，已经很有基础、规模

---

* 此章系根据两篇论文整合与大幅删减而成。分别原载《华侨华人历史研究》2009 年第 4 期，第 19—20 页；《华侨华人历史研究》2003 年 3 期，第 19—29 页。

和影响力了。至少在东南亚,尤其在新加坡、马来西亚两地,东南亚华侨华人研究已经成为东南亚研究的重要组成部分,而不再像以前那样是中国研究/殖民研究的附庸或中国研究的替代品或中国研究的实验室。从这个意义上说,国外东南亚华侨华人研究已经相当成熟了。更重要的是,虽然近几十年来北美的华侨华人研究异军突起、独领风骚,东南亚华侨华人研究,尤其是来自东南亚地区的华侨华人研究,一直是并且继续是引领整个华侨华人研究潮流的驱动力和大本营,新加坡尤为如此。

一、华侨华人学科建设的问题

北京大学华侨华人研究中心李安山教授主持的教育部社会科学重大项目"华侨华人学科建设"是一个重要的理论课题,很有意义。相对于已有的研究积累,讨论的时机比较成熟;相对于几十年改革开放的成就、新形势与新问题,更有讨论的必要。讨论的问题,笔者认为,至少应该包括两大方面:一是针对过去,对中国华侨华人研究的现状和问题进行总结和评估;二是面向未来,对华侨华人研究进行科学的定位和梳理,明确今后研究的方向、方法和视角。

争论的实质是这样一个理论与方法论的问题,即华侨华人研究应该分别被视为某一孤立的主题研究领域(research subject)、区域研究(area study)和学科研究方法(disciplinary approach),还是一个相互关联的结合整体的问题。问题还可以继续围绕一个三位一体的层面展开和延伸:第一,中国层面。因为学科研究的对象是华侨华人,它在种族与文化上与中国是无法隔断的,或多或少受中国历史、文化、政治、经济和社会发展等因素的影响。第二，居住国层面。因为华侨华人是居住在海外的移民，而海外各居住国状况又是千差万别的。华侨华人必须各自现实地面对当地民族、社会和国家并受其影响，以谋求解决生存、适应、同化和发展的问题。第三，华侨华人社区自身层面，即作为移民的华侨华人，在特定的、陌生的环境背景下，其内部形成的政治、经济、社会组织，文化生活与权力关系。这同样不是一成不变、整齐划一的。所以，华侨华人研究，远远超越了以中国为传统坐标来界定的，以政治意识形态或先验的地域文化血统论为导向的，以密封的或孤立静止的华侨华人个人、家庭和社区层面为唯一研究要素和分析单元的学科范畴——事实已经证明，这些因素不仅成为华侨华人和所在国与中国正常、健康交往的障碍，更成为活跃学术研究的枷锁。

具体说来，华侨华人研究，在地域上涉及的是中国与其他国家间的互动；在文化种族上，涉及的是华人或中华文化与其他种族和文化的互动；在学科上，对它的研究也应是开放的，不必也不应是某一特定的、专门学科的专利。政治学、历史学、人类学、社会学、文学等学者都可以研究它。但其最终成果更多体现的是某一学科的视角、方法和特点，无论该研究的方法是交叉的还是跨学科的。凡此种种，强调某一方面而故意忽略另一方面，都是片面的、不客观的和一厢情愿的。这里，学术问题研究与方法论的探讨与反思，应该是核心；国内研究与国际研究的接轨与比较，不失为讨论的一个好的出发点和对照物；中国华侨华人研究特有的政策层面与国内学术机构资源间的互动关系等问题，也是无法回避的。概言之，华侨华人学科建设应是在改革开放的新的历史条件下，分析、总结和探讨中国华侨华人研究的现状与问题、挑战与对策、优势与不足、理论范式与视野方法、资源配置与整合、学术规范与评估体系等一系列框架性问题的理论课题。

换句话说，作为学术层面的华侨华人研究，在意识形态或政治取向上，它不应该是宣传的、主观的和误导的；在宏观研究框架上，不应该仅仅是中国中心的、没有居住地国家与社会为现实依托的、一厢情愿式的想象共同体；在具体的研究范围、对象和形式上，更不应该是大而空的、明显于经验（empirical）材料收集和分析无法操作的剪刀加糨糊的拼凑；不应该是学界常见的冠以所谓"学术研究"的、实际却往往是通俗或朴素意义上的议论文、记叙文、说明文、人物故事、宣传报道、总结报告或其他杂烩；当然，在研究手段和过程上，自然不应该是指把国外研究成果翻译后据为己有的引进介绍，甚至抄袭的那种拿来主义。

本质上，在严肃和澄清学术道德与规范的前提下（本来，这不应成为一个问题。但笔者还是要在此指出来。不知课题组是否把它作为学科建设的一个重要方面来讨论），华侨华人研究涉及的是一个在更广阔的跨国界、跨社区和跨学科背景下的种族、地域、文化、学科、政治、经济、社会、历史等一系列要素或单元间的互动、影响、模式和动力。或者说，华侨华人研究是与移民、种族、同化、劳工、贸易、地区互动、国家形成和社会变迁等大的主题、大的范式、大的结构和大的进程等密不可分的。当然，这些大的主题、范式、结构和进程，具体在某一历史时期或某一国家和地区，会呈现出不同内容、特征和变异。因此，作为某一具体课题的研究，它应该与相关的结构与历史性的背景、因素和框架结合起来考察。这是避免目前华侨华人研究"无国家社会历史进程依托"、"无理论背景分析框架"和"无系统经验研究支撑"模式的关键所在。面对如此宏大的理论课题，笔者当然知道自己才学浅陋，无法驾驭其万一。在此，只能就笔者1993—2002年在欧洲、东南亚，以及日本和美国研究东南亚历史和华侨华人史的一些经验与视角，谈谈自己的浅见，请教方家，希望对讨论有所裨益。

二、东南亚历史研究的视角

首先请允许笔者谈两个大的、相互关联的理论视角背景：第一，东南亚历史研究的困境与挑战；第二，华侨华人，特别是东南亚华侨华人研究的困境与挑战。

1. 东南亚历史研究的困境与挑战

从事东南亚历史研究的新一代学者，第二次世界大战后几十年来一直致力于寻求解决这样一个巨大困境的有效途径：一方面，建构东南亚作为一个政治、经济、地理区域和作为一个研究领域的一体性和整体性；另一方面，设法克服这样的一系列难题，如学术研究的落后、资料的匮乏、地区间的差异性和易于落入陈腐的欧洲中心论、中国中心论与印度中心论误区的危险。本质上，这是旨在总结归纳东南亚整个地区的框架形态特征及构成该整体框架形态特征的各具体详细的经验个案研究之间对立统一的问题。换句话说，是一个研究视角和研究手段辩证统一的方法论问题。同时，又是一个根源于意识形态和方法论的知识困境，即新兴的东南亚国家努力摆脱外部历史建构包袱的非殖民化的同时与突然间于地区社会内部无法找到一个可以替代范式之间的矛盾。①

1961 年，在荷兰社会学家范卢（Jacob van Leur）富有挑战性

---

① Leur J C V. *Indonesian Trade and Society: Essays in Asian Social and Economic History*. English edition. The Hague and Bandung, 1955.

的著作的启发下，时为康奈尔大学博士研究生的斯迈尔（John Smail）发表了其著名原发性的理论论文，呼吁"自主的视角"（autonomous perspective）的东南亚现代史。斯迈尔认为，所谓"自主"的历史，既非"欧洲中心论"，亦非"亚洲中心论"，而是更平衡的东南亚地区"内在"的历史，同时考虑殖民的冲击与社会的变迁。在撰写"自主"的历史时，他认为，我们关注的重点应该从过分强调殖民关系转移到地区内在的发展，承认东南亚社会内部的变化，强调社会、经济方面的内容。①

1962年，耶鲁大学本达（Harry Benda）提出以"结构的历史"（structural history）的方法来研究东南亚历史。所谓"结构"的方法，他认为至少有以下含义：第一，东南亚历史结构应该通过东南亚社会的结构来研究。第二，一系列地方社会的比较与社会学的研究，将为整个东南亚研究提供便利的、结构上大体类似的理解和框架。这不仅可以成为东南亚研究缺少详细历史证据的替代范式，而且不失为避免欧洲中心论的一种方法。第三，结构变迁的研究应该从考察受其影响的一系列社会、经济和政治关系出发。②

而康奈尔大学沃尔特斯（O. W. Wolters）则强调"地方或次区

---

① Smail J R W. On the possibility of an autonomous history of modern Southeast Asia. *Journal of Southeast Asian History*, 1961, 2 (2): 72-102; See also Sears L J. ed. *Autonomous Histories, Particular Truths: Essays in Honor of John R.W.Smail*. University of Wisconsin, Center for Southeast Asian Studies, Monograph No.11, 1993.

② Benda H. The structure of Southeast Asian history: Some preliminary observations. *Journal of Southeast Asian History*, 1962, 3 (1): 106-138; See also Benda H. *Continuity and Change in Southeast Asia: Collected Journal Articles of Harry Benda*. New Haven: Yale University Southeast Asian Studies, Monograph Series No.18, 1972. 有关其他重要讨论，请见：Legge J D. Southeast Asian history and social sciences. *In* Cowan C D, Wolters O W, Echols J M. eds. *Southeast Asian History and Historiography: Essays Presented to D.G.E.Hall*. Ithaca and London: Cornell University Press, 1976, pp. 388-404; McVey R. Introduction: Local voices, central power. *In* McVey R. ed. *Southeast Asian Transitions: Approaches through Social History*. New Haven and London: Yale University Press, 1978, pp. 1-31.

域的研究方法"（local or sub-regional approach）。他把东南亚理解为由"次地区组成的区域"，更突出本达所触及的各地方和次地区历史的重要性。1970年，沃尔特斯宣称："东南亚历史研究必须经常考虑到如何从某一特殊的地点看待这个世界。"[1]后来，他进一步阐发，地方与地区历史的研究手段应加上文化的含义，即以各文化社区和地区内部关系的形式来区分地区历史特征。[2]在此，笔者也许还应该提到"解构东方主义"（deconstructing the "Orientalist" ideology）的理论背景下，阿姆斯特丹自由大学萨瑟兰（Heather Sutherland）"重新评估"东南亚与东南亚"新历史"的呼吁。她认为，动摇陈腐的欧洲中心论，不仅仅只是揭示东南亚人（本土居民与移民）的重要作用，而且更重要的是解构欧洲人界定和描述东南亚社会时那种根深蒂固的、带有偏见的和误导的思想、范畴和心态。西方学者的自身优越感与对亚洲经济与社会强大力量与继承性的蔑视，正是对真实的亚洲世界和历史存在根本误解的必然结果。[3]

所有这些新的思潮下的重建东南亚历史的范式，都集中指向探讨以下几组关系的主题：继承与变迁的关系、冲突与适应的关系、中心与边缘的关系以及一般性与多样性的关系。沿着这些视角、途径和主题，几十年来，东南亚历史研究很大程度上满足于通过详细的地方个案研究来填补空白，却一直没有试图进行检讨

---

[1] Wolters O W. *The Fall of Srivijaya in Malay History*. London: Lund Humphries, 1970, p. ix.

[2] Wolters O W. *History, Culture, and Region in Southeast Asian Perspective*. Singapore: Institute of Southeast Asian Studies, 1982; See also his recent article, Wolters O W. Southeast Asia as a Southeast Asian field of study. *Indonesia*, 1994, 58: 1-17.

[3] Sutherland H. Writing indonesian history in the Netherlands: Rethinking the past. *Bijdragen tot de Taal-, Land-, en Volkenkunde van Nederlandsch-Indie*, 1994, 150 (4): 785-804; Sutherland H. Writing history of Southeast Sumatra: A review article. *Indonesia*, 1994, 58: 103-108; Sutherland H. Believing is seeing: Perspective on political power and economic activity in the Malay world 1700-1940. *Journal of Southeast Asian Studies*, 1995, 26 (1): 133-146.

框架或发起理论创新的努力。难怪著名的东南亚学者麦可薇（Ruth McVey）认为，斯迈尔的理论呼吁"尽管广受赞扬，却鲜少真正为东南亚研究者所贯彻落实，也没有开拓其他新领域视野的努力"①。

在反殖民历史这一共同战略上，所有这些范式并没有根本性的分歧。相反，这恰恰是它们的共识。如果说有差别，那也是各自关注的侧重点和面不同，即破坏与建设方面的不同，或如何执行贯彻的方针上的不同。在此，笔者仅想就东南亚学界与华侨华人研究争论密切相关的三个要素作一些澄清。这些要素是"地区"（region）、"种族"（ethnicity）和"东南亚变迁"（Southeast Asian transformation）。与之相对应，其他三要素分别为"地点"（place）、"人物"（people）和"时间"（time）。在这些要素背后，我们会发现这些参数，如机构（institutions）与互动关系（interactions），或传统意义上的政治、经济和文化等。各个要素并非一个孤立的实体，而是一系列相互作用的关系。"地区"意味着某一地点（locality）和它周围的世界（its surrounding worlds）；"种族"意味着某一社区（community）和与之对应的异族社区（its counterparts）；而"东南亚变迁"揭示着某一历史背景（background）和变化与承继的进程（process）。这三大相互交织与相互作用的要素最终如何成为阐发和锻造东南亚历史和社会最重要的特征所在？笔者将作一概要说明。

联系我们刚刚提到的理论困境，在总结归纳东南亚整体历史和许多详细经验个案研究的背景下，"地区"的视角与手段，既成为一种战略（strategy），又成为达到目的的技巧（technique）。为什么这么说呢？第一，鉴于东南亚社会与历史千差万别

---

① McVey R. Change and continuity in Southeast Asian studies. *Journal of Southeast Asian Studies*, 1995, 26 (1): 8.

（heterogeneity）和支离破碎（fragmentation）的鲜明特征，相信唯有在对足够多的地方与地区进行详细的经验研究后，我们总结归纳东南亚整体历史的努力与目标才会切合实际、行之有效。第二，在专门经验调查的可行性上（empirical investigation），"地区"的研究手段又可成为考察地区内各种关系、外部冲击和内部适应等动力的一个可操作的实验室和分析单位，即地方州与社会（local state and society）。第三，更重要的是，"地区"的视角和手段，反映了东南亚一个长期被忽视的东南亚历史发展的历史现实和跨越国家政治与行政边界的重要活动平台。各种东南亚历史上跨国界的政治、经济、社会的联系、网络、流动与互动关系，主要在这些重要地区的活动平台上上演。

至少在岛屿东南亚，历史上，殖民时期并没有一个统一的中央政权，也不存在一个统一的全国经济中心。实际上，马来各州很多是各自在自己超国家的、地缘政治与地缘经济区内自主地运作。比如，新加坡与周围的廖内（Riau）和柔佛（Johor）就是这样的地缘政治经济区；北马的槟城（Penang）、吉打（Kedah）与印尼的苏门答腊（Sumatra）和泰国南部的通扣（Tongkah）等形成一个以槟城为中心的地缘政治经济区。此外，像爪哇与周边地区、苏拉威西与周边地区以及苏禄海区域等，也是这种超国家的、地缘政治经济区的例子。历史上的这些区域集团，今天再次成为东南亚地区经济合作与发展的主要基地，有的已经重新崛起为或正在成为东盟的"成长三角"。重新评价东南亚历史，应该首先承认这些广阔区域与次国家、地方社会的重要作用和特性。

尽管如此，这还远远不够。"地区"的认同与界定必须同时跟"人物"和"时间"联系对应起来考察。具体地说，尝试还应包括参照"种族"和"东南亚变迁"（Southeast Asian transformation）等要素。我们所讨论的时期（time）与地区（place）是19世纪后半叶和20世纪上半叶受西方殖民主义统治的东南亚。这同时是一个经历着巨变和转折的时期和地区，一个改造和建立新社会、新经济与新政治体制的宏大的历史进程。在这一历史大变动的进程中，所有的种族——无论是欧洲人、本土东南亚人，还是外来移民（主要为华人和印度人），自始至终都是这一大进程与变动的目睹者和参与者，各自都扮演了重要的角色和起了重要作用。各种族各自相应的历史作用也应该得到适当的承认和重新评定，而不能厚此薄彼，任意歪曲，甚至抹杀。在这一急剧的大变动进程中，特别是新社会与新经济的创造和形成，事实也正是建立在包括所有要素在内的各种族之间相互作用的产物。换句话说，从正面、积极和既定的意义上而言（而非相对殖民主义负面遗产的道德清算上），东南亚社会与国家的形成，不是某一个单一因素的独创，简单贴上单一的标签，如"殖民"（colonial）、"移民"（immigrant）或"本土"（indigenous）的经济与社会是不够的。这正是东南亚多种族政治与多种族经济最显著的特征之一，具体反映在巴达维亚东印度公司华人、混血妇女和荷兰人间的复杂互动的"奇怪的伙伴"（strange company）关系中[1]；反映在本质上为移民与殖民者商业合作的东南亚企业家少数群体间的"联合社区"（conjoint communities）里[2]；反映在移民华人与本土当权者间的"阿里"联盟（Ali-baba alliance）里[3]；更反映在已引起很多讨论的殖民统治者与东南亚本土民族间的"冲突和适应"模式里。

---

[1] Blussé L. *Strange Company: Chinese Settlers, Mestizo Women and the Dutch in VOC Batavia*. Dordrecht: Foris Publications, 1986.

[2] Dobbin C. *Asian Entrepreneurial Minorities: Conjoint Communities in the Making of the World Economy, 1570-1940*. London: Curzon Press, 1996.

[3] Sutherland H. Believing is seeing: Perspectives on political power and economic activity in the Malay world 1700-1940. *Journal of Southeast Asian Studies*, 1995, 26 (1): 133-146; Twang P Y. *The Chinese Business Elite in Indonesia and the Transition to Independence 1940-1950*. Kuala Lumpur: Oxford University Press, 1998.

回到我们讨论的问题：鉴于同时兼容地方州及其周围更广阔的地缘政治经济区的研究视角的相对重要性，同样地，鉴于东南亚多种族经济与社会的历史事实及与之相对称的、全面的研究方法论的重要性，那么，我们能否以"华人移民"（immigrant Chinese）为切入点，通过对其集中关注，把两者结合起来以重建东南亚真实的历史进程呢？换句话说，这里有两组重要的结合：第一，东南亚"多种族"社会政治经济互动与东南亚地方州及其周围更广阔的地缘政治经济区的研究视角的重要结合；第二，东南亚华侨华人研究与整个东南亚历史研究的重要结合。东南亚华侨华人研究的新视角唯有与东南亚历史研究的新视角相结合起来，将前者置于后者的框架内进行考察才会有意义。两者的研究，并不是互不相干、平行并列的两个孤立的研究领域。

在此背景下，重写东南亚历史应该考虑两个中心问题：第一，如果历史上华人移民在东南亚的社会经济变动中确实扮演了非常重要的角色，那么，华人移民社区的形成与地方国家和地区的形成彼此间是如何互动的，又是如何相互影响的？第二，如果华人的经济活动是在跨国界间进行、需要与很多不同而不是某单一的国家打交道，那么，不同国家的政治与经济是怎样影响华人商业，又是怎样被华人商业所影响的？

相应地，这进一步涉及一个双重的反思：东南亚历史，甚至整个东南亚研究，应该承认东南亚华人根深蒂固（deep-rooted）的历史作用；反过来，东南亚华人研究也应该被嵌入（be embedded）更广阔的背景与框架下，考察多方面的和多种族的互动关系，而不应该把华人密封起来，静态地置于自己狭窄的社区界限范围内。华人移民的历史作用，在最近的东南亚文献里，固然得到了应有的承认，但是，正如著名的东南亚历史学家瑞德（Anthony Reid）指出的那样，它依然一直是"一个总体说来研究薄弱的次学科分支中最薄弱的方面之一"①。

2. 东南亚华侨华人研究的挑战与困境

20世纪五六十年代，在全球冷战和东南亚国家独立建国的背景下，同化与效忠成为政治决策者和学者关注的备受争议的所谓"华人问题"的核心所在。荷兰汉学家包乐史（Leonard Blussè）把当时政治学家研究东南亚华人社区的两种理论方法归纳为人类学方法和社会学方法。狭义的人类学研究方法主要关注华人传统组织形式，如血缘关系、宗教文化社团、秘密会社等，以寻求华侨华人对付外部挑战反应的社会组织形式的解释。而广义的社会学研究方法，则把东南亚社会、政治和经济环境作为研究的出发点，重视华人地方生存与文化政治适应的程度、方式和策略等。②

但是，关于华侨华人研究的方法论特性与问题，两者兼容的最好的英国著名人类学家、汉学家弗里德曼（Maurice Freedman）在一段非常精辟的著名阐释中不得不承认：

> 在努力研究海外华人时，人类学家肯定会发现他的人类学偏好（prejudices）会逐渐被侵蚀掉。他必须是移动的（mobile）。当他苦于在不能看见他所有的研究对象在同时扮演其多种角色时，他必须学会按压住自己的不耐烦。他必须满足于零碎的和直接的观察。他必须调整他的视野，这样，他或许才会不仅从最直接的位置，而且从移民发源地的社会，从移民新的安身立命的最大范围的居住地，从他们融入的非

---

① Reid A. *Sojourners and Settlers: Histories of Southeast Asia and the Chinese*. New South Wales: Allen & Unwin, 1996, p. ix.
② 〔荷〕包乐史：《巴达维亚华人与中荷贸易》，庄国土、吴龙、张晓宁译，南宁：广西人民出版社，1997年，第34—35页。

华人社会等整体框架里，发现行为和思想。①

最近，著名的东南亚历史学家萨瑟兰对东南亚华人社区历史研究的两种对立的陈腐范式的评论很有代表性。一种范式强调华侨华人作为"外来移民"因素的作用；另一种范式强调"海外华人"流动不定的裔群与网络特性。一种滑入种族主义（racism）；一种落入感情情结（sentimentality）。她一针见血地观察到：

> 在第一种范式中，通常的框架是东南亚国家。国家疆界、政治与社会经济史决定了我们该如何讲述我们的故事。在这种以国家为中心的叙述中，华人通常被描述为经济整合的侵入性代理人和殖民主义或全球资本的工具，诸如包税商人、种植园主、高利贷者、杂货店主和独裁者的密友等等。结果，在民族主义的历史学里，他们通常被忽视和排斥在土著国家的黄金时代的故事（如蒲甘、阿瑜陀耶、满者伯夷等）、伊斯兰教士的宗教著述以及反殖民主义的英雄事迹等之外。而当他们不被忽视时，他们却又往往被视作"问题"，或作为外国的和潜在的背叛者；或作为群众义愤和政治剥削的牺牲品。另一群裔的视角，同意海外华人在东南亚背景下的外来特性，但想当然地假设，鉴于华侨华人基本的与明显不变的身份认同，这又是不可避免的。②

这种范式过分强调华侨华人种族与文化的一体性，忽视了各不同华侨华人社区在地区、国家与个体背景差异下社会文化发展的多样性。下面，就笔者的经验研究，还会就这一点继续讨论。

---

① Freedman M. *The Study of Chinese Society: Essays by Maurice Freedman*. Stanford: Stanford University Press, 1979, pp. 383-384.
② Sutherland H. *From the Particular to the General: Local Communities and Collective History*. Newsletter of Chinese Heritage Centre, Singapore, 2003, No.1.

三、东南亚历史研究的经验

从1993年9月赴荷兰阿姆斯特丹大学访问研究始,至2002年下半年调入北京大学历史系任教时止,九年间笔者一直在欧洲(英国和荷兰)、东南亚(马来西亚和新加坡)、美国(耶鲁大学)和日本(京都大学)从事东南亚现代史和华侨华人史研究。研究成果主要体现为1999年在荷兰阿姆斯特丹大学答辩的博士论文[1]和2003年在英国、美国和加拿大同时出版的专著[2]。下面,笔者想就自己的一些研究经验,为本章作一个个性化的注释。笔者将要介绍的内容包括两个方面:其一,研究课题;其二,研究方法。需要说明的是,这里所谓的"东南亚研究的经验",更多的是与"经历"相对应的、习惯性的、中性的动名词;绝不敢妄称为与"教训"相对称的、有所谓正面意义的、范式的或需要褒扬的东西。同样地,也许笔者在长达两年的时间里在荷兰之外的五国间进行田野调查与档案研究的经历,有助于进一步说明必要性和重要性之类的问题。鉴于这部分内容,笔者在本书的第一章里已经有所讨论,这里不再赘言。

1. 研究课题

笔者在荷兰的博士论文的研究项目为"马来国家形成过程中的华人家族商业网络(1882—1941):吉打州和以槟城为中心的地区互动背景下的考察"。研究主要考察华人家族商业网络在东南亚

---

[1] Wu X A. *Chinese Family Business Networks in the Making of a Malay State: Kedah and the Region c.1882-1941*. Ph. D. dissertation, University of Amsterdam, 1999.

[2] Wu X A. *Chinese Business in the Making of a Malay State, 1882-1941: Kedah and Penang*. London and New York: RoutledgeCurzon, 2003.

转变的历史大背景下，以槟城—吉打州为轴心的亚细安成长三角的形成和发展（1882—1941），并探讨家族与国家、地区、种族及移民之间的互动关系。通过详细分析华人社区的核心活动，如包税商制度、稻米贸易、经济竞争、多种族的法律纠纷和典当业等，集中阐发两个相互关联的主题：第一，纵向历史的视角上，华人家族商业网络在地区地理层面上与背景下的形成和权力关系；第二，垂直的功能关系上，家族商业网络发展与马来国家形成的互动作用。关注的焦点是一组著名的来自槟城或吉打的华商家族；他们一起构成一个整体的、跨国界的、槟城—吉打华人商业社区最重要的部分。通过编年体例式地探讨国家、地区与种族之间的互动关系，考察华人家族商业网络形成的动态历史进程。

从根本上说，多种族、跨国界的互动，是东南亚现代史发展中最重要的特征之一。改写东南亚历史，不仅应考虑欧美殖民主义与东南亚土著民之间的互动，而且应同时承认移民，特别是华人和印度人之重要作用；否则，东南亚历史只会失去平衡且片面化，而重新回到欧洲中心论的殖民主义历史的老套之中。所以，以本土与社会为中心的人民及其社会经济关系，而非欧洲中心的殖民或国际政治关系，是笔者研究的基本视角。但是，这并没有导致另一个极端，而把两者决然割裂开来。相反，下层社会经济关系同时被置于中心的政治权力关系运作构架下考察。

要在一个项目里完成这么多理论视角与方法论的结合，实际上是一项非常困难并具有挑战性的工作。一方面，殖民部、外交部的档案资料，尽管浩如烟海、汗牛充栋，但多为有关殖民政治关系方面的，很少有社会经济方面与本土民族的记录，更不要说华人移民方面的记录。而这些最简便的、最容易获得的大量的殖民关系政治资料，大都已为学者所使用。再拾人牙慧，在学术创新意义上，是无多大价值的。更甚的是，日本占领时期，东南亚地区当地的很多记录被毁,如马来西亚槟城州政府大厦被炸,档案自然被毁。马来亚最高专员署的档案,至少有二十年是不完整的,很多仅剩题目与摘要。而华人私人保存的记录,因战乱和年久,或被烧毁,或丢失。尽管如此,现有文字记录的档案又多是以行政区划为单位的,而这正是我们要突破的。凡此种种,无论哪一方面的资料都是不完整的和片面的。

所以,要达到我们上述讨论的几个重要结合,我们的调查也必须是综合的,多层面、多视角和跨国的。实际上,除图书馆研究之外,在涉及吉打州的大英帝国层面上(即伦敦、曼谷、新加坡之间),笔者系统地查阅了英国殖民部(CO 273,1882—1919)和外交部的档案(FO 422,1882—1939);在地区层面上(即吉打、槟城和新加坡之间通信),则查阅了马来亚最高专员署档案(HCO files,1896—1941);在地方层面上(苏丹与槟城官方、华商和其他下层官员之间,各部门、县、村与州政府之间),则查阅了吉打苏丹通信集(1882—1924)和吉打州政府档案(SUK K 1905—1941)。为了追踪地方社会政治经济和商业社区的日常生活(everyday life),笔者全面翻阅了如下几十年的报刊:《槟城公报》(英文,1882—1941)、《亦果西报》(英文,1903—1941)、《槟城新报》(中文,1896—1941)、《海峡独立报》(英文,1889—1896)及其他报刊。笔者系统地查阅了如下系列全集:《海峡/马来亚指南》(1880s—1941)、《立法院记录》、《吉打州年度报告》(1906—1939)、《马来亚农业杂志》(1910s—1941)、跨越50多年的每10年一次的人口普查报告以及其他系列报告等。笔者也查找了族谱、碑铭、地方记录并进行了访谈。这种全方位、多层次、多视角的地毯式的、侦探式的调查,自然是由研究性质和视角所决定的。

2. 研究方法

抽象地介绍了笔者的研究课题和理论方法论突破的目标后，下面应该具体介绍如何进行研究的操作方法。再次要强调的是，笔者研究关注的主题与切入点是"华侨华人家族商业网络"。实际上，它涉及互为一个整体的三个层面：第一，华侨华人；第二，家族；第三，商业网络。关于第一层面的"华侨华人"，上面已经专门讨论了很多。因为它是本章的主线，也因为它与其他两个层面是密不可分的，所以，下面的讨论将集中在"商业网络"与"家族"层面上。

先谈商业网络层面。随着 20 世纪 80 年代后中国的改革开放与整个东亚的崛起，学术界关注探讨华人网络跨国化作为东亚一体化之引擎等根本性问题。于是，涌现出许多时髦的相互重叠的，融经济、政治、种族、文化内涵于一体的社会科学概念，如"商业网络"（business networks）、"贸易等级金字塔"（trading hierarchy）、"贸易区"（trading zones）、"贸易少数民族"（trading minority）、"贸易种族"（trading ethnicity）或"裔群"（diaspora）等。①所有这些结构性模式从不同角度揭示了以商人和商业这一特殊切入点为中心的商业网络的多方面特征。笔者的问题是，基于这些商业网络的社会学轮廓特性，不仅从结构性特征方面，而且从商人机会主义式的和战略性的活动和互动关系方面，历史学家是否能够在其他重要势力影响背景下（如历史和政治）考察其历史发展？更重要的是，华人商业网络的形成能否与殖民主义、种族、政治和东南亚变迁等关联的结构性进程框架综合起来考察？具体地说，"华人商业网络形成"这一个案，在方法论操作与目标

---

① 有关文献述评，请参阅，Wu X A. *Chinese Business in the Making of a Malay State, 1882-1941: Kedah and Penang*. London and New York: RoutledgeCurzon, 2003, pp. 7-10.

预期上,能否被视为东南亚社会和历史演变总体进程的一个缩影来研究?提出这些问题,笔者旨在回到本章的论点,即东南亚华侨华人的重要历史作用,应该像其他社区——欧洲人和本土东南亚人一样,被视为塑造东南亚历史与社会的一个密不可分的重要因素来重新评估。

再谈家族层面。如上所述,如果笔者的目标是通过华人商业网络来研究东南亚地方与地区史,那么,通过家族,笔者的目的是界定与描述华人商业网络(identify and delineate Chinese business networks)。笔者想提出三个关联的问题来进一步阐明这一点:第一,家族作为方法论手段(family approach),为什么那么重要?第二,家族作为方法论手段的选择,如何反映东南亚华人商业经营模式的历史现实?第三,为什么笔者选择研究的林宁绰家族(Lim Leng Cheak family)和庄清建家族(Choong Cheng Kean family)特别重要?

这样的选择出于两方面的实际考虑:第一,为了跨越国家的政治与行政边界,必须有一个替代的社会或经济机构(institution)。该机构必须有能力在国家边界之外的地区范围内行事(have the capacity to act regionally),而同时又是社会经济事务主流中一个有影响力的扮演者。第二,就东南亚来说,这些特征很典型地适合华侨华人。诚然,华人苦力流动性非常大,他们的作用与贡献也很重要,但他们个体的详细情况在资料中很难看见或几乎看不见。幸运的是,这些大批苦力却与华人"头家"(Chinese towkays)紧密地联系在一起;而正是这些华人"头家"本质上都是按家族企业(family estate)的形式组织他们的经济活动和参与社会经济竞争的。这些华人"头家"和他们的家族企业,构成近现代史上东南亚华人企业特征的根本形式。因此,站在舞台中心的是精英家族;他们提供了我们地区视角所要求的跨行政边界的良好框架。

在学界有关地方史与地区史的文献著作里,家族作为方法论研究手段一直受到认同。在拉丁美洲,精英家族(elite family)几十年来一直是更好地理解现代拉美国别史与政治史的关键。由于社会政治结构的相对真空,这些贵族家族成为拉美历史从后殖民主义时代到 20 世纪初过渡的主轴。①最近,东南亚研究中涌现了一些新的有关家族方面的著作。著名的著作有中泰联系纽带中的许氏家族②和菲律宾的政治精英家族③。在此,笔者或许需要再次强调的是,家族的方法论研究手段,其目的在研究地方史、地区史或国别史,而非孤立的家族历史本身。所以,在上述讨论中,并没有涉及其他很好的家族史研究,比如印度尼西亚三宝垄的黄氏家族④和东爪哇的韩氏家族⑤。同样,也没有涉及许多在东南亚进行的、以家族为传统研究手段的人类学和社会学著作。根据蓝氏(O. Lang)的经典定义,"家族"通常指的是经济家庭,即通常由血缘、婚姻或领养关系联系在一起的成员组成、拥有共同预算和共同财产的基本单位。⑥在笔者的研究项目里,它特指的是"移民华人商业家族"(the immigrant Chinese business family)。在东南亚的背景下,"移民华人商业家族"至少有如下历史含义:第一,与

---

① 请参阅 Balmori D, Voss S F, Wortman M. *Notable Family Networks in Latin America*. Chicago: University of Chicago Press, 1984.
② Cushman J W. *Family and State: The Formation of a Sino-Thai Tin-mining Dynasty, 1797-1932*. Singapore: Oxford University Press, 1991.
③ McCoy A W. *An Anarchy of Families: State and Family in the Philippines*. Madison: The University of Wisconsin Press, Center for Southeast Asian Studies, in cooperation with Ateneo de Manila University Press, 1993.
④ Yoshihara K. *Oei Tiong Ham Concern: The First Business Empire of Southeast Asia*. Kyoto University, the Center for Southeast Asian Studies, 1989.
⑤ Salmon C. The Han family of East Java: Entrepreneurship and politics (18th-19th centuries). *Archipel*, 1991, 41: 53-87.
⑥ Lang O. *Chinese Family and Society*. New Haven: Yale University Press, 1946, p. 13.

中国祖先发源地相关联，移民华人有着传统农民社会与儒家文化的烙印，被视为"文化华人"（cultural Chinese）。第二，与居住国社会相对应，移民华人被其他社区如马来人、英国人和印度人等重新界定，被视为"种族华人"（ethnic Chinese）。第三，与不同的经济活动和关系相对应，移民华人被卷入一个跟原来自给自足的传统农业经济迥异的殖民资本主义市场。他们到东南亚是作为工资劳动者和资本家，被视为"商业华人"（business Chinese）。第四，由于相对缺乏国家主导的、融入居住地的社会机制整合，移民华人在居住地社会眼里被视为"异乡人"（strangers），自视为"侨寓者"（sojourners）。这些重叠的历史含义意味着，对移民华人来说，"家族"作为基本的社会经济单位具有内在的重要意义。

在时间、空间和作用领域方面（time, space and arena），所谓"移民华人商业家族"的具体界定，有三个原则：第一，强调地方性，华人家族必须在吉打州或与吉打州有着较强的商业联系；第二，强调地区性，在吉打州的华人家族商业必须有更广阔的地区背景和功能；第三，强调商业性，华人家族必须至少在吉打州某一经济领域中发挥重要作用，比如鸦片饷码、碾米业或典当业等。因此，这里"移民华人商业家族"可以是以吉打为基地的、来自吉打或槟城的著名华商家庭。如果来自吉打本身，那么其以吉打为基地的商业必须与槟城或其他地区有着地区性的业务联系；如果来自槟城，那么其以吉打为基地的商业应至少成为其商业王国的一个最重要的组成部分。简言之，华人家族商业活动的地区风景（regional landscape）必须与其在吉打地方的鸦片饷码和碾米业等领域的经济重要性相吻合。

根据这些原则，笔者确定并集中研究一串华商家族。他们形成一个有机整体，分散在吉打和槟城的华人商业社区。这些家族是林宁绰（Lim Leng Cheak）、庄清建（Choong Cheng Kean）、潘

(林)兴隆(Phuah Lim Hin Leong)、陈亚牛(Tan Ah Yu)、钟神佑(Chong Sin Yew)、林文虎(Lim Boon Haw)和林连登(Lim Lean Teng)。所有这些家族互相联系,或是竞争关系,或是合作关系。他们的身份都可以在中国、吉打和槟城等三个主要的世界里被确定。实际上,笔者也访问了他们在中国福建和广东的家乡村落,寻访了他们家族的宗祠与墓地,查访了他们的族谱与其他记录。同样地,在吉打和槟城华人商业社区之间,在海峡华人与新客华人之间,在第一代与第二代之间,这些家族都有涉及。这种包含与覆盖让我们能够呈现一个长期的进程与视角,从而能一方面在社区商业与领导层层面,另一方面在更广阔的东南亚殖民政治与经济发展层面,揭示承继与变迁的关系。正是这些高度流动的华人商业家族,发挥了地区经济整合发展的重要作用,代表了围绕其周围的一个更广阔的商业社区,重塑了地方与地区的权力政治。同样地,也是这些家族,不仅提供了经验调查深度(empirical depth)的可行性,而且提供了更好理解多种族政治与经济竞争的可能性。作为切入点,作为组织单位,或作为透视镜的家族,其方法论的功用在于探讨动态的华人经济活动和情景化社区、社会、国家和地区的功能关系。因而,商业家族不仅成为研究东南亚地方与地区史的缩影,而且成为研究一方如何影响另一方发展的参数。

四、尾　　论

应该强调的是,从一开始,笔者就没有试图为华侨华人研究确立一个标准,而只是想呈现一个实例,一份注释,借此希望能对华侨华人学科建设课题与讨论有所裨益。展望未来，理论关怀、方法论和区域研究的依托似乎应该成为现阶段中国华侨华人研究关注的三个方面问题：其一，华侨华人研究的理论关怀应该与族群、移民、国家、文化、宗教、性别、现代化、身份认同、地方史、华人资本主义和跨国网络等结合起来，否则很可能会被边缘化。其二，华侨华人研究应该处理好与区域研究的关系，如果没有地理、社会文化、国家与社区等方面的依托，如果没有在移民输出国与居留地之间掌握好研究平衡，华侨华人研究将不可避免地出现泡沫化。其三，华侨华人研究应该处理好作为课题研究项目与以不同方法论为依托的各学科之间的关系，没有方法论的问题也就是使华侨华人研究空心化，甚至异化的问题。

04
概念脉络、文化关怀与比较视角：华侨华人研究的再梳理*

　　移民、族群、政治、经济、文化与历史等基本要素，是海内外华侨华人研究的重要主题。政治经济的历史视角，或者说，历史与政治、历史与经济，是中国政府侨务政策和中国华侨华人研究的主要考量。如经济的周期性波动一样，政治很多时候也是急剧变化的，有时甚至是敏感不定的。所以，政治、经济的变化，尤其是敏感性，是华侨华人和华侨华人研究的一个根本性特征。无论是从历史与政治，还是从历史与经济的视角，论及华侨华人已经很多了。政治与经济，又是向前发展的，与时俱进的。所以，这里笔者则选择专注于历史、文化与比较的层面，因为这些应该是当下及其今后中国华侨华人研究非常值得关注的重要方面。需要说明的是，华侨华人移民的历史与对中国发展贡献的历史，也已经讨论得非常多了。所以，这里笔者选择从华侨华人概念的历史脉络谈起，然后再讨论文化的关怀，最后以比较的视角，对华侨华人研究做一些初步的再梳理，以恭贺中国华侨历史

＊ 原载李卓彬主编：《中国华侨历史博物馆开馆纪念特刊》，北京：中国华侨出版社，2014年，第75—81页。收入本书，有订正。

博物馆开馆志庆之喜，并请教方家。需要指出的是，之所以冠以"再梳理"，原因有二：其一，是相对于笔者 2003 年的一篇题为《华侨华人学科建设的反思：东南亚历史研究的视角与经验》的拙文而言。其二，是不敢掠人之美，妄称"再反思"矣。①

一、概念脉络

首先应该强调的是，王赓武、周南京、廖建裕、陈志明等著名学者对华侨华人研究概念的建构讨论与普及，居功至伟。②纵观华侨华人历史，笔者以为，至少五组核心概念，应该予以厘清：其一，"华侨"与"华人"；其二，"中国"与"中华"；其三，"中国人"与"华人"；其四，"华裔"与"离散华人"；其五，"中国文化"与"文化中国"。日常语境中，人们对这些概念比较模糊，常常交替使用，不予区分。在专业学者看来，这些概念虽然相互关联，却不尽相同，甚至界限分明，非常敏感而重要。从五组概念发展的历史脉络可以看出政治、经济社会形势的变迁，以及相应的知识背景观念的调整是如何影响华侨华人本身和华侨华人研究的。兹略分述如下。

1. "华侨"与"华人"

19 世纪 70 年代之前，海外中国移民被负面地称为"流民""弃民""奸贼""海盗""海外孤儿"，长期被中国政府所抛弃。③

---

① 吴小安：《华侨华人学科建设的反思：东南亚历史研究的视角与经验》，《华侨华人历史研究》2003 年第 3 期，第 19—29 页。
② Huang J L. Conceptualizing Chinese migration and Chinese overseas: The contribution of Wang Gungwu. *Journal of Chinese Overseas*, 2010, 6 (1): 1-21.
③ Yen C H. Ch'ing changing images of the overseas Chinese (1644-1912). *Modern Asian Studies*, 1981, 15 (2): 261-285.

与南洋当地欧洲同行竞争对手不同，他们在海外需要自力更生，完全靠自己独立打拼，是"没有帝国为后盾的商人"。[①] 19世纪70年代之后，其形象开始正面化，被称为"华侨"，开始融入中国民族主义与现代化发展的大潮。20世纪五六十年代之后，尤其是在海外，则被称为"华人"。从严格的学术意义上划分，"华侨"与"华人"是不同的称呼，用法也不一样。"华侨"是指居住在国外的中国公民；"华人"为已加入外国国籍的中国人。"华侨"应为Overseas Chinese，这里Chinese，主要指其国民与政治法律的属性；"华人"为Chinese Overseas，这里Chinese，主要指其族群与血缘文化属性。"华侨"的"侨"指"侨居"，意味着"暂时性"的客居，其移民的本意，不是落地生根，而是落叶归根。近年来，中国对华侨、华人的称谓在政治、法律上的界定是很明确的，但往往倾向与二者连用，以致海外有关人士不以为然。对此，周南京教授的解释很明确、很全面：

> 我们认为，华侨与华人虽然具有共同的血缘、文化传统和千丝万缕的历史联系，但时至今日，二者已经演变成为两个不同的概念。……凡仍保留中国国籍的旅外侨民称为华侨，而已加入外国国籍的原有华侨则自动丧失中国国籍，他们应称为华人或外籍华人或华裔。目前，据一般统计，世界上3000余万的中国移民及其后裔约90%的人已转变成为华人，只有约10%仍然保持华侨身份。在东南亚各国，保持华侨身份者的比例可能更低。与此同时，由于从中国大陆及台湾、香港和澳门地区不断有新移民移居国外，这些移民在加入所在国国籍之前具有华侨身份，因而在可预见的将来，华

[①] Wang G W. Merchants without Empires: The Hokkien Sojourning Communities. *In* Wang G W. ed. *China and the Chinese Overseas*. Singapore: Times Academic Press, 1991, pp. 79-101.

侨这个名称是不会消失的。华侨是华人的前身，华人是从华侨转变过来的。二者具有历史继承关系。我们所以将华侨、华人两词连用……只是因为历史不可能割断，是承认华侨与华人在历史上、血缘上、文化传统上和经济上存在的千丝万缕的现实，而丝毫无意在政治上和法律上混淆这两个不同的概念。①

简单地说，华侨、华人泛指移居国外的中国人，所以，他们也常常被称为"海外华人"。"海外华人"是指在中国大陆、台湾及香港、澳门之外的华人。当下，中国大陆倾向于"华侨华人"并列使用，是兼顾了历史发展与当代现实。海外则倾向于"华侨""华人"区别使用，并坚持认为应称为"华人"。需要指出的是，"华侨"的视角既是与"中国中心论"相对应的，也是与华人移民在海外历史发展相联系的产物。"华人"的定位实际上是海外中心与当代定位的视角，立足于当代华人在海外政治发展与身份认同的现实；是相对于中国中心的与历史的视角"华侨"而言的。"中国中心论"强调中国中心、中国社会、中华民族、中国历史与文化的视角，把华侨华人研究纳入中国研究的一部分，彰显华侨华人与中国联系的轴心背景下华工移民血泪史、华侨爱国爱乡与艰辛创业史等。"海外中心论"则主要关注华侨华人在居留地国家与社会互动轴心背景下的同化与适应，把华侨华人研究纳入人文社会科学研究一般方法论的个案研究或者典型的社区研究等。②

2. "中国"与"中华"

众所周知，"中国"是一个拥有政治疆域的主权政治实体的概

---

① 沈立新主编：《华侨华人百科全书·社区民俗卷》，北京：中国华侨出版社，2000年，第158页。
② 丘立本：《从世界史角度研究近代中国移民问题刍议》，《世界历史》1986年第3期，第1—7页；王赓武：《海外华人研究的地位》，《华侨华人历史研究》1993年第2期，第1—8页。

念，包括中国大陆、台湾及香港、澳门。而中华则是一个更具包容性的、模糊的文化与族群范畴的概念，虽然中华拥有政权、领土、文明和历史的依托与沉淀。对华侨华人而言，中国是政治性的。

"中华"则是文化性的、去政治性的，包容性大。有意思的是，英文中"中华"难以找到准确、对应的翻译，大多数是用"拼音"表示，特别是与"中国"一词一起使用的时候。不仅如此，为方便理解，还分别加上括弧"中国"和"中华"。在中国国内，"中国"与"中华"，虽然不同，但在日常使用上，"中国"一词更常见，人们一般更倾向于将"中国"一词替代"中华"一词。而且，在具体语境使用上，"中华"一词国内更多地主要与"民族"和"文明"相提并论，如"中华民族""中华儿女""中华文明"等，彰显其超越主体民族汉族的、包容性的民族与文化属性。在海外，尤其是东南亚地区，则不同；华人更倾向于使用"中华"一词，而不是与"中国"相关联，以撇清其中国政治的敏感性，而取中华文化与族群的原生正当性。另外，"中华"一词在东南亚的使用，具有去外界历史上对中国的负面形象"Cina"（"支那"）的侮辱性称谓，西方社会对华人移民的侮辱性称谓则是"Chinaman"（"中国佬"）。这是海外华侨华人的文化政治与族群政治。

3. "中国人"与"华人"

同中国与中华的概念一样，"中国人"与"华人"也是一对相互关联、有明显不同的概念。由于英文 Chinese 一词，非常包容、含糊，既可以指中文，又可以指中国人，还可以指华人，日常话语中两者非常容易混淆。"中国人"，严格地说，是一个明确拥有作为中国公民的、明确的政治疆界的法律属性概念。在国内，除了汉族外，还包括其他少数民族；在海外，当然包括留学生、华侨以及驻外人员等。而华人则不同，广义上有时候也包括政治法律属性意义上的中国人，但狭义上却另有专指，是针对华侨与海外华人而言的，更多的是族群性、文化性的概念，或者说是一个无中国政治属性的、去政治化的概念。举例说，在国外，当外国人问一个新加坡华人：Are you Chinese（你是华人吗？）回答是：Yes, I am. 但通常会马上补充一句：I am a Singaporean Chinese. 当然了，另一种比较激进的回答是：No, I am a Singaporean（不，我是新加坡人）。

必须指出的是，与"中国人"和"华人"这组概念相对应的是当今国际上比较流行使用的另一组概念，即"中国性"与"华人性"。在英文表达里，"中国性"与"华人性"都是同一个词Chineseness。这是一个后现代性的、西化的外来概念，当下在国际上很流行，也开始为部分国内学者与媒体所接受使用。在具体的语境中，Chineseness有很多种含义，而且视侧重点的不同而不同。对此，近十多年间国际学界讨论得非常热烈，毋庸多言。简言之，与华侨华人相关联，这里有两大点需要明确：其一，中文"中国性"与"华人性"的不同表达，明显地体现了其中的差异：前者强调中国作为一个地域和一个国家的地理政治维度，后者强调华人作为中华民族与中华文明的族群文化的维度。其二，以中国国家政治经济为焦点参照的"中国性"，主要是西方把中国作为"他者"而建构的话语与范式，是与西方的"现代性"或"现代化"范式模式相对立的，是关乎中西之间不同"发展道路"与"发展模式"的"一元论"（西方）与"多元论"（中国）争议。以"华人"族群和文化为焦点参照的"华人性"，则主要侧重于华人个人与华人族群相对于异国他乡与祖籍国文化之间时空错位的身份认同，主要强调是个人对国家、少数族群对多数族群、边缘对中心、移民与同化过程中的多元性、差异性与复杂性的对立统一。①所以，这里笔者把他们单独挑出来作为一组来讨论。

4. "华裔"与"离散华人"

"华裔"的概念，相对比较好理解，主要有两层含义：其一，严格地说，"华裔"是指那些虽具有华人血统，但通过异族通婚，或其他同化手段，已经融入其他种族，不再自称为华人的群体，文化上比较融入异族社会，政治上倾向效忠外国。换句话说，华裔是其文化与族群意识的主体不再是华人，虽然他们具有中国血统。其二，华裔的另一个含义可以理解为"中国移民的后裔"，在这种意义上，"华裔"的概念可能等同"华人"的概念。所以，在海外日常生活中，华裔与华人的概念很多时候相互替代使用。

"离散华人"是一个非常具有现代性的外来概念，对应的英文是 Diaspora Chinese（亦称 Disaporic Chinese），或者 Chinese Diaspora，其使用视具体背景不同而不同。"离散"的概念，即 diaspora，历史上本意指亚美尼亚人、希腊人，尤其是犹太人在国外的散居地。起初，无论华人社会还是华人学界对与"离散"的概念相关联在一起，都很警惕，认为是不明智的②，甚至是排斥的、抵制的。"离散"的概念至少强调三方面的特征：其一，与"家园""故乡"或"祖国"的概念相对应，突出表现为被迫离散、散居、流浪的特征。其二，与"宗教"的因素密切相关，突出表现为遭受迫害、被排斥的宗教情结。其三，与"少数族群"

---

① 请参阅英文拙文：Wu X A. In Search of Chineseness: Conceptualization and Paradigms. *In Malaysia and the Chinese Community in Transition: Selected Papers on The Second Biennial International Conference on Malaysian Chinese Studies*, Vol. 2 (Community and Politics), Kuala Lumpur: Centre for Malaysian Chinese Studies, 2015, pp. 55-91.

② 参见潘翎主编，崔贵强编译：《海外华人百科全书》，香港：三联书店（香港）有限公司，1998年，"释义"部分。

要素相对应，突出表现为作为"散居者"在居住国主流族群支配背景之下自身独特的经济社会文化的动力。然而，这个概念在国际学术界近二十年却比较流行，这是因为许多对 diaspora 概念的借用与界定，开始越来越剥离了原来的含义，更关注全球化现代化新背景下，迁移所造成的转变和位移，更代表多样性、流动性、混杂性、现代性的混乱，或后现代性与后殖民主义的失去中心的构造特征，更能揭示移民时空错位、政治文化认同分离的特定跨界状态。另外，在跨国主义与全球化背景下，就如何解释海外华人经济成功与社会文化动力问题上，"离散华人"这一概念较能正面强调家族纽带、血缘亲情、关系网络等儒家文化价值观。所以，这是一个很符合华侨华人基本特征的概念，而且非常富有兼容性，可以用来对比世界其他各个地区各自主要的海外移民族群，进而推动"离散"移民族群研究向一个更深、更广的学科高度发展。

5. "中国文化"与"文化中国"

这同样是一对与华侨华人密切相关的、非常容易混淆的概念。这组概念，虽然是以文化为包装，但是与华侨华人联系在一起，却非常具有政治的指涉性。"中国文化"的概念比较清楚，比较专门，容易理解。笼统而言，"中国文化"是一个拥有五千年历史的、地广人多的、拥有世袭封建王朝与庞大帝国支撑的、以中华民族为融合主体的、以中文语言为主要媒介工具的、以家庭制度为第一重要社会生活要义的、以儒家伦理为传统价值观的自成一体的东方文化系统。

"文化中国"的概念，则不然，比较绕口、模糊；也因为如此，很多时候，令人耳目一新，显得新颖迷人而时髦。实际上，细究起来，则不然，其出笼的知识背景具有专门的历史与政治的含义。"文化中国"当然与中国文化密切相关，是基于中国文化这一共同核心纽带的概念，但却决然不等同于中国文化。在中国，"文化中国"概念的出现，既迎合了"文化大革命"后20世纪80年代改革开放新形势下的知识化、专业化的文化热潮，又规避了当时依然存在某些政治意识形态的敏感禁区。在海外，"文化中国"的概念是杜维明教授在20世纪90年代初期提出的，或者说是1989年之后海外出笼的、具有政治针对性的、质问中国大陆应该作为中心而不能作为中心的意味非常强烈。那么，这到底是什么样的概念？与华侨华人有何关联呢？

"文化中国"是一个与地缘政治意义上的"中国"国家相对应的文化与族群概念。从文化与族群的双重视角，"文化中国"主要分三个层次：第一个层次主要有中国海峡两岸暨香港、澳门和新加坡等华人为主要族群的居住区。第二个层次包括全球的海外华人社区。这些社区，除某些国家外，如马来西亚华社，一般地华人人口很少有超过当地总人口百分之三的。第三个层次由非华人组成的学者、教师、新闻从业人员、作家、商人和企业家等非华人（即外国人）个人精英组成，他们是文化中国最重要的国际载体与使者。杜维明认为，从地缘政治的视角看，作为华人集聚地的第一个层次是"中国"的中心，中国大陆尤其是中心的"核心"；但若从全球视角上看，却成为"边缘"。相反地，在"中国"的边缘，儒家文化却得到了继承与发扬，成为文化中国的"中心"。① "文化中国"的概念出笼以来，在华人世界里引起很大回响和热烈争论，但是在中国大陆几乎却是一个不加审视的时髦概念，主要是与敏感性政治相分离，却又迎合了改革开放后对文化的渴求。而今在中国全面改革开放与全球化背景下，杜维明自

---

① Tu W M. Cultural China: The periphery as the center. *In* Tu W M. ed. *The Living Tree: The Changing Meaning of Being Chinese Today*. Stanford: Stanford University Press, 1994, pp. 1-34.

然早已以自己的行为矫正了当初自己理论的政治议程，而"文化中国"与"中国文化"交织在一起，在海外华人社会则更多的表现的是个人与族群的身份认同问题。

综上所述，从长时段历史发展的脉络看，大致地，19世纪70年代前主要流行的是"弃民"的概念，19世纪70年代至20世纪五六十年代是"华侨"概念，20世纪五六十年代以后主要是"华人"的概念，"文化中国"的概念主要是20世纪80年代华人圈内流行一时的概念，"离散华人"则是20世纪90年代后全球化背景下流行的概念，而"华人性"则是最近一二十年开始流行，尤其是在海外流行的概念。"华侨"的概念在海外虽然过时了，但由于新移民的关系，在中国大陆依然继续在繁衍传承。所以，"华侨华人"概念在中国大陆一直并列使用，即兼顾了历史与现实的平衡，国内与国外的平衡。在海外，"华人""离散华人"与"华人性"则交替使用，但并不意味着"华人"的概念过时了，而是分别赋予了"华人"概念新的内涵与新的时代烙印。概而言之，从"弃民"到"华侨"，到"华人"，到"新移民"，再到"离散华人"，直到今天的"华人性"，这些新概念的使用、普及与替换，既代表着现代中国的发展历程的变化，又代表着海外华人的身份地位的变化。当然，更代表着华侨华人与现代中国互动关系的变化，也代表着华侨华人研究学科方向的变化。

二、文 化 关 怀

文化是一个耳熟能详却经常模糊不清、包容性非常大且内涵极为丰富的概念，仅定义便多达二百种，因人而异，依具体的背景指涉不同而不同。如果非要定义，文化是指社会成员在社会上所学的复合整体，包括知识、信仰、艺术、道德、法律、风俗等，以及其他能力与习惯。这应该是狭义的文化定义。文化也同样存在广义之分，无所不包。文化还可以分为高雅文化与风俗文化，上层文化与大众文化，或者精英文化与下层文化。为帮助理解，举梁漱溟的话如下：

> 文化，就是吾人生活所依靠之一切。如吾人生活，必依靠于农工生产。农工如何生产，凡其所有器具技术及其相关之社会制度等等，便都是文化之一大重要部分。又如吾人生活，必依靠于社会之治安，必依靠于社会之有条理有秩序而后可。那么，所有产生此治安此条理秩序，且维持它的，如国家政治，法律制度，宗教信仰，道德习惯，法庭警察军队等，亦莫不为文化重要部分。又如吾人生来一无所能，一切都靠后天学习而后能之。于是一切教育设施，遂不可少；而文化之传播与不断进步，亦即在此。那当然，若文字、图书、学术、学校，及其相类相关之事，更是文化了。①

需要澄清的是，这里单独突出文化的关怀，不是说将来政治、经济的视角不重要，而是说过去对社会文化层面的重视度很不够，很不对称。对于本章的讨论而言，华侨华人文化，主要涉及两方面的关系：其一，与中国文化，特别是中国传统文化的关系。其二，与外国文化，即所在国本土文化以及其他文化特别是西方文化的关系。在此前提背景下，具体而言，笔者认为，如下几点对我们的讨论主题密切关联：其一，更广阔层面上，相对于过去一直强调华侨华人政治与经济层面的作用与贡献，文化的关怀既是一种适时的积极调整，又是一种必然的发展过程。其二，

---

① 梁漱溟：《中国文化要义》第2版，上海：上海人民出版社，2011年，第7页。

更专门层面上，相对于中国华侨历史博物馆的主要功能作用而言，文化的关怀是指需要强调华侨华人重要的历史贡献与丰富而独特的文化遗产。丰富而独特的文化遗产，不仅强调华侨华人文化遗产保留的中国传统要素，而且强调华侨华人海外生存适应中吸收的外国元素。其三，相对于中国文化传统，对华侨华人而言，文化的关怀，不是指中国高深的文化经典（即今日称之为国学）的，而是指中国传统文化习俗与行为价值观，尤其是中国闽、粤农村的乡土风俗文化。传统中国文化习俗，最具有连续性与完整性的地区，当属中国台湾、香港、澳门与海外华人社会，因为他们没有经历大陆"文化大革命"对文化传统的摧残。同时，由于他们长期生活在境外，其中华文化习俗主要是从久远的移民先贤代代相传下来的，因而是一份绵延不断、很珍贵、很古老的中华文化传统习俗，特别是其中很多在中国大陆如今都很难寻觅了。其四，文化的关怀，不是静态的、大一统的、单向的中华文化对外传播，而是动态的、双向的中华文化如何在海外社会与当地文化交流互动，而且是要在华侨华人研究中引入文化研究的跨学科视角。具体而言，对华侨华人宗教文化、服饰文化、饮食文化、建筑文化、认同文化等独特华侨华人文化动力的研究，将是拓宽华侨华人研究的重要方向之一，非常具有现实意义与学术价值。那么，华侨华人独特文化遗产的中国元素与外国元素的含义到底表现在哪些方面呢？到底该如何界定和认识华侨华人文化呢？

　　首先，华侨华人文化更多体现的是一种中国传统风俗、传统价值观的表现形式，而非呈现出祖籍国中国主流社会和主流文化那样的完整性、多样性与制度性。华侨华人文化当然是一种中国移民文化，一方面是以中国、中国人、中国文化为重要的关联参照，另一方面受移民历史、侨乡地域文化、移民社会阶级背景的深刻影响。历史上，早期华侨文化，由于华侨大多来自闽、粤两省,对早期华侨而言,祖籍国中国主要是闽、粤侨乡地域文化。由于这些华侨大多是目不识丁的、贫困的农民和城市平民,对他们而言,那些属于宫廷、达官显贵、文人墨客的正统文化,太遥远了,根本不感兴趣。正如王赓武认为,"对华侨而言,当时存在两种文化中心:一种是由官员体现、代表朝廷认可并对少数文人有用的首属中心;另一种是为多数人直接提供行为规范的次属中心。除少数成功商人可能有心提升其子弟地位,因而有志于加入官绅阶层,多数海外华人都满足于他们各自家乡的地方中心"①。所以,对华侨华人而言,中国文化更多地体现为一种风俗文化、行为习惯和传统价值观的表现形式,如饮食、节日、婚葬习俗、信仰、家庭婚姻伦理观念等。

其次,华侨华人文化是一种融合型、适应性、开放性的多元文化,在不同的移民历史时期,不同国家和地区,文化适应的程度与性质不一样,因而,需要考虑到早期华侨文化、现代华人文化与新移民文化的分野和差异。其一,文化多元性不仅是针对祖籍国中华文化的一元性而言,而且是针对华侨华人文化吸收了所在居留地的各种不同的外来文化元素,呈现出各种不同的适应性。所以,各大洲、各地区、各国、各地,以及各个不同时期的华侨华人文化也呈现出不同的差异性。其二,文化多元性表现在不仅中国大陆是华侨华人的首要文化中心,而且中国台北、香港也成为很重要的华侨华人的文化中心,此外新加坡正在成为东南亚地区,加州尔湾、温哥华、多伦多等成为北美,悉尼和墨尔本成为澳大利亚新西兰地区的华侨华人文化中心。②其三,文化多元

---

① 〔澳〕王赓武:《海外华人的文化中心》,张海洋译,载郝时远主编:《海外华人研究论集》,北京:中国社会科学出版社,2002年,第217页。
② 〔澳〕王赓武:《海外华人的文化中心》,张海洋译,载郝时远主编:《海外华人研究论集》,北京:中国社会科学出版社,2002年,第211—230页。

性还表现在华侨华人的国家认同、族群认同和文化认同是分离的、流动的、变化的和不固定的。

一般地,早期华侨文化,中国文化的色彩和性质较浓较重,与中国关系较密切,政治上认同中国,政治认同与文化认同基本合一。现代华人文化,本土色彩和性质较浓较重,与中国关系较疏远,政治上认同居留国,政治认同与文化认同分离。新移民与祖籍国的联系较密切,政治认同与文化认同分离,但视新移民来源地的不同而不同。中国大陆的新移民,与中国大陆联系较密切,来自中国台湾、中国香港和东南亚地区的西方新移民与各自输入地联系较密切。无论是早期华侨,现代华人,还是新移民,一个共同点是他们的族群身份是无法改变的,其族群认同都是一样的,都是中国移民或是中国移民的后代,在当地人眼中都是ethnic Chinese。关于华侨华人的文化适应程度,据研究,一般受语言、人口规模、受教育程度、异族通婚、社会经济地位、国家同化政策、代际更替等因素的影响。其基本规律是:华人人口越少、居住地越分散的地方,本土化越高,反之则越低。受中文教育的华人比受非中文教育的华人、城市华人比农村华人、族内通婚华人比异族通婚华人、社会经济地位越低的华人比社会经济地位越高的华人,中华文化的元素要多,反之本土化色彩要少。在居留国移民历史越悠久、落地生根时间越长,居留地国家强迫同化政策越严厉,本土化色彩较浓,与中国联系较疏远,中国文化色彩较淡。[①]

再次,华侨华人文化本质上是一种重商的、资本主义的文化。这是华侨华人社会的性质特点所决定的。海外华人社会是由中国传统社会衍变而来,但又极不同于中国传统社会。传统中国

---

① 〔马来〕陈志明:《涵化、族群性与华裔》,巫达译,载郝时远主编:《海外华人研究论集》,北京:中国社会科学出版社,2002年,第231—262页。

社会是正常的士、农、工、商四民社会，而海外华人社会则主要是工、商两极社会，虽然在稍后的时期数量较少的士阶层也有涌现，但性质与影响力并不太重要。王赓武教授最早提出"工商"两极结构，颜清湟教授后来补充修正为"三级"结构，应该还需要加上"士"绅阶级。但是海外华人社会的"士"却不同于中国传统社会的"士"，是补充性的，是依附于商人阶层的；而且是非正式的，不是官方制度性的。这是因为：其一，中国移民的主体是商人和苦力，所谓苦力也即破产的农民和手工业者。士，中国传统社会的统治者，并不加入到移民的队伍中。所以，王赓武认为，海外华人社会只有两个组成部分：工和商。其二，海外没有科举考试，挣钱发财，由工变商，便成为社会地位升迁的主要管道，"商"也取代"士"，成为占据海外华人社会顶端的统治集团。其三，华人移民海外，就不再受中国官僚系统的管束了，随其外迁的是传统的社会组织。西方殖民地当局的政策是"以华治华"，作为海外华人社会统治阶层的华商，便通过数目众多的社会组织来管理海外华人社会。其四，血缘关系和地缘关系，成为海外华人社会最重要的社会关系。所以，华校、华报、华团等华社三大支柱的后台老板都是商人。重商、经商构成华侨华人社会最重要的动力之一。①

再以东南亚为例。一言蔽之，经济或者华商始终是东南亚华人社会最重要动力。这一点判断尤为重要。进一步概括与思考，东南亚华人的重要性与动力还在于他们历史上积极地成为东南亚各个重要经济领域的开拓者与参与者，始终站在时代的前列，与时俱进、长袖善舞、坚忍不拔、不屈不挠、开拓进取。具体而言，东南亚华人一直是东南亚殖民开发的先驱，是贸易与城市化

---

① 〔澳〕颜清湟：《新加坡、马来亚华人社会的阶级构成和社会地位变动》（上、下），吴凤斌译，《南洋资料译丛》1987年第3、4期，第102—112，109—120，108页。

的开拓者，是时代积极的适应者与社会的变革者，本质上代表的是资本主义的、现代化的、全球化的，当然更不乏民族主义与传统文化的情怀。试想，从中国乡下移民南洋的第一代移民，20世纪初很多人便很快成为具有国际视野，懂得世界市场、股票的大潮瞬息变化，懂得技术革新、管理革新的重要性，懂得如何吸收西方先进的知识、技术与制度的重要性，懂得语言与教育的重要性，这是多么了不起的变化与适应。

最后，华侨华人文化本质上是一种源于移民社会的边缘性文化。边缘性特征，不是说中国文化的边缘性，也不是说华人文化缺乏生机活力（恰好相反，华人文化在海外极具生命力），而是相对于华侨华人居留地的主流文化而言。移民社会是一种时间与空间错位，以及国家与族群异化的生态现实。在权力关系上，华侨华人社会是一个从属社会和少数族群社会，长期处于居留国政治，甚至社会的边缘，被排斥在地方权力中心之外，受制于殖民主义，或土著族群的政治统治之下。当然，有几点除外：其一，新加坡，华人人口占三分之二以上的大多数；马来西亚华人文化也比较特殊，近60年来华人占44%—24%不等的比例，形成相对复合、影响较大的华人文化社区。在那里，华文、华报、华校与华人社团的势力依然不可小视，虽然与第二次世界大战前相比已大大削弱了。其二，中国成为世界头号大国，经济、教育、制度、技术创新力与文化吸引力既成为中国之所以为世界头号强国的因，也成为中国之所以为世界头号强国的果。这也应该是当下中国强调文化"软实力"的重要性所在。只有在这些情况下，从海外来看，华侨华人文化才不算边缘。

三、比较视角

华侨华人研究的出路与方向应该在于比较的视角。应该指出的是，比较的视角，首先必须是在整体性把握的基本前提之上，才会更有意义。还应该强调的是，比较视角不仅仅是总结或总论式的、观察性的，而是在深度厚实的经验个案研究基础上的比较，才会更有意义。比较的视角是跨界多维的，有跨学科的、跨文化的、跨族群的、跨国界的、跨地区的、跨时段的等。比较起来，需要问的重要问题会有很多，例如：东南亚的华侨华人与世界其他地区，如北美、澳大利亚、欧洲和日本的华侨华人相比，其不同特征表现在什么地方？从世界移民史的视角，华人移民与欧洲移民和其他地区的移民的特点有什么相同与不同的地方？从中国移民史的视角，旧移民与20世纪80年代开始的新移民有什么异同之处？中国改革开放前几十年的历史发展中，海外华人社会的发展与再移民进程表现出什么样的不同特征？为什么？具体而言，笔者以为，至少有如下方面的比较视角很重要。

首先，全球移民的视角。华人移民史不仅仅是中国孤立的现象，一直是近代世界移民史的重要进程。长期以来，欧洲、非洲与亚洲其他国家都一直向外大规模移民。据研究统计，从17世纪初至19世纪中叶，非洲有1500万—1600万人被贩卖到美洲，形成世界移民史上第一次移民高潮。1650—1900年期间，欧洲约有3000万人移民新大陆；从19世纪中叶至20世纪中叶，欧洲有6000万人移民美洲、南非、澳大利亚和新西兰；1900—1915年，欧洲国家平均每年有150万人外迁，是19世纪中叶年平均数的4

倍。①1846—1940 年，前往美洲的移民计 5500 万—5800 万人，其中大部分主要来源为欧洲，其次约 250 万人来自印度、中国和非洲；前往东南亚和南太平洋地区的移民计 4800 万—5200 万，其中大部分主要来自印度和中国南部，其次约 400 万人来自非洲、欧洲、中东和东北亚地区；前往中国东北、西伯利亚、中亚和日本地区的移民计 4600 万—5100 万人，其中大部分主要来自东北亚和俄国。20 世纪 90 年代以来，前往欧盟的合法移民每年平均有 120 万人、非法移民 40 万—50 万人，前往美国的合法移民每年为 86 万人、非法移民 30 万人，前往加拿大、澳大利亚和新西兰的移民，每年分别为 30 万人，前往波斯湾和以色列的每年各为 100 万人，前往其他地区的移民每年至少达 200 万—300 万人，每年全球难民申请月为 50 万件且不包括在移民人数统计内。这样，全球每年的移民人数平均为 700 万—800 万人。考虑到 40%—45%的移民回流率，1990—2003 年，全球的移民总数至少达 5500 万人。②

其次，与欧洲移民比较。与欧洲移民的比较研究，将是拓宽华侨华人研究一个非常有前景的领域。一百多年前，就有华人学者对此做过很好的尝试。欧洲移民前往世界各地，主要是美洲、澳大利亚和新西兰、南非等地，华人移民则限于某些特定的地区，如东南亚等。欧洲移民所从事的职业包括社会的各个行业，如教师、商人、工人和农民，华人移民则主要充作劳工，虽然也有经商，但却是以后发展的结果。欧洲移民，不分男女老少，一齐移民，华人移民则主要限于单身青壮男性劳力。欧洲移民成为居留地的公民，归化为美国公民，华人移民则基本上不在乎归化，也不在乎当地的风俗习惯与穿着。欧洲移民在居留国受到最

---

① 丘立本：《从世界史角度研究近代中国移民问题刍议》，《世界历史》1986 年第 3 期，第 1—7 页。
② McKeown A. Global migration, 1846-1940. *Journal of World History*, 2004, 15 (2): 155-189.

优厚的待遇，华人移民则受到立法与舆论的种种限制和歧视。欧洲移民哪里最能淘金便涌向哪里，华人移民则总是投奔能够找到亲朋好友最多的国家。在移民的动机与特征方面，与欧洲移民相比，在人口压力与追求更好的经济条件上，华人移民是一致的，但华人移民的动机并非仅仅限于这两方面。欧洲移民的背景有追求政治自由和宗教宽容的动机，华人移民却根本不存在欧洲天主教徒对新教徒那样的宗教迫害。[1]再比如，从学术研究的角度，西方学者很早也就把东南亚的华商与欧洲的犹太人相比较进行研讨，不过鉴于这种特殊比较的敏感性，华人学者纷纷对此举持保留态度。除此之外，非洲裔移民与华裔移民的比较视角，应该为北美华人研究提供了非常丰富的理论与方法论的养分。当然了，在亚洲，印度移民与华人移民的比较视角，更具有关联性，不仅因为两者都是亚洲最大的移民输出地，而且两者在移民输出地区都有很多交集。这种比较研究，不仅具有重要性和必要性，而且具有研究操作上的可行性，令人期待而兴奋。

最后，华人海外移民自身的比较。这里时间和空间两大维度的比较很重要：其一，空间的维度。譬如，东南亚与北美地区华人的比较，两者都是华侨华人集居的最重要的地区。东南亚的华侨华人人口最多，来自闽、粤侨乡和五大方言群，移民历史最悠久，经济财力最雄厚。北美地区早期华人移民大部分都来源于广东省珠江三角洲地区，华人移民长期遭受政府种族主义极端歧视与排斥。同样惊人相似的是，北美地区华人出国的背景和来源地以及种族主义歧视政策内容性质、出笼，甚至修改的背景，都基本相似。而且，与东南亚华人社会不同的是，北美华人经济与社会地位长期处于社会底层，被孤立、被排斥，最直接的结果是西

---

[1] Ling P. Causes of Chinese emigration. *Annals of the American Academy of Political and Social Science*, 1912, 39: 74-82.

方的唐人街最经典形象是华人男性洗衣工。这与当下北美新移民高科技专业人士、高收入、国际化的背景迥然不同，构成了鲜明的对比。自 20 世纪 80 年代始，北美的华人分量日益加重，不仅成为新移民的重点输出地，而且是华侨华人最重要的、最先进的高科技人才宝库，不仅成为中国新移民居留的首选地区，而且日益成为挑战东南亚华社传统重要地位的另外一极。①再以澳大利亚的华人社会为例，与东南亚、北美比较的视角同样引发很多有趣的问题，将会丰富我们对华人移民历史这一整体性课题的理解深度与高度。地缘政治上的原因，东南亚人特别是东南亚华人，对澳大利亚并不陌生。澳大利亚的历史地位与加拿大类似，都是英联邦成员，都是以白人为主的西方社会，都是移民社会，但主要以欧洲移民为主，首先是英格兰人、苏格兰人和爱尔兰人，其次是美国人和德国人。历史上政治的地位处于大英帝国与英属殖民地之间自治领的位置，历史上两国与美国一样长期奉行反华排华的种族歧视政策，20 世纪 70 年代后两国由于地广人稀都转向奉行多元文化、多元族群的国策方针。有趣的是，与美国、加拿大两国华人移民境遇相同的是，早期成千上万的华人移民涌向澳大利亚，同样是为了淘金，澳大利亚的维多利亚首府墨尔本以及周围主要金矿区因而被称为"新金山"，与美国加州三藩市以及周围矿区的"旧金山"遥相呼应与区别。②值得欣慰的是，从全球的比较视角，关联中国移民与华侨华人研究，廖建裕教授对此已经做出

---

① 吴小安：《侨社、侨情与侨联：新形势下中国华侨历史学会的机遇与挑战》，《亚太研究论丛》第 11 辑，北京：北京大学出版社，2014 年，第 1—9 页。
② 请参阅〔澳〕颜清湟：《澳大利亚华人的历史、现状与将来——1986 年 11 月底在"全澳洲华人大会"上的专题讲演》，《华侨华人历史研究》1987 年第 1 期，第 16—19 页；〔澳〕杨进发：《新金山：澳大利亚华人，1901—1921 年》，姚楠、陈立贵译，上海：上海译文出版社，1988 年，第 63—150 页；张秋生：《澳大利亚华侨华人史》，北京：外语教学与研究出版社，1998 年，第 63—150 页。

了很好的尝试。①

其二，时间的维度，即新旧移民的比较。譬如，从纵向的视角，令人高兴的是，庄国土教授已经对历史上东南亚几次大的中国移民潮做了很好的长时段考察与梳理。②与中国新移民相比，旧移民主要是农村农民和城市破产工人，文化程度极低；新移民则以留学生为主，文化程度较高。旧移民主要来自闽粤地区，新移民则来自上海、北京等大城市。旧移民大部分主要前往南洋，新移民则主要涌向美国、加拿大、澳大利亚、新西兰、日本和欧洲等发达地区。当然，最新一波的移民很独特，他们主要是投资移民，即一批新贵富豪大批向海外，主要是西方国家移民。鉴于这批中国对外移民的特殊性，他们以及他们的后代，将来以什么身份回国，以及对中国的侨务政策带来何种影响，值得各方仔细观察与认真应对。鉴于这批人身份与资本原始积累的特殊性，尤其是如何应对他们转变身份后再进入中国所带来的法律课题，以及他们在全面改革开放的幌子下直接或间接通过相关利益集团影响中国涉侨政策法规牟利课题，更是一个非常值得各方认真研讨的外交与内政双重课题。

---

① 廖建裕：《全球化中的中华移民与华侨华人研究》，《华侨华人历史研究》2012年第1期，第1—17页。
② 庄国土：《论中国人移民东南亚的四次大潮》，《南洋问题研究》2008年第1期，第69—81页。

05
全球视域下的马新华人研究：
学术脉络的回顾与前瞻*

长期以来，分布在世界各地的华侨华人一直是中国国家发展、现代化事业开拓与对外开放倚重的宝贵战略资源、重要管道平台、积极推手力量和密切联系的民间使者。一般而言，华侨华人研究主要围绕着三个方面的主轴关怀运转：其一，原乡视角，与祖籍国中国的政治、社会和文化的重要框架关联；其二，在地视角，与侨居国的国家与社会政治、族群和宗教的重要课题关联；其三，国际视角，与世界历史、殖民主义、冷战、全球化、国际移民和跨国主义的重要人类历史进程和主题关联。华侨华人研究，过去一直很政治化和意识形态化，诸如受冷战和东南亚建国工程的深刻影响等。华侨华人研究，后来则逐步成为一种学术关怀的方法和尺度，诸如成为海外中国研究的替代品，成为海外华人资本主义的突出现象，成为国际移民、裔群研究、跨国主义、华人性和华语语系研究的重要样板等。华侨华人研究，当下则一直很热闹，与一系列新形势、新发展密切相关，诸如中国全

---

* 原载吴小安、黄子坚主编：《全球视野下的马新华人研究》，北京：科学出版社，2019 年 7 月，导论部分。收入本书，有较大删减。

方位对外开放，中外经贸文化关系越来越重要、越来越密切，中国旧移民与新移民，留学归国，吸引外资（很多是华人资本）与中国资本走出去等。

一、全球华侨华人研究

就地区范围而言，三大重点板块构成引领华侨华人研究的龙头区域：其一，东南亚地区；其二，中国的港澳台地区；其三，北美地区。三个地区，都是华侨华人和港澳台同胞的核心集聚地，长期分别与侨乡华南闽粤地区紧密互动，构成华侨华人社会的重要且密切的跨国联系网络，在不同历史时期分别对中国革命、中国改革开放与中国现代化事业产生了深刻的影响。配合中国国家发展战略，通过中国五大侨务机构力量的合法性推动，他们成为实现中华民族伟大复兴的重要战略抓手，以及海内外关注华侨华人课题和引领华侨华人研究的重要焦点。具体而言，从研究主题看，第二次世界大战后至今，华侨华人研究大致经历了四波热潮。鉴于东南亚华侨华人人口数量、经济地位、历史作用和与中国长期密切的关联，"华人问题"成为国际社会（如殖民宗主国、移民祖籍国）和本土社会关注的热点课题。受全球政治、地区政治、建国工程与族群政治的大潮流影响，在殖民主义、民族主义、共产主义、公民权、政治参与、语言文化宗教等重大系列议题上，无不彰显突出所谓敏感的"华人问题"。第二次世界大战后至20世纪五六十年代，西方殖民宗主国、东南亚新兴国家、移民祖籍国纷纷设立机构研究华人问题，出现战后华侨华人研究的第一波热潮。此后，历经20世纪七八十年代东南亚现代化与海外华人资本主义的蓬勃兴起，东南亚华人不仅成为东亚经济奇迹的重要引擎和文化诠释，而且成为再次催生中国现代化的重要海外动力，也成就了华侨华人研究的第二波热潮。20世纪90年代后，随着冷战的结束、全球化的开启、中国的崛起、香港和澳门的回归，以及中国与东南亚关系重新连接并且日益密切，以华人与祖籍国关系为轴心的经济与社会文化跨国互动，成为华侨华人研究的第三波热潮。与前两次非常敏感的政治经济与族群课题不同的是，第三波华侨华人研究热潮，不仅没有刻意回避"去中国化"的敏感议题，而且开始理直气壮、积极主动地关联中国的维度。一方面，与前两次热潮关注的政治认同的敏感性课题不同，第三波热潮关注的重心兼顾上层的经贸联系与下层的社会文化社会互动。另一方面，与前两次热潮关注的重点地区主要是东南亚与中国的港澳台地区不同，北美、欧洲、澳大利亚、新西兰和日本等发达地区和国家的华侨华人业已开始成为第三波热潮研究的重要地区和国家。进入新纪元后，随着中国突飞猛进的发展和实行对外开放，第四波华侨华人研究热潮，日益回归正常理性，课题也越来越多元化，新移民、跨国主义、华人性与文化研究纷纷成为热潮。区域涵盖越来越广泛，非洲、拉美、中东、中亚南亚地区、东北亚地区的华侨华人，纷纷被纳入研究视野，全球化与本土化课题并重。

专门而言，华侨华人研究，特别是东南亚华侨华人研究，从研究范围看，大致经历了两个明显的重要阶段。第一阶段的研究主要是从专题到国别，然后从国别再到地区的转变，时间跨度大致从第二次世界大战后至世纪之交。专题研究，一般与国别相关联，与所在国的政治经济社会问题密切相关。泰国、印度尼西亚、马来西亚、越南等地的华侨华人，纷纷成为这一阶段国际学界关注的焦点问题。国别到地区研究的转变，既是一般性、共同性综合探讨与多元性、差异性的比较分析的需要，又是学术探寻东南亚地区的身份单元、提高社会舆论关注度、扩大国际影响力的需要。这一阶段的东南亚华侨华人研究国际会议，基本上以东南亚地区范围为面向，而很少能够以国别为单元进行。这里可能存在内外两个方面的结构性因素的考量：其一，在本地区内，东南亚华侨华人研究基本上是各国国内清一色的华人学者的领域，几乎很少有其他族群的学者参与。其二，东南亚华人研究，在本地区外的国际学界，主要是从事中国、欧洲、日本、澳大利亚等重要地缘政治与历史联系相关联地区的东南亚研究和汉学研究的华侨华人学者。当然，背后一个更广阔的结构性的变化背景特征是：无论是地缘政治经济还是学界研讨，第二次世界大战后都把东南亚作为一个地区建构成为学界共同努力的重要现象。

华侨华人研究的第二个阶段，则反过来，是从地区研究回归到国别研究，时间大致从新纪元开始至今。对此种研究范围关注的转变，既以上一阶段长期的研究积累为基础前提，又是这个阶段研究发展到一定阶段所面临的瓶颈困境所致。在国际化、全球化的背景下，如何在专题和国别的层面上突破现阶段东南亚华侨华人研究，使之提升到一个新的高度，是一个亟待学界解决的重要课题。东南亚华侨华人研究的此种转型趋势，与整个东南亚研究向国别研究转型的趋势基本是一致的。虽然，国际上地域研究早在二十多年前便陷入很大的困境，然而，上述研究转向绝不意味着东南亚研究作为一个地区与跨国研究的建构过时，不再重要了。恰恰相反，随着亚洲的复兴与"一带一路"倡议，未来发展的趋势应该是两种研究相互补充，相得益彰。回到本章主题，马新华人研究，即马来西亚和新加坡华人研究，一直是相互参照、相互依托、密不可分的，却又保持各自的特色。这不仅因为这两个国家无法割断的历史、地理、政治与社会文化的脐带脉络联系，而且是出于这两个国家各具特色的华侨华人研究相互支持、彼此促进的现实需要。实际上，长期以来，中国学界习惯称新马华人研究，而非马新华人研究，这样做的原因，既有把两者连在一起称呼的习惯性因素，又有新加坡长期以来扮演着推动东南亚研究的国际重镇和东南亚华人研究的合法性机构的动力因素。然而，海外英文学术圈，尤其是马来西亚英文圈学界学者和华语圈学者，对此种用法不苟认同。英文习惯用法，通常都是按"马新"先后次序排列（In English, it is always Malaysia and Singapore, and thus 马新），而非中国学界惯称的"新马"顺序。

总而言之，在过去长期研究积累的基础上、在高等教育发展和普及的新条件下，以及在国际学术交流日益频繁的新形势下，深层的、地方的、特色的、个案的专题研究成为理解全球和地区普遍关怀的共同课题的重要工具。反过来，亦如此。如何从地方的经验、个案的研究回应全球性的课题，成为各个国家和社会，特别是非西方国家和社会学者的主要任务和挑战。

二、东南亚华侨华人研究

从东南亚历史与东南亚华人脉络的双重视角看，殖民官员背景出身的英国历史学家珀塞尔（Victor Purcell）关于马来西亚华人和东南亚华人的著作；第二次世界大战后英国人类学家弗里德曼（Maurice Freedman）对新加坡华人婚姻与社会的调查研究；中国人类学家田汝康对沙捞越华人社会结构的研究报告；美国人类学家施坚雅（C. William Skinner）对泰国华人社会组织的历史分析；新马历史学家王赓武对南洋华人简史的经典脉络梳理；东南亚本土历史学家黄麟根以及许云樵等学者的典型开创性研究，是初创时期华侨华人研究的典范，开创了东南亚华人研究的新时代。

承接 20 世纪四五十年代华侨华人研究开拓时期的学者，是第二个重要时期，即 20 世纪六七十年代涌现的一批主要来自西方的著名东南亚研究与现代中国研究的新生代学者。他们发表了一系列东南亚华侨华人研究论著。这一时期的典型学者和著作包括魏安国的《菲律宾生活中的华人：1850—1898》、云达乐（Donald E. Willmott）的《印尼三宝垄华人》、云达忠（William E. Willmott）的《柬埔寨华人社会政治结构与经济组织》、李亦园的《马来西亚麻坡市镇生活研究》、戈德利（Michael Godley）的《南洋华人与满清官员》、费子智（C. P. FitzGerald）的《东南亚华侨与第三中国》、斯蒂芬·菲茨杰拉德（Stephen Fitzgerald）《关于北京对东南亚的华侨政策》，以及威廉斯（Lea Williams）的《华侨民族主义》等。

第三个重要时期的学者是 20 世纪八九十年代涌现的一批接受西方大学与本地大学训练的东南亚华人研究新一代学者，以本土、海外与原乡中国，新马地区为主。他们成为推动东南亚研究与东南亚华人研究的重要领军力量。本土学者包括颜清煌、廖建裕、邱家金、谢文庆、麦留芳、杨进发、陈志明、李宝平、李锦兴、罗国华、文平强等。海外学者包括滨下武志、安东尼·瑞德（Anthony Reid）、包乐史（Leonard Blussé）、苏尔梦（Claudine Salmon）、卡尔·特罗基（Carl Trocki）、玛丽·海德惠斯（Mary F. Somers Heidhues）、珍妮弗·库什曼（Jennifer Cushman）、白瑾（Jean DeBernardi）和柯雪润（Sharon A. Carstens）等。中国学者包括韩振华、朱杰勤、周南京、梁英明和丘立本等，他们成为"文化大革命"后推动中国华侨华人研究的重要领导力量。第四批新生代学者则是 21 世纪开始后成为东南亚华人研究的学者。第四个时期的一个显著特征是：接受西方大学训练并且毕业的来自中国的东南亚华人研究学者开始涌现,东南亚大学(主要是新加坡国立大学、南洋理工大学、马来亚大学)与中国大学培养出来的学者,开始成为东南亚华人研究的一支生力军,包括庄国土、李安山、李明欢、李元瑾、何启良、刘宏、黄贤强、黄坚立,以及一批更年轻的新锐新生代学者等。需要特别指出的是,东南亚出生的、在西方大学任职的一批重量级华人学者,在华侨华人研究范式的引领上,正扮演着越来越重要的角色,如马来西亚出生、现居美国的王爱华(Ong Aihwa)和何英成(Eng Seng Ho),沙巴出生、曾旅居澳大利亚的饶世藻(Yao Souchou),印度尼西亚出生、现居澳大利亚的洪美恩(Len Ang),菲律宾出生、现旅居日本的施蕴玲(Caroline S. Hau)等一批东南亚优秀学者。与进行东南亚研究的海外东南亚裔学者情形一样,他们与从中国大陆和台湾移居西方的新生代学者一起,成为引领东南亚华侨华人研究潮流的重要学术领导力量。

三、马新华人研究

以地域分类,东南亚华人研究主要以几个地区为重要地理单元板块,从而构成了国际化的学术网络:其一,中国,包括中国大陆(包括香港和澳门)和台湾地区;其二,东南亚,主要是新马地区;其三,西方,主要指日本、澳大利亚、欧洲和北美地区。与此相对应,以语言文化分类,东南亚华人研究主要以两种语言文化的学术圈为主:其一,中文学术圈,包括接受东南亚本土大学华人教育、以中文为写作媒介的学术圈,互动对应的主要是中国大陆(包括香港和澳门)和台湾的文化圈;其二,英文学术圈,包括接受西方教育并学成归国和接受本土大学英文教育的学术圈，互动对应的主要是以西方为主导的国际学术圈。当然，两个学术圈小部分偶有交叉重叠，重叠部分主要由亚洲地区的英文教育学人和西方留学归国的中文教育学人两大块构成。

然而，两个学术圈过去彼此之间虽然不是分庭抗礼、漠不相关的，但至少一直是相互平行的，彼此拥有各自独立的不同的话语、学界网络和出版系统。事实上，上述两个学术圈采用的研究方法大相径庭，依赖的原始史料也千差万别，各自的研究视角自然也就迥然不同。正因为如此，才极大地促使本领域得到百花齐放式的蓬勃发展。然而，当下精通双语的学者人数与日俱增，他们同时能够跨越两个不同的学术圈，这对弥合语言和学术的分野将大有裨益。并且，这也预示了马来西亚和新加坡华侨华人研究的光明未来。顺便应该提出的是，日本的华侨华人研究学术圈一直很有分量。一个显著的特点是，日本东南亚华侨华人研究一直处于两个重要领域之间：或者成为东亚研究的重要部分，或者成为东南亚研究的重要部分。至于面向本国国内的日本华侨华人研究，则起步比较晚，这与20世纪90年代中国留日攻读博士学位学人的学术关怀密切关联，不过其主要是隶属另一个不同的研究框架的学术分支。

以学科分类，东南亚华人研究，主要由三类地域与学科领域的学者构成：其一，东南亚研究，东南亚华人研究是东南亚研究的一部分；其二，中国研究，包括海外中国研究与海内中国研究，华侨华人研究成为纯粹的以族群与文化研究为导向的社区个案研究，对应的是汉学研究和中国研究的组成部分；其三，社会科学学科的研究，主要由历史学、人类学、社会学、政治学和地理学的学者构成。这三类学者群，关注的对象切入点也许是共同的，即都以东南亚的华人为关注对象；但是学术关注的指向，则以各自不同学科院系依托为指向，即分别以东南亚研究、中国研究与社会科学各自学科理论关怀为各自学术的中心考量。

东南亚华人独特的主题和方法论意义，在于如下几点：其一，东南亚华人是来自中国闽粤东南沿海和海南、广西与云南边境地区的移民，是移民研究和裔群研究非常重要的对象和主题，也是研究中国与东南亚互动关系的重要切入点。其二，在东南亚地区落地生根的长期适应过程中，不少东南亚华人与当地居民通婚融合，并且产生了第三种类型的混血华人社会。随着现代大规模的中国新移民的涌入，他们形成独特的华侨社会。在长期的在地化过程中，东南亚华人吸收了当地族群、西方文化和其他外来族群文化的有益元素。东南亚华人是研究族群融合与文化同化的重要对象。其三，东南亚华人的移民过程，主要是从中国农村贫苦的农民转变为东南亚各地种植园工人、锡矿工和城市各类工商业者的过程，是从第一代目不识丁的贫苦华人到掌握英文、荷兰文、法文等国际规范的各类专业人士的过程，具有研究移民社会流动与身份转变的重要面向。其四，东南亚华人是东南亚种植、采矿、航运、工商业等各行发展与城镇化的重要历史先驱，是东南亚社会经济变迁与城镇化历史的积极开拓者，是研究海外华人资本主义和海洋亚洲商业网络的重要群体。其五，东南亚华人的历史主要是一部中外文化长期交流融合的历史，东南亚形成了独特混杂的海外华人文化，在语言、教育、职业、婚姻和宗教等重要领域，多元化纷呈。东南亚华人既保留了中华文化传统，又吸收了当地各族文化元素，同时长期浸淫于欧美和澳大利亚等西方文化，是文化研究、跨国主义研究的鲜活载体。其六，东南亚华人研究与中国港澳台等边缘地带关联结合在一起，曾几何时被建构为"残剩中国"（"residual China"），长期成为第二次世界大战后海外中国研究的替代品。随着中国对外开放，东南亚华人，又与中国一道，被建构为"文化中国"想象共同体的重要板块，以及在新形势下以新方式成为关联中国和海外华人的"海上丝绸之路"和中华民族伟大复兴的重要依托。简言之,无论是作为主题研究,还是作为方法论关怀的工具切点,东南亚华侨华人研究一直是探究解答和丰富理解当今国际许多重要理论课题的经验场域与方法论参照。

比较而言,如前所述,马新华人研究一直是东南亚华侨华人研究的重要组成部分和主要动力。与东南亚其他国家相比,马新华人研究的独特之处和重要性在于:其一,这两个国家华人人口构成比例较大,历史上马来西亚华人人口比例一直处于总数的24%—44%,新加坡则一直保持在3/4的多数。这两个国家华人城市聚居程度一直很高,工商业活跃,华文学校、华人报纸和华人社团的作用一直非常重要,与接受英文教育的华人精英系统的影响并驾齐驱,而且华人参政党和执政党是国家政权的重要基石。相对于本土社会和国家,马新华人的这种鲜明的特殊性决定了马新华人研究在华侨华人研究中特殊的重要性。这与东南亚其他国家的华人社会强迫或主动在地同化融合,比如印度尼西亚、泰国和菲律宾等,形成鲜明的对照。本质上,国家(如新加坡)与族群(如马来西亚)的结构性支撑,促使马新两地华侨华人研究,无论是以英文还是以中文的形式,成为东南亚华侨华人研究最重要、最活跃、最有条件的组成部分。除东南亚地区之外,这一显著特征与中国国务院侨务办公室、中华全国归国华侨联合会(简称"中国侨联")、全国人民代表大会华侨委员会、全国政协台港澳侨专委会、中国致公党五大系统和几所特色高校的机构力量推动华侨华人研究课题展开相呼应。中国台湾的情况也是如此,侨委会、华侨总会、"中央研究院"、暨南大学、台湾师范大学等成为推动当地华侨华人研究的重要机关。中国香港,由于特殊的历史与区位因素,香港大学和香港中文大学,曾几何时分别成为连接华侨华人研究国际学界的重要基地。与马新形成鲜明对照的是，在东南亚其他国家，华侨华人研究获得国际学界的关注和参与，反倒成为引领当地各自华侨华人研究的重要动力，比如泰国、印度尼西亚、菲律宾、越南等。其二，同样因为上述因素，中国学者成为马新华人研究的重要外围新生力军。因为地缘、血缘、语言文化等要素，他们与马新华侨华人学界互动密切，成为东南亚华侨华人研究国际化的重要支撑。另外，一批东南亚留学中国的学子与中国留学西方毕业后到新加坡高校就职的学者携手合作，他们成为推动东南亚华人华侨研究的主要推手。其三，马新两地华人研究，彼此互动，但各有鲜明特色。新加坡是中、英两种语文学者群各有千秋，国家与社区两个层面的力量齐头并进，各有不同的机构团体和网络依托。新加坡华侨华人研究主要是以国家的平台形式推动议题的国际化影响。马来西亚则是以族群为特色标识的华社、华团、华基政党、华文私立院校和以国立大学中文系为重要支撑，它与国家的名义匮乏形成鲜明反差。有趣的是，随着几所华社私立学院相继升格为大学，以及中国研究所在马来亚大学的设立，马来西亚华人研究再次成为重要的主题关怀。如同几十年前对东南亚（包括马来西亚）研究的关怀带动了东南亚（包括）华侨华人研究的关怀一样，对中国的关注直接带动了对马新在地化华人研究的合法性关注。马来西亚华侨华人研究主要以社区发起的形式形成了议题的全国性关注，华侨华人研究国际化的趣旨同理。同样有趣的是，新马在地化华侨华人研究，分为英文、华文两种语言系统，在国际上相应地与西方英文学界和中国学界互动，形成各自的国际学术网络，虽然与以前相比，两者之间部分重叠交叉。重要的是，近二十年来随着中国台湾的所谓"南进"与"新南进"政策，东南亚研究尤其是东南亚华人研究，日益成为台湾地区学界的重要关怀。同样地，随着中国大陆的快速发展，近二十年来中国大陆的东南亚研究尤其是东南亚华人研究，越来越成为学界的兴趣关注所在。这两种外部新趋势，结合马新在地华文媒体学界的新发展，汇成了一股东亚、东南亚华文世界研究华侨华人的重要网络和力量，其中马新两个国家，无疑是海外最有活力、最重要的焦点地区。马新华人研究，甚至整个东南亚华人研究，近年来似乎陷入一种难以自拔的瓶颈与困境。一方面，华文媒体的学术圈，包括马来西亚、新加坡和中国，无论是在选题还是在论述上，主要满足于密封的、孤立的华侨华人研究和单一的（而非多元的）、选择性的（而非系统的）、某一维度的（而非全面的）华文研究资料，基本上热衷于闷头干活、自言自语、自说自话，漠视更广范围、更高层次和跨学科的研究动态与对话。另一方面，英文媒体的学术圈，既包括马来西亚、新加坡和中国，也包括欧洲、美国、日本和澳大利亚等地区，由于这些地区中国研究的学者近几十年来纷纷转而关注各自国家和社会的华人社区，对马新华人研究，基本上局限于治东南亚研究领域的学者。虽然近年来文化研究领域似乎成为引领华侨华人研究的国际潮流，但是东南亚华侨华人研究，特别是马新华人研究，不再出现像过去那样吸引东南亚研究领域学者眼球的论著和理论了，更遑论影响东南亚研究了。

　　马新地区是东南亚华人研究最活跃、最重要和最有动力的地区，马新华人研究也是东南亚华人研究最重要的内容之一。这应该是没有异议的。就新加坡而言，马来西亚华人既是新加坡华人研究最重要的关怀和内容，又是新加坡华人研究队伍的重要支撑和源泉。这同样应该也是没有疑问的。很有意思的是，无论是本土出生的新加坡人，还是成为新加坡公民的马来西亚人，或是旅居新加坡的马来西亚人，无论是英文学界还是中文学界，对此达成的共识似乎惊人的一致。就马来西亚而言，反过来，马来西亚华人研究学界对新加坡华人的研究，则几乎很少触碰；即使有，至多也只是被视为共同的殖民主义历史上马来亚的一部分而已，或者主要是在新加坡求学的马来西亚学子选择的论文题目。这与新加坡学界的华人研究形成了很有意思的对比。同样很有意思的另一个反差是，与马来西亚国内华人研究状况相比，流失在海外的马来西亚华裔学者，无论是在地区之内的新加坡，或是地区之外的西方学界（如美国、英国、澳大利亚等）和东方学界（特别是中国的台湾、香港等），其队伍规模、重要性和活跃度，令人刮目相看。这与马来西亚顶级人才，尤其是华裔各类人才长期流失海外的大环境和突出现象，是吻合的。虽然该情形令人难堪和难过，但是，此点应该成为全面客观检视马来西亚的马来西亚华人研究的一个重要维度。

大致而言，由于历史发展的原因与政治意识形态的影响，三个显著现象值得关注：其一，华语圈的马新华人研究队伍越来越壮大，英语圈的学术队伍却日益萎缩。前者在中国、马来西亚和新加坡等地表现明显，后者在国际学界和马来西亚表现突出。由于中国学生和马来西亚华校生的加盟、南洋理工大学人文社会科学院的恢复以及英文作为政府官方语言等政策，新加坡可能处于华语学术圈发展得比以前好、两种语言学术圈并存发展的情况。大体而言，华语圈的马新华人研究质量一般较弱，英文圈的马新华人研究相对较好。其二，老一代华语圈马新华人研究相较于新一代华语圈的新马华人研究，功力较深厚，相较于同时代英语马新华人圈学者，虽然与新生代华语圈学者一样主要聚焦于华人资料、外文翻译和现当代研究，但主要侧重于古代史料与传统汉学。究其原因，一方面这与独立后马新高等教育较短的历史发展进程和移民族群文化限制性政策密切相关；另一方面，也与中国"文化大革命"打倒知识分子、知识反动论、读书无用论、高校关门办学密切相关。其三，马新之间对比而言，在与国家政策的关系上，一个明显不同的特征是：华人研究是新加坡国家大学机构主流学术的主题，新加坡官方主流学术语文媒介是英文，华语发表的合法性主要是受华文教育的群体以及新加坡国立大学、南洋理工大学中文系的学者。而马来西亚则不同，国家大学研究机构主流学术的课题不是华人，主流学术语言不是英文，更不是华文，华人研究是华人族群和华人社会的事务，而非国家学术主流，或者说是处于国家名义支持下的科研政策边缘。在此点上，这与殖民时期对华社和华教的政策本质上没有什么差别，虽然政权的主体和华人的移民身份发生了根本性改变。

就学术传统和潮流关注的风向标而言，综合考量国际、地区、马新多个层面，两种语言文化系统的华侨华人研究，一个非常明显的重要反差值得关注。国际英文的东南亚华人研究，地区内和地区外英文媒介的东南亚华人研究，无论是以引领还是回应的方式，眼光几乎一致瞄向了国际化。而且，对此学术圈而言，华人研究更是一种方法，其最终学术关怀与脉络框架是东南亚研究的大范畴。这与华文媒介的东南亚华人研究形成鲜明的对照。对后者而言，其最终学术关怀与脉络框架则主要是中国研究的海外衍生——国际汉学的风向指标，与英文学界和东南亚学界的对话几乎从来不是他们真正关心的范畴，如果不是点缀。或者说，对这一学术圈而言，英文学界的研究成果主要是通过已知的被译成中文的文献途径来获取的。而且有趣的是，中国的华侨华人研究与马新地区内的华侨华人研究，受在地化族群政治和文化政治的情节影响太多。两个华文学术圈，在机构网络、文献资料与实地调查等方面，各有优势，相互需要，彼此依托，各自成为对方的重要支撑和学术参照，虽然彼此关注的兴趣点各不相同。

如同东南亚华人研究一样，马新华人研究一直受移民寄居者、中间商、外来入侵者、同化与适应、少数华人族群、海外华人资本主义与跨国贸易网络、与祖籍国中国的长期历史联系和冷战期间联系中断后的再华化、华夷风、中国新移民等范式潮流的影响。在中国与在地之间，在殖民宗主国与本土之间、在华社与土著族群之间，马新华人一直纠结于国内政治经济、语言文化、宗教族群等结构性课题诉求上。有鉴于此，马新华人研究存在几个突出的问题特征：其一，如同马新社会多元族群复合结构的构成特征一样，马新华人研究基本上仍然是孤立的、密封的社区个案研究，基本上一直在脱离各自国家、社会与历史发展的厚实框架中进行考察。这几乎是几十年不变的现实。华人与华社的族群文化历史课题，远远超越了国家与社会的大课题本身的终极关怀，或者是把两者关联结合在一起进行考察的学术关怀。其二，马新华人研究，依然受族群政治的深刻驱动。新加坡是在公民架构中，以语言文化的形式探寻族群的含义和动力，并且坚定地置身于多元族群、多元宗教文化的宪政架构前提下。马来西亚则是在国家公民的政治名义下，以族群为依托，积极争取华社文化教育和政治诉求的权益。马新华人研究的鲜明的族群化特征，表现在研究课题与研究队伍上，在地区内几乎全部都是华人，没有本土马来人或其他民族的参与。其三，与华侨华人研究的比较全面的国际化程度相比，马新华人研究的国际化程度相对集中于东南亚和东亚两个地区。进一步地说，这再次表明，马新华人研究的国际化，无论是在中文学术圈还是在英文学术圈，主要表现为鲜明的马新本位的、东南亚特色的、华语语系面向的，以及有选择的国际化，而非真正多元的、开放的和全方位的国际化。此种形势很大程度上限制了马新华人研究的影响力和发展潜力。当然，以"世界海外华人研究学会"名义在马新地区主办的国际学术研讨会应该属于例外。

06
福建学与东南亚福建学：
个案透视与学术建构*

在"福建学"里，福建不是一个自然而然、无须界定的假定；更不是信手拈来、简单光秃的名词。"福建学"探讨的内容和主题是、但又不仅仅是福建与中原文化社会不同的地方性，包括社会结构、文化风俗、经济发展和对外关系等特征和动力。"福建学"应该研究回答："福建"作为一个地缘经济政治实体与社会文化认同架构，在与中原文化和中央政府互动及对外海上贸易交往的双向选择中，如何以及为何能长期保持较强的政治适应力、蓬勃的经济活力和旺盛的社会文化生机？反过来，这种独特的发展进程又如何进一步形成和加强"福建"这一独特的地方性与整体性？这里的"福建学"，不仅是把"福建"作为一个区域地理与行政单位来研究和分析的学术范畴；更重要的是，"福建"更多的是作为地缘政治经济与社会文化单位来研究的范畴。前者关注更多的是区域地方性知识；后者则远远超越了相对固定、静止狭隘的区域地理与行政边界，且外延要广阔得多，探讨的内涵更宏大、

---

* 原载《华侨华人历史研究》2005 年第 4 期，第 10—21 页。收入本书，有重新订正。

更带有普遍性和相应的特殊性。

"福建学"令人神迷的是阐发、构建甚至重构如下这些命题：福建作为一个"地方与身份认同"，福建社会作为一个"侨乡和历史形成过程"，福建人作为"族群和移民社区"，福建经济作为"海上贸易与对外开放历史传统"，福建文化作为"地方特质的传承与变异"，等等，不一而足。"福建"可以是在中国社会文化源头的比照坐标，也可以分别是世界各地区、国家、地方等不同层面内的共同参照。譬如各"福建共同体"历史形成与周围社区和国家间的互动，各"福建共同体"之间的互动关系、不同特征与发展动力等，都应是福建学最终关注的重要课题。

一、引言与问题

在进入正文讨论之前，笔者想先从三段个人真实的文化碰撞经历谈起。

经历一：1984年8月，笔者兴致勃勃地捧着厦门大学的录取通知书，从家乡安徽省西南边界的一个小镇，乘汽车经湖北省到江西省九江；换火车至南昌，停宿江西鹰潭市一晚；再转乘至厦门的火车，辗转奔波两天半左右的时间，才到达厦门。记得火车停靠接近厦门的漳州郭坑站和之后的杏林站时，耳闻来来往往的当地乘客叽里咕噜的谈话和站台上小贩鸟鸣般的叫卖声，笔者心里直犯嘀咕：这究竟是何方语言？怎么与沿途所听的方言大不相同？怎么一句都不懂，像到了另一个世界里？后来，笔者知道这是闽南话。这是笔者第一次到福建，第一次见到闽南人，第一次听到闽南话。此后，笔者在厦门大学求学、教书，一待便是九年整。但当初那份文化的碰撞和震撼，如此强烈和鲜明，时至今日，仍历历在目，难以忘怀。

经历二：1995 年 11 月，笔者从荷兰阿姆斯特丹到中国福建、广东和东南亚为撰写博士论文做田野调查。经新加坡转机时，由于飞机晚点，只好在新加坡停宿一晚。出了海关和机场，看到许多英文、华文、马来文和泰米尔文的交通标志，既感亲切，又令人耳目一新。然而，听到市面上很多华人叽叽喳喳，笔者知道这绝对不是华语，又不是方言，也知道新加坡官方和商业用语是英文，但心里依然犯嘀咕：这是什么话？是英文吗？怎么笔者听不懂？笔者很沮丧，还以为是自己英文不好。次年 3 月，笔者来新加坡、马来西亚做田野调查时，特地与当时同在狮城的荷兰同学及他的美国太太谈起此事。他们说，别提了，和笔者一样，他们当初也听不懂。后来，笔者在繁华的狮城都市里，第一次见到许多华人宗祠、会馆、神庙、公冢和小贩中心等，这种碰撞和冲击仍然继续着。再后来，笔者在新马进行了 15 个多月的田野研究。博士毕业后，又两次重回新加坡从事研究达 3 年；也多次重返马来西亚，或观光，或开会，或从事研究。但笔者第一次亲密接触东南亚时的强烈感受，像笔者第一次亲密接触福建那样，仍然不能忘怀。

经历三：2005 年 3 月，笔者受邀到马来西亚参加新加坡国立大学与韩江学院联合主办的《槟榔屿华人研究》学术交流会。之前，笔者在主办者的带领下，参观了槟城名胜古迹，有商会、神庙、家族建筑、宗亲会馆、家塚与公塚，甚至秘密会社集聚地，总之，我们几乎访遍了最能代表槟城华人社会与历史的地方。在一座正在修复的破落神庙里，面对着几具散落在地、尘积斑驳的华人名流的神像，笔者神情有些游移和恍惚，虽然这些对笔者来说并不陌生。来自中国台湾的学者张维安意味深长地问笔者：觉得怎么样？当时笔者只是笑笑，没有作答。笔者不知张君的问题是否随意，或另有其他深意，这些都已变得不重要。但在从事历史学研究的笔者看来，对此问的解读却有如下几层含义：第一，我们看到了什么？第二，什么是我们看不到的？第三，我们在想什么？虽然我们看到的是残缺破旧的、是孤立静止的、是具体现实的，但在这一系列物是人非的人物和景象背后，折射和隐藏的确是华人移民社会轰轰烈烈的历史、政治、经济、文化及其发展动力。准确地说，这些人物和场地曾经长期是华社权力的中心，是华社政治、经济与社会文化最重要的角色和舞台，甚至是槟城多种族社会生态的缩影。张君是社会学家，笔者不能肯定他当时是否注意到笔者的思绪正游移于历史与现实、中国与东南亚、西方与东方的时空隧道里。重要的是，当时笔者心里确实是这么想的。这或许与笔者目前多种身份及其交错有关：第一，笔者的正式身份是北京大学教员，但时下却在新加坡作客座研究；第二，笔者这次临时来槟城是参加会议的，但此地对笔者来说却并不陌生，笔者那时毕竟研究北马历史和华人社会已达十年之久；第三，笔者眼前所看到的景象，令人情不自禁地联想到槟城华人移民社会的源头——厦门，笔者毕竟在那里学习和工作达九年之久，且不止一次在源头——厦门侨乡社会访问研究。

以上三次个人经历与文化碰撞，都与"福建"有关。第一次是关于厦门，福建最重要的经济中心和贸易港口。[①]第二次是关于新加坡，与福建密切相关的东南亚中心枢纽和富饶的城市国家。第三次是关于槟城，与福建厦门侨乡社会相对应的一个东南亚华人移民社会。前两次属感性的文化碰撞；第三次应该为理性的学术思考。由厦门，到东南亚，再到槟城，三次发生在不同时间与空间的个人经历与文化碰撞，不仅清晰地反映了笔者在求学和职

[①] 虽然1994年泉州经济总量开始位居福建省首位，并且自1998年开始连续二十多年居冠，然而就城市定位、生活质量、教育发展水平与人均GDP而言，厦门龙头老大地位依然无法被撼动。

业生涯不同时期的不同碰撞与感受，而且也恰好与笔者学术关怀这一目标追求和本次研讨会的主题联系在一起。这难道不正是"东南亚福建学"的命题和主题吗？虽然必须承认，在这之前，笔者并无如此清楚自觉的认知，反观这三段插曲，联系这次"东南亚福建学研讨会"不能不问自己：那么，什么是"福建学"？什么是"东南亚福建学"？

二、福建与"福建学"

福建地处中国东南沿海，是中国 5 个最小的省份之一，人口为 3511 万人（截至 2004 年底数字）而在海外的福建籍华侨华人计 1086 万人，在港澳地区的闽籍乡亲 123 万人，中国国内福建籍归侨 12 万人、侨眷 600 多万人。[①]仅美国，有闽籍背景的移民即达 150 万人。[②]福建由闽北和闽南两大社会经济文化核心单元组成。闽北地区以福州为中心、闽江流域为腹地和福州话为主要方言，向南延伸至莆田和兴化地区，向北辐射至建宁一带。闽北地区以文化和从政著称，近代史上，福州为国家输入了许多海军将才。对外关系上，政治上因为隶属关系，闽北与台湾互动密切；经济文化上，闽北与琉球群岛和日本交往历史悠久。14—16 世纪，日本倭寇直接影响闽北一带的社会政治生活；反过来，早期日本和琉球群岛文化在很多方面也深受闽北影响。闽南地区的核心涵盖以闽南话为方言的厦（门）、漳（州）、泉（州）闽南"金

---

① 中国人口网，2005 年 1 月 13 日，http://www.chinapop.gov.cnrkkxgdkxt20050107-18667.htm，《福建日报》2005 年 6 月 25 日；福建省侨办统计数字，http://hzsrf.comFujian-wnewsfjqb0403261-1.html.
② 《联合早报》网，2005 年 7 月 31 日，http://www.zaobao.comspecialrealtime200507050731-13.html.

三角"地区。与闽北地区不同，闽南人的形象大多与工商贸易相联系。闽南人的迁徙范围与活动影响，远远超越了原来闽南"金三角"的核心地带。其中，最受影响的两个地区：较近的为海峡对岸的台湾，今天台湾地区大半居民祖先原本为说闽南语的闽南人；更远的则遍及南洋各地（东南亚）（详情如下文）。[①] 在中国历史、对外关系、亚洲海上贸易乃至全球史中的重要环节和意义，福建能够超越其地方性局限，其特殊地位和内容恐怕在于：其一，与台湾的血缘、地缘纽带与经贸联系；仅在台湾的闽南人即达 1700 万人之多，比大陆源头的福建闽南人 800 万人还要多一倍多[②]；其二，与海外华侨华人，特别是东南亚和东南亚华侨华人密切的社会经济历史文化联系；其三，在亚洲海洋史观和全球史观中的重要关联性和独特性。另外，世界对福建的关注，自然不能不提到当代福建，特别是来自福州地区的非法移民。具体地说，在中国对外交往和海上贸易史上，福建担当了重要的历史角色；在当代中国改革开放的现代化进程中，福建发挥了积极的先驱作用。

这应该是学界为什么对福建研究情有独钟的原因所在。在中国国内，福建研究当以福建高校——厦门大学为重镇。由著名历史学家傅衣凌开创的、以福建为研究对象与个案的中国社会经济史学派，在学界影响深远，早已超越了福建地方史研究的狭小范围。其弟子门生以杨国桢、陈支平、郑振满为代表，他们继往开来，进一步开创了中国海洋社会经济史研究。自 20 世纪 90 年代始，以博士毕业论文为主出版了第一套《海洋与中国丛书》（8

---

① Moser L J. *The Chinese Mosaic: The Peoples and Provinces of China*. Boulder & London: Westview Press, 1985, pp. 163-202.
② 魏萼：《闽南文化的经济意义》，载中共泉州市委宣传部编：《闽南文化研究》，北京：中央文献出版社，2003 年，第 198—202 页。

册);第二套《海洋中国与世界丛书》(12册),正在出版规划中。厦门大学南洋研究院进行的福建侨乡调查研究,则交叉配合,富有特色,当属福建研究的重要部分。福建研究热,不能不提到引起福建媒体关注的两本重要文集:其一为《闽南文化研究》;其二为《透视中国东南:文化经济的整合研究》,两本书于2003年同时面世。前者为中国侨联、福建省政府主办,福建省侨联、泉州市政府承办的中国闽南文化节暨第二届中国泉州"海上丝绸之路"文化节之闽南文化论坛提交的论文集。论文集由中国侨联主席林兆枢、泉州市委书记施永康作序。① 后者则为由厦门大学人文学院院长陈支平、宗教学研究所所长詹石窗牵头、联合数十名学者而集成的鸿篇巨制。出席该书首发式的有福建省副省长汪毅夫、厦门大学校长和福建省社会科学院领导。② 如此说来,两件福建研究的文化盛事,更多的是配合闽台一家的政治背景和建设"海峡两岸经济区"战略考量的学术造势。

在海外,福建研究与近半个多世纪来海外汉学学术史的独特发展历程密切相关:由边缘的海外华人社会,转向中国大陆边缘的香港、台湾,再到中国沿海地区。三方面的推进并非齐头并进、同步展开,而且是阶段性的、渐进式的。1949年后,中国大陆对绝大多数欧美日汉学家是不开放的,海外汉学家只得把目光投向海外,通过关注"海外华人"和中国大陆边缘的香港(特别是新界地区)、台湾等所谓"残剩中国"("residual China"),转而间接研究、理解中国传统社会。③ 另外,这种替代研究转向又与欧美、日本同该地区存在殖民主义的历史或现实的政治联系密切相

---

① 参阅中共泉州市委宣传部编:《闽南文化研究》,北京:中央文献出版社,2003年,第477页。
② 参阅陈支平、詹石窗主编:《透视中国东南:文化经济的整合研究》,厦门:厦门大学出版社,2003年,第1483页。
③ Freedman M. *The Study of Chinese Society:Essays by Maurice Freedman*. Stanford: Stanford University Press, 1979, pp. 405-422.

关。20世纪50年代末前，以欧美汉学家对"海外华人"问题的关注为主；20世纪六七十年代末，则进一步延伸，关注中国大陆边缘的香港（特别是新界地区）和台湾社会；20世纪80年代初，中国改革开放后，自然发展到最先开放的中国南部沿海地区。有趣的是，半个多世纪来的海外汉学学术发展史，都无法避开福建；直接或间接地，福建始终成为关注"华南"或中国沿海的一个重要兴奋点和关联点："海外华人"中，福建人举足轻重；台湾与闽南，一脉相承；福建是中国沿海最早开放的省份之一。在诸多有影响的关于福建研究的英文著作中，应特别提到中国社会学家陈达对侨乡的经典社会调查①、英国人类学家弗里德曼（Maurice Freedman）对宗族组织的开拓性研究②、加拿大历史学家魏安国（Edgar Wickberg）对菲律宾华人历史的研究③、新加坡历史学家吴振强对厦门兴起的历史进程考察④，以及最近面世的其他优秀成果⑤。简言之，这里揭示了一对非常重要的、需要界定的关联：其一，福建与大中华的关系；其二，福建学与汉学的关系。

---

① Chen T. *Emigrant Communities in South China*. Shanghai: Kelly and Walsh, Ltd., 1939.
② Freedman M. *Lineage Organization in Southeastern China*. London: London School of Economics and Political Science, Monographs on Social Anthropology, 1958, p. 18; Freedman M. *Chinese Lineage and Society: Fukien and Kwangtung*. London: London School of Economics and Political Science, Monographs on Social Anthropology, 1966, p. 33.
③ Wickberg E. *The Chinese in Philippine Life, 1850-1898*. New Haven: Yale University Press, 1965.
④ Ng C K. *Trade and Society: The Amoy Network on the China Coast, 1683-1735*. Singapore: Singapore University Press, 1983.
⑤ 关于近年福建地方历史、地理、宗教及移民研究，请参阅 Hook B. *Fujian: Gateway to Taiwan*. Oxford: Oxford University Press, 1996; Cook J A. *Bridges to Modernity: Xiamen, Overseas Chinese and Southeast Coast Modernization, 1843-1939*. Ph. D. dissertation, University of California at San Diego, 1998; Dean K. *Lord of the Three in One: The Spread of a Cult in Southeast China*. Princeton: Princeton University Press, 1998; So B K L. *Prosperity, Region, and Institutions in Maritime China: The South Fukien Pattern, 946-1368*. Cambridge: Harvard University Asia Center, 2000; Yeung Y M, Chu D K Y. eds. *Fujian: A Coastal Province in Transition and Transformation*. Hong Kong: The Chinese University Press, 2000; Pieke F N, Nyíri P, Thunø M, et al. *Transnational Chinese: Fujianese Migrants in Europe*. Stanford: Stanford University Press, 2004.

那么，这些福建研究是否属"福建学"的范畴呢？答案当然是肯定的。它们是"福建学"的重要组成部分；但福建研究却并不等于"福建学"。那么，何谓"福建学"？笔者虽然对"福建学"这一具争论性的概念术语心存疑虑，但对由此引发的一系列引人入胜的学术视角、话语、命题与前景讨论，却感到振奋不已。所以，这里姑且不论它到底合适与否，"福建学"的独特学术价值与魅力，应该在于以"福建"作为区域共同体与地方文化认同，在中国社会、经济、政治的历史大背景下，所长期呈现的独特历史进程和社会经济、政治文化发展模式。"福建学"不仅有其独特的理论架构和范式，更有助于总体探讨中国社会历史文化、移民、族群与裔群问题、地方性、地区性与全球化等带普遍性的学术关怀。或者说，"福建学"的讨论在后者的大背景、框架和主题依托下，才会更有意义。第一，福建是中华帝国的边疆与边缘，被视为蛮夷之地；但福建却不同于新疆、西藏、广西等中国其他少数民族边陲，而是融合了中原人和汉文明与本土民族文化。宋代之前，福建的人口和社会结构受来自北方中原迁徙的影响为主。第二，与中央帝国长期的"闭关锁国"政策不同，福建不是被动停滞的，而是开放的、商贸的和资本主义的；福建经济，不是向帝国的中心和内陆靠拢，而是积极地向沿海地区、向海外发展；在长期的中国海外贸易历史进程中，福建的沿海港口中心先后转移，泉州、漳州（月港，今海澄）和厦门分别成为对外贸易中心。第三，与"安土重迁"的儒家文化观念不同，对外移民一直是福建的历史传统；宋代以后，福建历史发生了重要转折。福建，第一次是为自身而不是为中国向外发展。①福建也逐步演变为向海外和台湾移民，因而成为中国著名的侨乡。然而，有

---

① Wang G W. *China and the Chinese Overseas*. Singapore: Times Academic Press, 1991, pp. 81-87.

趣的是，历史上福建却没有脱离，相反始终在中华帝国的政治架构和中国社会的文化体系下运转和发展。这里，不能不问：其一，与中国其他大部分省份相比较，就与中央政府互动和与汉民族和文明的关联而言，福建社会和历史的发展进程与重心为什么会呈现如此不同的方向和特征？特别是，如果福建的历史发展部分展示了中国社会的某种发展轨迹，其动力何在？其二，在中华帝国疆域之外，与客家人、广东人甚至与其他民族如犹太人相比，作为移民、海上贸易者和少数族群，福建人的发展到底有什么相同和不同之处？这大概是"福建"和"福建学"的意义所在。

三、东南亚福建人与东南亚福建学

在东南亚语境里，中文"福建"一词有其特定的含义，其对应的英文单词是 Hokkien，为闽南语对"福建"的方言发音；但 Hokkien 却不能等同于以福建省为地理行政单位的"福建人"（either Fujianese or Fukienese），其覆盖面实际上要比福建省狭小得多。在东南亚官方的人口统计、方言群分类和日常生活的语境里，Hokkien 特指来自厦（门）、漳（州）、泉（州）闽南金三角的闽南人和闽南语，而不包括来自福州、兴化和福清地区的闽北或闽东人。后者通常单独另外归类，以示区别。这里，便产生一个很重要的问题："福建学"或"东南亚福建学"是仅仅研究来自闽南地区、讲闽南方言的"闽南人"的学问，还是也涵盖福建省闽北地区的福建人？答案应该是当然包括后者。既然如此，那么，地理行政上部分隶属福建（闽西）的客家人，是否也应包括在

"福建学"或"东南亚福建学"的范畴之内呢？当然不是。所以，一个较能引起学者共识的重要基本点应该是："福建学"不等于"闽南学"，但"闽南学"却是"福建学"或"东南亚福建学"之所以成为学术研究专门方向的重要理论依据。同样，以福州为中心的闽北地区和海外福州人，虽然有着独立的、不同于"闽南人"的社会文化历史发展的个性特征，但正因为如此，却丰富了"福建学"或"东南亚福建学"的内涵，使"福建学"不仅可以对外与客家人、犹太人和其他族群研究相比较，对内也有着很好的参照视角。

东南亚福建人到底有多少？是如何分布的？我们没有准确详细的统计资料，且说法不一。在东南亚，据信祖籍为福建的华侨华人，保守数字约900万人（福建省官方数字）。[1]按国家人口分布分类，福建人较多的国家有菲律宾、印度尼西亚、马来西亚、新加坡和缅甸，虽然在其他地区同样有福建人，且人数不少。在菲律宾，约90%的华侨华人为福建人。菲律宾福建籍人中，以原泉州府的晋江、惠安和南安等县最多，大部分居住于吕宋岛（Luzon），特别是大马尼拉地区；而原漳州府的龙溪、同安、海澄等县和厦门、金门等地的福建人，则大部分聚居于中部宿务

---

[1] 在2005年6月在福州召开的福建省侨务工作会议上，省委书记卢展工讲话指出，福建省海外华侨华人约1000万人。福建省侨办主任黄少萍在这之前更明确指出，福建在海外的华侨华人达1086万人，在港澳地区的闽籍乡亲123万人，国内归侨12万人、侨眷600多万人，闽籍华侨华人分布在世界160多个国家和地区。中国人民政治协商会议全国委员会委员、中华全国工商业联合会副主席、香港著名实业家施子清撰文说，东南亚福建人为900万人。不久前《中国经济周刊》记者专文报道说，据福建省社会科学院华侨华人研究所所长李鸿阶介绍，东南亚及中国港澳台地区在内的福建籍人，多达960万人。但中国侨联网却说，祖籍福建的华侨华人约800万人，80%以上居住在东南亚。而台湾学者魏萼却认为，东南亚福建籍华侨华人约1200万人。详见：卢展工讲话，新华网福建频道2005-06-26; 黄少萍讲话，http://www.hsm.com.cn.node2node116node1165node1177node1258userobject6ai161721.html; 施子清文章：http://www.zhongguotongcuhui.org.cn06tybbs next040425.htm; 张俊才、张娟娟：《天下闽商》，载《中国经济周刊》，2005年4月24日；http://www.chinaql.org qqzl gsqq fj.htm（中国侨联网站）；魏萼：《闽南文化的经济意义》，载中共泉州市委宣传部编：《闽南文化研究》，北京：中央文献出版社，2003年，第198—202页。

（Cebu）和棉兰老岛（Mindanao）一带。在马来西亚，福建人为第一大方言群，也是马来西亚华人社区的先驱；福建人不仅人数众多，集聚于城市，而且主要从事商贸活动。在新加坡，闽南人约占华人人口的 40%强，主要来自福建泉州、漳州、永春和龙岩一带。新加坡的福建人中，泉州人最多，漳州人次之；再细分，以县为单位，又以安溪人为最多，约为新加坡华人总人口的 10%。① 在印度尼西亚，约 100 万（约占总人口的 5%）的华侨华人中，祖籍福建省的大约有 50%；福建人也是最早到达印度尼西亚的移民群体，特别是爪哇一带。② 缅甸约 250 万华侨华人中，福建籍最多，集中于首都仰光和中南部地区的下缅甸，云南籍次之，广东籍位居第三。③ 按地区和城市分类，福建人集中的地区和城市有马六甲、槟城、新加坡州、爪哇、马尼拉、仰光、棉兰、泰国南部、沙捞越（Sarawak）的古晋以及有"新福州"之称的诗巫等东南亚岛屿地区。

在新马地区，福建人的人口优势和经济作用更是令人刮目相看。马来西亚福建人占华人人口的 34.4%，且不包括福州人和兴化人（其次为客家人 23.0%，1995 年数字）④；不仅因为华人人口在该地区总人口的比例较其他国家要突出，而且因为华人政党的参政已成为所在地政治制度的重要组成部分。在海峡殖民地，马六甲、槟城和新加坡的福建人彼此间流动的社会文化联系，随经济

---

① Cheng L K. *Social Change and the Chinese in Singapore.* Singapore: Singapore University Press, 1985, pp. 13-23; Kuah K E. *Rebuilding the Ancestral Village: Singaporeans in China.* Aldershor, England: Ashgate, 2000, pp. 33, 73.
② http://www.hsm.com.cn.node2node2796node2882node2893userobject6ai238059.html. 访问日期：2005年8月20日。
③ 余显伦、关向东：《踏访中南半岛：缅甸华文教育呈多元化恢复趋势》，中新社仰光五月二十二日电。
④ Chan K E, Tey N P. Demographic processes and Chinese. *In* Lee K H, Tan C B. eds. *The Chinese in Malaysia.* Kuala Lumpur: Oxford University Press, 2000, p. 79.

政治中心的转移而转移，历史上相当长时间里一直成为传统。槟城和新加坡的相继开埠与崛起，相当程度上与来自马六甲的福建人的重要作用是分不开的，也因此奠定了福建人在那里的优势地位。在槟城，最重要的陈、林、邱、王、谢、杨等六大姓氏，全部来自今天厦门郊区的集美和海沧一带，尤以"三都"一地最为突出。六大姓氏宗亲组织在槟城历史悠久，声势显赫，在侨乡分别有对口联络单位；六大姓氏族人更是执槟城社会经济之牛耳。以槟城为中心的福建人的人口与社会经济影响力，更是渗透至泰南、苏门答腊的棉兰和北马的霹雳、吉打等周边地区，主导当地经济，形成不少跨边境的家族商业帝国。在泰南，最著名的有许氏家族锡矿政治王朝[1]；在吉打，有著名的辜氏、林氏和庄氏家族[2]。在马来人占绝大多数的北马，福建人的地方化、本土化文化适应，则呈现出与海峡殖民地和马来联邦各州华人社会不同的特点，更带有历史和地方人文生态特色。历史上，马来属邦的吉打、玻璃市、登加楼和吉兰丹，1909年前属暹罗直辖之下，乃暹属马来州，地理、政治、社会、文化受暹罗影响相对较深。人文生态上，这些地方主要是马来人口占多数，尤其是登加楼和吉兰丹。福建人在那里为最早的华人移民。在登加楼，福建人为少数族群，但与其他华人方言群相比，其人数却最多，占华人人口的41%，比第二位的海南人多一倍不止（1991年数字）。[3]虽然在地方文化适应程度上，土生福建人与非土生福建人存在差别，但他们却都打上了浓厚的登加楼的共同烙印。在吉兰丹，以福建人为

---

[1] Cushman J W. *Family and State: The Formation of a Sino-Thai Tin-Mining Dynasty, 1797-1932*. Singapore: Oxford University Press, 1991.

[2] Wu X A. *Chinese Business in the Making of a Malay State, 1882-1941: Kedah and Penang*. London and New York: RoutledgeCurzon, 2003.

[3] Tan C B. *Chinese Minority in a Malay State: The Case of Terengganu in Malaysia*. Singapore: Eastern Universities Press, 2002, p. 1.

主体的土生华人本质上是农村和农业的，虽然小部分人也移居城镇生活；所有的县都有土生福建华人的社区，虽然他们大部分沿吉兰丹河两岸而居。与客家人不同，福建人更依赖和介入吉兰丹的社会生活和发展进程。吉兰丹本土华人虽然没有完全失去闽南语，但更多地带有吉兰丹本土马来人的色彩以及某种程度上融合的泰国南部因素。①而在东马的沙巴（Sabah）和沙涝越，虽以客家人为最多，但历史上福建人以经商为主，一直与潮州人比试高低。然而，在沙巴，自第二次世界大战后 50 年代始，最大的华人方言群——客家华人开始在商业上取代福建人并且也主导了政府公务员等白领阶层。②在沙涝越，贸易也不再由福建人（闽南人）与潮州人垄断，开始被其他方言群所打破。今日最大的方言群已是福州人和客家人，虽然他们仍像侨乡族人一样大多从事农业。③

至此，东南亚福建人的重要性已无须赘言。那么，到底什么是东南亚福建学？东南亚福建学，无疑与福建、福建学密切相关。简单地说，就个体层面而言，它是以东南亚福建人为研究视角、主题和主要分析单元的学问。但在更大的理论架构和学术关怀层面上，它同时有对福建学（甚至包括汉学）的整体性关联和参照的终极考量，无论该关联和参照是比较性的、地方性的还是分析性的。东南亚福建学最直接和最现实的背景应该有两方面：一为东南亚的地理背景；二为福建移民的人文环境。但这些只是抽象概括的参数，而非具体动态和充满变数的互动关系和历史进

---

① Teo K S. *The Peranakan Chinese of Kelantan: A Study of the Culture, Language and Communication of an Assimilated Group in Malaysia*. London: Asean Academic Press, 2003.
② Wong D T K. *The Transformation of an Immigrant Society: A Study of the Chinese of Sabah*. London: Asean Academic Press, 1998; Wong D T K. The Chinese in Sabah: An overview. *In* Lee K H, Tan C B. eds. *The Chinese in Malaysia*. Kuala Lumpur: Oxford University Press, 2000, pp. 382-405.
③ Chew D. The Chinese in Sarawak: An overview. *In* Lee K H, Tan C B. eds. *The Chinese in Malaysia*. Kuala Lumpur: Oxford University Press, 2000, pp. 370-381.

程。暂且撇开福建这一最关联层面不谈,如同华侨华人研究一样,以下三位一体的延伸层面、关系与架构,恐怕是东南亚福建学所无法回避的。第一,中国层面:东南亚福建人首先属华侨华人,他们在种族与文化上是与中国无法隔断的,或多或少受中国历史、文化、政治、经济和社会发展等因素的影响和制约。第二,居住国层面:福建人是居住在东南亚的移民,而东南亚各居住国状况又是千差万别的。东南亚福建人必须现实地面对当地民族、社会和国家并受其影响,以谋求解决生存、适应、同化和发展的问题。第三,东南亚福建社区自身层面:作为移民的东南亚福建人,在各自特定的、陌生的环境背景下,自身内部政治、经济、社会组织、文化生活与权力关系,同样不是一成不变和整齐划一的。[①]除了以上作为华侨华人的普遍性和结构性等要素特征外,东南亚"福建人"对东南亚"福建学"最显著的特殊性与学术关怀,大概有如下几点:第一,与其他华人移民方言群相比,相对地,福建人到达东南亚时间最早、人口最多;第二,福建人的地方适应性与文化变异;第三,福建人在东南亚社会历史中作为移民商业族群的巨大作用和影响力。简言之,在"东南亚福建学"学者理论关怀与研究的出发点里,"福建"作为方法论的工具价值,通常要比把"福建"作为孤立对象单位和内容本身来建构要重要得多、有意义得多。这种方法论工具性的切入与分析,对探讨中国历史与社会、海外华人与侨居社会、族群散居者与移民同化等大的主题在特定的历史时间、空间和群体三维互动个案上的含义,具有重要的学术参考价值。

如果说"福建学"在中国深得地方政府的认同和推动,具有彰显福建与中国东南、台湾及海外华侨的地缘政治、经济、文化

---

① 吴小安:《华侨华人学科建设的反思:东南亚历史研究的视角与经验》,《华侨华人历史研究》2003年第3期,第19—29页。

等考量的话；那么，"东南亚福建学"的合法性与正当性在本地区的境况，却没有如此幸运与荣耀。即便是海外华人研究，除新加坡外，也只是华人社区本身的边缘研究行为，并未纳入本地区所谓主流的"国家"科研文化发展规划之中。①相反，在东南亚建国认同与效忠同化的政治大环境下，以方言和地缘为背景的"东南亚福建学"，反倒显得格格不入，甚至与国家认同整合的努力有些背道而驰。而在西方学者，特别是汉学家、人类学家眼里，与其说他们是对"东南亚福建人"感兴趣，不如说他们更多关注的是与"其他族群"和"中国"相对应的"海外华人"。在经典的人类学调查里，为研究兴趣和调查方便，其研究对象或为社区，或为族群，或为异乡人，或为弱势边缘群体，或如村社般聚地而居的共同体。虽然东南亚福建人具备其中某种条件，但与"客家人"或其他族群研究不同：第一，他们并非弱势边缘群体，反而一直是社会经济中的活跃中坚分子；第二，他们也并非在乡村聚地而居，而是分布于东南亚大小城市；虽然在许多城市也是聚居，但往往分散混杂于现代都市和其他社区中，难以分别。所以，学界对东南亚福建人以及与福建相关的社会组织为对象的专题研究，并不多见。这或许可以解释为什么东南亚福建学没有像"客家学"或"客家研究"等那样的发展势头。难得的是，东南亚福建学得到华人社会、福建会馆及其他宗亲组织的积极推动。

  典型的例子有白缙（Jean DeBernardi）关于槟城华社民间宗教与文化身份认同的研究。如同人类学家弗里德曼在新加坡进行研究主要以福建社区为经验个案调查对象一样，白缙在槟城长时间

---

① 参阅吴小安：《英遏时期东南亚北马地区华人家族历史与权力关系，1857—1916》，"马来西亚华人社会百年：回顾与前瞻"国际学术研讨会论文，吉隆坡，2003 年 11 月；See also Wu X A. Centers for Chinese studies in SEA. *Kyoto Review of Southeast Asia*, Issue3, Nations and Other Stories March 2003.

的人类学田野调查也是以福建人为主,并为此特地在槟城请人教授她闽南语。但如人类学家弗里德曼的学术关怀是新加坡华人的家庭与婚姻一样,白缙对槟城福建人的学术关怀,也被对整个槟城华人社会的宗教文化身份认同的"地方化"历史进程等更大范围主题的探讨所淹没和替代。进一步说,在白缙的研究中,槟城福建人主要是作为探讨后者的方法论工具与手段。在她完成有关槟城华社民间宗教信仰的博士论文后,白缙旋即利用暑假赴台湾和厦门考察,以期进一步加深其对福建社会和文化的理解。对三个本是同宗同源的闽南文化社会进行考察后,她印象最深刻的一点是:历史与政治双重因素,在三地改变和重塑闽南社会文化特征的进程中,各自分别带有强烈的本土化色彩和烙印。在她的眼里,近半个多世纪的日本殖民占领及第二次世界大战后的国民党统治,已大大改变了台湾闽南人的政治取向和社会经济生活,就如海峡对岸的福建,历经 1949 年以来特别是改革开放后的新发展,已根本上改变了福建省闽南人的命运一样。同样,在槟城,150 多年的英国殖民主义统治和第二次世界大战后马来西亚新的民族国家的建立,塑造或重新塑造了槟城特有的以福建人为主导的华人的集体历史记忆、宗教仪式和社会政治策略。①

尽管如此,在以东南亚福建人为研究兴趣和调查对象的专题研究中,比较好的研究个案并不难找到。专门以新加坡安溪籍福建人"侨乡情节"为研究主题的人类学调查,便是其中一例。沿着人类学家弗里德曼和华琛(James L. Watson)的研究视角,身为安溪籍新加坡人的柯群英,详细描述和分析了 20 世纪 50 年代新加坡第一代安溪县蓬来籍移民,特别是"柯"氏宗亲(普通话 Ke 或方言 Kuah),在侨乡如何寻根问祖、重建宗亲村社,以及在道

---

① DeBernardi J. *Rites of Belonging: Memory, Modernity, and Identity in a Malaysian Chinese Community*. Stanford: Stanford University Press, 2004, p. xiv.

德经济、文化身份认同等现代跨国背景互动下的碰撞、安慰、失落、冲突和权力文化关系。遗憾的是，也许同样因为上述的困难原因，新加坡安溪移民社区特别是"蓬莱"社区宗亲，在作者的研究中，只是当然的现实或假定，而没有从经验材料上详细界定、阐述和建构，难免影响了作者对主题的更深入讨论。①有趣的是，20世纪60年代，日本人类学家前田（Kiyoshige Maeda）对北马吉打州首府亚罗士打附近甘光暨（Alor Janggus）的华人社区的详细调查报告，与柯群英的侨乡研究相互映衬，应该是东南亚福建学的另一个研究典范。与都市华人社区不同的是，位于马来人占多数的吉打州甘光暨的华人社区，坐落于郊区，更像一个与世隔绝的孤岛。前田调查时的1965年，华人人口为481人，计65户，绝大多数来自福建省，虽然也有一些广府和客家人。在福建籍华人中，又以安溪县人为最多，也最有势力；甘光暨甚至可以称为闽南安溪县村落在马来西亚西北角的一个独立的分支，有"小安溪"之称，虽然也有其他县市的福建人。安溪人主导的甘光暨华人社区，经济以面向周围马来人的米较（即中国通称的"碾米厂"）和商业为主，但华人与马来人的互动仅局限于事务性的而非社会文化性的交往。他们强烈地保留着原居地——中国福建安溪的文化风俗特性，但居留认同却是落地生根，心系马来西亚。②

与日本人类学家前田对马来人占多数的吉打州郊区以福建人为主体的村落社区的调查不同，20世纪60年代差不多同一时期，中国台湾的人类学家李亦园则把目光投向与新加坡毗邻的柔佛州麻坡华人市镇社区。李亦园出生、长大于福建泉州，生活居住在

---

① 详阅 Kuah K E. *Rebuilding the Ancestral Village: Singaporeans in China*. Aldershor, England: Ashgate, 2000.
② Maeda K. *Alor Janggues: A Chinese Community in Malaysia*. Kyoto: The Center for Southeast Asian Studies, Kyoto University, 1967.

台湾，一直浸淫于闽南社会文化。麻坡是柔佛最主要的橡胶生产地，而柔佛又是马来西亚最重要的橡胶生产州。麻坡属小镇，华人人口约占当地总人口的 2/3（总人口为 5.1 万人）；福建人（闽南人）占全镇华人人口之一半，而泉州附近的永春县籍人又占多数，为福建人数的 2/5。虽然麻坡华人社会是福建人的势力范围，但华人各方言群却非常全面，包括潮州、客家、海南、广府、兴化等八种之多。因之，麻坡被李氏称为一个同时聚众多方言群而居的中国"移殖的市镇"。而麻坡华人移民社会的帮派形成与分化、冲突与整合，在李氏的学术关怀里，也成为研究母体中国社会"整体化"意识、"地方性"与"变异"的最好范例。在由八种方言群组成的华人社会里，说闽南语的人最多；无论来自何种方言群，几乎每位华人领袖都可用闽南话交谈。福建人中，存在漳泉帮与永春帮的内部分化；但福建帮与潮州帮之间的竞争乃至冲突，却一直贯穿了麻坡华人社会的历史和现实。潮州帮实际上是麻坡镇最早的开发者，以胡椒、甘蜜种植为主，也曾是麻坡镇最繁荣的族群。但后来，胡椒、甘蜜经济让位于橡胶业的繁荣，潮州帮势力渐衰，以漳泉人、永春人为代表的福建帮取而代之（1920 年左右）。①无独有偶，在新加坡，福建帮与潮州帮的经济竞争、角力和冲突，实际上一直是 19 世纪华人社会政治、经济舞台的重要动力。该竞争与冲突实际上是以来自马六甲的福建商人为主的"自由贸易"社会与以潮州人为主导的"胡椒甘蜜"种植社会之间的冲突。②在沙捞越的首府古晋，福建帮与潮州帮的经济竞

---

① 详阅李亦园：《一个移殖的市镇：马来西亚华人市镇生活的调查研究》，《"中央研究院"民族学研究所专刊·乙种·第一号》，台北："中央研究院"民族学研究所，1970。更广阔的历史背景，请参阅 Trocki C A. *Prince of Pirates: The Temmenggongs and the Development of Johor and Singapore 1784-1885*. Singapore: Singapore University Press, 1979.

② 虽然一些学者对此有争议，但仍不失为一个很新颖的解释和视角。参阅 Lee P P. *Chinese Society in Nineteenth Century Singapore*. Kuala Lumpur: Oxford University Press, 1978.

争也贯穿了整个 19 世纪的历史。前者控制了西米（Sago）和木制品的出口贸易，与新加坡福建人联系密切；后者主要垄断了杂货店和食品业，网络遍及泰国、汕头和新加坡。①总之，以方言群和"帮"相互依托的华人秘密会社与其他社会经济组织，成为英属马来亚早期华社历史发展最典型的特征和动力之一；无可置疑，福建帮是其中最重要的一部分。②

再回头看东南亚地区本身，最让学者，特别是人类学家感兴趣的经典课题，当属早期东南亚福建人移民与本地居民通婚衍生的独特混血人种和文化融合。在西属菲律宾的马尼拉、荷属东印度的爪哇以及英属马来亚海峡殖民地的马六甲、槟城和新加坡，早期福建男性移民与当地妇女通婚而衍生的文化融合，各自分别形成自己专门的文化标签——"混血华人"（Mestizo）、"土生华人"（Peranakan）和"峇峇华人"（Baba）。历史上他们构成东南亚社会最独特、最富有、最有权势的华人移民混血群体。对该课题最有代表性的学术研究，在东南亚，大家熟悉的有本地出生、在美国受训的菲律宾历史学家陈守国③、新加坡政治学家廖建裕④，以及马来西

---

① Chew D. The Chinese in Sarawak: An overview. *In* Lee K H, Tan C B. eds. *The Chinese in Malaysia*. Kuala Lumpur: Oxford University Press, 2000, pp. 370-381. 另请参阅 Tien J K. *The Chinese of Sarawak: A Study of Social Structure*. London: Lund Humphries, 1956, Monographs on Social Anthropology, No.12, the London School of Economics and Political Science; Chew D. *Chinese Pioneers on the Sarawak Frontier, 1841-1941*. Singapore: Oxford University Press, 1990.
② 有关这方面的著作，请参阅 Mak L F. *The Sociology of Secret Societies: A Study of Chinese Secret Societies in Singapore and Peninsular Malaysia*. Kuala Lumpur: Oxford University Press, 1981; Mak L F. *The Dynamics of Chinese Dialect Groups in Early Malaya*. Singapore: Singapore Society of Asian Studies, 1995; Cheng L K. *Social Change and the Chinese in Singapore*. Singapore: Singapore University Press, 1985.
③ 陈守国：《华人混血儿与菲律宾民族的形成》，吴文焕译，马尼拉：菲律宾华裔青年联合会，1989 年。
④ Suryadinata L. *Peranakan Chinese Politics in Java, 1917-1942*. Singapore: Singapore University Press, 1981&2005. 该书中文版于 1986 年由北京中国友谊出版公司出版。

亚人类学家陈志明①。特别是陈志明,他对土生华人研究一直情有独钟,其研究从马六甲开始,转到吉兰丹、登加楼,再转而把目光投向源头——闽南。在西方,到目前为止对三国该独特文化族群最详细、最全面的比较研究当属美国人类学家施坚雅(G. William Skinner)。虽然东南亚华人混血社群因各地社会、历史、政治发展情况不同而各显差异,但其共同结构性文化种族特征表现为:第一,他们是处于华人移民社会和东南亚土著社会之间"混合"(mixed)的、"中间"(intermediate)的种族社会和文化,既不被视为华人移民社会,也不被认同为东南亚土著社会。第二,他们本质上是福建籍男性移民与东南亚土著妇女通婚而衍生的特殊族群;三个国家华人移民又以来自厦门、漳州、泉州地区的闽南人为最早,人数也最多。所以,其背后最显著的特征实质是闽南人和闽南文化与东南亚本土文化的融合,虽然也不排除对其他文化因素的吸收。第三,他们作为独特的文化族群早在15世纪便已出现,随欧洲殖民主义者东来而发展,到了19世纪,人口规模与社会、经济、政治影响力不断发展壮大。从20世纪到今天,新马"华人"却逐渐消失,融入到了华人社会和建国背景下新的政治、社会、文化认同和身份之中,更加城市化、现代化和全球化;菲律宾"混血华人"社会已经灭绝,更加本土化而融合到现代菲律宾社会之中;唯印度尼西亚"土生华人"仍为少数族群,但其闽南文化痕迹已经隐约难辨了。②

历史学方面,藏于荷兰莱顿大学的印尼巴达维亚华人公馆的

---

① Tan C B. *The Baba of Melaka: Culture and Identity of a Chinese Peranakan Community in Malaysia*. Petaling Jaya: Pelanduk Publications, 1988.
② Skinner G W. Creolized Chinese societies in Southeast Asia. *In* Reid A. ed. *Sojourners and Settlers: Histories of Southeast Asia and the Chinese*. St Leonards, NSW: Allen &Unwin Pty Ltd, 1996, pp. 51-93.

"公案簿"应该是目前保存最完整的有关东南亚福建移民的社会档案资料。可喜可贺的是，以此档案资料为基础，一批相关的中英文专著与论文已经陆续整理出版问世。①但在更富有想象力和分析性的与社会学、人类学等相关的系列专题研究面世之前（而非资料式整理或梳理），该福建海外移民社会个案档案资料到底能回答我们多少关于中国东南亚海外移民社会等一系列一般性、普遍性的问题，仍有待观察和评估。以早期海外闽南商人为专题研究对象，最好的例子要数历史学家王赓武了。王赓武认为，一般地说，在中国封建帝国政治和社会主流意识形态中，商人与商业活动一直处于边缘和非正统的地位，特别是自10世纪始，闽南商人的海外商业贸易更多为"福建"自身地方的而非"中央帝国"的发展。确切地说，该海外商业贸易的历史传统，是"福建"作为相对独立的"帝国中心边缘"和"商人"作为"政治社会边缘"的一种适应性策略与选择。此种意识形态和结构性因素，决定了海外"闽南商人"社区的双重特征：第一，在中央帝国政治关系层面上，借用王赓武的话，"闽南商人"属"没有帝国的商人"（merchants without empires）。与欧洲殖民主义商人不同，"闽南商人"的海外贸易商业活动没有中央帝国的强大后盾支撑。第二，在社会文化层面上，海外闽南商业社区本质上是"寄居"（sojourning communities），而非"定居"（settling communities）。闽南商人社区低姿态的"寄居"特性，既与"落叶归根"的儒家文化观念一脉

---

① For English, please see Blusse L, Chen M H. eds. *The Archives of the Kong Koan of Batavia*. Leiden: Brill, 2003; Li M H. From "sons of the Yellow Emperor" to "children of Indonesian soil": Studying Peranakan Chinese based on the Batavia Kong Koan archives. *Journal of Southeast Asian Studies*, 2003, 34 (2): 215-230.中文文献请参阅〔荷〕包乐史、吴凤斌校注：《公案簿》（第一辑），厦门：厦门大学出版社，2002年；〔荷〕包乐史、吴凤斌：《吧城公馆档案研究：18世纪末吧达维亚唐人社会》，厦门：厦门大学出版社，2002年；袁冰凌、〔法〕苏尔梦校注：《公案簿》（第二辑），厦门：厦门大学出版社，2004年；聂德宁、侯真平、〔荷〕包乐史，等校注：《公案簿》（第三辑），厦门：厦门大学出版社，2004年。

相承，又与缺乏中央帝国为强大后盾支撑的、不安全的政治现实密切相关。因而，海外闽南商人社区不仅没有沦为明清中央政府海外帝国的政治工具，而且在西方殖民主义的政治压榨和屠杀面前大多处于孤立无助的悲惨境地。相反地，他们却幸运或不幸地、自觉或不自觉地充当了欧洲殖民主义在东南亚经济扩张的工具。①

早在15世纪时，在海外贸易港口，如马六甲、文莱、苏禄、日本琉球群岛和九州一带，便存在零星的、小规模的、以福建商人为主的华人商人社区，虽然学界对其详细情况并不了解。只是在欧洲殖民主义者东来之后，我们才有较完整的海外闽南商人社区的记录。王赓武分别考察了16世纪和17世纪菲律宾马尼拉和日本长崎两个重要的闽南商人社区的个案。以马尼拉为例，闽南商人社区是第一大规模的海外华人社区，甚至是16世纪最大的海外华人社区。马尼拉闽南商人社区的崛起，一方面是闽南人从文莱至苏禄等群岛传统贸易的延伸；另一方面也是对16世纪初葡萄牙人东来后在福建沿海新的商业贸易发展的回应。因而，闽南人得天独厚地开辟了经台湾、新几内亚岛至吕宋岛的新贸易航线。16世纪80年代，每年约有20艘船只到访马尼拉；1600年前后，增至每年30艘。西班牙人刚到马尼拉时，华人只有150人左右；1603年，吕宋地区的华人人数达2.5万人。是年西班牙大屠杀华人的悲剧后，幸存者500人回国，继续留下的只有500人。但在短短20年内，马尼拉闽南商人社区至少发展到20 000人左右。②应该一提的是，王赓武对东南亚和日本闽南商人社区历史的考

---

① Wang G W. Merchants without empires: The Hokkien sojouring communities. *In* Wang G W. ed. *China and the Chinese Overseas*. Singapore: Times Academic Press, 1991, Chapter 4, pp. 79-101.

② Wang G W. Merchants without empires: The Hokkien sojouring communites. *In* Wang G W. ed. *China and the Chinese Overseas*. Singapore: Times Academic Press, 1991, Chapter 4, pp. 86-92.

察，与其得意门生吴振强对 17 世纪、18 世纪厦门兴起和闽南商人在台湾、福建沿海、中国沿海甚至沿江的贸易网络与权力关系的研究，珠联璧合，相互对应，构成一幅福建商人海内外贸易网络的整体性画卷。①

四、尾　论

在本章，笔者要穷尽有关研究东南亚福建人的文献是不可能的，也是徒劳而又肤浅的，因为"东南亚福建学"还在起步阶段。但至此，可以清楚的是，我们至少有如下几点关于东南亚福建学的初步想法：第一，东南亚福建学，本质上是个案的，因而也是社区的（福建移民社会）与族群的（福建人）；但它又不仅仅是密封的、狭隘的、静态的社区、地方和族群研究，因为东南亚福建人毕竟是生活在一个更动态、更广阔的社会里，要与其他华人方言群和族群有这样或那样的关系。这是最基本的层面。第二，东南亚福建学，基本上是比较的，因而也是跨社区、跨社会、跨文化、跨国界和跨学科的。这是需要进一步开拓和超越的。在了解更多不同类型、不同国家和地区、不同社会、不同时段的福建人个案研究之前，我们暂时还无法讨论分析对东南亚福建人的整体概括，进而比较各自的特殊性差异或变异。第三，无论是福建学还是东南亚福建学，简言之，都是以福建为参照系，以福建人或福建文化为分析单元和学术关怀，探讨有关福建、福建人、福建社会、福建历史和福建语言、宗教、文化等整体性和

---

① 详情参阅　Ng C K. *Trade and Society: The Amoy Network on the China Coast, 1683-1735*. Singapore: Singapore University Press, 1983.

地方性的学问。但是，它又不能局限于"福建或福建人"；其研究与学术关怀，只有与超越"福建"的、更大范围的整体性主题和课题，即中国、移民所在国和地区等多维时空（历史、社会与国家）结合起来探讨才会更有意义。或者说，地方性或特殊性的东南亚福建学最终是为了进一步探讨、丰富和理解社会、贸易、文化、宗教、种族、认同、移民、国家、全球化和本土化等一般性、根本性和整体性的课题。这应该才是东南亚福建学的主旨与生命力之所在。

07
"我在等风":跨界与比较视野中的
本·安德森回忆录*

风靡全球的民族主义经典《想象的共同体》一书作者安德森教授是一位跨界与比较方法论的叙述分析大师。跨界乃安德森一生的热忱兴趣与深厚底蕴,甚至到了痴迷忘我的境界。比较是安德森一贯的鲜活话语策略与视角关怀,在同质与异质的文化、族群、宗教、国家、地区谱系交织的浩瀚历史时空之间,纵横穿越、信手拈来,却无哗众取宠之嫌。所以,对《椰壳碗外的人生:本尼迪克特·安德森回忆录》①(如下简称《回忆录》)中文版书评,如果书评者从跨界与比较的关联开始,应该恰当不过。

这里需要特别指出的是,"跨界与比较视野"既具有《回忆录》区域研究学科理论方法论的基本属性,更具有安德森学术人生的显著特性,同时具有书评者关联另两位同龄学者和另两部同类回忆录的分析关怀。鉴于《回忆录》不同于一般学术专题著作的专门属性,对安德森的个性、安德森回忆录和安德森的学术生

---

* 原载《澎湃新闻·私家历史》,2019年3月8日。收入本书,有订正。
① 〔美〕本尼迪克特·安德森:《椰壳碗外的人生:本尼迪克特·安德森回忆录》,徐德林译,上海:上海人民出版社,2018年。

涯等三位一体的特质焦聚，应该成为本书评的兴奋点与中心点。拜读全书，书评者掩卷沉思，脑海里浮现最深刻的一串相关主题词：首先是三位学者与三部回忆录，其次是三条脉络主线与一个最鲜明主题，最后是一点中文书名评论。本书评也将依次分为五个部分，沿循上述脉络框架与视角焦点展开，以请教方家。

一、三位学者

与长期位居代表霸权的"正统"、"主流"、"中心"和"传统"（如果不能称之为"保守"与"封闭"）的学科领域不同，第二次世界大战后"边缘"的与"新兴"的东南亚区域研究异军突起，涌现了许多世界一流的、跨东南亚地区的、跨学科影响力的著名学者。在很大程度上，这是由于"边缘"与"新兴"远不止字面意义上的简单含义，而是更多地带有理论方法论与经验张力的工具性颠覆策略和社会文化关怀。提起安德森的名字，作为东南亚学人，书评者首先想到的是另外两位著名学者。从更长时段的传承视角看，第二次世界大战后第一代世界著名的东南亚研究学者，当之无愧地属于美国康奈尔大学政治学家与社会活动家凯恩（George Kahin）教授、普林斯顿大学高等研究院人类学家格尔茨（Clifford Greetz）教授、耶鲁大学历史系政治历史学家本达（Harry Benda）教授、英国伦敦大学历史学家霍尔（D. G. E. Hall）教授，以及荷兰阿姆斯特丹大学社会学教授维特汉默（W. F. Wertheim）等。东南亚学界第二代学者中具有世界性影响力的三位则当属美国耶鲁大学人类学与政治学教授斯考特（James Scott），以及先后担任澳大利亚国立大学、美国加州大学洛杉矶分校和新加坡国立大学历史学教授的瑞德（Anthony Reid）及康奈尔大学政治学教授安德森（Ben Anderson）。应该不是巧合的是，跨界与比较历史视野都成为三位著名学者学术研究显著一致的深刻关怀。

三位学者都是一致地源于中心、身处中心，然而却深耕边缘、以边缘为经验、以边缘为手段、以边缘为关怀，检视、回应、反思甚至挑战中心的主要学术议题，借此揭示人类世界和历史进程的共同性、差异性和多样性。斯考特教授以研究东南亚农民日常反抗的"道义经济学"、"弱者的武器"和东南亚高地地区无政府主义的历史人类学和政治人类学而驰名世界；瑞德运用年鉴学派布罗代尔的视角方法研究早近代东南亚的贸易时代而享誉学界；而安德森教授的《想象的共同体》风靡全球，成为研究民族主义起源的新经典。2015年，安德森辞世，斯考特和瑞德仍健在安好，依然保持着旺盛好奇的生活热情与智识冒险的生命激情。仅举例，斯考特始终文思如涌、笔耕不息，据说总会热情地在家里与所有客人分享自家饲养的母鸡刚下的新鲜鸡蛋；瑞德退休后则于2018年出版了自己第一部关于早期爪哇王国的爱情、宗教与权力的历史小说《马打兰》。①总之，三位学者一生都在追求测试自己潜能的智识边界，都在以自己的跨界风格向世人展现自己的学术潜能与文化遗产。很难说，他们的选择没有从彼此的经验中直接或间接地受到启发。

二、三部回忆录

阅读安德森回忆录，作为治东南亚近现代史与华侨华人史的

---

① Reid A. *Mataram: A Novel of Love, Faith and Power in Early Java*. Leicestershire: Monsoon Books Ltd., 2018.

学人，书评者同时想到了另外两位著名学者的回忆录，即何炳棣的《读史阅世六十年》和王赓武的《此处不是家》。① 何炳棣和王赓武是历史学家，王赓武和安德森是东南亚专家；何炳棣和安德森已然作古，王赓武依然活跃学界，而且睿智与热情始终不减当年。三位学者都是内心非常强大，也是内心非常丰富的先进先驱。当然，三位学者的个性差异非常大：何炳棣个性鲜明强势，爱憎分明；王赓武乃宽厚仁慈的谦谦君子，开明睿智、敏锐深刻，极具人格魅力；安德森享受着骨子里西方自由知识分子的"任性"与"理性"、"顽童"与"愤青"的快感。三位都是才华横溢、记忆力超群的著名学者，如果一定要彼此分别的话，那么，何炳棣是"真"，王赓武是"善"，安德森则是"酷"。三位学者都是以跨界与离散学人的共同体验，揭示各自独特跨文化、跨学科与跨时代的非凡学术人生。

　　三位学者学术人生集聚了一系列显著悖论：何炳棣的博士论文研究英国西洋外交史，毕业后却转行，成为一名具有跨学科深刻关怀的芝加哥大学中国历史与文明讲座教授，并于 20 世纪 70 年代初当选为美国亚洲学会历史上首位亚裔会长。王赓武的博士论文治中国五代十国古代史，却最终成名于南洋华人史并立足于东南亚研究，同时长期充当西方汉学理解中国的重要桥梁。王赓武三十岁左右即被擢升为马来亚大学正教授、历史系主任，1968 年赴任澳大利亚国立大学远东历史讲座教授兼远东与太平洋研究院院长（1968—1986），后从香港大学校长（1986—1996）职位退休，他又重返新加坡（1996），担任新加坡国立大学东亚研究所所长以及在其他多个重要学术机构担任领导职务，专业服务长达二十多年，一生可谓多姿多彩、璀璨荣耀。安德森更是悖论，虽然

---

① 何炳棣：《读史阅世六十年》，桂林：广西师范大学出版社，2005 年；Wang G W. *Home is Not Here*. Singapore: The National University of Singapore Press, 2018.

总是一波三折，却每每戏剧性地峰回路转。安德森的博士论文研究的是印尼爪哇日据时代的革命与政治，却于1972年被印尼当局驱逐出境，以致无法从事印尼研究，只好被迫转移，从头开始研究泰国和菲律宾，最终却成就了其民族主义经典著作《想象的共同体》。该书起初由英国一个不知名的小商业出版社出版，不是惯常由世界著名大学出版社出版，而且出版后除欧洲外，在美国几乎没有引起任何涟漪，以致当时《美国政治评论》书评宣称，该书除了书名吸引眼球之外，其余内容甚至一文不值。直到出版十年后的20世纪90年代初，伴随苏联解体后民族主义思潮与运动风起云涌，该书得到了欧洲学界以及历史学、人类学、社会学和比较文学等跨学科学者热捧之后，才最终奠定了安德森在其安身立命的美国学界，特别是美国政治学学科殿堂中的泰斗地位。

三位学者在各自专业舞台上各有千秋。作为五四时期中国出生长大的学子，虽身处美国，何炳棣的政治牵挂多是故乡与家族，国家与民族，积极奔走穿梭于中美两国与海峡两岸学术文化交流之间。作为在印尼出生、马来西亚成长的海外华人，王赓武的学术依托无疑是坚定地立足和捍卫东南亚，特别是东南亚华人社会。然而，作为江苏籍"外省"知识分子家庭出身、受英文教育的学子，王赓武好像并没有真正融入以闽粤省籍乡土文化和工商两极社会为结构性特征的南洋华人社会。王赓武一直与新加坡、马来西亚有密切的政治互动，然而他却始终理智、娴熟而坚定地把自己定位于学者与专业学术领袖的角色。作为在中国出生、在中美度过童年、在英国名校接受教育的爱尔兰裔青年，安德森则始终具有热忱的现实政治关怀，自觉或不自觉地利用自己在各文明之间，各学科之间，各种精英、各种制度之间的独特地位，并以独特的方式与智识"狡黠"地表达自己的政治理念，践行自己的政治理念。三位都是离散学者，不仅具有离散的特别情节，而且都具有跨界的鲜明悖论，都是各自文化根基的、跨文化的代表性先驱，都是在东西文明与学术世界游刃有余的学术领袖。尤为可贵的是，虽然三位学者都对现实权力政治、民族国家政治与族群文化权力有各自的深刻理解和娴熟把握，却依然保持学人的务实本真和理性反思的可贵品质。

三部回忆录各有侧重、各有自己的关怀面向。何炳棣回忆录以个人为中心，非常严谨，也非常较真，是历史回忆录，也是学术回忆录；它是百科全书式的，既是个人读史阅世的真实书写，更是划时代政治历史社会变迁的鲜活纪录。王赓武回忆录主要聚焦于1949年前十九年的人生，更多的是怀念父母、家国情怀、青少年成长，特别是特殊历史时期自己的家国情结与身份认同的形成，是家庭与个人回忆录，更是对父与母、乡与土、根与源、家和国、个人心迹与路径选择的历史交代。王赓武回忆录没有涉及学术，没有涉及政治（战后敏感的），当然更没有涉及人事（个人事业的）。如果有，也是抗日战争时期和内战时期的刻骨铭心；是历史，不是政治。如果有，也是老师、同学、同伴、乡邻的情谊友爱；是缅怀，不是人事。这应该不是疏忽，更不是偶然。鉴于其学界泰斗的地位与人格魅力，王赓武回忆录一经面世便在海外华人学界、海外汉学界和东南亚学界引起热烈反响。饶有意思的是，虽然回忆录通篇没有学术，然而王赓武叙述剑锋指向的一个最明显的专业主题关怀是移民、离散与身份认同。难怪，作为华人移民研究的大家，王赓武取了一个耐人寻味的书名"此处不是家"，并且书封覆盖了一枚暗示宣布被驱逐的官方印章，令人浮想联翩。窃以为，它既强烈地表达了其父母长期寄居南洋却一直想回家的身份认同，也暗示了王赓武父母和本人曾经回过家一段时间，却最终被迫再次选择回归南洋的心路历程。"此处不是家"，却令人魂牵梦绕、寻寻觅觅；"此处不是家"，是父母呢喃，还是王赓武自语？是被"逐放"，还是自我放逐，或另有所属？"此处"何指？当下之地，还是相对彼处而言？究竟家在何处？彼处吗？如是，彼处又是哪里？中国吗？显然不是。马来亚吗？澳洲吗？幼年的印尼，童年的怡保，青春的狮城？或求学的英伦，或事业人生的足迹，或子孙所处，或藏在个人内心角落归隐的精神家园？令人想象——王赓武既没有、也不会、更不能明说。[①]安德森回忆录，则是满满的个人学术心路历程，特别是区域研究、田野调查、学科框架与方法论、比较政治与文化关怀的阐释、解读与探索。然而，三本回忆录都是三位杰出学者经过深思熟虑之后确定路径选择的精心之作，分别代表了战争与革命转型时期美国华人、南洋华人和爱尔兰裔先驱学者的精彩跨界人生之路。

  安德森蜚声国际学界重要的学术成就是《想象的共同体》；他是美国东南亚开山大师凯恩教授的得意门生，成功地培养了大批世界杰出的东南亚研究学者，尤其是来自东南亚地区的本土学子。《回忆录》中，安德森特别重点地明确叙述了其智识渊源的重要核心：导师凯恩、弟弟佩里、挚友西格尔，以及康奈尔大学课堂上来自东南亚各地的优秀研究生等。然而，安德森本人没有明确指出却非常重要的智识影响还应该包括如下几个主要方面：欧洲古典文明与德国社会学家韦伯的深刻影响；爱尔兰裔离散性与个人世界性履历的深刻烙印；专业理性原则与剑走偏锋分析批评、边缘社会同情关怀、顽皮任性好奇冒险的人格特质的结合。所有这些，应该成为真正理解安德森独特的学术思想、叙事风格与学术人生的关键所在。换言之，安德森是新马克思主义学者，但他既不极左、也不极右；安德森是传统与正统理论的颠覆者，但他不

[①] 参见长篇英文拙评：Wu X A. Review Essay of Wang Gungwu. *Home is Not Here*. Singapore: The National University of Singapore Press, 2018. *Journal of the Malaysian Branch of the Royal Asiatic Society*, 2019, 92 (2): 163-176.

偏激、不个人意气,总是能够从西方古典文明与历史传统、从亚洲文明历史与社会文化传统中、从现实技术革命经济社会变迁与政治文化行为表现中,寻找大量而有力的证据,非常专业而令人信服地解构和重构、对比关联与叙述分析。安德森骨子里自始至终就是一位不安分的、冒险果断的、渴望"等风"和"追风"的有心人。他的一段充满东南亚文化元素与诗意情怀、优美激情而富有哲理的"我在等风"的个性独白,更是令人热泪盈眶:

> 对真正具有生产力的学术生命而言,这样的冒险精神在我看来是至关重要的。在印度尼西亚,当有人问你要去哪里而你要么不想告诉他们要么尚未决定的时候,你回答说"lagi tjaji angin",意思是"我在等风",好像你是一艘帆船,正在驶出港口冲向浩瀚的大海。……学者们倘若对自己在一门学科、一个系或者一所大学中的地位感到舒服自在,就会设法既不驶出港口,也不等风。但值得珍视的是等风的准备,以及当风朝你的方向吹来的时候去追风的勇气。借用维克多·特纳关于朝圣的隐喻,身体和心灵之旅都很重要。①

三、三条脉络主线

读完安德森《回忆录》,最深刻的印象是书中呈现的三条脉络主线。这是一本专门面向日本学者、东南亚学者,甚或是全球青年学者的学术回忆录。安德森的用心之处在于,他以三条鲜明的脉络主线,相互串联、渗透、映衬、交织在一起,构成多彩传奇

---

① 〔美〕本尼迪克特·安德森:《椰壳碗外的人生:本尼迪克特·安德森回忆录》,徐德林译,上海:上海人民出版社,2018年,第204—205页。

的学术人生。

第一条主线，自然是安德森个人的人生的历程。除序与跋外，回忆录分三大部分，从童年青春成长到学术职业生涯，再到退休后的智识兴趣尝试，一目了然，简约不过。序，交代了缘起，又充作导论；跋，既是收尾，又呼应序的主题面向，同时携带着希望和呼吁。三个部分，青春篇一章是序曲与铺垫，也是后面章节的引子。职业学术生涯篇分四章，显然是主要内容和全书重点关怀。退休后部分一章，是承继青春时期兴趣的探索，也是退休后智识生涯的新探险。全书自始至终都是以第一人称展开，主角是作者本人，亲身经历娓娓而谈。所以说是安德森本人的回忆录，可谓名副其实。

第二条主线，主要焦聚于安德森学术职业生涯最重要课题关怀，如"区域研究"、"田野调查"、"比较视角"与"跨学科框架"。区域研究是田野调查、比较视角与跨学科三大要素的统领框架，却又彼此区分，各自独立成章，专门展开详细论述，都有自己相关的学科传统关联与学术理论方法论参照。区域研究，一直是安德森所在大学院系最引人注目之处，是他本人职业生涯面临的重大智识转型，也是人文社会科学学者都需要面临的理论方法论课题，特别是青年学者和亚洲学者对此最为感兴趣。这是安德森用心最多的地方，也是《回忆录》的学术趣旨之所在。所以说《回忆录》是一本关于认真讨论学科方法论著作，应该没有夸张。

第三条主线，是叙述安德森成名作《想象的共同体》的智识来源、过程、幕后轶事和脚本注释，而不是继续洋洋洒洒重复论述民族主义宏论。更重要的是，此条主线始终紧扣"区域研究"、"田野调查"、"比较视角"和"跨学科框架"等重大课题进行叙事分析阐释，反之亦然。而且，处理手法上，这同样是最鲜明地揭示了安德森式叙述风格。这条主线虽然鲜明，但处理手法上却不是大张旗鼓，而是穿插在第二条主线中，忽明忽暗而不动声色，平实自然而不乏坦诚。

简而言之，《回忆录》可以说是一部新颖活泼的学科理论与方法论著作，甚至不像个人回忆录，因为安德森个人经验叙事主要用以阐述他自己对区域研究历史演进、学科理论磨合与田野比较框架等更大关怀的视角和策略。除童年、少年的个人经历外，《回忆录》从头至尾几乎没有什么个人的琐碎生活与私人的情感历程，而是主要从智识形成与职业生涯的专业角度出发，贯穿着安德森是如何一步一步地成长为一位东南亚学者的，是如何在美国传统学科与自己所在的政治学系博弈、磨合，乃至最后被接纳、融会贯通的，又是如何超越东南亚学者成为一位享誉全球跨学科民族主义研究的明星大腕。当然，不是说，《回忆录》没有任何个人好恶取向，相反地，安德森自始至终都没有在《回忆录》中掩饰自己的鲜明价值观，包括学术的、政治意识心态的、个人友情的。

四、一个最鲜明的主题

掩卷沉思，跨界是构成安德森学术人生的一个最鲜明、最闪亮的主题，而且是以一连串戏剧性悖论奇妙地结合在一起呈现的。跨界，不仅是安德森的人生成长历程，也不仅是他学术职业生涯的显著特征，而且是他基于自己阅读兴趣、生活爱好与思想价值取向的清醒选择。何谓跨界，这里同样有着安德森独特风格的理解与实践，有他的个人体验与演绎。安德森最鲜明的跨界演绎具体表现包括文学、诗歌、艺术、音乐、语言、电影、历史、翻译，当然主要是政治。安德森最得意、最悖论的跨界结合应该是中心与边缘，正统与叛逆，西方与东方；总是从边缘到中心、从外围到内核、从东方到西方，从欧洲到美国，从田野社会政治与历史文化到学科理论，从现实政治意识形态关怀到严肃学术理论反思和撰写，无不充满着他自己个人智识冒险的探究刺激，以及每每逢凶化吉之后的自鸣得意与庆幸。《回忆录》虽然没有直白明了地声明，然而安德森对此并不掩饰，并用叙事方式彰显这一个性，即兴趣广泛而满怀激情、充满好奇心而专业敬业、富有冒险精神、激情诗意而理性与强烈同情心。

在安德森《回忆录》里，"跨界"这一最重要主题框架，紧紧依托、呼应、兼容上述三条主线而展开。换言之，安德森把个人学术人生轨迹、区域研究学科主旨与《想象的共同体》脚本的来龙去脉，用一个最显著、最契合的主题词"跨界"点亮《回忆录》全书。三者相互关联、互为一体。1958年之前，流动的青春既是铺垫，也是底蕴。1958年之后，美国读研的职业生涯，既是践行，更是阐发。2001年退休后的人生，既是继续追逐个人青春梦想，也是对职业学术生涯的个人解放。其人生历程，自始至终、彻头彻尾是演绎"跨界"的主题。职业生涯总是任何人生旅程中最重要、最有社会意义的部分，细究之，安德森回忆录着墨最多的正是此部分。而此部分又主要关注区域研究、田野调查和学科方法论，并且以自己的经验勾勒和阐释了其历史发展脉络、体制框架、学科特征、研究方法。所以，"区域研究"、"田野工作"、"比较的框架"与"跨学科"四章内容构成了安德森回忆录向学界分享自己的独到观察与体验。这是全书的学术趣旨，可谓确确实实。

与一般学院式机械、深奥、枯燥的同类理论方法论著作不同的是，在该书中，安德森是以回忆录的形式、以对话的方式，并且以一以贯之的批判却不失包容、学理却不失生动、体制结构进程却始终以个人叙事为主线的手法简洁明了地糅合为一体。最重要的是,《回忆录》非常明确地宣示和演绎了安德森对区域研究的重要学术理念:其一,"区域研究"自始至终是在传统学科霸权与偏见中,因而也是对抗传统学科的智识和体制的进程框架中发生、发展的。其二,"田野调查"、"比较框架"与"跨学科"三大维度构成了"区域研究"的最基本、最显著的学科方法论特征,也是第二次世界大战后所有社会科学的研究方法基本发展趋势。

  针对区域研究的三位一体的重要维度,安德森特别分享了个人学术心得的三个要点:其一,关于田野调查。安德森在印尼、泰国和菲律宾先后做过广泛而深度的田野调查。他是政治学系出身,其田野调查最重要的方式是访谈,涉及的是当代敏感的政治议题。过程中的互动经历、语言、文化、历史、传统和重要交往友谊等,同样构成其田野调查非常重要的关键环节。其二,关于比较的框架。安德森是一位融会贯通比较方法论实践的高手。安德森认为,比较的框架不只是"一种方法",或者"一种学术技巧",更多的是"一种话语策略"和"一种新的叙事结构"。所以,他特别强调"出人意料"之外比较的视野策略和轰动效应,强调统一国家内"长时段纵向比较"与"跨民族比较"的时空双重维度的重要性,强调比较学者的源自"陌生感和缺位体验"的跨文化好奇心和新颖性。其三,关于跨学科。安德森专门指出其与多学科的区别,他写道:"我这里说'跨学科的'(cross-disciplinary)指的是这一情形:一个专业的教学人员包括不同学科背景的老师,允许研究生们打破这些学科界限选择三个成员组成其论文评审委员会。它与'多学科的'(multidisciplinary)不同,'多学科的'往往是指某一特定学科背景的学者把其他概念和学科纳入他/她的分析。"[①] 安德森专门分享了个人对几个重要基本点的

---

① 〔美〕本尼迪克特·安德森:《椰壳碗外的人生:本尼迪克特·安德森回忆录》,徐德林译,上海:上海人民出版社,2018年,第159页。

理解分析讨论，譬如立足精通某一学科的重要性、认识到所有学科都是变化发展的重要性，以及融通学科之间藩篱的重要性。一言蔽之，安德森特别关注，以学科的方式进行跨学科，以跨学科的方式发展学科。

安德森的独特之处与幸运所在，应该归因于他一生"等风""追风"的果敢、锲而不舍的反抗、孜孜不倦的追求、傲而不骄的智识禀赋、深刻关怀的学术理性和强烈同情心的国际主义等。他畅快淋漓地将个人爱好与职业生涯结合在一起，贯通融通：作为受压迫的爱尔兰裔离散后裔的坚守与诉求，作为新兴独立国家与边缘的印尼学人的同情与反抗，作为左派马克思主义学者对无政府主义、共产主义、弱小国家和弱势群体的强烈同情，作为家境优越、名校出身的精英学子的漂亮履历，作为精通欧洲古典文化与现代社会科学的精英学人的冒险批判，作为美国区域研究跨学科、跨文化比较研究的顶尖学者，作为真正精通多国文字的一流东南亚学者的深刻同理心、同情心与学术理性，作为第二次世界大战后美国东南亚研究先锋领袖凯恩得意门生受其个人反战立场传统的深刻影响，作为英国新左派先锋学者佩里·安德森的哥哥受其智识与政治思想潮流的深刻影响，以及作为纯粹学人的理性包容，等等。

概而言之，安德森一直位居世界中心的主流体制，然而个体上却始终坚持边缘与叛逆的视角：他的经历与智识关怀一直是全球性的、跨越东西方文明的与比较性的，然而其个人研究却定位于印尼、东南亚、亚洲的非发达国家。安德森在全世界东南亚研究学界一直是中心的，然而在其任职的康奈尔大学保守传统的政治学系却是边缘的，安德森的智识反抗与创新应该是有意无意地与之抗争，从亚洲东南亚的边缘前沿与立足于其经验文化基础上的对正统学科的智识抗争。安德森骨子里是探险家、冒险家与文学艺术范儿的，却始终没有迷失、放任或者极端，而是不自觉地借用了世界中心的主流体制、一流精英的天然优势，完成了不同学科、文化、语言、艺术、社会、历史等多种差异性的个人智识穿越探索。所有这些无疑与他个人的家庭教育成长背景、禀赋、情怀、兴趣、睿智与自律相关，当然也与变迁的时代密切相关。

五、一点中文书名评论

最后需要指出的是，《回忆录》翻译干净、用心，可读性强。该书译者是一位文学背景出身的学者，而不是一位东南亚研究出身的学者，不仅反映了安德森学术广泛而深刻的影响，而且译文少了许多常规的学究、干巴的痕迹，契合安德森生动跳跃的个性，令人耳目一新。中文书名中"椰壳碗外的人生"大胆地借用东南亚本土元素，而不是取自原来的英文书名"跨界的学术人生"，从文学创作的角度似乎无可厚非，某种意义上印证了安德森个人的成长历程，体现了该书亚洲青年学人的专门面向，当然很难说与其弟弟的新左翼出版社 Verso 意识形态取向不无关系。

尤其应该指出的是，依笔者愚见，政治上，"椰碗壳"隐喻乃安德森特意警示狭隘的、地方本位至上的民族主义者与封闭排外的文化本位主义者的危险性；人生轨迹上，"椰碗壳"隐喻相对应和反衬的是他另一个"我在等风"隐喻的人生实践成功阐释。"椰壳碗"内的"青蛙"绝不是安德森的秉性，"我在等风"才是他的真性情。如果说，蜷缩在"椰碗壳"内"青蛙"隐喻与积极奔放的沃尔特·凯利和卡尔·马克思名言结合关联，鲜明地再现了安德森对青年政治自由与思想解放的世界性关怀；那么，"我在等风"则更鲜活地体现了安德森作为学者对专业学术的纯粹与未知世界的探索的个人热忱。

然而，政治与社会文化警示除外，从另一种意义上，如此中文书名终究遮蔽了全书真正的学术趣旨。如此中文书名不仅有悖回忆录的英文原名"跨界的学术人生"（*A Life Beyond Boundaries*），而且有悖英文版回忆录的全球学术面向。如上详述，该书与其说是安德森个人学术人生回忆录，毋宁说是他作为全球区域研究领军学者关于田野工作、比较的框架与跨学科关怀等区域研究学科理论方法论的心得体会。该书的写作发轫于日本学界的策划并最先于 2009 年面世日本版，他弟弟一直力劝安德森向全球推出英文版。然而，直至 2015 年初其人生将届八十岁的前夕，应该是意识到身体与记忆力明显衰退的状况下，安德森终于决定愿意出版英文版。安德森应该很清楚，这将是他向全球学界告别的最后一部收官之作。果不其然，当年 12 月 13 日安德森即在印尼东爪哇睡梦中长眠，回忆录英文版也于其辞世后的 2016 年推出。如同安德森成名作《想象的共同体》由弟弟的新左翼出版社推出一样，安德森回忆录英文版也由这家出版社出版，应该不是巧合。

总而言之，如同安德森的跨界学术人生一样，《回忆录》不仅是专门面向对亚洲青年学人与东南亚研究学人，而且对全球学界所有的资深学者和所有的人文社会科学学者，都将是受益匪浅的。同样重要的是，对所有的大学高层领导暨文科院系管理层，《回忆录》也是一本富有教益、深刻启迪的必读著作，尤其是在中国学界区域与国别研究热潮的当下。笔者相信，读者会如同书评者一样享受安德森回忆录的阅读过程。笔者更愿意相信，在动笔之前和写作之中，安德森已然独自在调皮而愉悦地享受着读者阅读《回忆录》后的反应这一智识游戏过程，因为他心里一直装着读者，因为他当时便已料想到了。

下 编

专题个案研究

08
试论东南亚国家与国家形成：
形态、属性和功能*

　　经典的"国家"与"民族国家"概念主要是欧洲中心的和以欧洲为模式的。近现代历史上，东南亚各国（除泰国外）全都沦为西方的殖民地；东南亚现代国家的形成，本质上是西方殖民主义的产物。如果说西方殖民主义的入侵打破了东南亚各国原有的历史发展进程，出现了长达几个世纪的断层与裂变；那么，第二次世界大战后西方殖民主义的瓦解则使东南亚国家建设，像其他亚非拉新兴独立的国家一样，不仅带有鲜明的殖民主义的历史遗产与反殖民主义的政治特征，而且呈现出与欧洲现代民族国家形成截然相反的模式与轨迹：在东南亚，是先有"国家"，后有"民族"；"国家"主导着"民族"的形成，且该过程仍在继续，并受到严重挑战。与之对应的是，与经典现代国家形成强调领土主权、政治法律官僚机构不同，前殖民主义时期的历史上东南亚国家形成与知识建构，也带有强烈的东方主义的反"欧洲中心论"的话语特征，更多地强调东南亚本土的、文化的和历史的要素。

---

* 原载《亚太研究论丛》，北京：北京大学出版社，2008年第5辑，第244—264页。收入本书，有订正。

本章试图对东南亚"国家"与"国家形成"形态与模式作一个概要性和长时段的梳理与分析。本章分四个部分：第一，国家、民族国家与东南亚背景；第二，前殖民主义时期的东南亚国家形成；第三，殖民主义时期的东南亚国家形成；第四，后殖民主义时期的东南亚国家形成。

一、国家、民族国家与东南亚背景

作为政治法律概念，"国家"是指控制合法使用武力的垄断权力的政治实体，具有领土、集权与主权等鲜明特征。① 与社会不同的是，国家既不是财产，也不是家庭，而是带有跨越血缘关系纽带的凝聚力的共同体。对于国家的性质和作用的讨论，至少三位经典作家的国家学说最有影响力。第一位是马克斯·韦伯（1864—1920），其更强调国家结构与合法性要素。韦伯式经典"国家"的概念主要强调国家的官僚机器结构性形态与功能，主要指某一专门领土上的独立自治的政治结构，该结构拥有系统全面的法律制度以及维持法治的充分权力。一般地，韦伯更强调国家的合法性权威、理性官僚体制、领土控制以及在现代国家形成中的暴力等要素。相对应的是，在东方的前现代时期的社会，韦伯又强调国家的世袭制与统治者的个人权威。第二位是卡尔·马克思（1818—1883），其更强调阶级斗争学说与国家专政职能。同样，相对应的是，在印度和中国等古代东方社会，马克思则强调其"亚细亚生产方式"；其特点表现为土地私有制的缺乏、大型农业水利灌溉工程的出现、专制村社与专制暴君的存在等。第三位

---

① Rudolph S H. Presidential Address: State formation in Asia-Prolegomenon to a comparative studies. *The Journal of Asian Studies*, 1987, 46 (4): 734.

是米歇尔·福柯（1926—1984），则更强调国家的权力关系，而非国家本身，更关注斗争、进程、机制以及多重社会场景，包括肉体、性别、家族、血缘、知识、技术在国家权力关系中的作用。①

在此背景下，东南亚国家形成理论纷呈、莫衷一是。大致上，较有影响力的学派有"印度化国家"模式、"东方专制主义"模式、"尼加拉"模式、"曼达拉"模式、"银河系"模式和"剧场国家"模式等，不一而足。在许多东南亚社会与历史时期，有学者认为至少存在四种国家形成进程或特征：血亲网络、知识的作用、官僚机构与暴力。② 东南亚国家，尤其是早期东南亚国家，在结构上却一直是脆弱、不稳定的；早期是这样，现在也是如此。早期的东南亚国家，不仅没有欧洲式国家结构，而且由于地广人稀，国家强大最重要特征之一不是对领土疆域的控制与扩张，而是对人口劳动力的控制。巫术、占星术、仪式庆典活动、个人魅力等，一直成为早期东南亚国家重要统治手段。而在殖民主义时期，殖民知识的建构，包括人口普查、地理与地质勘探、人种语言风俗历史等调查研究，则成为殖民国家的重要管理工具。

民族国家，即惯常所指的现代国家，则是在现代历史条件下发展以民族为主体而形成新型政体，指民族拥有政治上的主权，在政治上具有高度的组织性与独立性，在社会上拥有高度的凝聚力，经济上拥有共同的市场，历史文化上拥有共同的传统。换言之，民族国家的形成是作为政治法律概念的国家疆界与作为种族心理文化概念的民族疆界在历史发展到一定阶段上相重叠吻合的产物。③ 现代

---

① 最好的讨论，请参阅 Day T. *Fluid Iron: State Formation in Southeast Asia*. Honolulu: University of Hawaii Press, 2002, pp. 1-37.

② Day T. *Fluid Iron: State Formation in Southeast Asia*. Honolulu: University of Hawaii Press, 2002, pp. 285-293.

③ Rejai M, Enloe C H. Nation-states and state-nations. *International Studies Quarterly*, 1969, 13 (2): 143.

民族国家的理念，自 18 世纪晚期启蒙时代在欧洲开始出现以来，19 世纪中叶开始欧洲各国以此为基础形成新的国家疆界和身份认同的基础，并成为新的国际关系的前提，至 20 世纪在全世界大部分地区民族国家即成为现实。然而，与欧美发达国家不同，在第二次世界大战后的东南亚，如其他亚非拉发展中国家一样，国家的形成在先，民族的形成在后；国家主导着民族的形成，但是国家却又是新兴而脆弱的，经常受到合法性、制度性和族群认同的挑战。民族，在东南亚背景下主要指国族，其形成只是在第二次世界大战后才开始，且仍在进行中；对国族的建构，土著主体民族与移民少数民族之间一直存在严重分歧。特别在岛屿东南亚国家，如马来西亚和印度尼西亚，新兴国家建构中的民族，理论上是跨民族与整合性的，但事实上却是狭隘的以土著民族主义为中心的，难以获得其他民族的认同。今日东南亚国家，由于建国的时间较短，加上特殊的种族、宗教、社会经济结构与历史发展因素的影响，东南亚国家认同一直面临挑战与危机。

二、前殖民主义时期的东南亚国家形成

即使是在 20 世纪初的 1909 年，在马来属邦被英国殖民主义正式接管之前，英国殖民官员这样描述东海岸马来苏丹国登佳楼（Trengganu，原名丁加权，前几年改为现名）：

> 那里几乎不存在任何实质性的政府机关。苏丹把他的大部分权力与特权都转移给了他的亲戚们，自己独自过着宗教式的深居简出的生活。全国的税收被苏丹的亲戚们贪婪地吞食掉。……在登佳楼，没有成文的法律，没有法庭，也没有

警察。各种犯罪猖獗盛行,农民们遭无情地蹂躏压迫,而全国却到处都是献身宗教的人士;悲惨无助人们的哀嚎淹没于一片夸张奢华的宗教祷告声中。[1]

无论是从正面还是从反面,该段引文都揭示了东南亚地区本土国家中一些核心要素,如苏丹、王室家族、王权、宗教、政府和人民等。在英国殖民官员眼里以及期待中,马来苏丹国登佳楼,性质上是剥削的,功能上是无能的,并不存在任何西方意义上有效的政府机构;东南亚本土国家特征的现实与殖民主义西方现代官僚国家的观念,构成强烈的反差。当然,英国殖民官员价值体系评估的标准是参照西方的,而非东南亚本土的。事实上,马来苏丹国登佳楼国家结构两个显著特征是:其一,它是神性的,回教戒律拥有至高无上、不可改变的权威;其二,它是垄断的,国家的权力被一小撮世袭的王室贵族、顾问和宗教专业人士所垄断。

东南亚作为区域地理政治与研究单元,由众多国家组成,幅员广阔而分散,地理社会宗教文化复杂多样,差异性远远大于一体性。因而,以该区域为研究单元与分析单位,本质上是比较性、历史性和综合性的视角,但难度也因此变得更大。鉴于东南亚各国政治、历史发展的沧桑巨变,昔日繁荣的各政治中心与帝国,或分化,或重组,或解体,或衰落,许多早已物是人非、灰飞烟灭,没有一个能够未被打断、持续发展成为今日东南亚某一国家的中心。16世纪西方殖民者东来之前,东南亚早期国家所留遗迹,已剩无几,即便是当地百姓也已经遗忘了。[2]特别是,许多

---

[1] Sutherland H. *Between Conflict and Accommodation: History, Colonialism, Politics and Southeast Asia*. Amsterdam: Vrije Universiteit, 1976, p. 3.

[2] Heidhues M S. *Southeast Asia: A Concise History*. London: Thames & Hudson, 2000, p. 20.

王国本身几乎没有留下任何文字记载。因而，要从历史继承中寻找当代的延续性，实非易事。在早期东南亚国家形成中，如下这几组关键要素，应该都是最重要的和不能回避的：山地与低地、大陆与岛屿、河流与海洋、城市与港口、水稻（农业）与贸易、王权与神权、宗教与仪式等。这几组关键要素，不仅是东南亚地区自然、政治、经济与宗教文化最显著特征，而且成为影响早期国家形成最重要动力。概而言之，早期东南亚国家形成、形态与属性，大致有如下类型和特征。

第一，迄今为止，我们所知最早东南亚国家并不是土生土长、不属任何外来政治经济影响的"原始国家"（pristine states），而是应对长距离贸易发展的、受外部印度文明和中国文明影响的"印度化国家"。但这些东南亚"印度化国家"却又融入了浓厚的东南亚本土化因素。东南亚早期国家形成模式类型，按历史发展进程分，与世界其他地区一般国家形成进程无异，同样大致经历三个阶段或层次：地方性（local）、地区性（regional）与帝国性（imperial）；与之对应国家的形态分别为氏族部落国家（chieftaincy）、早期王国（early kingdom）和帝制王国（imperial kingdom）。氏族部落国家，无疑以宗族或氏族部落为单位、以强势部落首领为中心、以一定范围的核心领地为依托、以劳动力资源和生产剩余为力量支撑的政治实体，但却缺乏任何形成制度的官僚机构。从氏族部落国家向早期王国过渡，通常开始于对周边一个或几个核心地方领地的军事征服，但军事征服的结果不是兼并或替代现存的政治机构，也不是直接统一，而是形成一种征服与臣服的新型关系。伴随几个核心地区和首领之间的争斗，而涌现的早期国家即被称为"早期王国"。这些早期王国的政治制度呈现为多级地方政治中心并存的局面与边缘地带领袖经常变换忠诚的特点。但是，自9世纪开始，东南亚地区各早期王国之间的权力平衡开始被打破，新的政治版图开始出现，表现为少数几个次地区强国共同控制整个地区的局面。柬埔寨的吴哥（Angkor）自9世纪开始此进程，在11—13世纪，即便大陆东南亚很大部分地区，也是如此。一个世纪后，泰国的大城王朝开始取代吴哥的统治地位。而在大陆东南亚西部，在11—13世纪几乎同时期里，则被缅甸的蒲甘（Pugan）所控制。在14世纪，岛屿东南亚地区的满者伯夷（Majapahit）则成为爪哇的强国。这些国家都被称为"帝制王国"。与"早期王国"不同的是，"帝制王国"的特点是：第一，"帝制王国"的形成是对两个或两个以上前独立的"早期王国"核心地区的强制性征服；第二，"帝制王国"能够从中心对被兼并的省份实施有效控制；第三，"帝制王国"拥有一套新型的仪式政策和意识形态控制工具。①

东南亚早期国家的基础建立在农业、寺庙、贸易、早期城市、种族与社会差异等要素之上，但各要素并不是均衡作用的，在不同地区、不同地理环境中的作用侧重点也不同。大陆东南亚国家包括缅甸、泰国以及印支三国越南、老挝、柬埔寨；岛屿东南亚国家包括印度尼西亚、马来西亚、新加坡和菲律宾等国。大陆东南亚早期国家主要有扶南、占婆、吴哥、蒲甘和阿瑜陀耶。岛屿东南亚早期国家则主要包括室利佛逝、巴淋邦、马六甲以及爪哇岛上的诸王国。在地理环境上，河流系统构成东南亚经济社会政治发展最重要的要素之一。大陆东南亚国家主要由几个大的河流贯穿而过，与之对应的则是宽阔、肥沃的河流三角洲，特别

---

① Kulke H. The early and the imperial kingdom in Southeast Asian history. In Mar D G, Milner A C. eds. *Southeast Asia in the 9th to 14th Centuries*. Singapore: Institute of Southeast Asian Studies, 1986, pp. 1-22. 关于东南亚前殖民时期国家制度详细历史讨论，请参阅 Reid A, Castles L. eds. *Pre-Colonial State Systems in Southeast Asia: The Malay Peninsula, Sumatra, Bali-Lombok, South Celebes*. Kuala Lumpur: Council of the Malaysian Branch of the Royal Asiatic Society, 1975, pp. 135.

适合水稻种植。大陆东南亚国家以水稻为主的经济活动，与河流密切相关；主要政治制度地理根基也在于这些肥沃的、以种植水稻为主的平原流域。例如，缅甸的蒲甘发源于伊洛瓦底江流域，吴哥靠近于柬埔寨洞里萨河流域，而越南则以红河流域为中心。岛屿东南亚国家则由众多河流水系把内陆腹地的高原地带和海洋连接起来；人口则集中位于河流入口处的三角洲地区。所以，经典的东南亚国家形成可以分为两大类：一为以贸易为主的沿江沿海岛屿国家，二为以种植水稻为主的低地大陆国家；前者大致包括印尼群岛、马来半岛和菲律宾，后者包括缅甸、泰国、柬埔寨、老挝、越南和爪哇。①

在大陆东南亚，政治上国家历史发展恰好与民族分布、经济活动类型和变迁密切相关。在 10 世纪之前，大陆东南亚王国主要分别由南方的四个种族文化明显不同的骠族人（Pyu）、孟族人（Mon）、占族人（Cham）和高棉人（Khmer）所控制。在农业经济活动类型上，这四个以不同民族为主体的大陆东南亚最早王国却有着相似的传统，即他们都特别喜欢从事园艺业，特别是家庭式的园艺业（花、果、菜等）。但是，10 世纪后，南方民族或消失（骠族人），或衰落（占族人），或臣服于来自北方的新宗主国（孟族人和高棉人）；取而代之是北方的缅族人、泰族人和越族人。与南方民族主要的经济活动园艺业，特别是家庭式园艺业不同的是，北方缅族人、泰族人和越族人则主要从事水稻农业种植；水稻农业种植不仅仅是这些国家主要经济活动，而且发展成为政治的核心与文化的模板。几个世纪后，分别以三大民族为主体而形成的缅甸、泰国和越南发展为世界中最重要的稻米出口国。农业活动的兴衰变化与国家、民族的兴衰变化，在时间、空间和主体

---

① 详细讨论请参阅 Hall K R. *Maritime Trade and State Development in Early Southeast Asia*. Honolulu: University of Hawaii Press, 1985.

三维方面同时进行，如此同步与巧合，构成大陆东南亚早期国家形成的一大鲜明特征。①

在早期沿海国家形成过程中，商业与贸易的作用举足轻重，十分重要。从菲律宾南部的苏禄王国和印度尼西亚"香料群岛"的望加锡，从苏门答腊岛的亚齐王国和室利佛逝王国，到马来半岛的马六甲王国，再到暹罗和缅甸海岸，商业中心与早期商业国家都是沿东南亚海岸兴起与繁荣的。例如，马来各统治者都极偏好贸易，他们的帝国实质上便是商业帝国。在位于马来半岛西海岸、东南亚最后的商业帝国马六甲王国，"所有一切都指向市场经济……在那里，国家因贸易而兴起，而不是贸易因国家而存在"②。与大陆东南亚国家一样，岛屿东南亚王国和帝国，如室利佛逝、满者伯夷和马六甲等，也同样经历着国家衰落或消失的共同命运。但岛屿东南亚国家的主要民族，如马来人和爪哇人，却并没有像大陆东南亚早期国家那样也随之瓦解而消失。

贸易与港口，通常是一对孪生兄弟（姊妹），两者密不可分。与贸易要素对岛屿东南亚国家形成的重要性一样，港口城市的要素，对国家形成进程同样举足轻重。对岛屿沿海东南亚国家来说，一般地，港口城市是早期王国结构中最重要的、最核心的部分，甚至有时候是国家的大部分或全部。以贸易为依托、以沿海港口城市为中心的政体构成东南亚国家形成最明显的一大特征，几乎成为岛屿东南亚国家形成中一个普遍现象。港口，通过贸易与河流，连接沿海与腹地，属"通衢城市"（gateway city）；港口与首都，往往合而为一，成为一个复合的城市政治经济实体，控

---

① O'Connor R A. Agricultural change and ethnic succession in Southeast Asian States: A case for regional Anthropology. *The Journal of Asian Studies*, 1995, 54 (4): 968-996.
② Manguin P Y. The merchant and the king: Political myths of Southeast Asian coastal polities. *Indonesia*, 1991, 52: 41-54.

制内地和周边重要政治经济关系。自 4 世纪始，从马来半岛到婆罗洲沿岸，从爪哇岛到苏拉威西岛，从马鹿古到棉兰老岛，再到暹罗，港口政体成为东南亚国家演变的一大鲜明特色。①

第二，按空间结构含义特征划分，东南亚早期国家又可分为沿海国家与内陆国家两大类，沿海国家兴起在先，内陆国家发展在后。大致上，沿海国家主要以对外贸易为中心，而内陆国家则以农业经济为发展动力。但是，两者之间的划分并非绝对整齐划一。例如，在大陆东南亚最早形成国家政体的扶南，其出海口城市俄亥（Oc-Eo），位于越南南部湄公河三角洲与泰国暹罗湾交汇之地，经泰南克拉地峡，为海上丝绸贸易的重要中转站和多种族贸易中心。②这样的例子还有很多，如满者伯夷与刚古河（Ganggu）港口的关系，17 世纪的勃固与沙廉河（Syriam）口岸的关系，或者大城王朝与沿海曼谷的关系，统统密切相关、不可分割。③同样，在岛屿东南亚的爪哇岛内陆国家，农业而非贸易成为其发展动力。与沿海国家不同，内陆国家的权力基础不是在于贸易，而是在于对农业和对农业人口的控制；在中爪哇内陆国家初始时期，表现尤为突出。但是在大陆东南亚，则由最强大的内陆族群对沿海地区与海外贸易行使有效控制权。④

第三，从权力关系上看，东南亚国家呈现出如下特征：其一，与现代国家结构不同，东南亚早期国家不是以疆域、领土来界定的，而是以人口的控制为中心的。换句话说，由于东南亚地

---

① 详情请参见 Kathirithamby-Wells J, Villiers J. eds. *The Southeast Asian Port and Polity: Rise and Demise*. Singapore: Singapore University Press, 1990.

② Bentley G C. Indigenous states of Southeast Asia. *Annual Review of Anthropology*, 1986, 15 (1): 278-279.

③ Kathirithamby-Wells J, Villiers J, 1990, pp. 1-16.

④ Winzeler R L, Cohen R, Hunt R, et al. Ecology, culture, social organization, and state formation in Southeast Asia. *Current Anthropology*, 1976, 17 (4): 623-640.

广人稀、资源丰富的历史现实,领土与人口之间比较,人口因素比领土因素更能象征国家的权力与实力。其结果是早期东南亚国家的领土疆界一直是狭小的、碎化的、流动的和弹性的,甚至是脆弱和不稳定的。其二,早期东南亚国家的控制更多的不是靠制度,而是靠统治者的人格魅力;不是靠官僚机器,而是靠宗教神性等超自然力量。统治者本身便是制度,是世俗臣民与上苍神灵之间唯一的桥梁和化身。其三,与此相对应的,在社会结构上,早期东南亚国家是松散的,几乎所有东南亚早期小的原生国家都不是一个紧密的有机整体,而是由许多彼此完全不相关的、拼凑而成的"条块社会"。① 其四,东南亚早期王国内部一直是高度分化、等级森严的;各王国之间彼此争斗、竞争与战争。分化、等级的一个结构性显著特征体现在如上所提到的"银河系政体""曼达拉"等中心—边缘关系结构网络体系。与官僚结构、制度不足对应的是,国家在宗教仪式、娱乐场面、文化活动上的奢华、浩大、威严与气派,却淋漓尽致、刻意张扬,成为制造威权、政治控制等权力关系上的重要工具与内容。人类学家格尔茨所称之的"剧场国家"(theatre state),正是基于这样一种"政治理念即统治的主要工具并不在于行政管理的技巧,而在于剧场的艺术"②。在"剧场国家"里,劳民伤财、宏大而繁杂的仪式典礼"不是政治目的的手段,而是政治目的本身,是国家孜孜以求之所在。宫廷礼制乃宫廷政治之动力;民众宗教仪式不是支撑国家的机关,相反,国家则是履行民众宗教仪式的法定机关。""国王和王子是剧场经理人,祭司们是导演,农民们则提供演员、舞台工作人员和

---

① Yano T. The concept of the petty patrimonial state: Traditional structures in contemporary Southeast Asia. *In* Kenji T. ed. *"States" in Southeast Asia from "Tradition" to "Modernity"*. Kyoto: Center for Southeast Asian Studies, Kyoto University, 1984, pp. 1-35.

② Geertz C. *The Interpretation of Cultures*. New York: Basic Books, 1973, p. 331.

观众的支持"。①

三、殖民主义时期的东南亚国家形成

在论述殖民主义对东南亚国家形成的影响之前,让笔者先引用两段文字:

> 当殖民主义宗主国国旗降落、新兴国家的领袖宣誓时,所遗留下来的不仅仅是挥之不去的、对皇室家族充满怀念的浪漫情怀,或者对19世纪英国团队体育运动的热情投入,或者对世界资本主义波动常常是无可奈何的依赖,尽管所有这些无一不是后殖民图景中的真实特征。但是,同样地,殖民主义也遗留下来了一套体制机构,包括警察、法庭与法令,学校与诊所,以及公务员系统等等。伴随着这套体制机构的通常是基于许多相关理念的基本政治词汇,包括后殖民国家作为理想政治生活架构的合法性……②

> 当代印度尼西亚国家的许多组织结构,与在殖民统治最后一个世纪形成的管理机制非常相似。很容易便可列举一大堆在专门领域方面的这种继承性:例如,大多正式、成文法律仍出自殖民时代;强调安全与秩序,延续了殖民政府许多要务措施;行政官僚结构和许多实践惯例,与旧的内政部的做法同出一辙;几十年来,政治机构的各级官员包括那些在殖民国家服务时获取他们最先训练与经验的人士;当然,印

---

① Geertz C. *The Interpretation of Cultures*. New York: Basic Books, 1973, p. 335.
② Spencer J. Post-Colonialism and the political imagination. *The Journal of the Royal Anthropological Institute*, 1997, 3 (1): 4.

尼仍主要作为廉价的原材料供应国继续参与世界经济（虽然这点已经开始在变化）。①

上述两段引文，围绕殖民国家的形成，分别从不同层面和侧面，相对客观地阐述了殖民主义统治的政治遗产。这些遗产包括殖民国家形成的一些重要方面，如制度架构与运作原则、官僚机器与队伍、意识形态、公共基础设施等。但是，这里同时也暴露了殖民国家最重要的缺陷与困境。例如，关于国家最基本的问题，人们不仅要问：国家的主权属于谁？ 构成现代国家最重要的要素，民族的形成又怎样？ 这些，我们都无法从殖民国家形态中看到任何实质性体现。

我们知道，除泰国外，东南亚全部沦为西方殖民地，殖民主义成为现代东南亚国家形成最重要的结构性要素。即使是泰国，19世纪中叶始以改革、开放、通商为要旨的现代泰国国家形成，同样是应对西方殖民主义挑战的结果。第一，现代东南亚国家的疆界是在殖民主义时期形成的，以西方宗主国殖民统治为坐标而划分，特别是在19世纪末20世纪初完成的。西方殖民主义者之间"势力范围"的划分，基本构成现代东南亚政治地理版图。可以说，没有殖民主义便不会有今日东南亚各国现有的疆界划分。例如，1824年《英荷条约》与1871年《伦敦条约》从南部相继确定了英属马来亚与荷兰东印度的势力范围与疆界。1826年《坡尼条约》与1909年《英暹条约》则从北部划分了英属马来亚与暹罗（今泰国）南部的边界。而1893年《英法朗普拉邦协定》、1896年《英法协约》、1904年《英法协定》以及1909年《英暹条约》，基本确立了英属缅甸与暹罗之间、暹罗与法属印度支那三

---

① Cribb R. Introduction: The late colonial state in Indonesia. *In* Cribb R. ed. *The Late Colonial State in Indonesia: Political and Economic Foundations of the Netherlands Indies 1880-1942*. Leiden: KITLV Press, 1994, p. 1.

国之间，以及暹罗南部暹属马来各州与马来亚北部马来属邦之间的边界。① 一般地，大陆国家，由于欧洲殖民主义者入侵前，历史上以缅族、泰族、越族和高棉族分别为主体的政治实体，存在由来已久。大陆国家的现代边界，在殖民主义时期，只是被重新确立与划分。而在海岛国家，相比而言，由于长期处于分割和分裂状态，殖民主义对该地区现代国家的形成更具有决定性影响。第二，孕育东南亚新兴独立国家的民族主义与解放运动不仅以殖民主义为对立面，而且是从西方知识界得到理论思想舆论武器的。一方面，民族主义即标榜为反殖民主义与反帝国主义；另一方面，民族主义从西方学到了许多民主、自由、独立的思想理论与实践。第三，奠定现代东南亚国家基础的文官制度、法律体系、基础设施甚至社会经济结构等，都是殖民主义时期形成的。在体制上，殖民主义遗产在于，东南亚许多新兴独立国家立法、行政与司法制度在很大程度上是西方原宗主国的翻版。立法方面，西方的国会与选举制度，基本上不变；司法方面，更不用说，西方的法律体系一直成为东南亚国家社会经济的主要基石。行政方面，殖民时代留下的公务员系统，一直被继承下来。② 与前殖民时期传统东南亚政体裂变的是，在新的殖民官僚政体中，专业资格与效率，而不是出生地位，成为殖民国家公务员录用的主要标准。③

除了国家地理疆界划分、意识形态、政治行政司法制度与基础公共设施外，殖民主义统治对东南亚现代国家形成的影响与冲

---

① Tarling N. *Nations and States in Southeast Asia*. Cambridge: Cambridge University Press, 1998, pp. 47-63.
② Neher C D. *Southeast Asia in the New International Era*. Boulder: Westview Press, 2002, pp. 1-7. 详细讨论，请参阅 Von der Mehden F R. *Southeast Asia 1930-1970: The Legacy of Colonialism and Nationalism*. London: Thames and Hudson, 1974.
③ Bastin J, Benda H J. *A History of Modern Southeast Asia*. Englewood Cliffs: Prentice-Hall, 1968, pp. 69-90.

击还包括经济与社会结构方面。经济上，殖民主义改变了东南亚经济结构，殖民主义整合了殖民地市场，但同时也使后者严重依赖和服务于世界资本主义经济体系。海岛国家，如马来亚的海峡殖民地和马来联邦各州、爪哇、苏门答腊、泰南、菲律宾等地，经济以锡矿、橡胶园和其他热带经济作物种植为主。大陆国家，如缅甸、泰国和越南等沿江三角洲国家，自 19 世纪中叶开始，经济由自给自足的小农经济迅速向出口商业化稻米经济转型，成为海岛国家和世界大米供应最主要出口国家。社会结构上，殖民主义统治，为殖民开发的需要，引进了大批的华人和印度移民，他们大部分居住在城市，成为商业贸易、城市化的最主要动力。加上人数不少的欧洲人社区与庞大的本土民族，构成东南亚多元复合社会的最显著特征，一直影响着现代东南亚国家形成与政治发展。但各族群虽彼此孤立隔离，在各自不同的政治经济和社会领域里运作，却相互补充，构成殖民国家和社会独特的等级森严金字塔堡垒：极少数殖民统治者和土著王公贵族占据塔顶尖端，大部分本土居民位于塔底底层，中间是华人和印度人等。然而，对各族群来说，国家是分割的、不现实和彼此不相同的；各族群没有真正被整合到殖民国家和社会的架构体系里。[1]

尽管如此，无论形式上存在何种差异，所有这些方面的总和却仍不能称之为完整意义上的现代国家。正如一位荷兰史学家一针见血地指出：

> 二战前，没有一个东南亚殖民地国家行政体系可以称得上为完整宪政意义上的实体：每一个殖民地国家就像是一具无头躯干，仅仅是帝国的附庸而已，权力的中心在几千英里之外的帝国首都。在这种情况下，殖民地政府最终依赖于殖

---

[1] Rigg J. *Southeast Asia: A Region in Transition*. London: Unwin Hyman, 1991, Chapter 2, pp. 19-32.

民部长和听命于宗主国国会,前者握有行政大权,后者既拥有一般监督权,又拥有立法权。①

殖民主义统治模式,分直接统治与间接统治两种。殖民主义者通过任命一线殖民官员对政治与司法进行控制,外交和军事由宗主国统一掌握,殖民地本土事务则或任命殖民官员直接统治,或利用当地贵族精英进行统治。除泰国外(即使是泰国,其主权也是不完整的与名义上的),无论是直接统治还是间接统治模式,东南亚国家主权都淹没于殖民帝国统治之下,被宗主国所替代,主权是丧失的;且殖民地政府受到宗主国殖民部官员严密监控。对以"炮舰外交"为威慑和殖民一线官员为体现的、遥远殖民主义宗主国的认同,替代了对殖民地本土的政治认同。殖民国家的主要职能在于对殖民地行使最高警察的权力,保持殖民者至高无上的权力地位,而不是进行国家社会的真正整合。这一方面体现在本土东南亚社区并没有发动起来,积极参与当时轰轰烈烈的殖民经济开发与社会变迁中;相反,他们只是急剧社会经济变迁的旁观者。而另一方面,被大量引进的外国劳工,如华人和印度人,他们自己族群内部事务本质上是自治的,殖民主义统治者并没有做过任何努力把他们整合到东南亚地方政治管理体系中。殖民主义列强把东南亚各殖民地更多的是看作行政单位,而不是主权意义上的国家。殖民主义者更关注建立富有效率的文官系统与法律制度,而不是培养民众对村社之外的集体认同与忠诚;殖民主义更关注秩序、税收与市场,因而较着眼于人口普查与管理、领土疆界测绘与土地测量、交通港口通信等公共设施建设、语言风俗与族群的调查,以及资源的勘探与地理探险等。简言之,在

---

① Pluvier J M. *South-East Asia from Colonialism to Independence*. Kuala Lumpur: Oxford University Press, 1977, p. 10. 详细分析,请参阅该书第 1 章,第 3—21 页。

殖民征服、占领与巩固过程中，殖民主义同样强调对殖民社会知识体系的建设、管理与垄断，以适应殖民主义官僚体系建设的统治需要。①这样，在殖民主义统治下，民族与民族国家认同却一直是空白。但是，没有一个国家仅仅只是一个行政现象，殖民政府却又必然与任何国家的内核相似。特别是，当殖民主义撤退瓦解崩溃、赋予前殖民地自治时，其留下的政治形态只是国家尸骨而已，即仅剩下政治决策的框架。②

四、后殖民主义时期的东南亚国家形成

还是先让笔者引用一段文字作为开始：

> 在整个非洲与亚洲大部分地区，当民族主义作为一种政治力量出现的时候，国家便已经存在了。国家的存在体现在：它拥有正式的行政管理机器，拥有明确的法令制度，拥有在固定的领土边界内的司法治辖权。没有任何一种其他单一的因素，像殖民主义那样，决定着这种国家—民族形成的先后次序。起先，殖民主义形成并确立了殖民地政治权力结构；后来，殖民主义提供了激发民族主义运动的刺激力量。换句话说，国家不仅先于民族产生；而且，在创造和动员民族的过程中，国家扮演了十分关键的角色。③

随着殖民主义体系的分崩瓦解，第二次世界大战后东南亚各国纷纷独立，东南亚各国开始了新一轮建国历程。与欧美现代民

---

① 对此最详细、也是最好的讨论，请参阅 Day T, Reynolds C J. Cosmologies, truth regimes, and the state in Southeast Asia. *Modern Asian Studies*, 2000, 34 (1): 1-55.
② Rejai M, Enloe C H. Nation-states and state-nations. *International Studies Quarterly*, 1969, 13 (2): 151.
③ Rejai M, Enloe C H. Nation-states and state-nations. *International Studies Quarterly*, 1969, 13 (2): 150.

族国家的形成不同的是，第二次世界大战后东南亚地区是国家出现在前，民族形成在后；第二次世界大战后东南亚各国新兴独立的国家是脆弱与不稳定的，族群关系较紧张，且建国的进程仍在进行中。后殖民主义时期的东南亚国家形成至少表现出如下特征。

第一，各国政治制度不一样，分半民主型、军人独裁型、绝对君主制型以及共产主义型。大致地，印支三国和缅甸等成为社会主义阵营；印尼、菲律宾、马来亚（包括新加坡）等，则实行西方代议民主制。东南亚新兴独立国家政权一直不稳定，政府更替频繁，其突出特征之一便是威权统治，或是军人政权，或是一党专政。在印度尼西亚，1965年"9·30"事件后，开始长达30多年以军人为主导的苏哈托"新秩序"政权。在菲律宾，1972年，马科斯宣布"戒严法"，长达10余年之久。在泰国和缅甸，军人政权更是走马灯似的更替频繁。在泰国，军人在1932年的所谓"不流血"革命后，大部分时间里掌管了国家权力。1932—1997年近65年的时间里，泰国共有50任内阁政权，几乎在每隔一年多的时间里政权便更替一次，其中24任内阁是军人政权，8任内阁受军人控制。文官政府只有19任，且最不稳定，常常遭遇军事政变，被军人政权所取代。2001年，经济危机后以压倒性的胜利上台的他信政府，在经历多年的经济高增长与持续稳定后，却于2006年9月再次被军人政变推翻，泰国民主政治成为变数。① 缅甸则更毋庸多言，至今仍是世界上少数封闭、专断的军人政权之一，是军人政权最好的例证。而文莱则是绝对君主专制的代表，那里传统的权力与威权继续保持下来。在马来西亚、泰国和柬埔寨，仍保存着名义上的君主制度，尤其是在泰国和柬埔寨，国王有时候仍然发挥着重要的政治影响力。例如，在1997

---

① Neher C D. *Southeast Asia in the New International Era*. Boulder: Westview Press, 2002, pp. 47-49.

年各派纷争中，当形势恶化到随时可能发展为一场内战时，柬埔寨国王西哈努克的斡旋作用十分关键。再如，在 1991 年和 2006 年的泰国各政党领袖与军人纷争中，泰国国王普密蓬的政治作用举足轻重。① 新加坡自 1965 年从马来西亚独立以来，一直是人民行动党一党独大的威权统治。而马来西亚则是半民主、半威权的统治，以马来人政党巫统保持绝对控制，整合马华公会、民政党和印度人国大党等加入执政联盟，这种社会契约一直构成马来西亚立国的基础。

第二，第二次世界大战后东南亚各国独立后面临的另一大挑战在于种族冲突对民族国家建设的挑战。一方面，在国际层面上，非殖民化、东西方的冷战与东南亚建国进程彼此交织，相互影响，构成了现代东南亚国家形成的一大特征。另一方面，在地区和国家层面上，在东南亚建国进程中，主体民族与少数民族之间、土著民族与外来移民之间、中央政府与地方政权之间（或者中心与边缘之间）、国家与社会之间、军人与文职官员之间、政府与公民之间的关系，实际上一直在形成和发展中，需要重新检讨、界定。这种边境的、文化的、经济的、种族的与宗教的差异、冲突与磨合，相互交织重叠，构成第二次世界大战后东南亚从前殖民地到新兴民族国家进程中的最重大挑战和特征。哪一个族群主导、支配着新兴国家政策与资源分配？与新兴民族国家相对应的国家认同到底建立在哪一种族群、宗教、文化基础上？这些问题成为第二次世界大战后多民族、多文化背景下东南亚各国建国与现代化进程争论的重大课题。

具体地说，作为多种族的东南亚地区大致存在四种类型的种族冲突。其一，低地民族缅族、泰族等多数民族与山地民族掸

---

① Ganesan N. State-society relations in Southeast Asia. *In* Ganesan N, Hlaing, K Y. eds. *Myanmar: State, Society and Ethnicity*. Singapore: ISEAS Publishing, 2007, pp. 10-29.

族、克伦族、苗族等少数民族的冲突。主要存在于但又不仅仅局限于大陆东南亚地区。最明显为缅甸,其余国家包括老挝和泰国。其二,边界地区的冲突。在那里,国家政治疆界与地方民族文化的疆界是分离、不吻合的。该冲突主要存在于泰国与马来西亚以及越南与柬埔寨边界接壤的地区。在泰南的北大年四省,居住着占国家总人口3%、约150万讲马来语的穆斯林,其语言、文化、宗教与历史联系,与接壤的马来半岛北部地区的马来属邦之间联系更加靠近。在越柬边界,一千多年来,红河三角洲地区的越南人一直不断地向前高棉人控制的平原地区和现位于南越的湄公河三角洲地区移民,越南人因而成为湄公河三角洲一带的主体民族。19世纪,法国殖民主义者正式确立和认可该地区社会构成转变的现状。但在南越和柬埔寨,长期以来作为原住民的高棉人与作为移民的越南人之间的种族混居始终都是种族不和谐、不稳定的根源。第二次世界大战后随着法国和美国从该地区相继撤退,红色高棉上台执政,柬埔寨极端民族主义者红色高棉开始在柬领土屠杀或驱逐越南人。该地区的种族冲突后来演变为两国间的战争,长期成为东南亚地区大国冷战的重要热点。其三,幅员辽阔、文化差异巨大的东南亚群岛国家印度尼西亚和菲律宾的地方自治或分离主义的冲突。在印度尼西亚,外岛的苏门答腊地区的"自由亚齐"的分离主义运动、西伊里安查亚的地方自治运动以及东帝汶的独立运动,一直构成爪哇岛印度尼西亚中央政府合法性的重大挑战。在菲律宾,如泰南地区一样,位于南部棉兰老岛地区四省的300多万穆斯林是当地多数民族,但仅占以天主教为主体的菲律宾总人口的约4%,属少数民族。南部地区棉兰老岛穆斯林分离主义运动一直是菲中央政府权威的重大挑战。其四,东南亚各国土著民族与外来移民之间的族群冲突。外来移民主要指华人和印度人。作为西方殖民主义最明显后果之一,华人和印度人作为契约劳工在19世纪被殖民主义者大批引入东南亚。印度人主要进入缅甸和马来亚；华人大部分移民英属马来亚、荷属东印度、泰国，其余部分则移民到新加坡、法属印度支那和西属菲律宾。① 这一点下文中还会提及。

有鉴于此，东南亚独立后对安全的关注，最重要的是内部安全；或者说，在于建立和加强中央政府对边境地区的有效控制，在于社会种族的和解，在于巩固主权的内部方面，而非外部独立。东盟这一区域组织的形成便是最好的体现。东盟，作为独立后缺乏安全感的东南亚岛屿国家的国家联盟，一方面，对外强调集体宣示一致的原则，确立各成员国作为主权国家的合法性；另一方面，东盟的基石在于各成员国之间内部事务的"不干涉主义"，让各成员国放手专注各自建国的内部挑战。②特别在边境地区，如菲马边界的棉兰老岛、泰马边界的泰南地区、苏门答腊地区的亚齐等地，长期以来一直是动乱、武装分离主义的渊薮。

第三，与上述族群要素相联系，不能不提及宗教，即伊斯兰教在东南亚建国进程中的重要作用。直至20世纪90年代，在学术界，东南亚伊斯兰研究长期面临一个"双重边缘化"倾向：一方面，在伊斯兰世界中，东南亚一直处于边缘地带，尽管东南亚的穆斯林比中东地区穆斯林人数多；另一方面，在东南亚研究中，伊斯兰教也一直处于边缘地位。直到冷战结束后，国际东西方两大阵营的对抗被日益增长的种族、宗教与国家的冲突所替代

---

① Brown D. From peripheral communities to ethnic nations: Separatism in Southeast Asia. *Pacific Affairs*, 1988, 61 (1): 51-77; Landé C H. Ethnic conflict, ethnic accommodation, and nation-building in Southeast Asia. *Studies in Comparative International Development*, 1999, 33 (4): 89-117; Safman R M. Minorities and state-building in mainland Southeast Asia. *In* Ganesan N, Hlaing K Y. eds. *Myanmar: State, Society and Ethnicity*. Singapore: ISEAS Publishing, 2007, pp. 30-69.

② Ginsburg T. The state of sovereignty in Southeast Asia. *Proceedings of the ASIL Annual Meeting*, 2005, 99: 419-422.

(或所谓"文明的冲突")。与此同时,东南亚地区,自20世纪70年代后期开始,一直经历了空前高涨的伊斯兰教复兴运动。得益于长时期的经济高增长,至20世纪90年代中期前,在两个最大的伊斯兰国家印度尼西亚和马来西亚,伊斯兰教堂在各地(城镇与乡村)如雨后春笋般涌现,伊斯兰教学校与项目纷纷扩张,伊斯兰教书籍与报刊迅速发展,相当大规模的信奉伊斯兰教的中产阶级已经形成,开始探讨女性的地位与权利、多元主义的挑战、市场经济的业绩,特别是伊斯兰教与国家的关系等。① 在1997年经济危机之后开始的民主化进程与"9·11"事件的全球反恐形势下,伊斯兰教作为政治与意识形态的表现工具,更是明显地暴露无遗;东南亚地区伊斯兰教与现代民族国家备受争议的复杂而微妙的关系,再次引起全世界的普遍关注。

如果说棉兰老摩洛民族解放运动和北大年等泰南马来族群的分离运动分别是作为少数族群的回教徒对作为多数族群的菲律宾基督教与泰国佛教徒中央政权的离心与反抗,那么在穆斯林占多数的马来西亚与印度尼西亚,都证明了伊斯兰教与两国现代民族国家建设两者之间的共生性与关联性。但是,在这两个东南亚大国,伊斯兰教在建国进程中的作用却迥然不同。简单地说,第二次世界大战后,马来西亚建国进程直接融入了伊斯兰教,伊斯兰教在马来西亚建国进程中一直居于主流地位;而印度尼西亚建国进程则排斥了伊斯兰教,伊斯兰教一直处于边缘化角色,但却一直间接地影响了第二次世界大战后印度尼西亚国家的发展道路。具体地说,其一,在马来西亚,第二次世界大战后国家领导层在宪政上确立了伊斯兰教作为国教、马来人在政治与文化上的垄断特权等土著人优先的指导方针。而在印度尼西亚,伊斯兰教则被

---

① 详情请参阅 Hefner R W, Patricia H. eds. *Islam in an Era of Nation-States: Politics and Religious Renewal in Muslim Southeast Asia*. Honolulu: University of Hawaii Press, 1997.

极力非政治化，苏加诺多元化的民族主义"潘查希拉"意识形态最终战胜了左翼共产主义和右翼伊斯兰教极端政治势力，成为印度尼西亚建国的基础。其二，在马来西亚，继续保持马来人政党"巫统"不可挑战的执政地位，各政党以族群为中心和依托，马来西亚民族主义也表现为族群民族主义，国家的伊斯兰化在1969年的种族冲突事件后，在政府各机构与政策层面上，通过"新经济政策"得到进一步强化，但政府却避免把马来西亚建成"伊斯兰教国"的主张（反对党"伊斯兰教党"的极端主张）。而在印度尼西亚，在1965年残酷镇压所谓"极左翼"共产党势力之后，苏哈托政权开始从各个领域对付政治化的"极右翼"势力伊斯兰教威胁，军队和军人成为国家与领土完整的主要捍卫者、政府各部门的主要管理者以及现代化建设开发者。在政治领域，为消除伊斯兰教对"专业集团"的反对声音，1973年，所有四个伊斯兰教党"伊斯兰教师联合会""印尼穆斯林党""印尼伊斯兰联盟"和"白尔蒂党"被勒令合并为一个政党，即"建设团结党"。在意识形态领域，为消除亲伊斯兰教团体在全国传播伊斯兰教意识形态，所有政党和社会宗教组织都必须以"潘查希拉"为唯一纲领基础。在社会经济领域，许多非穆斯林，主要是受西方教育的城市中产阶级基督教徒和华人，在各公共与私人部门，非常具有影响力。其三，究其因，在战后建国进程中，马来西亚确定威胁来自国外西方阵营，而印度尼西亚则认为威胁来自国内的伊斯兰教。这种判断前提的绝然不同，也造成了结果的惊人差异。在马来西亚尽管伊斯兰教与马来穆斯林在政治文化上占有绝对优势地位，但是华人（也包括印度人）一直在政治、经济、文化教育上保存相当大的发展空间，而不像很多印度尼西亚华人那样在日常生活中甚至在公民权问题上备受歧视，更不要说参政议政了；尽管族群关系一直存在潜在的紧张，但却没有发展到像印度尼西亚那样极端的种族歧视和排斥程度；尽管在马来西亚也发生过像 1969 年的种族骚乱事件，但却不曾像印度尼西亚 1998 年经济危机期间那样发展到对华人进行大规模种族烧杀、抢劫、奸淫的骇人听闻地步。①

诚然，在"安华效应"与"9·11"恐怖袭击背景下，巫统在大选中遭受最严重的打击，2001 年 9 月 29 日，作为抗衡伊斯兰教党的临时策略，马来西亚首相马哈蒂尔单方面宣布马来西亚是伊斯兰教国。2007 年 7 月，在大选即将举行的氛围下，马国副首相纳吉试图再次挑起该极端课题，表示马来西亚从来不是世俗国，而是尊重非穆斯林权益的伊斯兰教国。②此言一出，引起马国朝野政党华社一片哗然。马华总会总秘书黄家泉、马华青年团团长廖中莱、华社最高领导机构马来西亚中华大会堂总会（华总）、马国律师公会副主席拉古纳以及国会反对党领袖林吉祥等纷纷驳斥纳吉的言论。③为免引起族群关系进一步紧张，除正副首相的评论外，马国国内安全部禁止主流报刊报道一切关于伊斯兰教国争议课题，但反对党伊斯兰教党和公正党仍继续让此课题发酵④，以致马华公会会长黄家定不得不公开站出来驳斥"马来西亚伊斯兰教国"的言论。黄家定指出，内阁一直以宪法治国的立场，宪法是治国的最高依据，各民族与政党应该尊重宪法治国。⑤有趣的是，甚至来自东马沙巴州的内阁资深首相署部长柏纳东博也以不点名方式反驳纳吉，不认同所谓"伊斯兰教国"的说法。他强调，开国元首在 1963 年成立马来西亚时，不曾有过成立伊斯兰教国的念头。他说："我不认同马国是伊斯兰教国，希望我的同僚能够原谅

---

① Hamayotsu K. Islam and nation building in Southeast Asia: Malaysia and Indonesia in comparative perspective. *Pacific Affairs*, 2002, 75 (3): 353-375.
② 《联合早报》，2007 年 7 月 18 日。
③ 《联合早报》，2007 年 7 月 19 日。
④ 《联合早报》，2007 年 7 月 21 日。
⑤ 《联合早报》，2007 年 7 月 23 日。

我。从（宪法）的出发点而言，我想（宪法）不曾意指马来西亚是伊斯兰教国。"8月2日，马华会长黄家定在党代会上也再次强调，若要确保未来50年可继续合作，国阵各成员党必须坚守社会契约精神和联邦宪法原则，坚守国阵创党元老在国家独立时所达成的共识，以照顾各族权益。①在各族群势力、马来人内部势力之间的博弈与平衡之下，在马来西亚历史经验考量之下，"伊斯兰教国"课题并不曾像印度尼西亚经历的那样失控，走向极端。

第四，特别值得一提的是，国家意识形态和国民的国家认同感的形成和加强问题。这是大部分国家面临的重大课题，有的做得好一些，有的问题则较为严重。第二次世界大战后东南亚各国建国进程中，一个共同的要素是东南亚华侨华人。第二次世界大战后东南亚建国进程中的一个最明显的特色是多元种族与多元文化的社会背景；这也是东南亚建国进程中最重要的挑战。族群紧张关系一直是第二次世界大战后东南亚建国进程中的衍生品，华侨华人问题则是突出的核心。对东南亚华人来说，几十年来第二次世界大战后东南亚民族国家建设历程一直是艰辛而又苦涩的。绝大部分东南亚华侨华人移民东南亚一开始都是"侨居"，希望某一天能"落叶归根"。他们从中国带来了传统的中华文明与生活方式，希望保持自己族群特有的、根深蒂固的文化认同。一直到20世纪初，绝大部分东南亚华人在殖民主义时期，他们的国籍绝大部分为中国国籍，而中国则承认所有海外华人都自动拥有中国国籍的原则。东南亚华人大部分认同中国，而不是当地。他们专注于经济活动，政治上基本不参与，也没有资格参与当地的政治事务。如果有，也便是华人自己社区内的政治。与土著民族相比，在殖民主义统治下，华人移民在经济上处于活跃、优势地位，他

---

① 《联合早报》，2007年8月3日。

们主要聚居于东南亚各主要城镇，与居住于乡村的土著民族存在较大差异。而且，东南亚华侨华人人口数量，尤其是在马来西亚和新加坡，人口比例特别突出。但是，随着殖民主义的终结、新兴民族国家的兴起与中华人民共和国的成立，东南亚华人突然面临着一种抉择：在中国与所在国之间，只能取其一。但事实却不是华人本身单方面取舍那样简单，或者说，并不是由华人本身所能决定的。东南亚土著的特权与霸权构成东南亚华侨华人从对中华文化的认同到对所在居留地的政治认同急剧转变进程中的一大困境。独立后东南亚国家，特别是马来西亚和印度尼西亚，土著民族利用政治上的绝对特权与优势，在经济、文化教育方面压制华人，种族的紧张与政治、经济、宗教、文化教育问题缠绕在一起，一直构成东南亚建国的重大课题。[①]

---

① 请参阅李文主编：《东南亚：政治变革与社会转型》，北京：中国社会科学出版社，2006年，第12—14章，第318—412页；Hill M, Lian K F. eds. *The Politics of Nation Building and Citizenship in Singapore*. London: Routledge, 1995; Suryadinata L. ed. *Ethnic Chinese as Southeast Asians*. Singapore: ISEAS, 1997; Cheah B K. *Malaysia: The Making of a Nation*. Singapore: ISEAS, 2002; Suryadinata L. ed. *Ethnic Relations and Nation-Building in Southeast Asia*. Singapore: ISEAS, 2004; Wang G W. ed. *Nation-Building: Five Southeast Asian Histories*. Singapore: ISEAS, 2005.

09
中国与东南亚：
长时段的历史考察*

从长时段历史和现实的双重视角，本章探讨中国—东南亚的互动关系及其发展动力。主题关注的重点不仅从政治和经济层面，即上层"官方合法化的"制度关系，而且从下层所谓"民间非法化的"华人移民角度，关注社会—文化因素。考察的时间段是长时段的，从早期至近现代，贯穿历史到当代的整个脉络。本章将分六个部分展开论述：第一，反差与矛盾的系列形象。第二，朝贡体系和海上贸易：从早期至 19 世纪中期。第三，西方扩张和中国移民：19 世纪中期至 20 世纪中期。第四，建国工程和冷战：20 世纪中期至 90 年代初。第五，全球化与战略伙伴关系：20 世纪 90 年代初至 2008 年。第六，中美激烈竞争下的中国与东南亚关系：2008 年至今。

---

* 本章大部分原用英文发表于 Wu X A. China Meets Southeast Asia: A Long-Term Historical Review. In Ho K L. ed. *Distancing and Connecting: Southeast Asia and China in Perspective*. Singapore: Institute of Southeast Asian Studies Press (ISEAS Press) and the Singapore Society for Asian Studies (SSAS), 2009, pp. 3-30. 2018 年底，笔者在莱顿大学客座时专门补写了最后一个部分。中文译文第一次发表于《东南亚纵横》2020 年第 4 期，第 15—33 页。收入本书，有修改。

一、反差与矛盾的系列形象

泰国所保存的中文实在太差,以至于找不到一份中文报纸来读。一位中文记者在从泰国度完黄金周后,在返程时向他的新加坡同行抱怨道。

怎么会这样?这位新加坡记者十分怀疑与困惑。据她所知,那里实际上有 6 家中文日报。

泰国的航班上没有 1 份中文报纸可读。乘务员甚至不懂中文,以至于他想要一杯水都得说英文。这位中文记者反驳道。

为什么你认为泰国人就应该说中文呢?新加坡记者继续问道。

这是因为中泰两国在地理上毗邻,并且历史上泰国曾数个世纪向中国朝贡。中国文化理应得到更好地保存。这位中文记者解释道。

那么你也认为在日本或美国的中国航线上,其机组成员也应说中文咯?这位新加坡记者随后问道。

不!中文记者坦承。[①]

可以相信,这则有趣的报道并非孤立的个案。那么,中国如何看待东南亚?东南亚又是如何看待中国呢?如下几组典型的反差与矛盾的系列形象,也许最能说明问题。

首先,从地域南北与长时段历史维度,在中国官方和正统观念中,长期以来"南洋"(或现代称"东南亚")曾是一个边缘、

---

① 《联合早报》,2006 年 10 月 13 日。

蛮荒和附属地区,地理上远离中心,政治和文化上臣属于中国(朝贡体系内)。然而,这一经典形象却与华南地方民众心目中的印象正好相反,后者认为南洋是他们摆脱贫困、逃避现实的生计出路和边远"天堂"。如果说,南洋曾一直是华南民众心中备受欢迎的形象,那么,如今他们将自豪地发现,自己的生活不仅比以前,甚至比东南亚人更加富裕。

其次,与对美国、欧洲、日本及其他发达国家的研究比较,东南亚研究在中国同样也处于边缘。这同样与中国—东南亚关系中的诸多现实,构成了强烈反差甚至矛盾。战略上,东南亚对中国的国家利益非常关键。经济上,东盟现已成为中国第一大贸易伙伴(2020年)。社会—文化上,大约3000万华侨华人生活在东南亚。历史上,东南亚华侨华人曾是中国革命的推动力、经济现代化的先锋。学术上,中国则自称至少有700—800位东南亚研究专家的学术共同体。

再次,当前中国—东南亚的政治和经济关系均由双边政府推动,但是各层次人民的互信依然存在着巨大的社会—文化鸿沟。一方面,对东南亚政府而言,在外国直接投资(Foreign Direct Investment,FDI)、劳动密集型产业和服务业方面,中国一直是强力的竞争者和巨大的"阴影"(shadow)。鉴于中国令人生畏的经济影响力,东南亚政府在与中国打交道时变得非常谨慎。另一方面,东南亚也发现中国经济的快速增长,可以让他们从双边关系的发展中备受益处。鉴于不同的社会—政治体系与意识形态,东南亚国家同时也带着怀疑的目光打量中国,虽然始终并没有公开表现出来。由于历史上长期受殖民遗产的影响,曾几何时,在国际社会中,东南亚各国政府和人民甚至比中国多多少少表现得更加具有"优越感"和"环球化视野"。而长期崇尚物质又仰慕西方的中国人,在与东南亚打交道时,则表现出不同的反应情节,混杂了多种的情绪：既保持着对富裕南洋华人的传统印象，也夹杂着对东南亚现状的明显失望，还包含因过去十年中国的巨大发展所生发的强烈民族自豪感，特别是在 20 世纪 90 年代中期以后，随着中国经济的快速发展，这种高高在上的情绪不自觉地表现得尤为明显。

最后，第二次世界大战后，中国与东南亚都是新兴独立国家。一方面，在反殖民主义、反帝国主义和新兴民族国家独立建国方面，其立场和观点非常相似，共识明显。这是基于西方殖民与半殖民统治的共同历史遗产。然而，另一方面，鉴于冷战、东南亚国内政治和华人移民等因素，对发展同中国的外交关系，东南亚国家态度较为冷淡，且意见分歧，明显分化。这种潜在内在分歧一直与当下中国—东南亚关系处在历史最好时期形成了鲜明对比。然而，如今东南亚仍努力吸引美国、欧盟、日本、澳大利亚甚至印度等大国力量，平衡日益强大的中国。2001 年，李光耀曾非常明确地表示"东盟必须在亚洲平衡中国"[①]。

二、朝贡体系和海上贸易：从早期至 19 世纪中期

几个世纪以来，东南亚曾是中国对外关系最重要的区域之一，也是华人移民最多的地区。

研究早期东南亚史，必须充分借助中文史料。中国与东南亚关系的上述显著特征，通过上层的朝贡体系和下层的海上私人贸易与移民而长期制度化。此两种互动关系（上层与下层关系）一直是平行存在、相互竞争的，有时又是相互补充，甚至是相互矛

---

① Lee K Y. ASEAN must balance China in Asia. *New Perspectives Quarterly*, 2001, 18 (3): 20.

盾的。如果朝贡体系象征着宽松的宗藩关系，海上私人贸易和移民则是惯常性与实质性的双方互动。任何一种领域都不是绝对孤立的存在，它们之间可以互补。那么，上述两种体系是如何运作的？对中国—东南亚关系又有什么影响？

1. 朝贡体系

> 直到一个世纪之前，中国对外关系还是通过古老的朝贡体系运作的宗藩关系……朝贡体系的礼仪标准由这样一套机制构成——帝国之外的蛮夷区域，统统被纳入在以中国为中心的、包罗万象的秩序中。①

历史地看，中国内部权力关系和世界秩序建立在文化优越性以及自然和物质力量基础上；朝贡体系代表着中国中心的国际关系，是一种确定的机制和长时段的历史传统。朝贡体系肇始于秦汉，发展于唐，繁荣于宋元，在明代达到巅峰之后，于清代衰落。② 其运行机制证明了中华文化在东亚历史上的支配地位，奠定了皇权的族群基础，构成了朝廷礼仪和威望的重要资产，以及外交媒介、防御手段和贸易的框架幌子。③然而，此种关于中国对东南亚的"霸权"的夸张说法，却是错误的，被历史事实证明恰恰相反：

> 几个世纪以来，东南亚王国和侯国都将强大的中华帝国视为繁荣和厚利贸易的来源，而非扩张主义的威胁。虽然他们受到中华帝国傲慢与家长制的束缚——朝贡与承认的礼

---

① Fairbank J K. Tributary trade and China's relations with the West. *The Far Eastern Quarterly*, 1942, 1 (2): 129, 133.
② 喻常森：《试论朝贡制度的演变》，《南洋问题研究》2000 年第 1 期，第 55—65 页。
③ Fairbank J K, Teng S Y. On the Ch'ing tributary system. *Harvard Journal of Asiatic Studies*, 1941, 6 (2): 137; Fairbank J K. Tributary trade and China's relations with the West. *The Far Eastern Quarterly*, 1942, 1 (2): 129-149.

仪……（然而）该地区与中国保持正式关系的国家，通常都获得了商业利益。①

前往东南亚的中国特使和佛教朝圣者，都附带有双方贸易与商业互动的特征。三国时期的吴国，朱应和康泰分别出使占城和扶南；1295 年元代的周达观（1266—1346）出使真腊（高棉人统治柬埔寨时期）；1405—1433 年明代郑和的航行。最著名的佛教朝圣者，当属东晋的法显（337—422）和唐代的义净（635—713）。法显从中国经陆路出发，前往印度学习佛法，并从锡兰经海路返回（413—414）。航经马六甲海峡后，法显在婆罗洲西海岸港口登陆，再从那里返回广州。② 义净也是一位狂热的朝圣者。671 年 12 月，他离开广州，经过 20 天的海上航行，到达室利佛逝（Srivijaya）；在马来亚（Malayu）待了 6 个月之后，继续前往印度，并在 685—689 年回到室利佛逝。义净返回中国待了 3 个月后，于 689 年再次访问室利佛逝，并在 695 年最终离开。义净的三本著作提供了关于这一地区的珍贵信息。③此外，还有受中国皇帝指派、护送朝贡使团返回东南亚的使者，包括 1408 年中国官员张谦和周航护送渤泥国王，以及 1410 年王彬护送占城国王等。④

值得一提的是，除了当地统治者和贵族担当朝贡使者之外，东南亚还有一群具有多重身份的使者和译员。他们虽然都是华人，但分别来自暹罗、爪哇、马六甲及其他地区，中国朝廷称其为"蛮夷藩属国"使臣或"华人蛮夷官员"。这类中国—东南亚

---

① Vatikiotis M R J. Catching the dragon's tail: China and Southeast Asia in the 21st century. *Contemporary Southeast Asia*, 2003, 25 (1): 66.
② Hall K R. Small Asian nations in the shadow of the large: Early Asian history through the eyes of Southeast Asia. *Journal of the Economic and Social History of the Orient*, 1984, 27 (1): 58-60.
③ Wolters O W. Restudying some Chinese writings on Sriwijaya. *Indonesia*, 1986, 42: 1-41; 卓建明：《试论义净在唐朝和南海诸国关系史上的作用》，《世界历史》1992 年第 6 期，第 74—79 页。
④ 和洪勇：《明前期中国与东南亚国家的朝贡贸易》，《云南社会科学》2003 年第 1 期，第 87 页。

"官员",原本是福建、广东和江西沿海沿江省份的升斗小民,主要包括海员、渔民、盐贩等。因海外私人贸易和移民受到朝廷严厉镇压,朝贡体系成为双方商贸关系的唯一合法途径。朝贡使团中,这些华人使者和译员采用不同的姓名,某些人甚至还跟随使团多次来访。仅15世纪的东南亚使团,所列名单中就有53名成员使用的是中文名字。① 1392—1692年,东南亚的华人使者与译员中,有25位随员已得到确认,其中4名来自爪哇,3名来自暹罗,1名来自马六甲。②

朝贡体系可追溯至秦汉时期。当时朝廷开始直接任命东京官员管理安南,柬埔寨和爪哇、缅甸贡使则分别于公元84年和131年造访中国。③ 西汉时期开辟了两条前往东南亚的路线:一条是从长安出发经四川进入缅甸的陆路;另一条是经广东进入南海国家的海路。④ 朝贡体系在唐代得到了进一步发展。根据中国学者的统计数据,唐代南海国家朝贡使团涵盖101个国家,包括林邑(越南,35次)、真腊(柬埔寨,16次)、诃陵(爪哇,12次)、堕和罗国(缅甸,8次,包括其属国)、室利佛逝(7次,包括其属国)、骠国(缅甸,5次,包括其属国)及其他国家。⑤ 宋代,建立朝贡关系的共有26个,入贡总次数为302次。虽然我们并不知道究竟有多少使团来自东南亚,但我们确定其中56次来自占城,45次来自交趾,33次来自三佛齐,且不包括高棉、渤泥和蒲甘等

---

① Chan H L. The "Chinese Barbarian Officials" in the foreign tributary missions to China during the Ming Dynasty. *Journal of the American Oriental Society*, 1968, 88 (3): 411-418; Reid A. Flows and seepages in the long-term Chinese interaction with Southeast Asia. *In* Reid A. ed. *Sojourners and Settlers: Histories of Southeast Asia and the Chinese*. St Leonards, NSW: Allen & Unwin, 1996, pp. 27-30.
② 李金明:《明代海外朝贡贸易中的华籍使者》,《南洋问题研究》1986年第4期,第107—118页。
③ 喻常森:《试论朝贡制度的演变》,《南洋问题研究》2000年第1期,第56页。
④ 周伟洲:《西汉长安与南海诸国的交通及往来》,《中国历史地理丛》2003年第18卷第4辑,第38—44、158—159页。
⑤ 周伟洲:《唐代与南海诸国通贡关系研究》,《中国史研究》2002年第3期,第59—73页。

其他国家。① 元代有 34 个国家遣使来华朝贡，总计超过 200 次。②

明代是朝贡体系最繁荣的时期。虽然我们没有朝贡使团总数的完整数据，但仍可以举很多例子以资证明。洪武皇帝（1368—1398）和永乐皇帝（1402—1424）在位期间，在列的朝贡使团分别为 129 个和 238 个。他们主要来自东南亚：占城和暹罗各 36 次、马六甲 26 次、爪哇 24 次、安南总共 14 次、高棉（真腊）13 次、渤泥 9 次、三佛齐 6 次和苏禄 5 次。朝贡礼品主要包括当地药材、香料、珠宝和其他珍贵商品，例如动物、金属制品、布匹、水果及专门仆从、地图等。这些使团通常颇具规模，朝贡的商品和礼品，特别是从中国方面回馈的数量巨大。例如，1410 年，马六甲国王率领的使团规模高达 540 人；1417 年，苏禄国王率领的使团达 340 人，国王本人在返回菲律宾途中于山东德州去世；1423 年，主要由渤泥、苏门答腊和满剌加等东南亚国家，派出 16 个、计 1200 名成员的庞大朝贡使团。③ 在这些朝贡商品和中国回馈的礼品中，有 37 500 千克胡椒来自爪哇（1382 年），50 000 千克苏木来自暹罗（1387 年），洪武帝一次性赏赐给占城、真腊和暹罗国王 19 000 件瓷器（1383 年）。据统计，洪武帝在位期间，至少有 61 位使者前往东南亚；永乐时期，则有 21 位使者前往海外。④

---

① 喻常森：《试论朝贡制度的演变》，《南洋问题研究》2000 年第 1 期，第 58 页；李云泉：《略论宋代中外朝贡关系与朝贡制度》，《山东师范大学学报（人文社会科学版）》2003 年第 2 期，第 102 页。
② 喻常森：《试论朝贡制度的演变》，《南洋问题研究》2000 年第 1 期，第 59 页。
③ 和洪勇：《明前期中国与东南亚国家的朝贡贸易》，《云南社会科学》2003 年第 1 期，第 88—89 页；汤开建、彭蕙：《爪哇与中国明朝贸易关系考述》，《东南亚纵横》2003 年第 6 期，第 53—54 页；李庆新：《郑和下西洋与朝贡体系》，载王天有、徐凯、万明编：《郑和远航与世界文明——纪念郑和下西洋 600 周年论文集》，北京：北京大学出版社，2005 年，第 238—239 页。
④ 彭蕙：《明代洪武年间出使南洋使节研究》，《东南亚研究》2004 年第 1 期，第 81—82 页；和洪勇：《明前期中国与东南亚国家的朝贡贸易》，《云南社会科学》2003 年第 1 期，第 88—89 页；庄国土：《略论朝贡制度的虚幻：以古代中国与东南亚的朝贡关系为例》，《南洋问题研究》2005 年第 3 期，第 4 页。

自郑和下西洋之后，朝贡体系事实上开始衰落，并继续贯穿整个清代，最终于19世纪中叶被西方列强所强加的条约体系所替代。根据费正清和邓嗣禹的研究，1662—1862年的2个世纪内，有记载的朝贡使团约471个：在头一个世纪的1662—1761年，约有216个，后一个世纪的1762—1861年，约有255个。这一时期，东南亚有记载的朝贡使团的频率和总数具体如下①：

安南：每隔3年、6年或4年派遣使团，2个世纪中提到的遣使年份达45年。这些使团中，24个是在后一世纪，且经历了小幅增长。

暹罗：每隔3年派遣使团，在2个世纪中提到的（遣使）年份达48年。在这些使团中，11个是在头一个世纪，37个是在1780—1860年，同样是在后一阶段经历显著增长。

缅甸：每隔10年派遣使团，1750—1853年中，遣使年份达16年。在这些使团中，有12个是在1789年之后，即主要发生在19世纪。

老挝：每隔10年派遣使团，1730—1853年中，遣使年份达17年，相当平均地间隔10年。

苏禄：每隔5年派遣使团，1726—1754年中，有7个年份派遣了使团。

2. 海上私人贸易

从14世纪末开始，中国迎来长达2个世纪的人口和财富扩张时期。永乐年间开展的6次官方贸易（1403—1422），极大地刺激了对东南亚商品的需求。他们不仅带回了大量的胡椒、香料、苏

---

① Fairbank J K, Teng S Y. On the Ch'ing tributary system. *Harvard Journal of Asiatic Studies*, 1941, 6 (2): 193-198; Fairbank J K. Tributary trade and China's relations with the West. *The Far Eastern Quarterly*, 1942, 1 (2): 144.

木和其他林产品,还促进了东南亚的生产力。与此同时,在东南亚地区快速发展的贸易中心,也出现了一些重要的华人商贩(主要是穆斯林)社区。①

海上私人贸易和朝贡体系是两种相互平行却又呈现明显反差的机制。朝贡体系显然是上层的、官方的、合法的而又垄断的贸易机制,海上私人贸易则代表着中国—东南亚下层的和民间的,甚至是"非法"的商业往来。几个世纪以来,中国政府一直禁止私人民间以贸易或移民为借口与海外接触,因此私人贸易被视为"非法"。更重要的是,随着郑和下西洋的结束和朝贡体系的衰落,海上私人贸易却越来越繁荣和占优势,象征着中国商业和人口的扩张,数量也越来越大。反过来,此种趋势又使得朝贡贸易显得更加软弱无力。明末,与私人海上贸易相伴而生的,是东南亚很多地方出现的颇具规模的华人社区。放眼全球,此种形势同时与"商业时代"的来临、西方商业与殖民扩张密切相关。所有这些结构性因素,也都证明了历史上亚洲时代商业和社会互动的活跃性。换言之,帆船贸易期间中国的私人海上贸易已经制度化,二者的结合也促进东南亚颇具规模的华人社区的出现,华人大量移民东南亚因而成为中国私人海上贸易的"孪生子"。对此,魏格曼(Wakeman)教授恰到好处地总结道:

> 15世纪后期,中国开始向马来群岛、爪哇、苏门答腊、渤泥、苏禄群岛和菲律宾地区移民。16世纪,另一波华人移民开始到达暹罗;到17世纪末,首都大城府已有上万人。清政府(1644—1912)延续明朝的海禁政策……虽然有个别皇帝发布赦免令,允许海外商人回国,但直到1727年禁令才得以真正解除。至此,已有成千上万的华人在海外生活。一个

---

① Reid A. An "age of commerce" in Southeast Asian history. *Modern Asian Studies*, 1990, 24 (1): 5.

世纪以后,曼谷的 40 万居民中,近一半都是华人移民。①

研究表明,中国与东南亚的私人贸易出现于宋代,元代进一步发展,并在明末最终取代朝贡贸易,成为居主导地位的经济关系。宋代以来,由于精密造船技术的发展,这一时期中国逐渐成为一股强大的海上力量。② 有理由相信,这一情况甚至可能发生在更早的唐代。这些私商带去中国的丝绸、茶叶、瓷器、金属工具和杂货,带回东南亚的香料、药品和苏木。季风使得中国商人需要在东南亚逗留一段时间等风,也因定期的往来,一些华商旅居者最终选择定居下来。③ 元朝的海上贸易非常繁荣,福建泉州港成为全国最重要的贸易港口。东南亚也出现华人定居的港口城市,华商旅居者为方便做生意而与当地妇女通婚的情形比比皆是。某些地方甚至还建立起华人穆斯林社区,如从云南陆路前往的缅甸曼德勒,以及从泉州去往的爪哇北部等。④

安东尼·瑞德(Anthony Reid)将中国与东南亚的互动置于 15、16 世纪之交至 19 世纪中期的长时段历史中考察,并将这一过

---

① Wakeman F Jr. Voyages. *The American Historical Review*, 1993, 98 (1): 15-16.
② Lo J P. The emergence of China as a sea power during the late Sung and early Yuan periods. *The Far Eastern Quarterly*, 1955, 14 (4): 489-503; Finlay R. Portuguese and Chinese maritime imperialism: Camoes's lusiads and Luo Maodeng's voyage of the San Bao eunuch. *Comparative Studies in Society and History*, 1992, 34 (2): 225-241; Manguin P Y. Trading ships of the South China Sea. Shipbuilding Techniques and Their Role in the History of the Development of Asian Trade Networks. *Journal of the Economic and Social History of the Orient*, 1993, 36 (3): 253-280; Wakeman F Jr. Voyages. *The American Historical Review*, 1993, 98 (1): 8-13; Sun L C. Military technology transfers Ming China and the emergence of northern mainland Southeast Asia (c. 1390-1527). *Journal of Southeast Asian Studies*, 2003, 34 (3): 495-517.
③ 郭梁:《外洋以前华侨历史的发展阶段》,《南洋问题研究》1982 年第 4 期,第 83—84 页;方福祺:《论海上贸易与南海诸国的中国移民》,《云南教育学院学报》1993 年第 4 期,第 48—49、59 页;庄国土:《海外贸易和南洋开发与闽南华侨出国的关系——兼论华侨出国的原因》,《华侨华人研究》1994 年第 2 期,第 55—57 页。
④ Ptak R. China and the trade in cloves, circa 960-1435. *Journal of the American Oriental Society*, 1993, 113 (1): 11;〔缅〕貌貌李(Maung Maung Lay):《缅甸华人穆斯林研究——曼德勒"潘泰"社群的形成》,《南洋问题研究》2007 年第 1 期,第 50—52 页。

程划分为三个过渡期和两个主要阶段。1500—1567 年是过渡期，中国—东南亚贸易主要通过中间港口进行。一方面是大陆东南亚传统贸易中心占城和大城府；另一方面是东南亚海上贸易港口马六甲、柔佛和北大年。中国与马来世界的海运主要由东南亚帆船承担，这些船只归马来商人所有，马六甲而非中国港口作为最重要的港口。1567—1640 年不仅是中国帆船贸易第一个繁荣时期，而且也是东南亚贸易蓬勃发展的时代。马尼拉则是最突出和最恰当的例子。然而，随后 1680—1740 年，中国—东南亚贸易进入第二个过渡期。这一时期呈现了一个很有意思的反差：一方面，中国—东南亚贸易总体利润不高；另一方面，中国—荷属东印度贸易却十分繁荣，乃至被包乐史（Blussé）称为"帆船贸易的全盛期"，巴达维亚因此取代马尼拉成为主要贸易中心。1740—1850 年是中国帆船贸易第二个繁荣时期，也是塑造中国人、东南亚人和欧洲人三角关系的分水岭。然而，这一时期出现了另一个有意思的反差：一方面，巴达维亚和马尼拉的帆船贸易急剧下降；另一方面，与以往不同的其他地方贸易发展却欣欣向荣；曼谷因此取代巴达维亚成为东南亚最重要的港口。然而，在 1820—1855 年的最后阶段迎来第三个过渡期，新加坡进而取代曼谷成为东南亚重要的贸易中心。①

如前所述，两条古道连接了中国与东南亚，即经云南去往缅甸的陆路，经广东前往南海各国的海路。陆路贸易活跃的主体是华商，他们经营云南和东南亚北部的长途贸易，其中穆斯林占支配地位，贸易物品主要是中国的马、骡子和牛。② 海路则可以进

---

① Reid A. Flows and seepages in the long-term Chinese interaction with Southeast Asia. *In* Reid A. ed. *Sojourners and Settlers: Histories of Southeast Asia and the Chinese*. St Leonards, NSW: Allen & Unwin, 1996, pp. 33-49.
② 〔缅〕貌貌李（Maung Maung Lay）:《缅甸华人穆斯林研究——曼德勒"潘泰"社群的形成》,《南洋问题研究》2007 年第 1 期，第 50—55、84 页。

一步分为西线和东线。西线将大陆东南亚和印度尼西亚西部与海南、广州、云南连接起来，非常类似海路和陆路的结合体。越南中部正处在其交叉口，占城成为重要的贸易中心。从那里出发，一条补充的线路，经民都洛岛和婆罗洲北部，最终在苏禄地区汇合。西线是一条更古老的线路，曾为印度洋商人所使用，并在宋代发展成为主要商路。① 东线则是东南亚内陆与中国的重要连接，起始点为福建泉州港，后来转移到漳州的月港，经台湾通往苏禄、婆罗洲北部，一条支线通往西里伯斯海和摩鹿加群岛。西线拥有125个可供中途停靠的站点，东线则包含46条支线，大部分在菲律宾和苏禄群岛。元代，西线不再重要，东线则获得大发展。然而，由于洪武帝禁止私人贸易，东线也随之衰落，海盗和走私盛行，官方贸易被严格限制在西线。1567年海禁废除后，东线再次繁荣起来。但是，处在九龙江下游的月港已经取代泉州，成为服务于南海各主要航线的首要港口，每年有大约200艘帆船从漳州月港前往南洋贸易。②

关于商品流通和贸易额的记载是零碎的，但还是可以据此勾勒一幅整体的贸易图：

（1）瓷器。瓷器是中国最著名的出口商品之一，其重要性在中国与东南亚贸易中位居次席。在13世纪末至16世纪初，大规

---

① Ptak R. From Quanzhou to the Sulu Zone and beyond: Questions related to the early fourteenth century. *Journal of Southeast Asian Studies*, 1998, 29 (2): 269-294; Li T N. A view from the sea: Perspectives on the northern and central Vietnamese coast. *Journal of Southeast Asian Studies*, 2006, 37 (1): 83-102; Whitmore J K. The rise of the coast: Trade, state and culture in early Dai Viet. *Journal of Southeast Asian Studies*, 2006, 37 (1): 103-122.

② Blussé L. No boats to China. The Dutch East India company and the changing pattern of the China sea trade, 1635-1690. *Modern Asian Studies*, 1996, 30 (1): 51-76; Reid A. Flows and seepages in the long-term Chinese interaction with Southeast Asia. *In* Reid A. ed. *Sojourners and Settlers: Histories of Southeast Asia and the Chinese*. St Leonards, NSW: Allen & Unwin, 1996, p. 16; Ptak R. From Quanzhou to the Sulu Zone and beyond: Questions related to the early fourteenth century. *Journal of Southeast Asian Studies*, 1989, 29 (2): 269-294.

模的高质釉面陶瓷贸易达到顶峰。东南亚贸易城市,如万丹、锦石、北大年和东京等,都是早期瓷器贸易中心。2002年,南海一艘沉船发掘中(华光礁Ⅰ号沉船 XSHWI),考古发掘的6000余件器物,大部分是宋代瓷器,其中90%以上为福建制造。① 19世纪70年代初,南苏拉威西的考古发现中,26%为明代瓷器,28%为"汕头"制造,不足1%为元代瓷器。② 1776年1月,从厦门出发的一艘帆船装载了100万件中国瓷器前往苏禄地区。③ 1602—1695年,荷兰东印度公司(Vereenigde Oostindische Compagnie, VOC)从中国运送大约2000万件瓷器前往欧洲。1734—1756年,荷属东印度每年大约有10艘中国帆船前往巴达维亚,也有少量VOC的船只前往广州贸易。1737年和1743年,VOC的商船分别购买了406 759件和580 323件瓷器。在明末以前,进口瓷器主要来源于福建,清代则来自于广州。④

(2)茶叶。茶叶是中西贸易最重要的商品,其中东南亚又占据重要地位。然而,直到17世纪90年代以前,茶叶在中国帆船贸易中并不占重要地位。18世纪20—90年代,茶叶开始成为帆船贸易中最大宗的商品,从中国进口商品的70%—80%都是茶叶。直到18世纪40年代,荷属东印度茶叶进口主要来自巴达维亚的中国帆船,1/3的茶叶卖给VOC,另外1/3卖给VOC的职员,其余供当地消费。1700—1710年,VOC每年购买茶叶400担(1担=60.5千克);1710—1720年,为745担;1721—1730年,为3439

---

① 孙键:《南海沉船与宋代瓷器外销》,《中国文化遗产》2007年第4期,第42页。
② Reid A. *Southeast Asia in the Age of Commerce, 1450-1680, Volume One: The Lands below the Winds.* New Haven: Yale University Press, 1988, pp. 104-105.
③ 钱江:《清代中国与苏禄的贸易》,《南洋问题研究》1988年第1期,第89页。
④ 钱江:《十七至十八世纪中国与荷兰的瓷器贸易》,《南洋问题研究》1989年第1期,第80—91页;冯先铭、冯小琦:《荷兰东印度公司与中国明清瓷器》,《江西文物》1990年第2期,第101—104、117页。

担；1731—1740 年，为 6048 担。然而，即使如此，也不能满足荷兰的消费需求。因此，在中国帆船茶叶贸易继续通过巴达维亚进行的同时，1728—1734 年，VOC 派遣 11 艘船只从荷兰出发，直接前往广州收购茶叶。自 1734 年后，在鼓励中国帆船茶叶贸易的同时，VOC 另派 2 艘船只从巴达维亚前往广州收购茶叶。①

（3）纺织品。在很长时间内，东南亚都是使用本地区出产的胡椒、香料和热带丛林产品交换印度的棉纺织品和中国的丝绸。中国从印度进口的棉纺织品，事实上是经东南亚制作的。长期以来，东南亚的棉花一直出口中国。13—17 世纪，中国商人从多个东南亚港口收购棉纱和棉布，特别是从越南、吕宋和爪哇等地区。虽然丝绸是奢侈品，然而 17 世纪之前，以东南亚港口为基地的华商，相比于欧洲商人，在丝绸贸易中占据着显著优势。②

（4）胡椒。16—17 世纪，在东南亚出口商品中，胡椒占据首要位置。1530 年之前，大部分东南亚胡椒，估计约 2500 吨，要么留在"风下之地"（即东南亚），要么被运往北方以供应中国大市场。③ 960—1435 年，中国也从摩鹿加进口丁香，贸易路线或经苏禄地区直达，或穿过爪哇海的长线抵达。摩鹿加丁香，通过印度尼西亚西部或大陆东南亚的港口，转口中国。中国商人也在摩鹿

---

① Zhuang G T. *Tea, Silver, Opium and War: The International Tea Trade and Western Commercial Expansion into China in 1740-1840*. Xiamen: Xiamen University Press, 1993, pp. 93-121；庄国土：《茶叶、白银和鸦片：1750—1840 年中西贸易结构》，《中国经济史研究》1995 年第 3 期，第 64—65 页；张应龙：《鸦片战争前中荷茶叶贸易初探》，《暨南学报（哲学社会科学）》1998 年第 3 期，第 93—99 页。

② Reid A. *Southeast Asia in the Age of Commerce, 1450-1680, Volume One: The Lands below the Winds*. New Haven: Yale University Press, 1988, p. 91；Hall K R. The textile industry in Southeast Asia, 1400-1800. *Journal of the Economic and Social History of the Orient*, 1996, 39 (2): 87, 105；王元林、林杏容：《十四至十八世纪欧亚的西洋布贸易》，《东南亚研究》2005 年第 4 期，第 86—91 页。

③ Reid A. An "age of commerce" in Southeast Asian history. *Modern Asian Studies*, 1990, 24 (1): 17；Reid A. *Southeast Asia in the Age of Commerce, 1450-1680, Volume Two: Expansion and Crisis*. New Haven: Yale University Press, 1993. pp. 7-8.

加批发丁香,归程的规模较大,但是出售的数量却相对较小。①

(5)海参。上溯到 17 世纪,海参对中国—东南亚贸易意义特别重大。海参是东南亚主要出口商品,特别对中国的烹饪和药用而言具有价值。东南亚盛产海参的主要地区是菲律宾、印尼群岛东部和马来半岛。这一时期,厦门和上海是海参的主要进口中心,马尼拉、望加锡以及后来的新加坡则是主要贸易中心,80%—85%的东南亚海参出口中国。18 世纪早期,中国—菲律宾海参年贸易量为 200—300 担。自 19 世纪中期以来,厦门每年从马尼拉进口海参量一直处于 2000—3000 担,上海则达 3000—4000 担。18 世纪 30 年代,厦门从望加锡年进口量达 3000—4000 担,18 世纪末达 6000—7000 担。此后,中国—东南亚海参贸易量显著增长。19 世纪 60 年代,中国每年从东南亚进口海参总量达 15 000 担,70 年代为 20 000 担,80 年代为 30 000 担,90 年代为 40 000 担。②

(6)其他商品。东京湾贸易区范围从海路延伸至海南岛和占城北部,从陆路延伸至云南、广西和老挝;宋代,在该地区主要的获利贸易是中外商人经营的奴隶、马匹和盐的买卖。③ 在陆路,缅甸的马匹贸易具有云南跨境的传统,由被称为"潘泰人"(Panthay)的中国穆斯林控制;在水路,贸易商品主要是缅甸的棉花和盐,以及云南的丝绸和锡制品。④ 从 18 世纪早期开始,由于

---

① Ptak R. China and the trade in cloves, circa 960-1435. *Journal of the American Oriental Society*, 1993, 113 (1): 1-13.
② 戴一峰:《18—19 世纪中国与东南亚的海参贸易》,《中国社会经济史研究》1998 年第 4 期,第 71—81 页;戴一峰:《饮食文化与海外市场:清代中国与南洋的海参贸易》,《中国经济史研究》2003 年第 1 期,第 86、91 页;Knaap G, Sutherland H. *Monsoon Traders: Ships, Skippers and Commodities in Eighteenth-Century Makassar.* Leiden: KITLV Press, 2004, pp. 98-102; Sutherland H. The Sulu Zone revisited. *Journal of Southeast Asian Studies,* 2004, 35 (1): 133-157.
③ Li T N. A view from the sea: Perspectives on the northern and central Vietnamese coast. *Journal of Southeast Asian Studies,* 2006, 37 (1): 83-102.
④ 孙来臣:《明清时期中缅贸易关系及其特点》,《东南亚研究》1989 年第 4 期,第 18—19 页;〔缅〕貌貌李(Maung Maung Lay):《缅甸华人穆斯林研究——曼德勒"潘泰"社群的形成》,《南洋问题研究》2007 年第 1 期,第 50—55、84 页。

人口增加和耕地减少，中国需要存储粮食。暹罗和吕宋对中国的粮食出口特别重要，清政府也通过减免税负和给予奖励或赏给职衔、顶戴等方式予以鼓励。1722年，暹罗向中国三个沿海港口，即厦门、广州和宁波，出口300 000石大米（1石=59.2千克）。更重要的是，清政府强制要求中国帆船在返程中必须运回大米。1748年，福建16艘帆船从东南亚返程途中，每艘运回200—300袋大米。① 在马六甲海峡，作为贸易商品和交换手段，10—14世纪，在爪哇、苏门答腊北部和淡马锡等地区，中国铜钱扮演着重要角色。1078年，三佛齐接收了64 000串铜钱和10 500两银子，由中国商人运输，如此大量的铜钱流通应该与当地大规模的华人社区形成有关。② 大越国早期，作为商品交易重要环节的铜钱从宋朝大量涌入，成为当地经济的重要来源。③ 由于贸易的因素，中国大量的铜起先出口到日本，再转运到东南亚。1687年，从日本出口的3 345 000斤铜，其中超过2/3被运往东南亚多个地区，如交趾支那、柬埔寨、暹罗、北大年和巴达维亚等。④

三、西方扩张和中国移民：19世纪中期至20世纪中期

如果说，通过1500年来断断续续的商业贸易和海上往

---

① 李金明：《清代前期中国与东南亚的大米贸易》，《南洋问题研究》1990年第4期，第96—104页；汤开建、田渝：《雍乾时期中国与暹罗的大米贸易》，《中国经济史研究》2004年第1期，第81—88页。
② Heng D T S. Export commodity and regional currency: The role of Chinese copper coins in the Melaka Straits, tenth to fourteenth centuries. *Journal of Southeast Asian Studies*, 2006, 37 (2): 179-203.
③ Whitmore J K. The rise of the coast: Trade, state and culture in early Dai Viet. *Journal of Southeast Asian Studies*, 2006, 37 (1): 103-122.
④ 李金明：《清康熙时期中国与东南亚的海上贸易》，《南洋问题研究》1990年第2期，第53页。

来,中国对东南亚社会、经济或文化产生了什么"变革性影响";那么,这和所谓的中国"霸权"无关,也和统治者间的"历史关系"无涉。然而,1870—1940年间大规模的中国移民浪潮确实是我们必须重视的,这是中国对该地区施加影响的最本质的证据,而非早前多个世纪的间歇性接触。就此而言,中国在该地区产生的主要"变革性的影响",正在于其促进海外华人的大规模移民与东南亚资本主义的发展……当然,不能认为,所有东南亚人都会将其视为一个有益的影响。①

19世纪中期,世界形势发生了结构性变化。一方面,西方列强成为世界秩序的主宰,在东南亚地区取代了中国的影响力;另一方面,中国自身也正经历西方列强侵略的"百年国耻"。条约体系取代了朝贡体系,东南亚国家成为西方宗主国控制的殖民地,无法直接对外开展贸易。在此框架下,中国—东南亚关系基本等同于中国与西方殖民大国的关系。中国被迫开放五个沿海港口进行海外贸易,且不再禁止华人移民。然而,从政治上看,中国在东南亚地区的影响力却跌至谷底。讽刺的是,这一时期见证了中国对该地区影响力间接性转变,即大规模华人移民成为东南亚大变迁的先驱力量。简言之,西方扩张和华人移民成为塑造中国—东南亚关系最具活力的两股力量。②

由于殖民主义、帝国主义介入东南亚国家政府间关系,中国—东南亚关系陷入停滞,甚至连唯一的名义独立国家泰国,也想法设法减少与中国的官方接触,华人移民事实上成为中国—东

---

① Mackie J A C. ASEAN perspectives on China: A rejoinder to Peter Polomka. *The Australian Journal of Chinese Affairs*, 1983, (9): 77.
② Mackie J A C. ASEAN perspectives on China: A rejoinder to Peter Polomka. *The Australian Journal of Chinese Affairs*, 1983, (9): 75-80; Stuart-Fox M. Southeast Asia and China: The role of history and culture in shaping future relations. *Contemporary Southeast Asia*, 2004, 26 (1): 116-139.

南亚双边关系最重要的载体。海外华人不仅是中国对东南亚变革性影响的具体表现，而且也是双边关系最重要的外交政策目标。此外，海外华人民族主义也被嵌入于中国现代民族主义浪潮之中。清政府改变了对海外华人的态度，从疏忽大意、漠不关心，甚至敌视，转向热情示好，就是为了建设现代民族国家这一目标。这些示好的措施包括在东南亚城市设立领事馆、将华侨自动纳为中国公民、向华侨卖官鬻爵（虚衔），以及鼓励华侨回国投资等。①

1842 年，《南京条约》割让香港岛，香港成为连接中国与东南亚的重要贸易中心；同时开放了五个贸易港口，包括广州和厦门。1860 年，《北京条约》使契约华工出洋正式成为可能，清政府由此废除移民禁令，并最终取消所有对自由移民的法律限制。与 16 世纪第一波移民潮相比，这一阶段的华人移民主要是苦力劳工，而非华商。这一移民潮的规模和频率，均大于前一时期，人数更是前所未有。随着西方殖民资本主义的发展，华工成为推动东南亚变革最活跃的力量。

几组人口统计数据大致可以勾勒东南亚不同国家华人社区的历史发展脉络。1850 年至 19 世纪 80 年代中期，菲律宾华人移民从 8000 人增加到 100 000 人，甚至更多。1850 年，92%的华人集中在马尼拉地区；到 19 世纪 90 年代，只有 60%留在此地，其余则分散在菲律宾各地。② 在英属马来亚，19 世纪 70 年代中期"前进运动"（forward movement）后，华人移民显著增加。19 世纪 80—90 年代，平均每年约 150 000 人；20 世纪 20 年代，每年超过

---

① Godley M R. The late Ch'ing courtship of the Chinese in Southeast Asia. *The Journal of Asian Studies*, 1975, 34 (2): 361-385; Duara P. Transnationalism and the predicament of sovereignty: China, 1900-1945. *The American Historical Review*, 1997, 102 (4): 1043-1047; Kuhn P A. The Homeland: Thinking about the History of Chinese Overseas. The fifty-eighth George Ernest Morrison Lecture in Ethnology 1997, Australian National University, pp. 1-11.

② Wickberg E. Early Chinese economic influence in the Philippines, 1850-1898. *Pacific Affairs*, 1962, 35 (3): 278-279.

300 000 人。1871—1947 年，华人占总人口的 33.7%—49.3%。1881—1940 年，抵达马来亚的华人移民总数估计约为 1000 万人。1916—1940 年，抵达人数为 4 181 858 人，离开人数为 2 628 811 人，净流入人口约 150 万人。① 在英属婆罗洲，19 世纪 50 年代金矿发现和 80 年代的烟草种植园发展，分别引发了第一波和第二波华人移民潮。② 在荷属东印度，所谓的"自由时期"（liberal period）吸引了大量契约华工，第一批正式于 1873 年到达，1928 年数量达到巅峰。截至 19 世纪中期，仅爪哇和马都拉就有近 15 万人华人；截至 1900 年，两地华人增加到 277 000 人，另有 25 万人在外岛。1930 年，华人总数达 125 万人，其中新客华人 45 万人。③ 在暹罗，每年增加的华人移民数，从 19 世纪 20 年代的 3000 人增加到 1870 年的 7000 人，到 1890 年华人占其总人口的 1/3，人数逼近暹罗人。平均每年新客华人移民，1882—1892 年为 16 100 人，1893—1905 年为 35 000 人，1906—1917 年为 68 000 人，年增长分别为 7100 人、14 900 人和 15 000 人。④ 在交趾支那，1889 年华人移民为 57 000 人，1906 年为 120 000 人，1921 年增长到 156 000 人。1921—1931 年，法属印度支那全境华人移民从 293 000 人（其中交趾支那 156 000 人，柬埔寨 91 000 人）增长到 418 000 人。⑤

第二次世界大战前，华人占英属马来亚总人口的 42.4%，其中

---

① Lee S M. Female immigrants and labor in colonial Malaya: 1860-1947. *International Migration Review*, 1989, 23 (2): 310, 312, 318.
② Lee Y L. The population of British Borneo. *Population Studies*, 1962, 15 (3): 228.
③ Kahin G M. The Chinese in Indonesia. *Far Eastern Survey*, 1946, 15 (21): 327; Lasker B. The role of the Chinese in the Netherlands Indies. *The Far Eastern Quarterly*, 1946, 5 (2): 166; Purcell V. *The Chinese in Southeast Asia*. Kuala Lumpur: Oxford University Press, 1980, pp. 429-430.
④ Landon K P. *The Chinese in Thailand*. New York: Institute of Pacific Relations, 1941, p. 21; Skinner G W. *Chinese Society in Thailand: An Analytical History*. Ithaca: Cornell University Press, 1957, pp. 58-61.
⑤ Purcell V. *The Chinese in Southeast Asia*. Kuala Lumpur: Oxford University Press, 1980, pp. 177-178.

海峡殖民地占 60%，新加坡占 75%，槟城占 49%，马六甲占 35%，邦加勿里洞占 18%，棉兰占 36%，万鸦老占 20%，望加锡占 18%，巴达维亚占 16%，巨港占 14%，婆罗洲西部的一些地区占 27%，西贡占 25%，堤岸占 75%。① 据估计，1950 年以前东南亚华人大约 1000 万人，其中泰国和马来亚分别约 300 万人，印度尼西亚 200 万人，越南、柬埔寨和老挝 100 万人，菲律宾 75 万人，缅甸 25 万人。②

与中国政府转变对华人移民的态度和策略相反，华人社会的大规模出现被殖民政府视为在东南亚进行物质和经济扩张的所谓"中国帝国主义"（"Chinese imperialism"），从而成为长期被憎恶的对象。"中国帝国主义"曾被用来泛指中华文化的知名度和认可度，也用来特指越南建立官僚机构所奉行的中国原则。在近代，它又用来指代因华人社会颇具规模和强大经济力量，而引发的反华意识形态和反华运动。③

---

① Barnett P G. The Chinese in Southeastern Asia and the Philippines. *The ANNALS of the American Academy of Political and Social Science*, 1943, 226: 33; Unger L. The Chinese in Southeast Asia. *Geographical Review*, 1944, 34 (2): 210-211; Vandenbosch A. The problem in Java: The Chinese in Southeast Asia. *The Journal of Politics*, 1947, 9 (1): 80-85.
② Unger L. The Chinese in Southeast Asia. *Geographical Review*, 1944, 34 (2): 199, 216; Purcell V. Overseas Chinese and "People's Republic". *Far Eastern Survey*, 1950, 19 (18): 194-196; Lee R H. The Chinese abroad. *Phylon*, 1956, 17 (3): 263; Skinner G W. Overseas Chinese in Southeast Asia. *The ANNALS of the American Academy of Political and Social Science*, 1959, 321: 137.
③ Vandenbosch A. A problem in Java: The Chinese in the Dutch East Indies. *Pacific Affairs*, 1930, 3 (11): 1001-1017; Landon K P. The problem of the Chinese in Thailand. *Pacific Affairs*, 1940, 13 (2): 149-161; Lasker B. The role of the Chinese in the Netherlands Indies. *The Far Eastern Quarterly*, 1946, 5 (2): 169; Winzeler R L, Cohen R, Hunt R, et al. Ecology, culture, social organization, and state formation in Southeast Asia. *Current Anthropology*, 1976, 17 (4): 636; Finlay R. Portuguese and Chinese maritime imperialism: Camoes's lusiads and Luo Maodeng's voyage of the San Bao eunuch. *Comparative Studies in Society and History*, 1992, 34 (2): 235-236.

四、建国工程和冷战：20 世纪中期至 90 年代初

在西方人眼中，世界上没有哪一组国家间的关系——或维系他们关系所产生的争议——比中国与其东南亚邻国，更加不可预测和自相矛盾……很明显，一股对当代中国的矛盾情绪已经深深嵌入东南亚人民心中。在智识层面，可以发现东南亚人在支持"亚洲的"中国和怀疑马克思—列宁主义的中国之间一直摇摆分化。①

第二次世界大战后中国—东南亚的关系，一方面，被反殖民主义、反帝国主义和冷战意识形态所塑造；另一方面，也被建国工程历程所影响。就前者而言，中国和越南、缅甸、印度尼西亚保持友好关系，而与该地区其他国家关系较疏远。就后者而言，东南亚华人身份受到新兴的民族国家的挑战和质疑，以至于被认为是"有问题的"，理由是：他们与共产主义中国有血缘上的联系，在该地区与共产主义活动相关联，享有相对于其他族群的支配性经济地位，这些都使华人成为政治争议的焦点。此外，东南亚共产党游击队，特别是在印度尼西亚、马来亚/新加坡、泰国和菲律宾，被认为受到中国的支持，给当地建国工程带来严重威胁。一个再次与历史发展背道而驰的反讽现象是，经过长达一个世纪的被迫疏远之后，虽然中国与东南亚重启了政府间直接关系，但是，前往东南亚的华人移民潮从此却陷入停顿。中国与东南亚彼此间了解不多，更缺乏相互理解。作为新政权，双方事实

---

① Woodside A. History, ideology, and foreign policy: A review of some recent Western works on Chinese relations with Southeast Asia. *Modern China*, 1978, 4 (2): 215-216.

上都是脆弱的。从地理、人口和文明来说，双边关系又是明显不对等的。在急剧变化的环境下，中国爱好和平的传统形象被重新想象，并在恐惧和焦虑心理之下进一步被夸大为所谓的"霸权"国家。中国—东南亚这种不对等的政府间关系，又因华人的要素而进一步复杂化，因为当地政府怀疑华人对本土政权的政治效忠。不论亲疏，第二次世界大战后中国—东南亚关系更多地被打上了政治、意识形态和安全的烙印，而非经济和贸易合作的色彩，因而也使得社会—文化交流陷入最低潮。总之，这一时期，一些东南亚国家将中国视为危险的对手，并对所谓的中国潜在威胁始终忧心忡忡。① 甚至，如澳洲著名学者 Mackie 所言：

> 大多数东南亚国家对中国的疑虑，很少来自于对"历史关系"或"传统霸权地位"的感知，而源于其他方面，包括：不清楚海外华人经济力量的大小而产生的恐惧，1949年后中国的意识形态威胁（迄今为止他们最迫切的顾虑），长期忧虑中国庞大人口的某种潜在威胁，以及对中国更为古老的历史、更高水平的文明及社会活力的心知肚明，等等。总体而言，短期内东南亚领导人并不太惧怕中国。然而，从长期来看，对于东南亚是否具备与中国潜能抗衡的能力，他们完全缺乏信心。②

这一时期，中国—东南亚关系可被划分为三个阶段。从1949年至20世纪60年代中叶为第一阶段。这一时期，中国的东南亚政策，服从于反殖反帝反修的大战略，以及1955年万隆会议上阐明的和平共处基本原则。1950年，宣布独立不久的中国承认了北

---

① Banlaoi R C. Southeast Asian perspectives on the rise of China: Regional security after 9/11. Parameters, 2003, pp. 99-100.
② Mackie J A C. ASEAN perspectives on China: A rejoinder to Peter Polomka. *The Australian Journal of Chinese Affairs*, 1983, (9): 76.

越共产党政权（1月），分别与印度尼西亚（4月）和缅甸（6月）建立外交关系。由此，中国与北越结盟，与印度尼西亚保持适度而和谐的关系，并与缅甸保持党际之间的良好互动（虽然国与国关系有矛盾）。[①] 虽然中国主动解决双重国籍问题并鼓励华人定居东南亚，但是这一阶段反华情绪仍然严重存在，几十万华侨被遣回国，特别是从印度尼西亚和马来（西）亚。

这一时期，中国—东南亚贸易往来无足轻重。第一个五年计划期间，虽然中国强调要扩大与东南亚国家的贸易，但是贸易额并不大。1972年前的20年，中国贸易总额在20亿—40亿美元之间波动，东南亚只占其中很小的、微不足道的份额。1952—1957年，东南亚对中国出口明显下降，从2.073亿美元下降到1.348亿美元，降幅达34%。然而，与非共产主义国家的贸易额（外贸的20%）中，中国与东南亚的贸易（2/3）却占据着重要地位。东南亚国家的出口商品主要包括初级产品和原材料，如橡胶、棉花、石油、黄麻、大米、椰子油、有色金属等；中国出口的则不仅包括传统出口商品，如农产品和工艺品，还包括轻、重工业制成品。中国不仅发展与缅甸、印度尼西亚和马来亚的贸易，也与柬埔寨、泰国保持着贸易关系，并且通过中国香港与南越、菲律宾开展间接贸易。中国最重要的贸易策略是参加贸易展销会。新中国成立后的几年里，中国积极参加在印度尼西亚、缅甸、柬埔寨和马来亚举办的贸易展销会和工业展览会。1955年印度尼西亚国际贸易展销会，中国是最大的展销商。在易货贸易方面，中国与缅甸、印度尼西亚、柬埔寨和马来亚签署多个双边贸易协

---

① Woodside A. History, ideology, and foreign policy: A review of some recent Western works on Chinese relations with Southeast Asia. *Modern China*, 1978, 4 (2): 217-219; Haacke J. The significance of Beijing's bilateral relations: Looking "below" the regional level in China-ASEAN Ties. In Ho K L, Ku S C Y. eds. *China and Southeast Asia: Economic Statecraft and Strategic Engagement*. Singapore: ISEAS, 2005, p. 112.

议,其中最值得一提的是以中国商品换取缅甸大米的中缅协议。① 此后,政治环境的敏感很快使中国—东南亚贸易再次回到较低水平。1958年,泰国官方禁止与中国直接贸易。1958年末,中国中断了与新加坡及马来亚的贸易,作为对马来亚禁止部分中国出版物的报复。1965年,印度尼西亚"9·30"事件使中国与印度尼西亚直接贸易中断,不过经由中国香港的间接贸易却仍然维持着。

20世纪60年代中至70年代中叶是第二阶段,即所谓的中国干预和输出人民战争时期。东南亚以中国支持东南亚共产党游击战为由,双边关系在政治和经济方面均跌入最低谷,中国对外贸易的增长缓慢而不稳定。1964年,东南亚国家只有新加坡、马来亚和印度尼西亚与中国保持某种程度微弱而不稳定的贸易关系,贸易额仅区区2.1亿美元。然而,相比而言,至1974年,东盟与社会主义国家(包括中国)总贸易量却跃升至15亿美元。即使如此,也只占东盟外贸总量的3.3%。在中国对非社会主义国家的贸易中,东南亚份额从20世纪60年代的5%—6%,增加到70年代的7%—8%。②

从20世纪70年代中叶贯穿整个20世纪80年代是第三阶段。在中美关系正常化的背景下,这一时期,一方面,中国与东盟国家关系正常化,如20世纪70年代中叶前的马来西亚(1974年5月)、泰国(1975年6月)和菲律宾(1975年7月);另一方面,20世纪70年代中叶以后,中越关系恶化。中越关系紧张和越南占领柬埔寨,成为重新塑造中国—东盟政治合作的重要分水

---

① Shao C L. Communist China's economic relations with Southeast Asia. *Far Eastern Survey*, 1959, 28 (1): 1-11.
② Wong J. Southeast Asia's growing trade relations with socialist economies. *Asian Survey*, 1977, 17 (4): 330, 334-336.

岭。① 然而，东盟对所谓中国扩张和颠覆的担心，在很长一段时间内并没有改变，中国—东盟的贸易维持着数量少、变化小的趋势。数据显示，1975—1984 年，东盟平均每年从中国进口量只占其总进口量的 2.6%，出口仅占 0.9%；1985—1989 年，出口甚至只占 2%，与东盟对西方工业化国家（主要是日本、美国和欧洲）的贸易形成了鲜明对比。1975—1989 年，东盟从西方工业化国家的进口量平均占比 54%，向这些国家出口则平均占比高达 57%。②

五、全球化与战略伙伴关系：20 世纪 90 年代初至 2008 年

> 如今许多东南亚国家都将中国视为可供效仿的良性形象——这与当前区域内对美国的看法则形成鲜明对比。③

冷战结束伴随着全球化，一个"新的国际化时代"开始了。④ 在中国，这一新潮流与 1992 年邓小平南行和改革开放的深入亦步亦趋、相向而行。1990 年 8 月，经历长达 25 年对抗性的外交关系后，中国恢复与印度尼西亚外交关系。2 个月后，新加坡与中国建立正式外交关系。1991 年，中越关系正常化，此后柬埔寨问题也最终解决。此前中国与东南亚关系中意识形态和安全威胁的考量开始让位于贸易振兴与政治合作。虽然东南亚仍然关注安全等重要议题，但是中国—东南亚关系已回归于常态与进步，如今已处于历史

---

① Ba A D. China and Asean: Renavigating relations for a 21st-century Asia. *Asian Survey*, 2003, 43 (4): 623-626.
② Herschede F. Trade between China and ASEAN: The impact of the Pacific Rim era. *Pacific Affairs*, 1991, 64 (2): 180-182.
③ Kurlantzick J. China's charm offensive in Southeast Asia. *Current History*, 2006, 105 (692): 270.
④ Neher C D. *Southeast Asia in the New International Era*. Boulder: Westview Press, 2002.

上的最好时期。中国—东南亚关系主要特点表现是：意识形态的藩篱已经消失，经济联系日益重要，南沙群岛领土争端凸显，作为外交互动方式之一的多边外交明显活跃。[1] 与冷战时期不同的是，这一时期的重心在于构建寻求和平与繁荣的 21 世纪战略伙伴关系，即一种在政治和经济上都是双赢的局面。华侨早已落地生根，"华人问题"也不再是从前那样构成双边或多边关系的基本忧虑。

后冷战时期以中国快速崛起和中日关系紧张为结构特征，东南亚则成为中日双方争胜的关键区域。中国的快速崛起，既被东南亚视为经济机遇，又被视为经济竞争。中国与东南亚之间的竞争围绕于劳动密集型产业与外商直接投资，但同时中国也为东南亚提供了巨大市场。中国和东盟不仅在经济上日益相互依赖，而且后者也承认中国在区域安全秩序方面扮演着重要角色。虽然东盟成员国担心中国日益发展的军事现代化，虽然短期内海峡两岸关系紧张，虽然长期内围绕南沙群岛的南海争端不断，但是东盟国家已经不会再像从前那样担心了。总体而言，东盟国家对中国崛起的担心程度各异、表现不一：从程度较低的泰国，到怀有复杂谨慎心态的马来西亚，再到对中国深感疑虑的菲律宾、印度尼西亚和越南，最后是程度最高的新加坡，等等。然而，东盟对中国在该地区战略的评价，更多是从政治而非军事角度考量。东盟采取两种常规战略——既限制又积极参与同中国的联系。具体而言，限制措施包括与区域外的大国，如美国、日本、俄罗斯和印度，建立适度的防御关系，以平衡中国的影响；积极参与措施则包括支持中国参与多边组织、国际对话和协议，如东盟地区

---

[1] Zagoria D S. The end of the Cold War in Asia: Its impact on China. *Proceedings of the Academy of Political Science. The China Challenge: American Policies in East Asia*, 1991, 38 (2): 3-5; Kuik C C. Multilateralism in China's ASEAN policy: Its evolution, characteristics, and aspiration. *Contemporary Southeast Asia*, 2005, 27 (1): 103.

论坛（ASEAN Regional Forum，ARF）、亚太经合组织（Asia-Pacific Economic Cooperation，APEC）、东盟"10+3"机制、东盟—中国对话会，以及中国—东盟自由贸易区，等等。① 在中日关系紧张和国际新形势下，中国对东南亚的外交政策仍主要奉行双边主义。1997年，中国开始与东盟建立制度关联，并倡议新安全观及和平发展的新政策。中国表示，使用或威胁使用武力不能根本解决问题，强调"四点核心要素：互相信任、平等互利、相互合作/协作"，以及"无霸权，无强权政治，无军备竞赛或军事同盟"。②

对于参与东盟推动的多边组织，中国经历了从谨慎、怀疑到积极、热情态度的明显转变，这一过程可被分为三个主要阶段：第一阶段是从20世纪90年代初至1995年，包括中国带着谨慎和怀疑被动加入东盟倡导的多边安全协议。这可以从1991年中国决定加入每年举办的东盟外长会议及1994年加入东盟地区论坛体现出来。第二阶段是1996—1999年中国积极参与东盟活动。1996年7月，中国成为东盟外长会议全面对话伙伴；1997年，中国成为东盟10+3和10+1全面对话伙伴。第三阶段则是2000—2008年，中国积极主张提升发展双方关系。这一阶段见证了一系列重要文件的签署，如中国—东盟自由贸易区协议的签订，2002年11月签署《南海各方行为宣言》。2003年10月，中国成为首个加入《东南亚友好合作条约》的大国，并且签署与东盟建立战略伙伴关系

---

① Lee L T. ASEAN-PRC political and security cooperation: Problems, Proposals, and Prospects. *Asian Survey*, 1993, 33 (11): 1095-1104; Denoon D B H, Frieman W. China's security strategy: The view from view from Beijing, ASEAN, and Washington. *Asian Survey*, 1996, 36 (4): 433; Whiting A S. ASEAN eyes China: The security dimension. *Asian Survey*, 1997, 37 (4): 299-322; Roy D. Southeast Asia and China: Balancing or bandwagoning? *Contemporary Southeast Asia: A Journal of International & Strategic Affairs*, 2005, 27 (2): 305-322.

② Haacke J. The significance of Beijing's bilateral relations: Looking 'below' the regional level in China-ASEAN Ties. *In* Ho K L, Ku S C Y. eds. *China and Southeast Asia: Economic Stratecraft and Strategic Engagement*. Singapore: ISEAS, 2005, p. 115.

的联合宣言。

在双边贸易中，中国—东南亚的密切关系得到最好的体现。无论是增长率、交易额还是贸易结构，相对于过去 40 年来无足轻重的贸易量，后冷战时期见证了双边贸易关系前所未有的快速发展。1991 年以来，中国—东盟贸易年均增长 20%以上。1991 年，中国—东盟进出口贸易总额逼近 80 亿美元；2001 年，增至 416.15 亿美元，东盟也成为中国第五大贸易伙伴。出于对自由贸易区的预期，2001 年以来中国—东盟贸易增长更加迅速，年均增长率已超 30%。2002 年，增至 547.68 亿美元，相对于前一年增加 31.7%；2003 年，达 783 亿美元，增长率为 42.9%；2004 年，跃升至 1059 亿美元，第一次突破千亿大关。三年内，中国—东盟贸易增长 2.5 倍。2005 年，中国—东盟双边贸易额继续增至 1304 亿美元，相对于前一年增长率为 23.1%；2006 年，为 1608 亿美元，增长率为 23.4%；2007 年，为 2025.5 亿美元，第一次突破 2000 亿美元大关，并提前 3 年完成预定目标。[①] 有理由相信，中国—东盟贸易关系会迎来充满希望的新未来。

六、中美激烈竞争下的中国与东南亚关系：2008 年至今

在广袤的印太地区，中美的竞争在不同的次区域表现得不均衡，其中变化最大、争夺最为激烈的地区是东南亚，东南亚国家联盟（东盟）的十个成员国中的大多数都在试图游

---

① Wong J, Chan S. China-Asean Free Trade Agreement: Shaping future economic relations. *Asian Survey*, 2003, 43 (3): 512-516; Womack B. China and Southeast Asia: Asymmetry, leadership and normalcy. *Pacific Affairs*, 2003-2004, 76 (4): 534-535; Sheng L J. China's influence in Southeast Asia. *Trends in Southeast Asia Series*, 2006, (4): 2-5.

走于两个大国之间。这些国家长期以来一直奉行"对冲"策略，试图同时兼顾与华盛顿和北京的关系；然而自 2016—2017 年以来，很明显，大多数国家都倾向于向北京积极靠拢。

——沈大伟（David Shambaugh）[①]

上述沈大伟引言典型地揭示了形塑中国与东南亚关系的大背景和结构性变化的发展势头。回过头来看，如同第二次世界大战后去殖民主义时期美国取代欧洲成为该地区最重要的超级大国一样，这一时期首先见证了中国在经济上取代日本，然后见证了中国正在取代美国成为东盟最活跃的力量。吊诡的是，中国作为一个民族国家越来越"正常化"，出于地缘政治和意识形态的考虑，而在国际社会眼中，中国却被视为"不正常"，中国的迅速崛起也因此被解读为所谓的"中国威胁"。换个角度看，基于中国大规模的"走出去"战略，还有另一种典型的评价，值得关注。正如 Michael Cox 观察道：

> 无论人们是否称其为新的"丝绸之路""一带一路""一带一路倡议"，甚至仅仅是其缩写——"BRI"——毫无疑问，在习近平主席最初倡导这一"世纪工程"五年之后，它已经具有了巨大的战略重要性：首先是对中国本身，它已经成为其外交政策战略的核心；其次是对更广泛的欧亚地区，当然包括俄罗斯和中亚；最后是对东盟国家本身而言。[②]

2008 年之后的时期，首先是由绚丽夺目的北京奥运会拉开序幕，紧接着是灾难性的美国金融危机；其显著特征是中国的持续

---

① Shambaugh D. U.S.-China rivalry in Southeast Asia: Power shift or competitive coexistence? *International Security*, 2018, 42 (4): 87.

② LSE IDEAS. *China's Belt and Road Initiative (BRI) and Southeast Asia*. Kuala Lumpur: CIMB Southeast Asia Research Sdn Bhd (CARI), 2018, p. 2.

蓬勃发展，尤其是中美在亚太地区的竞争，以及高质量的中国—东南亚关系。它凸显了一个全球性的中国作为一个全球性的主题，同时中国—东南亚关系与以往的数量关系相比，也进入了一个高质量发展和充满争议的新阶段。在结构性变化的背景下，按照政治安全、经济合作和社会文化交流三大关系基石，自由贸易区、南海和"海上丝绸之路"倡议是构筑升级关系的三个重要具体舞台。所谓高质量发展，不仅是指升级以往的双边关系，具体落实战略伙伴关系，而且是指调整地缘政治、制度化地缘经济和增加社会文化交流。① 更重要的是，通过高质量的发展，中国很大程度上表明，在东南亚的存在和行动不会步殖民主义和帝国主义的欧洲人后尘，也不会像新帝国主义的美国人那样，而是作为一个和平、友好的邻邦，作为一个利益相关者的伙伴，实现区域的共同繁荣。

这一时期，无论是经济还是政治，无论是国内还是国际，无论是对中国自身还是对中国与东南亚的关系，都是一个重要的标志性转折点。在经济上，中国成功地度过了美国严重的金融危机，实现了持续的快速增长，2009 年成为世界上最大的货物出口国，2010 年超过日本成为世界第二大经济体，2013 年超过美国成为最大的商品贸易国。此外，中国调整经济结构，进入以经济结构性改革和更可持续的创新高质量发展为目标的新常态。关键参数表明，2014 年中国 GDP 首次超过 10 万亿美元，2018 年达到 13.6 万亿美元（90 万亿人民币亦是首次），2018 年人均 GDP 达到近 1 万美元的新里程碑水平（2017 年为 8827 美元）。② 政治上，2012 年，中国通过更换新一代领导班子，启动更全面、更深入、

---

① ASEAN Secretariat Information Paper, "Overview of ASEAN-China Dialogue Relations", August 2018, https://asean.org/wp-content/uploads/2012/05/Overview-of-ASEAN-China-Relations-August-2018_For-Website.pdf. 访问日期：2019 年 2 月 6 日。
② *Global Times*, 16 January 2019；卢光盛、聂姣：《中国和印度与东南亚区域合作的比较与竞合》，《南亚研究》2020 年第 1 期，第 74—100 页。

更广泛的改革开放政策，开始进入一个根本性的新时代。在国际上，它拉开了中国自信的走出去运动和全球领导力的大戏，同时也遇到了许多前所未有的挑战，无论是内部还是外部。① 它们表现为一系列的大事件，即2010年1月自由贸易区生效，2011年11月美国高调宣布"重返亚洲"的新战略，2012年10月底中国首次召开为期两天的中共中央最高级别的周边国家工作会议，2013年1月菲律宾就南海争端对中国发起国际诉讼，2013年10月中国正式启动"海上丝绸之路"倡议。

在2003年战略伙伴关系的框架下，特别是在东南亚方面，政治和安全问题仍然是人们关注的重中之重，其特点是背景与内容都在不断地变化。中国的崛起达到了另一个更高的层次，而美国和欧洲分别陷入了百年不遇的金融危机和债务危机。在跨区域层面，中国与东南亚关系又出现了另一个有趣的不相称对比：在1998—2008年的黄金十年后，中国与东南亚的经贸关系又大幅提升到另一个高度，尤其是在贸易和投资方面；而政治和安全争端也在加剧，尤其是在南海问题上。全球权力政治总体调整和中美在亚太的竞争发生了结构性的变化：美国的传统盟友日本、韩国、澳大利亚、新西兰为一方，印度和东盟部分国家为另一方，双方动员起来共同抗衡中国在该地区日益增强的影响力。在亚洲，日本在东盟外部为美国同中国竞争起到了重要作用，而在东南亚，菲律宾是东盟内部在南海争端上挑战中国最活跃的国家。问题的关键是，尽管心中有更多的焦虑，但与日本不同，印度和东南亚其他国家都有自己务实的考虑和议程，不一定是对美国亦步亦趋。②

这十年见证了一个很明显的根本性重大战略转变，即美国宣

---

① Pei M X. A play for global leadership. *Journal of Democracy*, 2018, 29 (2): 37-51.
② Lim T W. The rise of China and India: Geo-political narratives from the Singapore perspective. *China: An International Journal*, 2009, 7(1): 81-104.

布了"重返亚洲"政策,中国则大力推进"一带一路"倡议。其突出的现实是,中国与东南亚的关系越来越重要,已经远远超出了两者双边关系范畴,涉及世界大国层面的宏大的地缘政治和地缘经济。虽然东盟方面是以多边方式对外发出一个声音,但问题矛盾的关键,首先在于双边的了解,而中国通常更喜欢采用这种方式。对东南亚而言,如果说与大国以及多边组织交往是维护地区安全的战略,那么全球大国政治则成为中国在中国—东南亚双边关系中的主要的考虑和所要面对的现实。由于中国—东南亚关系历经数个世纪的历史变迁,如权力关系上的朝贡体系和华人是所谓的第五纵队等历史叙事,都给当代的双方关系发展留下了阴影。问题在于,对于东南亚人来说,他们更习惯于区域内"全方位包围"和"国际等级制度"的成功框架。对东南亚人来说,东盟宁可忍受,甚至刻意接纳美国在第一梯队的主导强制力和威逼力,也不乐意接受与美国相类似的中国这个新的主导力量,他们总是以地理与历史上的中国朝贡体系以及自身在欧洲殖民主义下的创伤记忆为参照。[①] 而对中国人来说,在西方主导的世界政治主流中的挫折感、对自身快速崛起的过度自信、长期仰望西方先进的心态,加上自身伟大的文明和敏感的意识形态,都造成了其在亚洲周边主动"走出去"战略中所发生的时有争议的行为。

  与以往相比,一个根本性的亮点是,无论是对中美竞争而言,还是对中国而言,东南亚都已成为一个关键性的政策战略区域。对美国而言,东盟是其实施对"重返亚洲"政策的首选区域;而对中国而言,东盟则是推进"一带一路"倡议的关键区域。因此,东南亚史无前例地成为中美竞争最重要的前沿阵地,面临着更为复杂的安全形势和战略选择。这对东盟的传统战略是

---

① Bolt P J. Contemporary Sino-Southeast Asian relations. *China: An International Journal*, 2011, 9 (2): 276-295.

一个巨大的挑战，一方面要努力适应中国日益增长的影响力，另一方面要坚持与大国的持续交往。鉴于中国的崛起与亚洲的崛起同步，东南亚经历了新一代国家领导层的深刻变化。相对于以往的反殖民时期、冷战时期和后冷战时期，这十年无疑是东南亚重新调整其全球和大陆战略地位的关键性过渡转折点。从这个意义上说，1955年的万隆精神对于整个亚洲和非洲，特别是中国、印度和印度尼西亚来说，显然意味着对正在进行的世界和亚太政治的深刻调整具有当代意义上启发。

经贸一直是中国—东盟充满活力互动关系的核心基础。自2009年起，中国连续成为东盟最大的贸易伙伴，东盟自2011年起连续成为中国第三大贸易伙伴。2017年，中国—东盟贸易额首次突破5000亿级别，达5148.2亿美元，累计投资超过2000亿美元，人员往来5000万次，每周航班3800架次，学生交流超过20万人次。[①] 2018年，中国—东盟贸易额约为6000亿美元（3.85万亿元人民币），比上年增长11.2%，是中国前三大贸易伙伴中增速最快的（欧盟7.9%，美国5.7%）。[②] 2019年，东盟已经成为仅次于欧盟的中国第二大贸易伙伴，贸易额达6415亿美元，增长9.2%。2020年上半年，历经中美贸易战与新冠疫情严峻冲击，东盟取代欧盟，跃居为中国第一大贸易伙伴，双边贸易额为2978.9亿美元（2.09万亿人民币），同比增长2.2%，显示出双方经贸合作的强大动能、厚实的现实基础与良好的发展前景。与2008年的1920亿美元相比，这确实是一个了不起的巨大成就。为进一步弘扬多边主义和自由贸易精神，2019年10月，中国—东盟自由贸

---

① 《中国—东盟战略伙伴关系15周年：合作带来红利　创新驱动未来》，2018年9月13日，http://www.chinanews.com/gn/2018/09-13/8626235.shtml. 访问日期：2019年2月7日。
② 《2018年中国外贸进出口总值创历史新高　首超30万亿元》，2019年1月14日，http://www.sohu.com/a/288794502_123753?g=0?code=df77b268f7341144a0cab0a3a70b6eb7&spm=smpc.home.top-news1.6.1547468299906yItMp5z&_f=index_cpc_5. 访问日期：2019年2月7日。

易区升级议定书全面生效,释放红利。同时以"2030战略愿景"为目标,2019年开始,区域全面经济伙伴关系（Regional Comprehensive Economic Partnership,RCEP）积极持续快速推进,最终于2020年11月15日正式签署。

政治经济方面的根本性结构变化与社会文化领域的心态变化不谋而合。东南亚人混杂的逐渐增加的焦虑和激励与中国人的过度自信和扩张性外流,给社会文化交流误解带来巨大挑战的同时,也为加强相互交往提供了巨大的机会。社会文化领域的交流不仅限于华人与非华人之间的交往,也包括中国华人与东南亚华人之间的交往。尤其表现在:一方面是在中国的东南亚学生、商人和旅游者大量增加;另一方面是在东南亚的中国中小商人和跨国商人、中下层游客、建筑劳工和服务人员大量增加。东南亚人现在更加认真和热情地转向前往中国经商、就业和学习。中国人主要把东南亚看成是一个投资、经商、旅游的地区,而不是像以前那样把东南亚看成是一个有吸引力的移民地区。对两边的人民日常生活来说,中国和东南亚都变得更加触手可及。

一个重要的新现象是东南亚形成了一个来自中国的可观的新兴华人社区,一方面由专业人士、大企业家、大学生、新富陪读妈妈组成,另一方面由小商小贩、建筑业和服务业劳动力组成。与东南亚传统的闽粤华人集中地相比,新兴的华人社区更加多元化,他们构成了中国—东盟关系的重要的有形基础。然而,他们也给东南亚当地华人社区带来了新的因素和不确定性,在族群内部关系上的合作与完善、在族群间的互动上的弥合与分裂的现象,交替出现。再加上大量的中国游客及其所表现出来的不同的文化行为,呈现出所谓的对外中国政治、对内民族政治和经济竞争的日常争议性话题。这是一个中国在该地区软实力薄弱的问题,这不仅涉及文化和伦理,还涉及制度和历史。虽然中国方面在东南亚地区推广孔子学院和课堂方面做了很多努力,但正因为孔子学院和课堂的公共功能有限,加上敏感的华文政治,到目前为止,总体上还没有取得持久的良好社会效果。更重要的是,中国在该地区的软实力是指与现代治理相适应的制度现代化。另一个非常重要的基本点同时需要考虑进去:整个东南亚地区,尤其是海洋东南亚,一直背负着中国朝贡体系、西方殖民主义、冷战、民族国家建构、华人移民和族群政治等沉重的历史包袱。[①] 几百年来,中国和东南亚都在向西方仰望,但并没有认真地向对方学习并取得进步。这种行为心态,一方面与地缘政治和地缘经济的现实变化形成尖锐矛盾,另一方面也与中国和东南亚国家作为民族国家日益"正常"的事实变化形成矛盾。如今,双方在保持与西方及其他国家的传统交往的同时,如何从制度上将这种差距牢固地弥补起来,将具有至关重要的意义。

可喜的是,2018年11月李克强总理宣布,中国将向中国—东盟合作基金注入更多资金,中国将设立为期5年的中国—东盟"未来之桥"奖学金计划,邀请1000名东盟精英来华进行学术交流。[②] 从这个意义上说,东盟共同体的建立可以与中国—东盟共同体的建立相辅相成,反之亦然。

七、尾 论

通过将中国—东南亚从古至今的互动关系,置于历史脉络中

[①] Wang G W. China and Southeast Asia: The context of a new beginning. *In* Shambaugh D. ed. *Power Shift: China and Asia's New Dynamics*. Berkeley: University of California Press, 2005, pp. 187-204.

[②] 《李克强在第21次中国—东盟领导人会议上的讲话》,2018年11月15日,http://www.gov.cn/xinwen/2018-11/15/content_5340502.htm. 访问日期:2019年2月7日。

考察，笔者发现，塑造双边或多边关系的动力包括历史、地缘、人口、意识形态、种族、经济、政治和领土等因素。历史地看，中国—东南亚关系曾一度反常，且因各自国内发展或外部力量干涉，如殖民主义、帝国主义而蒙上阴影。然而，双方各自都有着不同的历史遗产、社会结构和政治文化。后冷战时期，中国—东盟在短期内建立起前所未有的密切关系表明，常态化的国家地位与合作战略对双方不仅是有利的，而且是重要的。然而，由于双边关系与生俱来的不对称性，尤其是在政治和安全方面，东盟对中国控制的担心将长期存在。而与政府间政治经济互动处在不同层面的人民之间的社会和文化交流，也将因此成为中国和东南亚双方面临的真正挑战，可喜的是双方在这个领域的交流互动已经取得了不小的成绩。对此，第二次世界大战后日本在东南亚的做法与经验，非常值得中国方面借鉴，下一章笔者会详细讨论。

10
日本与东南亚：战后中日关系架构下的透视分析*

第二次世界大战后，由于东南亚对日本地缘政治、原材料进口与商品出口市场以及海上交通运输的战略重要性，日本与东南亚关系成为仅次于日美关系的最重要的国际关系。战后日本—东南亚关系发展大致可以分为四大时期、八个阶段。四大时期是：第一个时期为恢复与发展时期，从战后至1976年，这一时期日本与东南亚关系以经贸援助为主，极力避免牵涉政治与安全事务。第二个时期为调整与转变时期，从1977年至1989年。以"福田主义"出笼为标志，日本在继续经贸合作、开发援助经济外交的同时，开始逐步卷入东南亚政治与安全事务。第三个时期为全面发展与提升时期，从1990年至2012年。第四个时期是大变局时代，是日本谋求加强、深化与东盟战略伙伴关系时期，"安倍主义"是其集大成与大发展的体现。冷战结束后，随着中国的崛起，中日竞争激烈，日本开始国家重新自我定位，谋求政治大国的地位，提升了对东南亚全方位关系的合作。八个阶段是：第一

---

* 本章大部分原载《南洋学报》2010年第64卷，第1—21页。收入本书时，为了跟踪最新发展动态，笔者专门补写了第五部分，并重新订正了全文。

阶段，1945—1951年，这是美国占领日本与日本战后重建时期，也是日本与东南亚关系无所作为的阶段。第二阶段，1952—1964年，这一阶段，双边关系的核心内容是"战争赔偿"与"开发援助"。第三阶段，1965—1976年，"开发援助"与经贸发展阶段，同时也是日本履行"战争赔偿"的最后阶段。第四阶段，1977—1989年，这是战后日本东南亚外交的第一次重要调整与转变，集中体现为"福田主义"。第五阶段，1990—1996年，这是冷战后日本对东南亚政策的再调整与过渡时期。第六阶段，1997—2001年，这是战后日本东南亚外交的第二次重要调整与转变，集中体现为"桥本主义"。第七阶段，2002—2012年，这是"桥本主义"的丰富和发展阶段，表现为"小泉构想"。第八阶段，2013年至今，这是安倍晋三第二次拜相、日本新保守主义更加盛行，也是"安倍主义"出笼、实施的阶段。第一个时期涵盖第一至第三阶段；第二个时期则与第四阶段相吻合；第三个时期包括第五阶段与第七阶段；第四个时期与第八阶段相吻合，然而可以肯定的是，其影响将远远超越第八个阶段。

下面，笔者以历史发展时期为轴心，分阶段梳理和阐述战后日本—东南亚关系在国际背景下（尤其是中日关系背景下）的发展演化轨迹，以请教方家。

一、中日关系架构中的东南亚：背景要素

在日本看来，日中关系架构中，至少有三大历史时期，东南亚地位举足轻重。第一个时期是20世纪30年代，日本对外"南进"与"北进"战略争议中，前者占据上风，最终导致太平洋战

争的爆发。第二个时期是第二次世界大战后，由于中华人民共和国成立、冷战、日本战后复兴与经济的高速增长，以及中日两国外交关系的隔绝，东南亚成为日本重返亚洲的最重要外交平台、投资场所与资源基地。第三个时期是从冷战结束后的20世纪90年代开始，随着中国的崛起，中日两国间的国际竞争加剧，作为后来者，中国与东南亚双边经贸、政治关系获得长足发展，中国在东南亚的地位更是越发重要；而作为先来者，日本则处于受冲击与竞争状态。在今日亚太国际关系格局中，中国-日本-东南亚的三角关系，是仅次于中国-日本-美国三角关系的最重要的国际关系。

可以说，由于中国和日本是亚洲最重要的大国以及中日关系的复杂性、敏感性、竞争性，作为边缘与中间地带的东南亚，在发展与中国、日本双边关系和东亚一体化进程中，具有更大的主动性和灵活性的优势地位。东南亚的策略是大国平衡战略，不倒向和依赖任何某一个大国（冷战时期除外），尽可能地让各大国介入本地区，进而保障自身的安全利益和维系地区的平衡稳定。在三角关系中，中国的优势在于其在历史上一直是和平的使者，从未入侵过外国，相反本身却是外国殖民主义的受害者，这与东南亚有着共同的历史基础。中国的劣势在于西方长期渲染的"中国威胁论"、地缘政治以及人数众多的东南亚华人的敏感性。日本的问题是：其一，第二次世界大战期间日本军国主义的残暴统治给东南亚各国和人民带来的惨痛的灾难与记忆；其二，日本心理上一直认同西方阵营，对外政策多追随西方，而不是认同亚洲发展中国家。这与日本身处亚洲的地理位置相矛盾。

历史上没有一个地区像东南亚那样一直如此深刻地受到来自外部世界各大势力的影响。在亚洲，这样的国家和地区有中国、印度、日本和中东；亚洲之外，有欧洲和美国。战略上，东南亚处在印度洋与太平洋之间的交汇、咽喉地带,在全球贸易、交通与地缘政治版图中举足轻重,成为西方大国争夺的对象。东南亚既是亚洲名副其实的地理意义上的边缘地区,历史上也长期成为世界在政治上的边缘。东南亚各国资源丰富,建国历史短暂,社会经济结构不平衡,长期以来整体显得比较脆弱。

第二次世界大战前日本向东南亚"南进"的历史可划分为三个时期。第一个时期为明治时期,该时期流向东南亚的日本移民主要为缺乏国家权力背景的娼妓、底层劳动者、浪人、小杂货商等。第二个时期为大正时期,这是日本在东南亚追求功利与实利的时期,表现为胶园工人与商人、大企业与银行支店并存的局面。[①]第三个时期则开始于20世纪30年代中期,日本在东南亚的殖民统治,相对较短,仅持续三年半左右的时间。然而,日本殖民统治的政治与社会影响却如此深刻,以致东南亚地区在突然间发生了剧变,令人措手不及。即使时至今日,在东亚和东南亚,日本殖民统治的"遗产"依然是公共舆论论战的一个相当热门的话题。与中国—东南亚互动关系不同,日本与东南亚的关系是以上层帝国庞大机器为依托单位和工具,采用以帝国扩张、武力征服为特征的方式进行帝国侵略,而不是像中国那样通过民间下层大规模自发的、和平的、不受清政府控制的东南沿海民间移民方式。由于历史、地理、经济、社会文化等因素,中国与东南亚关系一直源远流长。历史上,自汉代时起,中国即与东南亚有往来。传统的朝贡关系,自唐朝开始,到明朝最盛,一直延续到清代鸦片战争时才废止。中国与大陆东南亚的越南、老挝、缅甸等国家接壤,中国东南沿海的广东、福建等省与菲律宾、印度尼西亚、马来西亚、新加坡和泰国的海上贸易发达活跃。中国闽粤两

---

① 廖赤阳:《"菲律宾华侨华人之研究"与日本》,《华侨华人历史研究》2007年第2期,第76页。

省向东南亚的移民几个世纪以来更是延绵不断、川流不息。

直至1936年之前,日本的外交政策一直被东亚和东北亚"北进"战略所主导,其最重要的对象为东亚和东北亚的邻国中国和朝鲜。所以,在东南亚地区,即使直至第二次世界大战前,日本人社区相对较小,总共不到5万人,其中一半以上居住在菲律宾。这与东南亚人数众多的华人移民,甚至印度人形成鲜明对比。与日本在东亚移民密切的官方上层背景不同,大多数东南亚的日本人来自"日本社会的较低阶层:包括妓女、农民、渔夫、商业移民,以及各种工业场地的劳工等等"。1936年"南进"政策实行后,日本第一次表现出对东南亚的真正兴趣,日本对东南亚的认知感受特征表现为"政治控制为主,经济关系为辅,以及优越的文化霸权观。更具体地说,日本视东南亚为一个拥有大量日本所需天然资源的地区、一个政治上遭受西方殖民主义残酷统治的地区,以及一个其民族文化发展仅到达很低水平的地区"。①

在东南亚殖民统治与日本谋求在西方大家庭里受平等对待的双重背景下,日本与东南亚关系变得非常复杂,表现出合作、镇压、屈从和抵抗等轮流交替的特征。或者说,正如后藤教授所说的那样,这是一种"同床异梦"的关系。这种特征不仅典型地反映在日本首相与战争部长东条英机的个人理念中,而且典型地体现在印度尼西亚的苏加诺和哈达、缅甸的巴莫和菲律宾的黎刹尔等东南亚本土精英的战略中。因此,第二次世界大战期间,日本在东南亚的殖民统治出现了不同模式类型:在法属印度支那,与前殖民国家组成联合政府;在泰国,与这个名义上独立的国家联盟;在东南亚其他地区,则实行直接的军人统治。

---

① Goto K. *Tensions of Empire: Japan and Southeast Asia in the Colonial and Postcolonial World*. Athens: Ohio University Press, 2003, pp. 10, 23, 79.

二、恢复与发展时期：赔偿与援助外交
（1946—1976 年）

这是第二次世界大战后日本—东南亚关系发展的第一个重要时期。这一时期，影响战后日本与东南亚关系的主要因素与背景是：第一，历史因素。第二次世界大战中日本残暴的军事统治，迫使日本必须与军国主义划清界限，战争赔偿与经济外交成为日本对外政策的重要考量。第二，国内因素。日本战后忙于战后复兴，复兴的动力开始由朝鲜战争的美国"特需"为支撑，但鉴于国内资源的贫瘠与国内市场的狭小，日本急需为此积极开拓国际外交空间。第三，东南亚因素。第二次世界大战后东南亚各国反殖民主义的民族解放与独立运动蓬勃开展，政治发展不稳定，族群、阶级、宗教意识形态矛盾紧张，社会经济基础薄弱，可谓百废待兴、暗流汹涌，急需国际社会的援助支持，也自然成为东西方阵营极力争夺的"中间地带"。第四，国际因素即冷战背景。中华人民共和国的成立、中日关系、中国与大部分东南亚国家外交关系长达二十多年的隔绝，既迫使日本到东南亚寻找重要的替代市场，又为日本重返东南亚提供了宝贵良机。

上述四方面因素的结合、相互关联与作用，决定了战后日本东南亚外交政策的内容、性质与特征，那便是在追随美国一边倒政策与冷战的背景下，日本以战争赔偿为契机，以战后复兴为后盾与动力，以开发援助与经贸合作为内容，积极建立与东南亚国家合作的关系机制，拓展与东南亚国家的外交关系与原料商品市场。简言之，战后日本对东南亚的经济外交小心翼翼地表现出与政治分离、与历史决裂的区别性宣示，以打消国际社会的疑惑。

战后日本与东南亚关系一个最显著的特征和矛盾是：一方面，历史选择与客观现实使东南亚在日本经济复兴与对外政策中具有特殊的重要性；另一方面，日本对外政策最重要战略的关注点却不是东南亚，而是与世界大国，尤其是美国的关系，其战略企图是确立日本在国际经济秩序中的领导地位。或者说，日本战后东南亚政策更多的是出于对国际形势与压力的现实适应和反应。冷战的国际形势与日本国内政治背景使日本成为实现美国遏制中国的重要工具；反过来，东南亚则成为日本重返国际社会和实现上述战略意图的最佳平台。[①] 这与战前"南进""北进"战略相比较，将东南亚作为服务日本在中国侵略战争的重要战略环节，几乎是重蹈覆辙。

1946—1951 年为战后日本与东南亚关系发展的第一阶段，主要特征为奠定政治军事分离的战后日本经济外交基本方针；但在政策的具体执行方面，这一阶段日本与东南亚的关系几乎处于不作为状态。这是因为，一方面，中国国共政权易手、日本被美国占领以及东南亚反对殖民主义与民族独立运动的蓬勃开展，东南亚各国对日本的敌视与惨痛记忆，仍历历在目、记忆犹新。另一方面，国际上关于战后日本战争罪行的处理与战后安排仍未最后确定，各方专注于国内事务与朝鲜战争问题，无暇他顾。直至1951 年《美日安保条约》和《旧金山和约》签订之后，战后日本与东南亚才有可能开始交往。

---

① 参阅陈隆深：《日本利用"战争赔偿"向东南亚扩张》，《国际问题研究》1959 年第 3 期，第 45—48 页；张廷铮：《日本的战争赔偿是侵略东南亚的武器》，《世界知识》1960 年第 2 期，第 11—14 页；陈奉林：《关于 50、60 年代日本与东南亚国家关系的评估》，《东南亚纵横》1994 年第 1 期，第 52—55 页；陈从阳：《"经济外交"与 50 年代日本对东南亚的战争赔偿》，《咸宁师专学报》1995 年第 4 期，第 1—6 页；Hellmann D C. Japan and Southeast Asia: Continuity amidst change. *Asian Survey*, 1979, 19 (12): 1189-1198; Suehiro A. The road to economic re-entry: Japan's policy toward Southeast Asian development in the 1950s and 1960s. *Social Science Japan Journal*, 1999, 2 (1): 85-105；胡德坤、徐建华：《美国东亚遏制战略与日本对东南亚经济外交》，《世界历史》2002 年第 5 期，第 35—42 页；周杰：《战后初期日本对东南亚"赔偿外交"的策略变化分析》，《浙江师范大学学报（社会科学版）》2007 年第 5 期，第 70—74 页。

1952—1964年为第二次世界大战后日本与东南亚关系发展的第二阶段，主要特征为：其一，以美国在亚洲的援助政策为契机，重塑日本与东南亚关系。其二，在重开战争赔偿谈判前，强调经济合作和发展关系的重要性，将战争赔偿与更广泛的经济合作挂钩，视前者为后者的一部分。其三，日本政府对东南亚经济合作计划的实施与亚洲国家其他发展计划相结合，例如"科伦坡计划"。其四，日本东南亚发展援助计划，不应该仅仅限于缅甸以东的今日意义上的东南亚国家，还应该包括南亚国家。简言之，理论设计上，在冷战背景下，日本战争赔偿、东南亚的经济发展计划与日本经经济技术合作，构成日本重返东南亚的三位一体的策略方针。技术上，这一阶段的中心工作仍是围绕着以"战争赔偿"为手段，重新发展双边关系；实质上，其意义在于它为后来实施日本经济合作外交政策奠定了基本的制度性组织架构，虽然东南亚发展援助计划没有什么重要的进展。[1]

所谓"战争赔偿"，其实并不是如通常那样以现款的方式兑现，而是以实物和服务的形式支付。这种支付形式为日本商品和商家重新打入东南亚市场铺平了道路，加速了日本国内的经济复兴步伐以及随后日本对东南亚新一轮的贸易扩张与投资。实际上，只有在1952年，在一次演说中，奠定日本战后经济外交政策基础的日本首相吉田茂才第一次明确提到东南亚：

> 在拓展贸易方面，政府将推进经济外交政策，即：缔结商业协定，以扩大和发展贸易机会。办法是增加海外商船的数量、加强发展出口工业与利用外汇贮备等措施。通过这些措施，我们将特别与东南亚国家发展经济联系。[2]

---

[1] Suehiro A. The road to economic re-entry: Japan's policy toward Southeast Asian development in the 1950s and 1960s. *Social Science Japan Journal*, 1999, 2 (1): 87-89, 93-94.

[2] Singh B. Asean's perceptions of Japan: Change and continuity. *Asian Survey*, 2002, 42 (2): 280.

在 1953 年 5 月召开的一次内阁会议上，吉田茂确立了日本对东南亚外交的三大原则：其一，尽早解决战争赔偿问题；其二，建立具有集中统筹权力的新机构具体执行经济合作计划；其三，经济合作计划开始向日本没有战争赔偿问题的东南亚国家推广。吉田茂的战略意图是：

> 不仅以东南亚取代战前作为日本资源供应地和最重要市场的中国，而且还要构筑从日本经（中国）台湾、菲律宾、新加坡直至印度尼西亚的反共波堤。战争赔偿问题就是置于这样的亚洲冷战的构想之中。它的直截（接）表现是，不管是战争赔偿还是"准赔偿"，仅限于给予反共政权或中立政权。①

然而，即使是 1952 年，东南亚国家对日本却依然抱敌视的态度，这表现在缅甸、菲律宾和印度尼西亚等拒绝批准《旧金山和约》的负面反应上。实际上，日本与东南亚国家对赔偿数额的预期和认同相差太过悬殊。鉴于缅甸国内的经济困境，经过双方的讨价还价与艰苦谈判，1952 年 4 月，日本与缅甸达成了赔偿协议，远远低于缅甸当初提出的赔偿数额。此后，以缅甸协议为模式，日本先后与菲律宾（1956 年）、印度尼西亚（1958 年）和南越（1960 年）缔结了赔偿协议。在五至二十年内，日本承诺对上述四个东南亚国家提供总额 10.1208 亿美元"战争赔偿"以及总计 10.635 亿美元的各类贷款与援助；偿还泰国（1955 年）54 亿日元的"英镑欠款"以及支付 96 亿日元的"经济合作"（五年内）；对放弃赔偿要求的国家如老挝（1958 年）、柬埔寨（1959 年），则分别予以 2800 万美元和 4500 万美元的"准赔偿"的经济与技术援助；其后又以经济合作协定方式解决了与新加坡和马

---

① 〔日〕铃木佑司：《东南亚和日本外交的进程》，黄元焕译，《东南亚研究》1981 年第 4 期，第 3 页。

来西亚等国家的赔偿问题。①

战后日本与东南亚关系的推进与受到重视，则是岸信介内阁时期。岸信介两届内阁（1957 年 2 月至 1960 年 7 月），积极追随美国冷战思维，采取敌视中国，重点发展东南亚关系的大亚洲外交，推行"美国资本、日本技术、东南亚资源"的经济合作模式。②具体表现为：其一，自 1958 年 4 月起，岸信介公开执行反华政策，导致中日关系全面中断，成为战后日本历届内阁中以反华最烈著称的首相。其二，与对华政策形成鲜明对照的是对东南亚的高度重视。1957 年 5 月与 11 月，在不到半年的时间内，岸信介两度访问东南亚，不仅成为战后日本首次访问东南亚，而且是先于访问美国的首相。在岸信介的主导下，自 1958 年始，日本先后成立了以东南亚为对象的"日本贸易振兴会"、"亚洲经济研究所"、"东南亚开发合作基金"（输出银行）、"海外经济合作基金会"等贸易研究和金融机构。仅"亚洲经济研究所"，当时即组织了一百多位专家研究东南亚。③

1965—1976 年是战后日本与东南亚关系发展的第三阶段，主要特征为日本积极参与东南亚地区经济合作，即"开发援助"与经贸发展阶段，同时也是日本履行"战争赔偿"的最后阶段。仅 1965 年，在该地区具有转折意义的标志性事件有：其一，在大陆

---

① 〔日〕渡边利夫：《日本对发展中国家的经济援助是一种贸易政策——日本对东南亚援助的事例研究》，《南洋资料译丛》1974 年第 1 期，第 17—37 页；陈隆深：《日本利用"战争赔偿"向东南亚扩张》，《国际问题研究》1959 年第 3 期，第 45—48 页；陈从阳：《"经济外交"与 50 年代日本对东南亚的战争赔偿》，《咸宁师专学报》1995 年第 4 期，第 1—6 页；周杰：《战后初期日本对东南亚"赔偿外交"的策略变化分析》，《浙江师范大学学报（社会科学版）》2007 年第 5 期，第 70—74 页。

② 〔日〕东方经济学家：《日本与东南亚国家的经济合作》，《东南亚研究》1959 年第 2 期，第 104 页。

③ 庄涛：《日本岸信介内阁的对外政策》，《世界知识》1958 年第 14 期，第 13—15 页；〔日〕铃木佑司：《东南亚和日本外交的进程》，黄元焕译，《东南亚研究》1981 年第 4 期，第 4 页；张历历：《试论日本岸信介内阁的对华政策》，《历史教学》1988 年第 11 期，第 13—18 页；黄大慧：《岸信介的大亚洲主义思想及其实践》，《外国问题研究》1993 年第 3 期，第 27—32 页。

东南亚，第二次印支战争即美国越南战争爆发。其二，在海岛东南亚，印度尼西亚与马来西亚对抗仍在进行（1963—1966）。其三，在印度尼西亚国内，"9·30"事件爆发，所谓的共产党夺权失败，苏加诺失势，军人政权上台。在上述形势下，作为应对措施，日本采取的一系列重大外交经济动作有：第一，1965年始，就马印"对抗"，日本在印度尼西亚开始了高层外交斡旋。这是日本在战后亚洲的第一次明显的政治动作，不仅是东南亚，尤其是该地区最大的国家印度尼西亚，同时表明日本有意在亚洲有重大战略利益的地区承担斡旋的角色，并希望借此重返亚洲。① 第二，1966年，日本积极建立有关东南亚地区国际合作与援助开发的会议和重大机制，如东南亚经济发展部长级会议、亚洲和太平洋理事会以及亚洲开发银行等。通过上述会议与机制，战后确立的日本经济合作与东南亚发展计划相联系的蓝图才开始真正付诸实施。

  1966年4月的东京会议，其意义在于它是日本战后第一次在东京主办的、第一次专门针对东南亚地区的"东南亚发展部长会议"以及第一次公开表明其在东南亚关系发展中扮演领导角色。除日本之外，8个国家中，6个会员国分别是老挝、菲律宾、泰国、马来西亚、新加坡和越南，发生政变不久的印度尼西亚和柬埔寨以观察员身份与会。在会上，日本首相佐藤荣作强调三大要点：其一，亚洲非共产主义国家需要加强团结。其二，亚洲国家自身需要实施自己的综合经济发展计划。其三，日本政府承诺将为发展计划大幅增加经济援助。1966年6月的汉城会议为第一届"亚太部长会议"，包括日本、泰国、菲律宾、马来西亚和南越在内的8个所谓亚洲"自由国家"与会，成立了"亚洲和太平洋理

---

① Llewellyn J. Japan's return to international diplomacy and Southeast Asia: Japanese mediation in Konfrontasi, 1963-66. *Asian Studies Review*, 2006, 30 (4): 355-374.

事会",并决定在曼谷设立常务委员会,成立经济协调中心、技术协调中心与资信共享社等。1966年11月成立的"亚洲开发银行",总部设在马尼拉,日本第一次愿意与美国一道各自分别提供2亿美元的资本,在东南亚发展战略中扮演了领导角色。①

自此之后,尤其是在20世纪70年代初期,日本直接投资开始大批进入东南亚,与东南亚国家实施的经济发展战略几乎同步,相互捆绑;而之前,东南亚的外国直接投资几乎全部来自欧美地区。1971—1975年流入东南亚的日本投资即为1966—1970年的9倍;至1977年底,日本在海外222亿美元总额的对外直接投资中,有56亿美元(25.4%)集中于东南亚地区,甚至略超于日本对美国投资额的总和。东南亚成为日本最大的投资区。值得注意的是,截至1977年底,约有40亿美元是在1973年流入东南亚的,日本在印度尼西亚的投资更高达31亿美元,超过了日本对东南亚海外直接投资总额的一半以上,比当时日本对整个欧洲的投资还要多。② 在援助方面,日本对东南亚的经济发展援助作用也进一步加强。按年份计,如1965年,日本的发展援助资金为4.14亿美元,位居世界第五位,其中67.7%的援助集中于亚洲,而东南亚则接受最多,约为日本当年对外援助总额的一半。按阶段计,1960—1979年的二十年间,日本的对外援助总额达443.674 2亿美元,其中43.1%集中于亚洲,东南亚地区为112.249 8

---

① Jo Y H. Regional cooperation in Southeast Asia and Japan's role. *The Journal of Politics*, 1968, 30 (3): 786-788; Suehiro A. The road to economic re-entry: Japan's policy toward Southeast Asian development in the 1950s and 1960s. *Social Science Japan Journal*, 1999, 2 (1): 100-102.

② Hellmann D C. Japan and Southeast Asia: Continuity amidst change. *Asian Survey*, 1979, 19 (12): 1189-1198; Suehiro A. The road to economic re-entry: Japan's policy toward Southeast Asian development in the 1950s and 1960s. *Social Science Japan Journal*, 1999, 2 (1): 103; Hill H. ASEAN economic development: An analytical survey-the state of the field. *The Journal of Asian Studies*, 1994, 53 (3): 841.同时参见沈红芳:《战后日本对东盟国家的直接投资——回顾与展望》,《南洋问题研究》1988年第3期,第61—66页。

亿美元，占 24.1%。最大的受援国同样为印度尼西亚，1960—1979 年的二十年间，共获 52.189 8 亿美元，菲律宾位居第三仅次于韩国（24.759 6 亿美元），泰国位居第五（11.439 2 亿美元），然后是马来西亚（11.023 4 亿美元）和新加坡（9.207 8 亿美元）。①由此，东南亚对日本的战略性意义与日本和东南亚的经贸关系恢复发展，可见一斑。

三、调整与转变时期：福田主义（1977—1989 年）

这是战后日本与东南亚关系的第二个重要时期，也是第四阶段。这一时期，与前一阶段相比，不变的共同点依然是冷战的大背景，印支半岛依然是热战的焦点。影响此时日本与东南亚关系变化的要素则是：第一，日本因素。经过二十多年的经济高速增长，日本已成为世界上仅次于美国的第二经济强国。一方面，日本的海外经济扩张招致了东南亚民族主义者的强烈怨恨；另一方面，日本模式与价值观成为许多亚洲发展中国家学习的榜样。第二，东南亚因素。地区事务方面，1975 年，美国从印度支那撤退，随后越南入侵柬埔寨以及苏联势力的扩张，使东南亚地区出现权力真空。这为日本卷入该地区的政治与安全事务提供了宝贵机会。双边关系方面，经过几十年的合作，日本与东南亚领导层建立了良好的私人合作关系与网络；同时，随着时间的流逝与代际的更替，虽然对日本政治经济野心依然抱有怀疑警惕之心，第二次世界大战时期东南亚对日本军国主义残暴的惨痛记忆，慢慢

---

① Jo Y H. Regional cooperation in Southeast Asia and Japan's role. *The Journal of Politics*, 1968, 30 (3): 785；〔日〕铃木佑司：《东南亚和日本外交的进程》，黄元焕译，《东南亚研究》1981 年第 4 期，第 4 页。

淡化。第三，中日关系方面。中美和解后，1972年日本很快与中国建立了外交关系并于1978年缔结了《中日友好和平条约》，在国际上为日本在东南亚地区的经贸合作、政治安全事务发挥作用创造了良好条件。随着越南入侵柬埔寨，中国、日本和东盟三方面的政治协调与合作进一步加强。

在上述背景下，日本外交在继续加强经贸合作的同时，开始兼顾经济事务之外敏感的政治安全与社会文化领域。与前一时期相比，这一时期是日本对东南亚的外交政策的检讨反省与调整和转变，同时也是上一阶段经济外交发展的必然结果。检讨反省的缘起是东南亚针对日本的经济民族主义兴起的不安与反抗。从1972年起，泰国大学生发起抵制日货运动；1973—1975年，几乎所有的东盟国家的大学都爆发了反日学生示威活动。1974年1月，田中角荣首相访问泰国和印度尼西亚，学生示威与抗议达到高潮，田中角荣在泰国下榻的旅馆被包围，日本国旗在印度尼西亚被当众焚烧。示威抗议的真正原因是东南亚人民对日本仅仅单方面关注本国的经济利益和日本资本对东南亚资源的掠夺与劳动力的剥削。[1]东南亚学者认为，日本第二次世界大战时期"大东亚共荣圈"的许多经济目标（如摄取战略原材料、占领出口市场和整合生产力等）无须帝国的军事征服手段却在战后二十多年里在东南亚实现了。[2]这当然激起了东南亚民族主义者的不满与担心。某种意义上，可以说大规模示威抗议表明了前一阶段日本东南亚经济外交的失败。调整转变的标志是1977年8月出笼的以日本福田赳夫首相名字命名的"福田主义"。"福田主义"作为日本第一

---

[1] Atarashi K. Japan's economic cooperation policy towards the ASEAN countries. *International Affairs (Royal Institute of International Affairs 1944-)*, 1984, 61 (1): 111-112.

[2] Khamchoo C. Japan's role in Southeast Asian security: "Plus ca change". *Pacific Affairs*, 1991, 64 (1): 8-9.

次对东盟的公开外交国策，其著名的三大原则是：第一，日本承诺作为和平的经济大国，而不做军事大国。第二，日本与东盟五国发展全方位的"心心相印"的信赖关系，不仅包括经济与政治领域，而且包括社会与文化方面。第三，日本作为东盟"平等"的伙伴发展合作关系，并致力于在东盟与印度支那半岛联系纽带中发挥"桥梁"的作用。[1]

可以这么说，一方面，"福田主义"是第一次对战后日本东南亚二十多年经济外交的系统总结与明确宣示，是日本战后东南亚外交风格形式改变而非实质性的变化。同样可以说，另一方面，"福田主义"同时代表了战后日本东南亚外交的第一次调整与转变，调整与转变的含义是：第一，与日本前二十多年与政治分离的经济外交传统相比，"福田主义"开始强调日本在东南亚事务中政治与经济并行的作用，标志着日本战后经济外交的终结，虽然日本最重要的外交工具仍然是经济与援助。第二，与日本前十年对东盟作为地区组织的漠视甚至负面态度相比，"福田主义"重视东盟作为地区组织在东南亚安全与稳定中的重要作用，强调发展与东盟"特殊"的多边政治经济关系，摒弃了原来日本与单一成员国分别发展双边关系和以印度尼西亚为核心的双重外交支撑策略。第三，与之前日本对美国一边倒的政策相比，"福田主义"开始努力展现日本自己的相对自主外交弹性和自由。第四，与之前中日关系相比，自20世纪80年代以来中国改革开放与中日关系的改善，使日本与东南亚关系增添了新的重要含义

---

[1] 关于"福田主义"的讨论，英文专著请参阅 Sudo S. *The Fukuda Doctrine and ASEAN: New Dimensions in Japanese Foreign Policy*. Singapore: Institute of Southeast Asian Studies, 1992. 中文论文请参阅金熙德：《日本对东南亚外交的转折——从福田主义到桥本主义》，《当代亚太》1998年第7期，第3—9页；杨淑梅：《"福田主义"与战后日本对东南亚政策》，《东南亚》2002年第1期，第31—34、30页；乔林生：《福田主义与日本的东盟外交》，《日本研究》2007年第2期，第60—64页。

和变数。在柬埔寨问题上,日本和东南亚与中国有着共同的战略安全利益;而中日关系的改善,则使东南亚担心日本对其经济发展援助分配被削减。①

"福田主义"的外交实施战略工具是大打日本的经济援助牌,日本与东南亚的经济合作联系进一步加强。投资方面,与 1977 年底前日本对东南亚 56 亿美元总投资相比,1982 年财政年度结束时,短短几年内日本对东盟的直接投资翻了一番,达 110 亿美元,但仍然集中于印度尼西亚与资源开发和劳动密集型工业。20 世纪 80 年代中期后,随着日元的大幅升值,日本出现了对东南亚的"投资热",而且投资规模大。1985—1990 年,日本对外直接投资从每年的 14 亿美元大幅上升为每年的 70 亿美元,而直接投资的重中之重则是东南亚地区,总共吸引投资约占其总额的 60%。1987 年,日本在亚洲直接投资为 48.6 亿美元,其中东盟六国为 15.24 亿美元,占 31%。1988 年,日本对东盟直接投资达到 27.12 亿美元,1989 年则超过 60 亿美元,并在东盟国家当年外资排名表中名列榜首。以泰国为例,1987 年起,日本直接投资占泰国外国直接投资总额的 53.4%,高居各国榜首。1988 年,日本向泰国申请的投资项目达 200 多项。②日本官方发展援助方面,1977 年,福田赳夫承诺并确认,日本政府在下一个五年(1977—1981 年)内

---

① Sudo S. The road to becoming a regional leader: Japanese attempts in Southeast Asia, 1975-1980. *Pacific Affairs*, 1988, 61 (1): 27-50; Sudo S. Japan-Asean relations: New dimensions in Japanese foreign policy. *Asian Survey*, 1988, 28 (5): 509-525; Rudner M. Japanese official development assistance to Southeast Asia. *Modern Asian Studies*, 1989, 23 (1): 114-115; Singh B. Asean's perceptions of Japan: Change and continuity. *Asian Survey*, 2002, 42 (2): 282-284;乔林生:《福田主义与日本的东盟外交》,《日本研究》2007 年第 2 期,第 60—64 页。

② 朱振明:《战后日本与东南亚国家关系的发展》,《现代国际关系》1989 年第 4 期,第 30 页;王勤:《日本在东盟国家直接投资的新特点》,《国际展望》1990 年第 21 期,第 16—17 页;王勤:《日本在东盟国家的直接投资及其影响》,《当代亚太》1995 年第 3 期,第 16—20 页;Johnstone C B. Paradigms lost: Japan's Asia policy in a time of growing Chinese power. *Contemporary Southeast Asia*, 1999, 21 (3): 367.

对外援助总额比上一时期翻一番，达到110.68亿美元。1980年，翻一番的目标提前一年实现。实际上自该年始，日本对亚太地区的援助首次超过了美国。日本决定在下一个五年（1981—1985年）计划里对外援助总额再次翻一倍，增速和增幅远远超过了美国。日本对外援助的首要重点对象依然是东盟国家，如1981年与1982年，日本对东盟的发展援助最高约占总额的35%。实际上，在1985年，日本官方发展援助支付比上一年度消减了12%，低于1981年确定的目标。因而，1981—1985年，日本对东盟的发展援助总额为180.7亿美元。由于日元大幅升值，日本已成为世界上最大的对外援助国。1986年，日本再次宣布实行新的中期计划，决定将对外发展援助总额在1992年前大幅增加到400亿美元。这一时期，日本的对外援助出现了的两个结构性调整：第一，由于越南柬埔寨问题，1979—1986年，与越南对立的邻国泰国取代印度尼西亚成为日本对东南亚援助的最大受援国。第二，由于中日关系的改善，自1982年后中国开始成为日本援助的最大受援国。但是，日本对华经济合作却受制于"三原则"，其中之一是"同东盟各国保持平衡"（其余两点为与欧美协商和不进行军事合作）。[①]

在多边高层协调机制上，"福田主义"具体实施的体制为1977年后确立的三大年度会谈："日本—东盟论坛"、"日本—东盟外长会议"和"日本—东盟经济部长会议"。在政策实施的内容和变化特征上，"福田主义"分前后两个阶段：第一阶段为1977—1980年，日本通过东盟外长会议协调对越南的经济援助，但随着越南

---

① Atarashi K. Japan's economic cooperation policy towards the ASEAN countries. *International Affairs (Royal Institute of International Affairs 1944-)*, 1985, 61 (1): 110-111, 113-115, 118; Rudner M. Japanese official development assistance to Southeast Asia. *Modern Asian Studies*, 1989, 23 (1): 75-76, 91; Khamchoo C. Japan's role in Southeast Asian security: "Plus ca change". *Pacific Affairs*, 1991, 64 (1): 11; Grant R, Nijman J. Historical changes in U.S. and Japanese foreign aid to the Asia-Pacific Region. *Annals of the Association of American Geographers*, 1997, 87 (1): 32-51.

入侵柬埔寨，日本对越援助政策宣告失败。第二阶段为1981—1989年冷战结束，日本冻结了对越南的经济援助，加强了对与越南严重对立的泰国的援助，进一步发展与东盟的全方位的合作关系。所以，冷战背景下的越南柬埔寨问题与中日关系的发展，是"福田主义"外交建构日本—东盟特殊关系的核心因素。在随后20世纪80年代的大平正芳内阁、铃木善幸内阁和中曾根康弘内阁主政期间，"福田主义"得到进一步的丰富和发展。调整的实践与推进的方向依然是从经济外交到政治安全、社会文化外交，从被动外交到积极自主外交。

大平正芳内阁成立后提出了"综合安全保障"的新概念。所谓"综合安全保障"，指日本安全不仅应从传统的军事力量本身的指标来测算，而且必须从经济、技术、食品、资源、社会稳定等综合指数以及相关国家之间的相互信任和友谊的水平来衡量。所以，加强对武装冲突地带的相关国家和地区的经济援助成为当时日本安全保障的重要手段。不仅把日本与东盟、缅甸的关系作为日本的对外政策基石之一，而且视日本—东盟关系为同舟共济的命运共同体。由于大平正芳首相突发心脏病去世，继任的铃木善幸内阁继承了这一外交政策。1981年7月，铃木善幸选择东盟五国作为其就任首相后的首次出访国家。在曼谷的演说中，铃木善幸提出了"三项政策"，即所谓的"铃木主义"：第一，日本将不会谋求扮演军事作用；第二，日本将发挥与其国际地位对等的政治作用，维护世界和平；第三，在经济合作领域，日本将强调四个方面的政策措施，即对农村与农业、能源资源、人力资源和中小型企业的扶持和开发。此外，铃木善幸建议在东盟设立培训中心，并为此提供1亿美元的援助。除了与"综合安全保障"新概念配套的加强经济合作的具体措施外，政治上，铃木善幸演说实际上大部分是重申"福田主义"的主要内容，并没有什么特别不同之处，还不足以称之为"铃木主义"。①

中曾根康弘内阁则把"福田主义"推向了另一个新高度。1983年四五月间，中曾根康弘访问了东盟五国与文莱。由于中曾根康弘是"鹰派"，主张日本加强军事力量，向"政治大国"迈进，东盟各国，特别是菲律宾总统马科斯和印度尼西亚总统苏哈托，第一次表达了他们的担心。中曾根康弘极力解释日本所谓的防务政策，以打消东盟各国的担心。为促进双方相互信任的关系，中曾根康弘带来了8亿美元的贷款礼物，并宣布三点政策建议：第一，日本承诺自1984年起向发展中国家提征的优惠关税最高额度为50%；第二，重新激活日本协助东盟企业设备改造计划；第三，发展与东南亚面向"21世纪的友谊计划"，每年邀请东盟青年学生、政府官员以及中小学教师750人到日本进行短期访问交流，计划五年内共邀请3750人。此外，中曾根康弘建议与东盟开始实施日本一直迟迟不愿进行的科学与技术交流合作。在雅加达，中曾根康弘总结了日本对东盟政策的基调。中曾根康弘的政策演讲与"福田主义"一脉相承，但他把"福田主义"推进到了一个新的高度，那便是与东盟关系的政治含义。中曾根康弘公开宣称，没有东盟的繁荣，便没有日本的繁荣；日本的命运与东盟密切相连、息息攸关。换言之，"福田主义"出笼之后，日本在东南亚地区扮演的政治作用一直是其后日本反复强调的主题；但是在中曾根康弘内阁期间，日本第一次把经济安全与东盟的安全

---

① 朱实：《铃木内阁外交政策剖析》，《国际展望》1981年第35期，第1—8页；〔日〕铃木佑司：《东南亚和日本外交的进程》，《东南亚研究》1981年第4期，第10—13页；Atarashi K. Japan's economic cooperation policy towards the ASEAN countries. *International Affairs (Royal Institute of International Affairs 1944-)*, 1985, 61 (1): 116-118; Sudo S. The road to becoming a regional leader: Japanese attempts in Southeast Asia, 1975-1980. *Pacific Affairs*, 1989, 61 (1): 27-50; 姚文礼：《转型期的日本外交——评大平、铃木、中曾根内阁外交》，《日本学刊》1996年第4期，第43—54页。

直接联系在一起。在与东盟关系中,日本已踏入政治领域,不允许仅仅从经济上考虑。日本还作为东盟在国际高峰会议上的代言人,反映东盟的声音。从1985年起,中曾根康弘内阁更加鲜明地提出要成为"国际国家",进行明治维新之后向世界开放的"第二次开国"的口号。为此,他提出"重视亚洲"政策,并与东盟建立"创造性的伙伴关系"。①

四、新一轮调整与转变时期:桥本主义（1990—2012年）

这是第二次世界大战后日本—东南亚关系发展的第三个重要时期。1990年以来,日本与东南亚关系进入了新一轮调整与转变时期,即冷战后时期,也是从"福田主义"发展到"桥本主义"的时期,战后日本—东南亚关系发展由经济与援助外交步入政治与安全领域的新高度。日本—东南亚关系新时期最重要的特点,一方面表现为东盟的扩大及其大国平衡外交,另一方面则是日本在东南亚政治与安全领域作用的加强。影响战后日本与东南亚关系的最重要国际背景是冷战的结束与全球化时代的来临,地区结构性因素则是中国的崛起以及由此引发的中日关系和中国—东南亚关系显著的变化。与冷战前相比,如果说中国政治与意识形态

---

① 张碧清:《从中曾根出访看日本和东盟的关系》,《国际问题研究》1983年第4期,第54—58页; Atarashi K. Japan's economic cooperation policy towards the ASEAN countries. *International Affairs (Royal Institute of International Affairs 1944-)*, 1985, 61 (1): 118-120; 钱学明:《1986年日本外交的新发展》,《日本学刊》1987年第3期,第5页; Sudo S. The road to becoming a regional leader: Japanese attempts in Southeast Asia, 1975-1980. *Pacific Affairs*, 1989, 61 (1): 27-50; 姚文礼:《转型期的日本外交——评大平、铃木、中曾根内阁外交》,《日本学刊》1996年第4期,第43—54页; 王勇、克香:《战后日本经济外交与中曾根内阁的大国外交构想》,《内蒙古农业大学学报（社会科学版）》2005年第4期,第234—236页。

因素为战后日本—东南亚关系注入了更多的经济与发展援助含义，那么，反过来，冷战后中国经济的高速发展则在更大程度上赋予了中国—日本—东南亚三角关系或双边关系更多的政治与战略含义。中国的崛起大大改变了世界特别是东亚的经济秩序和贸易关系，吸引了大量外国直接投资，中（包括香港）日贸易关系开始超越了日本与东南亚的贸易关系，中国与东南亚的贸易额也逐步超越了日本与东南亚之间的贸易额。日本则经历了长达十多年的经济低迷，东南亚则爆发了1997年的金融危机。中国与东盟关系长足发展，直至确立面向21世纪的中国与东盟战略伙伴关系。但面对中国的崛起，日本倍感压力与威胁，中日关系特征表现由20世纪80年代的友好亲善转变为相互竞争。日本重新调整了对外政策，日本极力追求政治大国和军事大国地位，谋求亚洲地区领导权，但是却依然固守冷战思维，坚守美日军事同盟，依托西方阵营，推行价值观外交，企图利用东南亚，共同牵制中国。

1990—1996年，是第二次世界大战后日本—东南亚关系发展的第五阶段，也是冷战后日本对外政策的调整转变时期，其标志是所谓的"宫泽主义"，同时也是"桥本主义"出笼的前奏。实际上，1991年，海部俊树内阁提出与东盟建立"成熟的伙伴关系"，即可窥见转变端倪，其基本内容有三：其一，继续发展与东盟的经济合作；其二，促进东盟对日本的政治信任；其三，加强同东盟的团结。1993年1月，日本首相宫泽喜一出访印度尼西亚、马来西亚、泰国、文莱等东盟四国，在曼谷发表了题为《亚洲太平洋新时代及日本与东盟的合作》的演说，这是日本继"福田主义"之后，为适应冷战结束后的国际新形势而做出的重大调整，即所谓日本官方宣称的有"划时代"意义的"宫泽主义"。虽然有批评说宫泽喜一曼谷演讲无理论、无具体措施，还不能上升到称之为"宫泽主义"的地步，但宫泽喜一演讲强调了亚太地区的重要性、亚洲政策的综合性和东南亚关系的重要性特征，其内容有三点：第一，军事安全方面，强调日本积极参加包括东盟在内的亚太地区政治安全对话与机制的建立；第二，经济方面，强调日本致力于进一步密切与东盟经济合作，维护自由贸易体制，反对欧美贸易保护主义倾向；第三，强调日本、东盟、印支半岛之间共存共荣、互利互惠的关系，日本在致力于发展与东盟各国均衡关系的同时，也与印支半岛之间建立积极的合作关系。①

"宫泽主义"一直为此后的细川护熙、村山富市内阁所继承。"宫泽主义"的出笼表明，后冷战时期，日本对外政策上将谋求作为所谓"正常国家"的地位，试图摆脱战后强加给日本的种种束缚，不再一味被动地追随以美国为中心的西方，努力扮演更大、更主动与自主的角色。为此，日本转而寻求重视亚洲以及其作为亚洲一员的定位，推行美亚并重的策略，其基本目标是：第一，以亚洲为日本谋求全球领导权和影响力的重要舞台和基础；第二，防止美国对亚洲，特别是对日本安全义务承诺的减少。在此背景下，日本与东盟关系两个显著变化是：第一，更加重视东盟作为一个地区以及作为一个地区组织的重要性，视东盟与日本为对等的伙伴关系，如同日本与美国、中国一样的地位。第二，在与东盟建立更加密切的关系时，日本不再像过去那样仅仅扮演传统的经济援助和投资的角色，而是在政治和安全领域在亚太地区积极参与并谋求领导地位。为此，三个值得注意的发展动向是：其一，1989年发起的"亚太经合会议"和1994年成立的"东盟地区论坛"是日本期望扮演此种作用的多边和双边政治安全对话机

---

① 赵阶琦：《日本亚洲外交的新趋向》，《当代亚太》1993年第2期，第29—34页；赵志辉：《"宫泽主义"与日美外交》，《淮北煤师院学报（社会科学版）》1993年第2期，第29—34页；张锡镇：《东南亚在日本经济发展和对外战略中的地位》，《亚太研究》1994年第2期，第48—53页；王公龙：《90年代日本对东盟的外交政策》，《日本学刊》1997年第4期，第55—68页；欧阳俊：《冷战后的日本对东南亚关系》，《东南亚》1998年第3期，第27—35页。

制，日本在幕后起了非常重要的推动作用。其二，1992年日本通过了《国际和平合作法案》，允许日本在联合国维和行动中扮演更积极的角色。同年，日本成功派遣了1800名士兵（包括600名工兵）参加了联合国在柬埔寨的维和军事行动，加强了日本与东南亚的密切联系，这也是日本第一次参加联合国维和军事行动。其三，1996年3月，日本为加强东南亚的地位，答应东盟以亚洲的一员参加欧亚会议，进入把美国排斥在外的亚欧对话机制；同年4月，日本强化了美日军事同盟，把安全范围扩大到整个亚太地区。[①]

1997—2001年是第二次世界大战后日本—东南亚关系发展的第六阶段，"桥本主义"的出笼标志着冷战后日本外交新一轮调整与转变的完成。1997年1月，日本首相桥本龙太郎在不到一年内第三次访问东盟，足见东南亚对日本的战略重要性。在访问的终点站新加坡，桥本龙太郎做了题为《为迎接日本—东盟新时代而进行改革：建立更广更深的伙伴关系》的演讲，阐述了日本对东南亚政策方针，在继续发展与东盟的经贸合作关系的同时，提议在首脑对话、文化合作和全球性课题方面进行合作，此即与"福田主义"齐名的"桥本主义"。"桥本主义"的重要特征是日本—东盟外交政策的重要转变与重新定位，其内容有三点：第一，日本改变对东盟原来的"援助"与"被援助"的"主从关系"，以平等的伙伴关系加强合作。第二，日本改变原来狭隘的双边合作议题范围，扩大到开展反恐、环保、禁毒、人口、粮食等全球性课

---

① 商国珍：《日本调整东南亚政策意图何在》，《东南亚纵横》1999年第5、6期，第36—37页；Johnstone C B. Paradigms lost: Japan's Asia policy in a time of growing Chinese power. *Contemporary Southeast Asia*, 1999, 21 (3): 374-375; Furuoka F. Challenges for Japanese diplomacy after the end of the Cold War. *Contemporary Southeast Asia*, 2002, 24 (1): 68-81; Singh B. Asean's perceptions of Japan: Change and continuity. *Asian Survey*, 2002, 42 (2): 287-288; Singh B. Japan's Post-Cold War security policy: Bringing back the normal state. *Contemporary Southeast Asia*, 2002, 24 (1): 82-105.

题的合作，以及加强在联合国范围内的政治磋商。第三，日本改变原来的"经济主动""政治被动"的合作模式，转为强调在政治与安全领域加强合作。①"桥本主义"把日本—东南亚关系定位重新推进到一个新的历史高度。历史发展层面，"桥本主义"的意义在于它不仅是后冷战背景下前一阶段所谓"宫泽主义"外交调整与转变的发展和完成，也是战后日本继"福田主义"之后对东南亚外交的又一次重大转折和重新定位。东盟地区层面，"桥本主义"于1997年1月正值东盟扩张和成立30周年的背景下出笼，反映了东盟对日本政治外交安全战略的重要性。中日关系层面，更是"中国威胁论"背景下日本牵制中国崛起、平衡中国在东盟日益增强的影响力、实现日本"政治大国"和联合国"入常"梦想的有效手段。

"桥本主义"出笼后，政治安全对话方面，"东盟10+3"应运而生，但却不是桥本龙太郎原本所设计的，仅限于日本—东盟高峰会谈而已。东盟方面，由于担心中国的反应，把定期高峰会谈扩大到中、日、韩三国。经济合作方面，由于不久爆发了亚洲金融危机，日本再次突出了其经济超级大国的地位，亚洲金融危机期间，通过双边或多边（IMF）安排日本总共提供了800亿美元的援助贷款。此后，日本重新强调传统的经济援助牌，承诺将大幅提高对东南亚的发展援助份额。但是，与中国坚定承诺人民币不贬值相比，东南亚各国更欣赏中国在危机中的表现，中国与东南亚经济贸易关系长足发展，关系日益密切。小渊惠三内阁（1998—2000年）期间，日本与东南亚关系得到进一步加强。1999年，小

---

① 王公龙：《90年代日本对东盟的外交政策》，《日本学刊》1997年第4期，第58—60、65、67页；贾超为：《日本与东盟关系的新阶段》，《现代国际关系》1997年第4期，第7—9、6页；韦民：《重新定位的日本——东盟关系》，《21世纪》1997年第4期，第14—16页；金熙德：《日本对东南亚外交的转折——从福田主义到桥本主义》，《当代亚太》1998年第7期，第6—7页。

渊惠三首相宣布"小渊计划",改变了原来经济金融援助的做法,转而实施旨以促进东南亚更长远的复兴与发展。为此,小渊惠三内阁拨款 5 亿美元用以促进东南亚人力资源与人员交流。森喜朗内阁(2000—2001 年)期间,日本把信息技术产业方面的合作,作为促进双方贸易投资关系的重中之重。2000 年 12 月,在新加坡举行的日本—东盟高峰会谈中达成"综合合作一揽子计划"协议,为此,日本表示愿意努力实施拨款 150 亿美元,东盟成为该计划中的重点地区。①

2002—2012 年,则是第二次世界大战后日本—东南亚关系发展的第七阶段,最重要的特征是"小泉构想",也是"桥本主义"的重要发展。2001 年 4 月,小泉纯一郎当选日本首相后,面对新世纪的经济与社会体制全球化趋势和中国经济的腾飞,日本判断日中关系将呈现"协调共存"与"竞争摩擦"相互交织的局面。小泉纯一郎的亚洲政策是:其一,在参拜靖国神社历史问题上,分化中国与韩国;其二,在区域合作问题上,拉拢东盟,制衡中国在该地区日益增长的影响力,争夺东亚合作的主导权。在此背景下,小泉纯一郎内阁对华政策呈现"政冷经热"的反常现象,具体表现为:其一,在靖国神社问题上,实行对抗政策;其二,在能源问题上,实行对抗、竞争、对话并用的政策;其三,在区域合作问题上,实行以竞争为主的政策。最后一点,在日本对东盟政策上发挥得淋漓尽致。可以这么说,这一阶段,中日竞争从根本上主导了日本与东南亚在新世纪形势下的双边关系的发展,

---

① Ganesan N. ASEAN's relations with major external powers. *Contemporary Southeast Asia*, 2000, 22 (2): 268, 271; Singh B. Asean's perceptions of Japan: Change and continuity. *Asian Survey*, 2002, 42 (2): 288-289; Singh B. Japan's Post-Cold War security policy: Bringing back the normal state. *Contemporary Southeast Asia*, 2002, 24 (1): 87, 96; Kikuchi T. Japan in an insecure East Asia: Redefining its role in East Asian community-building. *Southeast Asian Affairs*, 2006, 47-48, 51-52.

并被安倍晋三内阁所继承。①

2001年11月，中国正式宣布，十年内将与东盟建立自由贸易区，给同时与会的小泉纯一郎带来很大的冲击。为与中国抗衡，2002年1月，小泉纯一郎先后访问了菲律宾、马来西亚、泰国、印度尼西亚和新加坡，推销日本对东盟政策的新理念和东亚合作的"小泉构想"。访问的高潮是1月13日与新加坡签署的《日本—新加坡新时代经济连携协定》和14日在新加坡发表的《东亚的日本—东盟——建立坦率的伙伴关系》的演说，基本要点是：第一，日本新世纪下对东盟经济外交的新理念是"坦率的伙伴关系"，"共同行动共同前进"。第二，日本与东盟经济合作的重点，包括改革、安全保障和面向未来等三方面的合作，其中涵盖教育、人才培养、相互交流、反恐、自由贸易协定等内容的面向未来的合作最为重要。第三，在双边自由贸易一揽子协定基础上和中、日、韩架构下，建立"东亚共同体"的构想。但是，由于日本国内农业自由化的障碍，日本并未承诺明确的自由贸易区时间表；同时，日本主张把澳大利亚、新加坡等国作为核心成员纳入东亚共同体，以牵制中国。2002年11月，中国与东盟签署了两个纲领性文件：一为《中国—东盟全面经济合作框架协议》，正式启动自由贸易区的建设，二为《南海各方行为宣言》，展示中国在安全方面睦邻友好的诚意与决心。2003年10月，中国加入了《东南亚友好合作条约》，成为第一个加入该条约的非东盟国家。在中国的再次冲击下，日本只好不再顾忌美国的猜疑，不得不一改原来不加入该条约的消极态度。作为反制手段，2003年12月，日本在

---

① Yeo L H. Japan, ASEAN, and the construction of an East Asian community. *Contemporary Southeast Asia*, 2006, 28 (2): 270-274; Chen J W. Achieving supreme excellence: How China is using agreements with ASEAN to overcome obstacles to its leadership in Asian regional economic integration. *Chicago Journal of International Law*, 2007, 7 (2): 655-674; 时永明：《后冷战时期日本亚洲外交的布局》，《和平与发展》2007年第4期，第43—47页。

东京主持召开了日本—东盟特别首脑会议。会上，小泉纯一郎宣布日本加入《东南亚友好合作条约》，东盟各国领导人则与日本签署了《东盟与日本行动宣言》和《新世纪东盟与日本活跃与持续关系的东京宣言》，日本全面提升与东盟的合作关系，进一步与中国抢占东南亚合作的制高点。会议期间，日本答应三年内向湄公河五国拨款15亿美元用以开发援助。2004年2月，日本再次投资81亿日元，援助连接泰国、老挝之间的跨境大桥。为与中国竞争，2005年9月，日本发起与柬埔寨、老挝、缅甸和越南等东盟不发达国家定期经济部长会议，就湄公河流域的开发援助进行对话合作。2008年1月在日本—湄公河五国首次外长会议上，日本承诺免费捐赠2000万美元用以建设跨流域"东西走廊"物流网，并把2008年定为"湄公河交流年"，抗衡中国业已建设的湄公河流域"南北干道"，再次开展东南亚外交。①

此后的几年是日本内阁走马灯、频繁更替的政局不稳定时期，也是一个短暂的过渡时期。尽管福田康夫上台后一改小泉纯一郎、安倍晋三对华政策方针，将中日关系定位为战略互惠，然而，在东南亚，中日两国间的角力与竞争，却只会加剧，而没有因此而减弱、消失。

五、大变局时代：安倍主义（2013年以来）

这一时期是日本与东南亚关系的第四个时期、第八阶段，是

---

① 刘昌黎：《小泉东盟五国之行与"小泉构想"》，《现代日本经济》2002年第4期，第1—6页；王珞：《大国竞相拓展与东盟关系》，《国际问题研究》2004年第1期，第26—29、52页；白如纯：《日本对东盟政策与中日关系》，《日本学刊》2006年第6期，第81—93页；黄信：《日本：提升与东盟的全面经济合作》，《广西日报》2006年3月23日。

中国的新时代，也是日本的新时代；这是世界大变局的新时代，也是日本与东南亚关系的新时代。这一时期的大背景与新格局主要是：其一，美国作为世界第一超级强国，自2008年金融危机后开始出现衰落与全球战略收缩的态势。然而，美国依然在相当长时期内是世界第一强国，美国重新调整全球战略，"重返亚洲"和美国版印太战略便是明证。其二，中国持续高速发展，成为世界第二经济大国，改变了世界地缘政治经济格局。其三，亚洲新兴大国——印度崛起，引人注目，极可能很快取代日本，成为世界第三大经济大国。在新时代的新形势下，除了中日竞争关系一如既往、持续加剧外，两组重要新维度的双边关系至关重要：其一，中美战略竞争，尤其是中美贸易战与新型冠状病毒疫情下的对抗，成为塑造本地区大国关系最重要的变数。其二，中印两国纠纷被美日利用，成为制衡中国的重要博弈工具。几种关系纵横交织，东南亚更加成为亚太地区大国关系博弈最重要的平台之一，东南亚不得不面临摇摆不定的艰难选择。

2012年12月是日本与东南亚关系的一个重要分水岭。大致而言，前一阶段，2008—2012年期间，主要是自民党在野时期与日本内阁频繁更替、政局不稳的时期。同年12月，安倍晋三第二次上台之后，开创了日本与东南亚关系的新时期。这一时期，大致而言，又以2016年美国奥巴马政府离任、特朗普政府上台为界，日本与东南亚关系划分为前后两个不同时期。两个时期，变化的是，前期，日本政府紧跟美国亚太战略，积极围堵中国，追随美国奥巴马政府主导的、排斥中国的《跨太平洋伙伴关系协定》，在南海菲律宾挑起的南海海牙国际仲裁案问题上兴风作浪、在东南亚与中国展开高铁外交的激烈竞争。后期，随着特朗普政府相继国际退群，日本政府则开始重新调整亚太战略，2017年，安倍晋三实现了对中国的访问，重新审视中国与东盟主导的《区域全面经济合作协定》，同意协调中日两国在东南亚地区经济合作。

这一时期，日本在东南亚最重要的政策宣示是著名的"安倍主义"；这是新时期日本继"福田主义"和"桥本主义"之后对东南亚政策一次最重要的外交新战略，当然，这进一步推进和提升了日本与东南亚的战略伙伴关系。2013年1月中旬，安倍晋三第二次拜相后首次对外出访，出访目的地由原计划访问美国改由访问越南、泰国和印度尼西亚等三个东南亚国家。"安倍主义"的政策奠定框架是两个文件：其一，《东盟—日本友好合作愿景声明》；其二，《经济合作十年战略路线图（2012—2022）》。"安倍主义"包括的五大原则要点内容是：第一，强调共同价值观。与东盟国家一道保护和促进"自由、民主与基本人权"等价值。第二，强调海洋权益。与东盟国家一道共同维护海洋权益与航行自由，欢迎美国重视亚太地区。第三，强调共同繁荣。与东盟国家通过各种经济伙伴关系网络，促进贸易与投资，拉动日本经济复苏，与东盟国家共繁荣。第四，强调保护和培养亚洲多样化的文化遗产和传统。第五，强调促进年轻一代的世代交流与理解。①

"安倍主义"的重要特点是把日本东南亚外交原则与亚太地区，乃至整个对外战略紧密挂钩，其出笼、推进与重要性升级的背景与四个因素密切相关：其一，安倍晋三是日本宪政史上在位连任时间最长的首相，自2012年12月第二次执政以来，是近三十年来日本政局罕见的、长时段的稳定时期，也是日本经济开始缓慢持续复苏的时期。其二，安倍晋三在继续秉承唯美国马首是瞻、日美同盟基石以及充当亚洲与西方桥梁的传统安全战略方针的同时，对内努力使日本成为所谓"正常化"国家，积极推动提

---

① 崔瑾：《安倍主义的渊源与特点》，《江南社会学院学报》2012年第3期，第37—41页；Koga K. Japan's "strategic coordination" in 2015: ASEAN, Southeast Asia, and Abe's diplomatic agenda. *Southeast Asian Affairs*, 2016, 67-79.

升日本宪政防卫独立，对外致力于"俯瞰地球仪外交"战略，推行"价值观"外交，遏制中国的发展。① 其三，尽管如此，日本依然受内在结构性要素困境制约，能够可资利用的资源与工具非常有限，比如长达二十年的经济放缓，老龄化社会、公共债务与财政赤字高居不下，经济总量一直徘徊，变动很小，以及政府开发援助（Official Development Assistance，ODA）大幅度下降，等等。② 其四，对日本而言，无论对南亚还是东南亚外交，其剑锋所指明显是中国，对冲中国强劲发展的企图更加明显，东北亚始终是日本在亚洲最重要的战略安全考量。③ 东南亚始终是日本深耕的战略地区，全面提升与东南亚各国的"战略伙伴"关系，大打共同"价值观"外交是"安倍主义"最明显的战略。在南亚，大打印度牌，加强发展日本与印度的民主政治亲密关系，与印度一道纳入以美国为首的四国同盟体系的印太战略，是日本新的重要动向。④ 在上述背景推动下，难怪安倍晋三马不停蹄地对外出访，主要集中于中国的周边国家，目标所向针对中国，而东南亚与印度则是战略重点地区。自 2012 年 12 月，安倍晋三第二次拜相后 8 个多月的时间，对外出访了 8 次，多达 20 多个国家；不到一年的时间，完成了对东盟 10 国的访问，更是前所未有；2012 年 12 月至 2014 年 9 月，上任不到两年，对外出访国家更是达 49 个，创日本历任首相之最。⑤

---

① 陈鑫：《浅析安倍"战略外交"》，《现代国际关系》2014 年第 9 期，第 15—22 页；Tokuchi H. The role of Japan in sustaining regional order in East Asia. *Asia Policy*, 2018, 25 (2): 32-38.
② Schulz M. The global debt crisis and the shift of Japan's economic relations with Southeast Asia. *Journal of Southeast Asian Economies (JSEAE)*, 2013, 30 (2): 143-163.
③ Matsuda Y. Engagement and hedging: Japan's strategy toward China. *SAIS Review of International Affairs*, 2012, 32 (2): 109-119；包霞琴、黄贝：《浅析安倍内阁的东南亚安全外交》，《国际观察》2014 年第 6 期，第 54—65 页。
④ Lee L, Lee J. Japan-India cooperation and Abe's democratic security diamond: Possibilities, limitations and the view from Southeast Asia. *Contemporary Southeast Asia*. 2016, 38 (2): 284-308.
⑤ 陈鑫：《浅析安倍"战略外交"》，《现代国际关系》2014 年第 9 期，第 17 页。

美国奥巴马政府与特朗普政府对东南亚不同的政策，明显地影响了日本与东南亚政策的重新调整。然而，东南亚作为日本战后长期对外关系战略重点地区始终不变，加强与东南亚地区全方位合作原则方针始终不变，继承与发扬前次日本各届内阁东南亚政策方针始终不变。① 比较而言，安全与外交领域，日本战略的承继性大于变动性；经贸与多边关系方面，则是根本性的变化。奥巴马第二个任期的"重返亚洲"再平衡战略，全面提升了与东南亚各国的关系，对日本和东南亚地区各国而言，都是相当兴奋陶醉的短暂时期，奥巴马也实现了除文莱因政府短暂停摆临时取消外对东盟所有国家的访问。② 然而，特朗普政府上台后，形势很快发生逆转。在"美国优先"战略下，美国退出《跨太平洋伙伴关系协定》，转而强调双边关系而不是多边关系，降格美国与东盟峰会，等等。在大国关系上，美国是东南亚地区最大的投资国，2018 年，美国投资达 3290 亿美元，比中国、日本、印度和韩国的总和还高，在东南亚国家眼里美国的地位是不可替代的。中国一直是东南亚最大的贸易伙伴国，尤其是最近两年，让东南亚国家感到美国近几年在该地区影响力明显下降，而中国影响力快速提升，最为重要；日本则不再如过去那样是东南亚最重要的经贸伙伴。③ 无论是对于日本还是东盟，或是中国，近几年一个非常重要的新发展是，各国对于加快推进《区域全面经济伙伴关系协定》有着共同的利益，并最终促成 2020 年 11 月 15 日该协定正式签署。

---

① Pyle K B. Japan's return to great power politics: Abe's restoration. *Asia Policy*, 2018, 13 (2): 69-90.
② Liow J C. U.S.-Southeast Asia relations under the Trump Administration. *Asia Policy*, 2017, (24): 53-58.
③ Singh D. American foreign policy and Southeast Asia. *Southeast Asian Affairs*, 2020, 2020: 57-75.

六、尾　论

综上所述，战后日本对东南亚政策经历了恢复与发展、调整与转变、加强与深化战略伙伴关系的新时代等四个时期与八个不同阶段。双边关系发展的侧重内容则相应表现为经济外交、经济外交兼之以政治安全外交、经济外交服务于政治安全外交的不同时期。日本政策发展变化的一个趋势是从背负第二次世界大战侵略历史包袱的所谓"非常态"国家外交向所谓"正常"国家外交过渡转变。两个明显不变的特征是：其一，东南亚始终是日本对外战略中最重要环节之一；其二，美日同盟始终是日本对外政策的支柱。变化的特征是：其一，体现为日本始终在美国（西方）阵营与亚洲定位之间、历史问题与当代现实之间的摇摆、调整与转变，这同时是战后日本—东南亚关系发展最显著的特点，也是最困顿之处，日本的亚洲（包括东南亚）政策也变得模糊矛盾、犹疑不定，因而也一直让亚洲邻国难以信任。其二，中国因素始终成为日本重点发展东南亚关系的战略考量，但在不同历史时期，中日关系的不同定位影响了日本—东南亚关系不同发展进程。具体地说，在第一个时期，冷战背景下的中日两国外交关系二十多年隔绝迫使日本重点转向东南亚，使东南亚长期成为日本的后院。在第二个时期，中美和解，中日友好合作，日本、东盟与中国，在中印半岛共同抵挡苏联和越南攻势方面存在共同的战略利益。[①]

在第三个时期，随着中国的崛起，日本视中国为强大的竞争

---

① 此处承蒙张锡镇与韦民两位教授评论与赐教，笔者特此致谢。

对手，极力拉拢东南亚，全面提升与东盟的政治安全经济关系，企图牵制中国，但该政策却收效不大，中国与东盟经贸和政治关系却日益发展、更加密切。第四个时期则是大变局的时代，也是"安倍主义"的时代，更是超越安倍晋三首相任期的时代。理解这一关键时期的日本与东南亚关系发展，三点基本共识判断非常重要：其一，日本对东南亚政策一直很成熟而机制化，值得借鉴；在相当长时间内，"安倍主义"将是日本对东南亚地区的原则方针，即使安倍晋三卸任也将继续保持，不会改变。其二，"一带一路"倡议下，中国与东南亚各国经贸合作与人文交流势头更加强劲，重要性远远超越了日本与东南亚关系，发展大势，更是锐不可当。其三，处于中美两大势力之间，日本东南亚战略在政治与安全领域、经贸与双边关系上，大致是分开的。政治与安全领域，在东南亚问题上，随美国起舞；经贸与双边关系问题上，一直以日本国家战略利益为核心。

11
公平的尺度：试论中华性与华人社会的共赢发展*

这是一个很大的题目，至少各涉及一组重大概念和一组重要主题。一组重大概念是，中华性与华人社会；一组重要主题是，发展与公平。需要回答的重要问题，相应地也分为两组。第一组为概念问题：什么是公平？什么是中华性？什么是华人社会？第二组为主题问题：关联中华性与华人社会的层面，共赢发展的含义是什么？衡量共赢发展的公平尺度又是什么？这里，笔者不自量力地选择从各个概念的界定及其相互关联的视角入手，尝试在各个主要概念之间探讨关联性，尝试在各个主要概念与主题之间建构关联性，以此回答问题，并请教方家。

一、公　平

"公平"是人类社会的一种共同价值观，贯穿古今中外，并且

---

* 原载中国社会科学院社会学研究所主编：《公平与发展：海峡两岸暨香港人文社会科学论坛论文集（2014）》，北京：社会科学文献出版社，2017年2月，第145—161页。收入本书，有订正。

随着人类社会的不断衍进而日益发展。然而，公平从来都是地方性的；所以，公平的理念与内涵通常都体现了具体地域性、历史性、族群性和文化性等背景特征。同样地，"公平"也从来都是相对的；所以，公平的理念与理想通常都是不幸地以其反面存在（即现实中的"不公"）为具体支撑条件的。这应该成为我们讨论"公平"课题的两个最基本前提判断。鉴于本章关联"中华性"与"华人社会"的维度，笔者如下的讨论选择也主要围绕这一专门视角。①

首先请允许笔者从中文的词根词义开始。《说文解字》云："公，平分也。从八，从厶。八犹背也。韩非曰：背厶为公。"② "平，语平舒也。从亏从八。八，分也。"③显而易见，"公"与"平"不仅是两个互为正面界定依托、密不可分的汉字，而且分别确立了一个对立面的道德价值维度。"公"的对立面道德价值维度是"厶"，强调"背厶为公"；"平"的对立面道德价值维度是"亏"，强调"背亏为平"。细究起来，"公平"之间，两者互为尺度与境界，倘若非要区别不可，"公"为主体、载体与客体，兼具政治、社会与道德含义；"平"则为度量与衡量的维度，更多的指均匀、稳定、和谐的状态和性质，但具体指涉却是群体的社会脉络与系列关系的机制架构，通常发生在某一有机的单元、系统、

---

① 当代国际学界正义思潮的介绍与讨论，相关文献非常丰富。有关部分请参阅凯尔逊、耿焱如：《什么是正义》，《现代外国哲学社会科学文摘》1961年第8期，第6—9页；〔美〕罗尔斯：《作为公平的正义：正义新论》，姚大志译，上海：上海三联书店，2002年；贾中海、温丽娟：《当代西方公平正义理论及其元哲学问题》，《学习与探索》2008年第3期，第17—20页；司春燕：《法与正义关系的历史考察》，《黑龙江省政法管理干部学院学报》2011年第4期，第139—142页；Rawls J. Justice as fairness. The Philosophical Review, 1958, 67 (2): 164-194; Neal P. Justice as fairness: Political or metaphysical? Political Theory, 1990, 18 (1): 24-50; Hay A M. Concepts of equity, fairness and justice in geographical studies. Transactions of the Institute of British Geographers, 1995, 20 (4): 500-508.
② 清代陈昌治刻本《说文解字》，卷二。
③ 清代陈昌治刻本《说文解字》，卷五。

结构等框架内（包括地理的、社会的、经济的、政治的、文化的等），用于调节其内部个体与群体、群体与群体之间的各种互动关系。

以"公"为主体组合的关联词汇，最重要的至少有三个：其一，"公平"；其二，"公正"；其三，"公开"。三者关系构成是："公平"为最原始的内核，道德伦理价值贯穿始终；三个方面，彼此关联，依次推进。"公正"是最根本的概念，主要指贯彻"公平"理念的社会契约、政治法律制度层面，强调制度体现与实践保障。"公开"主要指"公正"实施的政治社会舆论监督层面，强调舆论监督与认可。以"平"为主体组合的关联词汇，最重要的也至少有三个：其一，"平均"；其二，"平等"；其三，"平衡"。"平均"最主要是指数量上的匀称，"各得其份"，没有多寡优劣之分。"平等"最主要是指内在的、本质的、义理的尊重和对等，没有特权与歧视之分。"平衡"最主要是指相互制约、相互反冲、相互维系而形成的一种稳定系统和状态秩序，没有偏私与倾斜之分。"平衡"的关联词语是"平安""平和""平舒"，也指"和为贵"的儒家思想要义。换而言之，此谓我们现代常用的"稳定"与"和平"，为平稳、安定、安全、和睦的意思，与动荡、混乱、剧变、分裂、暴动、骚乱、革命、颠覆、倒挂、战争等极端失衡失范状态形成对立面关照。概而言之，"公平"的含义是指"平等对待"、"一视同仁"、"各得其份"、"各尽所能"与"各得其所"等。

政治道德价值判断上，"公平"强调"衡"与"德"的重要性。两者互为因果，"衡"是"德"的基础与目标。故《史记》云："德成衡，衡则能平物，故有德公平者，先成形于衡。"[1]同样地，史书记载了"公平"的具体背景与对立面含义。试举例："律

---

[1]《史记》卷二七《天官书》第五。

有无害都吏，如今言公平吏。"①"公选，谓以公正之道选士，无偏私也。"②"不以公正谓之奸也。"③这里，史书明确地揭示了德治架构下"公平"所揭示的个人、国家和社会关系、秩序、制度与法则，尤其强调"公"的主体性、社会性、机制性、针对性和道德性。何谓"公"？具体而言，至少有如下重要维度：其一，"官所曰公"，主要指国家维度；其二，"事出于众人者曰公"，主要指社会维度；其三，"无私、无奸、无害曰公"，主要指道德维度。④重要的是，有关"公平"的这些观念，是一致性、同质性的趋同价值理想，但同时基于承认客观现实中差异性的基本对立面，强调不因贵贱、尊卑、高低、上下、贫富、多少、聪愚、内外的不同而不同。同样重要的是，有关"公平"的这些观念，不只是自上而下的恩赐与给予，还是一种互惠的与必要的安排，因为公平价值内核失范的必然后果通常是破坏性的社会衰退、失衡、不稳定，甚至最后发展为毁灭性的政治反叛、革命、政权更替。故墨子云，天下有"三大害"："若大国之攻小国也，大家之乱小家也，强之劫弱，众之暴寡，诈之欺愚，贵之傲贱，富之侮贫，此天下之大害也。又与（若）为人君者之不惠也，臣者之不忠也，父者之不慈也，子者之不孝也，此又天下之害也。又与（若）今人之贱人，执其兵刃毒药水火，以交相亏贼，此又天下之害也。"⑤

　　公平是德治的基石。历史地看，公平的基本尺度长期是单向的、自上而下的、对统治者的德性要求与规范，即德治。德治下，来自下层社会的约束力量，是沉默的、无形的和被忽视的，

---

① 《史记》卷五三《萧相国世家》第二十三。
② 《汉书》卷五六《董仲舒传》第二十六。
③ 《史记》卷一二九《货殖列传》第六十九。
④ 陆尔奎、方毅等编：《辞源》（上），北京：警官教育出版社，1994年，第278页。
⑤ 转引自谭保斌：《论墨子公平正义观》，《湘南学院学报》2011年第1期，第23页。

并未转化为机制性的、制度性的、常态性的有效反制。所以,"公平"规则的对立面意义严重后果通常仅体现为德治的必要性警示。德治的必要性在于其破坏性反面后果,通常指来自内部底层极端的反抗、暴动、起义,或者由此而导致外部势力的入侵。故荀子云:"公生明,偏生暗。"① 这是中国封建官场的箴言。孔子曰:"有国有家者,不患寡而患不均,不患贫而患不安。盖均无贫,和无寡,安无倾。"引朱熹的解释:"寡,谓民少。贫,谓财乏。均,谓各得其份。安,谓上下相安。"② 《中庸》认为,德治的为君之道是"知、仁、勇"三大"天下之达德"。何谓三大德性,"好学近乎知,力行近乎仁,知耻近乎勇。知斯三者,则知所以修身;知所以修身,则知所以治人;知所以治人,则知所以治天下国家矣"。③ 德治的为臣为官之道应该是"主耳忘身,国耳忘家,公耳忘私"④。广而言之,德治的基本秩序与核心要义是选贤与能,讲信修睦,天下为公,而达至仁、义、礼、智、信的天下大同,或者"修身、齐家、治国、平天下"的礼仪秩序。纵观中国长期封建统治的历史,一个最显著的制度性相对公平安排是肇始于隋唐时期的科举制,开创了中国社会追求公平的持续方向,保持社会自下而上流动的开放性,长期成为维系社会稳定与流动的主要机制之一。⑤

公平,同样是法治的基石。进入近现代之后,公平的这些基本尺度已经不再仅是单方面的、自上而下的精英式自我德性约束

---

① (战国)荀况撰、梁启雄整理:《荀子简释·不苟》,北京:中华书局,1983年,第32页。
② (宋)朱熹:《四书章句集注·论语集注》卷八《季氏第十六》,北京:中华书局,2014年,第159页。
③ (宋)朱熹:《四书章句集注·中庸章句》,北京:中华书局,2014年,第30—31页。
④ 《汉书·贾谊传》。
⑤ 刘后滨、董文静:《论制度设计中的公平是社会公平的起点——以科举制的早期发展为中心》,载关世杰主编:《人类文明中的秩序、公平公正与社会发展》,北京:北京大学出版社,2009年,第335—347页。

和给予，而且还是双向的、自下而上的草根阶级的合理诉求与权力，即上升为法治。孙中山提倡的以"民族、民权、民生"为支柱的"三民主义"即是基于现代性的公平正义观、从中国古代德治到现代法治过渡的重要历史连接点和分水岭。然而具有讽刺意味的是，革命转折的历史大背景正是价值失范、国力衰落、社会停滞而致的政权更迭和外部欺凌。在现代民族国家架构之下，法治公平价值观所规定和调节的几大关系是：其一，个人与个人、个体与集体的关系；其二，国家与社会的关系；其三，政府与市场的关系。也就是所谓的社会流动、经济分配、政治权力等几大关系。与传统封闭的自给自足的封建小农经济根本不同的是，现代社会经济的开放竞争性与资本、货物、人员信息的流动竞争性远远超越了原来单一民族国家的架构，保持民族竞争力、社会创造力、科技创新力、文化活力与制度效率是关键。公平恰恰是如何保持国家、社会、文化、制度活力的内核价值导向；没有公平价值驱动的法治支撑，任何国家和民族迟早会走向衰退、停滞，甚至有覆灭的危险。法治社会里，公平的价值观主要体现在市场环境、政法环境、公共产品服务、社会流动渠道、基本人权与公民权保障等方面机会均等、合理配置的制度性安排。法治的迫切性是反特权、反垄断、反贪污、反腐败、反歧视、反裙带关系的对立面需要。所以，在现代背景下，"公平"一词不仅具有抽象的秩序、制度和道德价值判断的维度规定，而且明确具有相应的国家、社会、制度与意识形态的具体依托。

概而言之，"公平"既是统治者的德性要求，又是制度性、社会性的框架安排法则，同时来自公民社会的约束制衡，一直是衡量任何人类社会、国家、族群和文明能否发展进步的基本价值尺度和要求。无论是德治，还是法治，或者是德法兼治，不变的价值支撑始终是"公平"。

二、中　华　性

需要特别说明的是，这里笔者选择使用"中华性"，而没有用"华人性""中国性""中华民族性"（虽然它们意思基本相同，但视角维度却不一样），大致有两方面考量：其一，与论坛小组讨论题目的主题依托"华人社会"相对应，"中华性"的涵盖性比较贴切和包容。其二，与论坛小组讨论题目的内涵背景指涉"中华文化历史传统"相对应，"中华性"概念更简练和方便，虽然两者无法分割。"中华性"是指中国作为一个地域和一个国家、华人作为一个族群、中文作为一种语言书写、中华文化作为一种文明传统，以及中国历史作为一份共同的集体记忆等结构性的显著共同标签特征和认同。"中华性"的概念囊括了有关中国与中国人轴心关系所涉及的地域、国家、族群、语言、历史与文明等核心要素建构的原生性根本特质。[1]

应该指出的是，固然汉族是中华民族的主体民族，占人口的90%以上，是中华性的内核，但"中华性"却不是简单的"汉化"。中国是一个东方古老的"文明国家"（civilization-state），而不是西方式现代"民族国家"（nation-state）。在中华帝国与中华民族形成中，帝国形成与民族形成的两个进程互为补充、相得益彰。中华民族由56个民族组成；汉族与其他少数民族的文化融合也一直是双向的、兼容的、彼此吸收的。所以，关于中华民族形

---

[1] 近二十年来，尤其是受文化研究的影响，国际学界对"中华性"或"华人性"的讨论非常丰富热烈。Wu X A. In Search of Chineseness: Conceptualization and Paradigms. *In Malaysia and the Chinese Community in Transition: Selected Papers on The Second Biennial International Conference on Malaysian Chinese Studies, Vol. 2 (Community and Politics)*, Kuala Lumpur: Centre for Malaysian Chinese Studies, 2015, pp. 55-91.

成的进程,历史的方向与正确的叫法不是以族群为中心的"汉化",而是以文明为中心的"华化"。①而西方现代民族国家与现代性引入中国,却是 19 世纪末、20 世纪初的历史大事件,"中华性"的认同与建构更多地伴随着外向型的政治革命意识形态与经济现代化的维度进行,"儒学独尊的局面也相对地被打破了"②,中华文化传统的承继不幸地也以颠覆性的、破坏性的方式扬弃。然而,这却开始了"中华性"积极对外吸收现代性新的重要进程。

中华性的族群(血缘)与文化含义是显而易见的,也是最大共识的层面。中华性的历史含义,一方面是长期黑暗落后屈辱的封建主义、殖民主义;另一方面是反殖民主义、反封建主义救国图强的民族主义。这是指中国国家与中华民族大历史的层面,主要表现为中国国内的民族主义与海外华人的民族主义两大潮流,但最终都合流统一到中国现代民族主义的旗帜标签下。中国的港、澳、台及海外华人社会的地方历史,反过来在中国历史发展的进程影响下,有着各自不同的历史发展轨迹,因而与内地(大陆)呈现出不同的政治经济社会发展。中华性的文化含义,最著名的是"文化中国"的概念。中华性的经济含义,最著名的具体表达有"华人资本主义"或者"大中华经济圈",前者主要是相对于西方资本主义而言,后者主要是相对于中国政治经济现实与统一前景而言。无论哪一种概念标签,都是以某一专门维度为焦聚的,都是中国内地(大陆)之外的国际社会的"他者"对当下暨未来"中国"可能形态的想象与展望,都是去当下中国政治敏感度的模糊性,而且作为关键的内地(大陆)内核部分始终处于其中的被动角色,没有机会参与讨论。同样重要的是,无论是哪一

---

① Ho P T. In defense of sinicization: A rebuttal of Evelyn Rawski's "reenvisioning the Qing". *The Journal of Asian Studies*, 1998, 57 (1): 123-155.
② 梁启超:《清代学术概论・张岱年序》,北京:东方出版社,1996 年。

种概念标签，都表明内地（大陆）与港澳台华人社会的经济与社会发展程度、阶段和性质，都不是步调一致、整齐划一的，有发展次序先后之分，以及性质不尽相同的差异，但海峡两岸暨香港、澳门的市场对接、经济整合趋势却是相向而行、不可逆转的。中华性的政治层面，香港、澳门与海外华人社会早已经有了共识，这些地方的华人社会各自的政治认同都很明确一致。比较敏感而有争议性主要指的是两岸政治关系。两岸政治议题虽然存在争议，但"九二共识"业已证明是客观存在；两岸虽然尚未统一，但大陆与台湾地区同属一个中国的客观事实却从未改变过。

与我们讨论最密切相关的问题是：既然华人社会的共同标签是中华性，或者说享有共同的历史文化传统，那么，中华性与华人社会的发展关联点在哪？既然华人社会（包括海峡两岸暨香港、澳门以及海外华人社会）存在各自不同的差异性，那么，中华性到底是共同的纽带还是发展的动力？或者既是共同的纽带又是发展的动力？我们应该如何从中华性的历史形成轨迹中获取必要的经验与教训？问题之所以如此提出，是因为这里牵涉到这么一个大的问题：中华发展当下面临着一个非常重要的战略节点选择，即当外部世界发展乏力时，中国到底是从外部继续寻找发展的动力，还是从内部重新发掘发展的动力？反过来，当中国开始重新从内部历史文化传统发掘发展的动力时，问题是，为什么同样的文化历史传统背景在中国历史路径上却呈现出如此不同的发展繁荣与落后衰退的节点与轨迹？为什么20世纪的中国现代性探索需要以那种非常激进、非常剧烈的革命的方式颠覆自己文化传统呢？当下，当我们积极从自己文化传统中寻找发展的路径与动力时，中国是否需要警惕不要再次陷入"中国中心论"的怪圈而重蹈历史上由盛而衰、落后挨打的覆辙呢？这些问题的提出，不一定需要一一明确回答，但也许可以帮助我们更好地厘清问题的本质与主题的方向。换而言之,"中华性"的讨论是一个辩证统一的课题,实际上最终归结为一个关于中国与西方之间、传统与现代、改革与开放关系的适当定位和道路选择的永恒命题。

三、华人社会

概而言之,华人社会作为一个整体性分析单元与族群同质性界定的概念,顾名思义,是以华人为多数族群的社会构成,或以华人作为共同族群标识的社会建构。与民族国家相对应,鉴于历史的原因,具体而言,华人社会有如下几个核心层面:其一,指中国内地(大陆)和港澳台地区。它们都是以华人人口为大多数,同属一个国家却拥有不同社会制度与历史经历的社会。其二,指新加坡。相同的是,新加坡是以华人为多数族群的社会;不同的是,新加坡是一个主权独立的域外国家。其三,指其他的海外华人社会。相同的是,他们都是以华人族群与文化为社会建构的标识;不同的是,他们是少数族群,各自成为当地居留地国家的公民,并且他们的社会身份建构与现实地域集居的对应,不必吻合。换言之,他们是散居于世界各国居留地的本土社会的;在个别国家的个别城镇,也不排除华人可能或聚居或占多数。需要指出的是,这里华人社会与杜维明的"文化中国"的几个层面界定存在某些吻合的部分,但却有重要的不同:其一,作为"文化中国"重要载体的海外商界、传媒和学界等并不包含在我们这里华人社会概念范畴之内。换言之,华人社会是现实的社会存在,并不具有作为方法论工具的"文化中国"概念含义。其二,中国内地(大陆)与港澳台地区之外的海外华人社会,并不是本论坛关注的主要出发点和本章讨论的主要着眼点,尽管两者存在着重要关联。

顾名思义，从社会视角维度，华人社会的本质特征或者身份认同应该称为"华人性"。这并没有错。实际上，在英文语境里，"华人性"与"中华性"都是同一个词 Chineseness，但在中文语境中却有着视角不同、维度不同的差异。以"华人"族群和文化为焦点参照的"华人性"，主要强调个人对国家、少数族群对多数族群、边缘对中心、移民与同化过程中的多元性、差异性与复杂性的对立同一。"中华性"与"华人性"之间存在重叠、互联、互通、互用之处，都强调文化与族群的维度。不同的是，"中华性"包含自上而下的地域、政治、族群、文明、历史等维度，也可以视自下而上各方的解释取舍不同而不同。"中华性"更具模糊性与包容性，既有政权主权的含义，但也不必包含政治主权的强制性含义。重要的是，"中华性"的政治指涉跨越了很多历史时期和很多历史朝代，不必是特指当下的"中国"政府。这是"中华性"与"华人性"的不同之处，也是包容性的"中华性"与敏感性的"中国性"不同之处，尤其是对大陆之外的台湾地区暨海外华人社会而言。所以，本文特地取"中华性"而不是"中国性"，原因即在于此。①

需要指出的是，上述三个核心层面的社会，都是一个以"中华性"为共同标识的认同。既涵盖族群与文化含义又涵盖政治主权含义，指的是第一个核心层面的华人社会，即通称的中国内地（大陆）与港澳台地区华人社会。中国内地（大陆）与港澳台地区华人社会的中华性，因而区别于其他层面的华人社会，其内涵更丰富、地理更接近、关系更密切，虽然也存在社会与意识形态的差异性。还需要进一步指出的是，讨论指涉的重心是第一个核心

---

① 吴小安：《概念脉络、文化关怀与比较视角：华侨华人研究的再梳理》，载李卓彬主编：《中国华侨历史博物馆开馆纪念特刊》，北京：中国华侨出版社，2014年，第75—81页。

层面的中国内地（大陆）与港澳台地区华人社会。为了保持概念的完整性与全面性，有时会涉及第二、第三个层面的海外华人社会的外延。华人社会的一致性是族群、文化与历史等系列要素所规定的同宗同源认同。华人社会的差异性，则是殖民主义、内战、冷战等系列要素所造成的不同现代社会政治发展进程。华人社会既为上文中的"中华性"概念所规定，又是"中华性"概念内涵的重要组成部分。换言之，从历史的长期发展视角看，华人社会原来本是一个不可分割的内在统一体；之所以形成今日不同差异性的上述华人社会，是历史原因和外部因素的分离所致。

具体而言，若置于更大视角背景下考察，两大历史与外部因素是：其一，殖民主义。各个华人社会发展历程都受殖民主义的深刻影响。澳门是始于1553年葡萄牙殖民主义的问题，香港是始于1842年英国殖民主义的问题，台湾是始于1895年日本殖民主义的问题，1945年后兼有国共内战、东西方冷战的问题，海外华人社会是移民和殖民主义的问题。澳门、香港、台湾地区也因此成为世界资本主义市场一部分，连接中国内地（大陆）与外部世界，或中国东南沿海与南洋（东南亚），或亚洲与欧洲的重要航线要道与贸易港口。其二，封建主义。封建主义的黑暗与落后，造成了政府积贫积弱：一方面是西方殖民列强的炮舰打压，另一方面是大量移民被迫出外谋生。移民的目的地大部分主要是南洋与北美，移民的职业身份大部分也因此从自给自足的农业转为为市场而生产和服务的工商业。加之20世纪初开始的革命和大规模对外移民成为对封建主义的颠覆与反动的主要手段，因而造就了多元的中华性：内地（大陆）形成了社会主义制度，香港、澳门、台湾地区，以及海外华人社会形成了资本主义制度。此谓华人社会的"分"。

历史经验早已证明，无论何种情况，华人社会之间互动与连接的大势却始终是相向而行、越走越近的。正因为如此，曾几何时，港澳台华人与其他华人社会都被贴上同一个共同标签，即"海外华人"。虽然政治上被迫分离，但广大海外华人一直与祖国心心相印、同呼吸共患难。中国国内外大事件一直牵动着每一位海外侨胞的心。一个最明显的例子是：长期以来，历史上海外华人的民族主义特殊之处在于它不是认同于当地社会和国家，而是与中国现代民族主义相对应，而且是以中国国内的民族主义为中心的，成为中国现代民族主义的重要组成部分，最终汇合统一成为中国的民族主义大潮。一百多年华侨华人与当代中国关系的发展历程，大致可分四个高潮：其一，洋务运动与辛亥革命的爱国高潮。孙中山说："华侨为革命之母。"没有华侨，便没有中国革命。其二，抗日救亡的爱国高潮。毛泽东称赞陈嘉庚为"华侨旗帜，民族光辉"，高度肯定华侨对国家的重要作用。其三，积极回国参加社会主义革命和新中国建设的高潮。其四，积极投身中国改革开放现代化的高潮。四个经济特区的选址与设置，中国的改革开放与现代化，始终离不开海外华人的重要贡献。

　　鉴于国内内战、"文化大革命"与国际冷战的局面，20 世纪五六十年代后，海外华人社会与中国内地（大陆）的联系又一次中断，而且间隔长达几十年；中国内地（大陆）与港澳台地区社会经济发展的差距也越来越大，中国内地（大陆）越来越穷，海外华人经济发展势头越来越旺。20 世纪 70 年代末中国实行改革开放之后这种状况才开始改变，海外华人重新与中国内地（大陆）连接，再次积极承担中国现代化发展事业的大任。受新形势发展前景鼓舞，为建构海内外华人社会的一体性标识，20 世纪 80 年代杜维明提出著名的"文化中国"概念。[1]同时，随着中国沿海开放日益发展以及香港、澳门回归的时间日趋临近，"大中

---

[1] Tu W M. Cultural China: The periphery as the center. *In* Tu W M. ed. *The Living Tree: The Changing Meaning of Being Chinese Today*. Stanford: Stanford University Press, 1994, pp. 1-34.

华经济圈""华南经济圈"也成为当时国际学界热烈讨论的选项。①当下,在全球化与区域一体化背景下,随着内地(大陆)与港澳台地区经济日益整合,社会发展水平差距逐步缩小,交往日趋频繁,"中华性"作为一体性、共同性的标签应该更能为华人社会所接受,近年来国际学界对"中华性"的热烈讨论即为明证。此谓华人社会的"合"。

四、共赢发展

发展是当今世界一个家喻户晓、耳熟能详的概念,专业系统性与非正式性并存,综合性与专门性兼具,有国家与社会的维度之分,内部与外部、正式与非正式之别,其原生含义大意指"前进""前途""成长""进步""进化""福祉""和谐""健康"等,具有政治、经济、社会、文化、意识形态、生态、人类和人权等关联性维度,涵盖个人、社区、地方和国家层面,甚至更大范围的地区、世界与全人类的层面。一般地,发展的程度定位是介于发达与落后的进行状态,发展的空间定位是相对于欧美发达国家而言的亚非拉第三世界,发展的必要性是为了摆脱落后、贫穷、愚昧、封闭、暴乱、专制等对立面驱动,发展的进程是从传统到现代过渡、从贫困向富裕转变、从第三世界向西方发达国家跨越。无论哪种层面与维度的含义,公平与和平都是发展的前提条件。前者主要是民族国家之内法治的范畴(同时涵盖社会稳定),

---

① Harding H. The concept of "Greater China": Themes, variations and reservations. *The China Quarterly*, 1993, 136: 660-686; Wang G W. Greater China and the Chinese Overseas. *The China Quarterly*, 1993, 136: 926-948; Sung Y W. *The Emergence of Greater China: The Economic Integration of Mainland China, Taiwan and Hong Kong*. New York: Palgrave Macmillan, 2005.

是发展的内核价值支撑；后者是国家与国家之间国际关系安全的范畴，是发展的外部环境支撑。①没有公平与和平，发展根本无从谈起。这应该是本论坛和本章发展概念的基本框架。

若冠以特定的历史、社会、政治、经济、文化的背景，则发展相应地会衍生出更多复杂的含义。从政治经济的视角，发展等于"现代化"，涉及经济成长、民生、民主和"传统"的关系；从意识形态的视角，发展等于"西化"，涉及非西方社会的道路选择与权力关系。这大概是发展概念最具争议，也是最根本性的关键所在。与社会的维度相对应，发展的含义更多的是关于社会转型的公平性问题。在民族国家主权范围内，发展的内部含义既有系统性、一揽子的模式与道路选择，如政治、经济、社会、自然环境、文化等协调综合可持续性内涵等，又有特指与贫困落后和富强发达相关联的专门性含义。在民族国家主权范围之外，发展的外部含义主要是地缘政治经济的课题，或者"战争与和平"的课题，或者"发展与合作"的课题，或者"控制与依附"的课题，既牵涉到国家与国家之间、地区与地区之间、文明与文明之间的互惠共赢合作，又关系到它们之间的差异分歧，甚至霸权、对立和冲突。

笔者相信，本次论坛华人社会的发展应该主要是指：其一，宏观战略层面的且广为接受的含义。其二，正面、中性、去意识形态争议的含义。具体而言，相应地应该首先是国家发展、和平

---

① 相关讨论请参阅 Stanley M. Social development as a normative concept. *The Journal of Developing Areas, 1967*, 1 (3): 301-316; Portes A. On the sociology of national development: Theories and issues. *American Journal of Sociology*, 1976, 82 (1): 55-85; Wood H A. Toward a geographical concept of development. *Geographical Review*, 1977, 67 (4): 462-468; Wallerstein I. The development of the concept of development. *Sociological Theory*, 1984, 2: 102-116; Young F W. Durkheim and development theory. *Sociological Theory*, 1994, 12 (1): 73-82; Schumpeter J A, Markus C B, Thorbjørn K. Development. *Journal of Economic Literature*, 2005, 43 (1): 108-120.

发展；然后主要指华人社会层面的经济、社会、政治、文化发展，等等。把"华人社会的共赢发展"单独作为一个课题来讨论，本身很有突出和彰显课题的意味，直接或间接，至少应该包含如下几层含义：其一，强调"华人社会"，本身即承认华人社会不是整齐划一的，而是存在上述几种不同性质的差异性，虽然都共同拥有"中华性"的特质性认同。其二，强调"共赢发展"，表明这既是一个历史战略大机遇与大势趋，是不可阻挡的，同时暗示问题，仍存在争议、怀疑，甚至部分反对的声音；既意味着各方对"发展"方向仍有待取得共识，同时也暗示达到"共赢"的局面仍有待努力。其三，强调"华人社会的共赢发展"，意味着这是一个中华性标识下的华人社会互惠正面的发展，与国家之间政治霸权与零和游戏乃至共赢的性质存在根本不同。内地（大陆）与港澳台地区华人社会"中华性"标签认同之所以形成，除了自身族群、文化、历史等内部"自我"因素规定外，还存在一个共同的外部"他者"因素规定。换而言之，与外部之间分歧合作方式和性质根本不同的是，华人社会的差异是内部之间的差异，华人社会的发展是内部之间的合作。

有鉴于此，内地（大陆）与港澳台地区需要思考这么一组密不可分的大问题：对华人社会而言，共赢发展的最大公约数与最高福祉应该是什么？为什么选择这个节点时机强调"华人社会共赢发展"？反过来，对华人而言，共赢发展的最危险趋势与最大危害又是什么？哪些势力最不希望看到华人社会的共赢发展？共赢发展的条件和机遇有什么独特时代特征？为什么？等等。概而言之，可以归结为这样一个核心问题：世界大潮，浩浩荡荡；"共赢发展"是关于华人社会的战略选择与根本出路的原则问题，而不仅仅是一个简单的意愿问题。如上文一样，这些问题也可以不必一一明确回答，但如此提问可以帮助我们厘清问题的脉络和实质。

五、公平的尺度：中华性与华人社会的共赢发展

在上述背景下，鉴于华人社会的不同发展历程，如果把中华性与华人社会相关联讨论，那么中华性既有共同的原生性、一致性标签，又有各自不同的差异性。就整体性板块、结构性关系而论，争论的核心是：谁是中华性的合法性代表与垄断话语权的合法性解释者——到底是中国内地（大陆），还是香港、澳门、台湾地区与其他海外华人社会？如果撇开海外华人社会，这实际上涉及中央与地方的特殊关系问题，以及各个不同的华人社会呈现的"不同华人性"的问题。"中央与地方"特殊关系的问题，不是中心与边缘的霸权关系，而是尊重历史与现实差异性基础上的"一国两制"的关系。各个华人社会呈现出"不同华人性"的问题，不是平行的、独立的"华人性"，而是同根同源、拥有根本一致性的华人性基础上而衍生的差异性。特别是对港澳台地区和海外华人社会而言，差异性，指的是因历史、政治、意识形态的差异背景，而呈现与内地（大陆）华人社会的不同社会制度、生活方式与身份认同。

就中华性与华人社会的具体关联而言，共赢发展的基本要义应该是：首先，与内在的经济与社会发展的基本含义相比，共赢发展首先应该是国家发展，此即华人社会共赢发展的首要政治性含义。国家发展固然有民主化的内涵，但对华人社会而言，当下最重要的课题是国家统一与民族复兴。经济与社会发展是国家发展的重要内涵和基础，国家发展是最重要的原则和共识，其外延却更广泛，牵涉外部复杂的地缘政治经济要素。国家发展，或曰国家统一与民族强盛，或曰和平发展，或曰中华民族的伟大复

兴，或曰中华文明的传承与繁荣，应该成为华人社会共赢发展的最大共识和最高原则。其次，是各个华人社会的和谐发展，即中国内地（大陆）、港澳台与海外华人社会各自的和谐发展。当下内地（大陆）正在建构法治社会，目标是通过依宪治国、依法治国，实现社会公平公正、可持续发展。鉴于港澳台地区华人社会对此已经积累了许多很好的经验，内地（大陆）与港澳台地区应该加强相互交流，港澳台地区某些成功的经验与有益的教训尤其值得内地（大陆）借鉴。

与几十年前相比，华人社会共赢发展的一个显著不同特征是：之前内地（大陆）与港澳台地区社会经济发展很不对称，前者是封闭、贫困、僵化、落后的计划经济，后者是开放、先进、生机勃勃的东亚小龙，经济优势的天平向港澳台地区大幅度倾斜。如今内地（大陆）与港澳台地区的天平则向内地（大陆）大幅度倾斜，港澳台地区经济融入内地（大陆）市场，而且被内地（大陆）赶超的压力越来越大，相比而言，其心理优越感已逐渐消失，社会普遍焦虑烦躁，变得越来越不自信，进而转向保守，强调自身的差异性与身份认同，并以民主化发展诉求为爆发点，与外部地缘政治经济要素交织，使问题更加复杂化。这应该是华人社会共赢发展需要克服的两大重要挑战。

当下，华人社会共赢发展最突出的现实前提和战略机遇是：首先，中国崛起；其次，亚洲崛起。两者相互关联，彼此依托，相互促进。"一带一路"既密切连接着中国与亚洲内部各地区，又把中国与亚洲之外的欧洲、非洲大陆紧密连接在一起。人员往来、贸易物流及高铁技术的互联、互通、互补是条件，也是动力；实施中的"一带一路"基金、金砖国家新开发银行、上海经济合作组织开发银行以及亚洲基础设施投资银行，是保障，也是基础；已经实施的中国—东盟自由贸易区、已经生效的中韩与中澳自由贸易协定、亚太自由贸易区的倡议，是架构，也是前景。如此，中国通过丝绸之路贯通欧洲，与大西洋对接；通过亚太连接美洲，与太平洋对接。中国与亚洲构成一个巨大的命运共同体：中国崛起依托亚洲的崛起，亚洲崛起依赖中国崛起。无论是中国复兴，还是亚洲崛起，都将面临几大问题：其一，动荡与稳定的关系。这是国内的维度。其二，战争与和平的关系。这是国际的维度。其三，传统与现代的关系。这既是国内，也是国际的维度。其四，改革与开放的关系。这同样既是国内，也是国际的维度。所以，共赢发展，一方面浩荡大势，不可阻挡；另一方面又有大我与小我、大前提与小前提之分，族群、文化、历史与意识形态之别。

三个相互关联的客观现实要求同样非常重要：其一，发展永远是中国政府与中国人民的"第一要义"，是不可改变也不可阻挡的战略抉择和历史大势。其二，香港、澳门和台湾地区的华人社会积极融合内地（大陆）的发展这个第一要义，进而反过来整体成为内地（大陆）发展的重要推手，并最终汇合整个中华民族与国家的大发展和大复兴，是谓"共赢发展"。其三，发展的外部要素，即世界局势、地缘政治与周边环境，是中国大发展的外部环境与重要历史机遇，但道路永远不会平坦，前景也不会乐观。前两个因素是内部问题，应该成为华人社会的共识，无论是就内地（大陆），还是香港、澳门和台湾地区，或者海外华人社会而言，都是如此。最后的外部因素有些复杂而吊诡，原因很简单，即西式民主化的诱惑与外部敌对势力的干扰。内外要素，往往会相互影响，相互转化，有时甚至汇合在一起，都需要积极应对，努力经营。无论内部因素，还是外部因素，华人社会所面临的中华性与共赢发展的基本前提首先是国家和平发展，这是关乎经济、政治、社会等其他层面发展的前提条件。其次才是发展路径与发展层面的问题，这既需要考虑你我、内外和中西之间选择和认同的大是大非问题，同时也需要考虑华人社会内部存在的历史差异性现实。一方面，"和而不同"的儒家要义，应该是一种大智慧。另一方面，诚如杜维明所言，"儒家传统中有一个根深蒂固的信念，以大事小靠仁道，以小事大靠智道"①。复杂难解的政治很多时候需要从族群、文化和历史的脉络中寻求公平解答的智慧。

应该承认的是，就国家与社会层面关联而言，发展与公平既是双重尺度，也是互为彼此尺度。公平作为一种尺度，通常是指衡量发展的社会与政治权力关系维度而言；发展作为一种绝对尺度，通常是关于福祉、前途和命运的课题，尤其是指对立面意义关联更具针对性，如亟待改变的贫困、饥饿、愚昧、落后、依附等状况。公平，是人类共同价值，有社会、国家、道德的维度，是人类价值观的基本愿望，也需要制度性安排来体现和保障。发展，是硬道理，有经济、社会、政治的维度，特别是当下作为第三世界新兴经济体的第一要义。中华性，是身份认同，有地域、族群、历史、文化的维度，是我们华人社会的共同纽带与内在动力。无论是公平，还是发展，都没有绝对性，都是地方性的和相对性的，都具有特定国家、族群、文明与历史的具体背景条件和特征。公平需要发展为基础，发展需要公平为导向。公平，离不开中华性的价值底蕴；发展，需要从中华性中寻求驱动力。华人社会与中华性关系，也是如此：华人社会因中华性而凝聚相连，中华性因华人社会而承继丰富。无论是公平，还是发展，都不是理所当然的，也不是一厢情愿的。历史的经验早已证明，没有公平，发展不会持续，迟早会陷于停滞；没有发展，公平没有基础，无法真正体现。

中华性是华人社会连接的纽带，也是华人社会发展的动力。公平的尺度是华人社会的共赢发展，也是国家统一强盛、中华民

---

① 杜维明：《对话文明》，载关世杰主编：《人类文明中的秩序、公平公正与社会发展》，北京：北京大学出版社，2009 年，第 10 页。

族的伟大复兴。如何认识处理以下的关系，对中华性与华人社会共赢发展的讨论尤为重要：其一，华人社会内部，作为内在尺度的经济、社会发展与作为外在尺度的国家发展的统一。其二，作为中华性一致性认同与华人社会内部社会与意识形态差异性的统一。其三，作为历史文化传统的内在传承与改革开放现代化、对外交流的统一。中华性有政治含义，但不是政治霸权，血缘、文化与历史永远无法割舍动摇。中华性是根本性、综合性特征，但不是本质论，中华性始终是开放性的、融合性的，华人社会的多样性与丰富性同样构成中华性的重要财富。在台北第一届"唐奖"汉学奖颁奖典礼上，美籍华裔余英时教授的一段致辞很值得我们深思：

> 作为一个源远流长的文明，中国完全可以和其他古文明如印度、波斯、以色列、希腊等相提并论。和以往不同，在重建和阐释中国文明的演进过程时，我们开始摆脱西方历史模式的笼罩。换句话说，从西方历史经验中总结出来的演进模式可以对中国史研究具有参证和比较的作用，但中国史的重建却不能直接纳入西方的模式之中。我们现在大致有一个共识：中国作为一个伟大的文化传统，主要在自身的内在动力驱使之下，前后经历了多次演进的阶段。但为了对于中国文明及其动态获得整体的认识，我们必须致力于揭示中国历史变动的独特过程和独特方式。然而这绝对不是主张研究方法上的孤立主义，恰恰相反，在今天的汉学研究中，比较的观点比以往任何阶段都更受重视。原因并不难寻找。中国文明及其发展形态的独特性只有在和其他文明（尤其是西方文明）的比较和对照之下才能坚实而充分地建立起来。从另一方面说，如果采取完全孤立的方式研究中国史，其结果势必坠入中国中心论的古老陷阱之中。①

---

① http://news.ifeng.com/a/20140918/42021382_0.shtml. 访问日期 2019 年 8 月 31 日。

12
移民、族群与认同：东南亚华人方言群的历史特征与发展动力*

地方、方言、方言群是与国家、国语和国族等范畴相对应的地域社会语言文化的概念。在统一的民族国家疆界之内，历史上方言与方言群现象彰显的动力更多是国家与社会、中央与地方、中心与边缘、主体民族与少数民族之间的互动与整合、差异与分野。在民族国家疆域之外的跨国移民互动交往与权力关系中，历史上方言和方言群课题更多的是关于移民社会的生存适应、身份认同与社会文化动力；或者说，简而言之，其背后更深层次主题范畴不外乎是移民、族群与认同。在东南亚背景下，方言与方言群问题，至少有如下含义：其一，反映了殖民主义和后殖民主义背景下东南亚华人独特的社会地域文化、权力关系等结构性特征与生态现实；其二，反映了东南亚地区与中国长期历史互动的范畴、进程、主题和动力。

作为华人社区内部身份认同，现代历史上东南亚华人更多地与各自对应的会馆、头家和方言群相联系。在更广阔的东南亚多

---

* 原载黄贤强主编：《族群、历史与文化：跨域研究东南亚和东亚》（上卷），新加坡：新加坡国立大学中文系与世界科技出版公司，2011年4月，第3—22页。收入本书，有订正。

元文化与多元社会结构背景下，东南亚华人族群与认同呈现出多重性和复杂性。前一阶段，东南亚华人方言群的族群与认同，既具有各地方言群之间政治和经济竞争的日常表现形式和内容，又具有在华人、中华文化、中国民族主义等旗帜标签下的跨族群、跨文化、跨地域和跨国家的超级意识形态和霸权，并且前者内部的身份认同往往自觉地隶属，并且最终归属，因而很可能湮没于后者统一的身份认同和现代民族主义考量。后一阶段，东南亚华人方言群的族群与认同则更多地与东南亚新兴本土社会和国家相联系，方言群、会馆和头家逐步淡出了华人政治和社会文化生活的主流，日益融入新国家、新社会、新经济的洪流中，虽然华族和华人性始终与之交织在一起。此种现象的产生和转变主要伴随着现代民族主义的出现、殖民主义的瓦解和新兴民族国家的诞生等历史进程。所以，实质上，方言群课题涉及的是移民问题、族群问题、国家形成与政权更替问题、地方文化与认同问题等重大课题。殖民主义时期与后殖民主义时期，伴随着国家形成与社会变迁的进程，东南亚华人方言群的历史发展呈现出鲜明的不同特征。那么，东南亚华人方言群的历史发展进程如何？有什么结构性特征？其发展动力怎样？本章试图作一概要性的初步考察与梳理。

一、移民、族群与认同：一些理论与历史背景

在论及东南亚华人方言群这一专门问题之前，有必要先从理论与历史两大背景上明确理解移民、族群与认同的相关问题。移民、族群与认同是探讨东南亚华人问题的相互关联的核心要素，

其实主要是社会科学家而非历史学家关注的理论问题。倘若一定要从上述几个要素中厘清一个中心坐标，当然非"族群"莫属了。作为文化差异的社会组织，族群问题的探讨主要着眼于两大方面：其一，对群体间疆界分野的建构与重构；其二，对群体内部文化特质与身份认同含义的生产与再生产。这实质上是族群的认同和文化两大基本属性：前者回答"我们是谁"的问题，后者回答"我们是什么"的问题。① 乍看来，文化与认同是构成族群概念的两大基本要素，但是族群问题实际上要复杂得多、深远得多。族群是一个原生性与情景性同在、排他性与多元性并存、历史性与现代性兼具的概念，伴随着近代人类社会移民浪潮、长距离贸易、工业革命、欧洲殖民主义、印刷资本主义、民族民主革命和现代民族国家等世界历史上的大进程和大事件，承载着文化、政治、社会、经济和历史的多重含义，影响着今天许多人衣食住行等日常生活的方方面面。族群的界定至少涉及如下几组对应的关系：第一，我（们）与他（们）的关系。族群不仅是自我认知归属，而且也是别人的认知归属。第二，个人与群体的关系。族群不仅是个人与群体之间的关系与选项，而且是群体与群体之间的关系与选项。第三，内部与外部的关系。族群不仅通过自身内部的文化特质来界定，而且受外部互动关系作用的影响而被重塑。第四，地方与国家的关系。族群不仅是地方层面的社会与文化特质的现实，而且是国家层面文化与政治霸权的塑造与分野。第五，机构与组织的关系以及自我选择与强制义务的关系。族群不仅涉及的是个人的自我选择，而且是群体机构的强制性约束规范。简言之，族群概念同时兼具原生性与情景性、复杂性与

---

① Nagel J. Constructing ethnicity: Creating and recreating ethnic identity and culture. *Social Problems*, 1994, 41 (1): 152-176.

模糊性、多样性与结构性等功能、维度和层面。①

对东南亚与东南亚华人来说，族群的含义与建构更应该与近现代历史进程联系在一起，或者说，更多地与殖民主义和现代民族国家两大要素密切相关。然而，族群问题的彰显与普及却不是与上述结构性进程同步发生、一蹴而就的突变，而是一个渐进式的、阶段性的历史进程。由于大规模移民改变了东南亚社会结构，由于殖民主义奠定了东南亚各国的现代政治疆界与新的社会经济秩序，由于移民社会结构与认同本身发生了根本性变化，由于独立后建国工程使国内国际权力关系发生了颠覆性重组，如果说东南亚族群的政治起源是殖民主义的产物，那么东南亚族群的政治分化则主要是后殖民主义时代的建国工程。所以，东南亚族群的分类和分野，本质上是等级的、西方的、政治的，特别是西方殖民主义和现代民族国家政治霸权的工具性发明与手段，而不是基于所谓的纯"科学"分类，也与历史上亚洲国家政治与文化观念背道而驰。实际上，现代亚洲国家（日本除外）从未为寻求理解境内各种族群体的差异性而进行过所谓的科学分类。在亚洲民众的感受里，族群间内在的差异更多地基于文化而非基于生物学上的分类。而且，在前殖民时代的东南亚国家和中国，帝国的分野主要基于较广义松散的边疆（frontiers），而非较狭义严格的边

---

① For detailed discussions, see, for example, Barth F. ed. *Ethnic Groups and Boundaries: The Social Organization of Culture Difference*. London: George Allen & Unwin. 1969; Strauch J. multiple ethnicities in Malaysia: The shifting relevance of alternative Chinese categories. *Modern Asian Studies*, 1981, 15 (2): 235-260; Vermeulen H, Govers C. eds. *The Anthropology of Ethnicity: Beyond Ethnic Groups and Boundaries*. Amsterdam: Het Spinhuis, 1994; Chun A. Fuck Chineseness: On the ambiguities of ethnicity as culture as identity. *Boundary 2*, 1996, 23 (2): 111-138; Gunew S. Postcolonialism and multiculturalism: Between race and ethnicity. *The Yearbook of English Studies*, 1997, 27: 22-39; MacDonald K. An integrative evolutionary perspective on ethnicity. *Politics and the Life Sciences*, 2001, 20 (1): 67-80; Aceto M. Ethnic personal names and multiple identities in Anglophone Caribbean speech communities in Latin America. *Language in Society*, 2002, 34 (4): 577-608.

界（borders），各族人民之间的差异主要是中华文明或佛教文明、地域性和血缘宗亲关系，而非人种生物学或语言属性。①

族群的多元性与差异性在前殖民时期的东南亚由来已久，一直是当时土著王朝和城市生活的生态特征。②然而，只有在殖民主义时期，由于欧洲殖民主义统治动摇了东南亚前殖民传统关系，摧毁了乡村的道德经济，侵蚀了土著社会的文化风俗，才重新界定了东南亚各国各族群之间的分类、分工与身份意识，族群的分类与分化被等级化、社会化、永久化、制度化和合法化。第一，军事上，欧洲殖民主义者利用东南亚各民族之间的明显差异与矛盾，进行分化从而达到最后征服的目的。第二，行政上，由于殖民资源的限制，各族群间的条块分割便明显成为行政管理的技巧，殖民政策与实践人为地制造、维系和强化东南亚各族群之间边界藩篱。第三，经济上，一方面为避免动摇当地社会的稳定性，欧洲殖民统治者大量引进亚洲移民（主要为华人和印度人）积极参与殖民经济的开发；另一方面为避免太过依赖不可靠的土著精英，欧洲殖民统治者大多选择雇用亚洲移民（特别是华人）作为他们商业上的合伙人和买办。第四，在城市规划与功能上，出于经济需要和政治担忧的双重考量，1850—1940年是现代东南亚城市化的世纪，东南亚的城市规模与功能发生了革命性变化。东南亚殖民城市从依附内陆地区的沿河堤或沿海岸的狭小飞地转而发展成为控制内陆地区的政治与经济中心、新思想的大渠道、新变革的发电机和新身份认同的载体。第五，在知识建构上，自

---

① Keyes C. Presidential Address: "The Peoples of Asia" -science and politics in the classification of ethnic groups in Thailand, China and Vietnam. *The Journal of Asian Studies*, 2002, 61 (4): 1163-1203; 吴小安：《试论历史上的东南亚国家与国家形成：形态、属性和功能》，载《亚太研究论丛》第五辑，北京：北京大学出版社，2008年，第248—253页。

② Proschan F. Peoples of the gourd: Imagined ethnicities in Highland Southeast Asia. *The Journal of Asian Studies*, 2001, 60 (4): 999-1032.

19世纪开始，欧洲殖民主义者开始系统的语言学和民族志的调查，各国疆界被重新标识和划分确定，人口普查与资源勘探不断进行，族群的社会、政治、经济、文化的边界统统被殖民化、政治化、制度化和社会化，一律被殖民国家简单化、标签化、概念化。[1]

第二次世界大战后西方殖民主义的瓦解则使东南亚建国不仅带有鲜明的殖民主义的历史遗产与反殖民主义的政治特征，而且呈现出与欧洲现代民族国家形成截然相反的模式与轨迹：在东南亚是先有"国家"，后有"民族"的；"国家"主导着"民族"的形成，且该过程仍在继续，并受到严重挑战。正因为如此，后殖民主义的现代发展进程使族群问题再次成为想象、建构与重构焦点课题，并且与民族主义紧密相连。而战后东南亚各国新兴独立的国家是脆弱与不稳定的，公民的政治身份与族群的文化认同并不等同，甚至相分离和冲突，族群关系较紧张，建国的进程与认同的建构至今仍在进行中，使该课题更加富有现实敏感性、复杂性、紧迫性和重要性意义。[2]

19世纪中叶以来，东南亚族群的分类选择与使用大致经历了"民族"（nationality）、"种族"（race）、"社群"（community）以及"族群"（ethnicity）的不同变化。马来西亚百多年来的历次人口普查便是最好的例证。1871年，在海峡殖民地最早的人口普查中，族群分类是概略化和描述化，仅仅以地理区域和时间年份等一般性条目来统计不同人口构成。1881年和1891年的人口普查中，经

---

[1] Stockwell A J. Conceptions of community in Colonial Southeast Asia. *Transactions of the Royal Historical Society*, 1998, 8: 337-355; Charles K. *The People of Asia*. pp. 1171-1176; 吴小安：《试论历史上的东南亚国家与国家形成：形态、属性和功能》，载《亚太研究论丛》第五辑，北京：北京大学出版社，2008年，第254—257页。

[2] Rejai M, Enloe C H. Nation-states and state-nations. *International Studies Quarterly*, 1969, 13 (2): 150; 吴小安：《试论历史上的东南亚国家与国家形成：形态、属性和功能》，载《亚太研究论丛》第五辑，北京：北京大学出版社，2008年，第258—264页。

常出现在最早期人口普查讨论中的"民族"（nationality）一词被正式用来代表族群分类栏目；"种族"（race）一词则第一次出现在1891年人口普查员的指示条令附录里。1901年，马来联邦第一次进行四州府统一的人口普查，建议下次人口普查"民族"（nationality）一词应该改成"种族"（race），这是由于后者比前者的含义更广泛、更全面、更少模糊性。1911年的人口普查正式完成了这一改变。此后在1921年和1931年的英属马来亚全境人口普查中，官方的族群标签一直是"种族"（race），虽然该概念界定的本身当时仍具有不确定性。1941年原定的人口普查因太平洋战争而被取消；1947年战后第一次人口普查中，"社群"（community）一词第一次正式使用，表示因语言、宗教、风俗习惯与忠诚度等要素而形成的不同利益共同体。然而意味深长的是，1957年8月独立前两个月进行的人口普查再次捡起了容易敏感的、早被扬弃的、半个多世纪前第一次使用的"种族"（race）标识，而撤除了更中性的"社群"（community）分类。尽管如此，更有意思的是，在经历"五·一三"种族严重流血冲突后不久举行的、独立后第一次人口普查（1970年）很快便彻底抛弃了伪生物学的"种族"（race）一词，转而再次使用"社群"（community）标识。而1980年的人口普查，则更向前迈入一步，其关于族群的问题更具中性和开放性："您属于哪一个族群、社群或方言群？"（To what ethnic group, community or dialect group do you belong?）至此，这应该便是采纳了更与时俱进的现代"族群"（ethnicity）的概念，并一直保留到最近2000年的人口普查里。[①]值得注意的是，1980年之后的两次人口普查（1991年与2000年）在"人口与社会特征"选项里摒弃了前两次人口普查的"身

[①] Hirschman C. The meaning and measurement of ethnicity in Malaysia: An analysis of census classifications. *The Journal of Asian Studies*, 1987, 46 (3): 555-582.

份证"（颜色）与"语言"两个项目，而在"移民特征"选项里则摒弃了前两次人口普查的"在马居留期""在现居地居留期""在此之前的居留地""移民原因"等四个项目。[①]2000 年的人口统计，对方言群的定位仍以个人认同为标准，华社方言群的分类为十大类：福建、广府、客家、潮州和海南等传统五大方言群；广西、福州、兴化、福清等四个次级方言群；涵盖各小方言群的杂类"其他"名目。

一个值得注意的重要变化是，随着时代的变迁，跨方言群的认同出现，有些人甚至无法确定自己的方言与籍贯，因而，统计局未出版的以方言群为单位的华人人口要比已出版的数据少 33 万人之多，误差高达 5.7%。[②]统计官方族群问题的衡量标准及其历史变化，恰恰反映了该问题本质的方方面面，而且揭示了殖民主义与后殖民主义国家不同政治经济与意识形态的革命性变迁，以及族群问题相应形成、想象、建构和重构的结构性历史背景。

二、东南亚华人：移民浪潮、形态、形象与身份认同

东南亚华人属少数民族，但是与位居边缘的其他落后停滞少数民族或移民少数民族不同，他们却是社会中上层、时常位居关注焦点的，政经权力不对称、政治文化认同不统一的独特而富有活力的少数族群。这主要在于东南亚华人的移民身份，在于他们重要的经济影响力，在于他们在许多重要城市的人口规模，在于

---

① Hasan Abdul Rahman and Norfariza Hanim Kasim. Malaysian Population Census: Review of Enumeration Strategies and Topics. Department of Statistics Malaysia. http://www.statistics.gov.my/eng/images/stories/files/.../population.pdf. 访问日期 2019 年 3 月 30 日。
② 文平强：《马来西亚华裔人口与方言群的分布》，《华研通讯》2007 年第 1 期，第 27—35 页。

他们在东南亚近代化中的先锋作用以及与中国的联系等。本章第一部分从理论与历史背景两大层面简要明确了移民、族群与认同的基本问题之后,为了更好地理解华人方言群问题的历史特征与发展动力,下面,笔者还将从东南亚华人的专门视角概述移民浪潮、形态、形象与身份认同的相关问题。

在中国移民史方面,17世纪至今,中国大规模对外移民大致出现过四次浪潮。第一次浪潮:始于17世纪初,止于19世纪中叶。随着西方商业主义的扩张,在东南亚各大贸易城市与贸易港口,纷纷涌现了规模不小的华人社区。到19世纪中叶,东南亚各地的中国移民及其后裔已达150万人。第二次浪潮:始于1860年第二次鸦片战争结束,止于1920年第一次世界大战后不久。1860年《北京条约》的签订,西方各国强迫清政府允许契约劳工出国。1893年,清政府正式废止禁止移民出国条例。随着殖民主义的扩张与征服,殖民地经济的开发,在19世纪末、20世纪初,大批华工纷纷被贩运,甚至被绑架出洋。到20世纪前期,先后约500万华工被贩运出国,约有200万华工被送往东南亚的种植园和矿场。到1920年,东南亚华人估计有500万人。第三次浪潮:始于1920年第一次世界大战后不久,止于1949年中华人民共和国成立。这一时期,华侨出国形成高潮,人数激增。在20世纪30年代,有大约600万华人分布在数以千计的东南亚华人社区。至20世纪40年代初,东南亚华人增至700多万人。到20世纪50年代初,约有1000万中国人移民及其后裔定居于东南亚。第四次浪潮:始于20世纪80年代中叶中国改革开放,一直延续至今。20世纪90年代中期以前,中国新移民高度集中于发达国家。其后,流向发展中国家的中国新移民日趋增多,尤其是前往东南亚地区。在东南亚,迄今为止中国新移民已达250万人以上的规模,可能占中国新移民总量的30%—40%,再次呈现历史上的经贸与移民互动之势。①

在移民形态构成方面，中国对外移民相应地大致可以划分为四种主要形态。第一种为华商形态，也是 18 世纪中国移民明显占据统治地位的形态，而且在 1850 年前，它也一直是仅有的重要形态。第二种为华工形态，其来源是大量的苦力移民。苦力贸易，始于 1845 年，到了 1874 年已接近尾声。该移民形态可以理解为一种过渡形态，其过渡性质表现为，当他们的契约结束后，大部分契约劳工都返回中国。第三种为华侨形态，其最根本的特征是他们与中国的密切联系。华侨形态不是用来表示移民的职业或工作，而是 19 世纪末叶后，与中国紧密联系的，以民族主义为特征的、具有特定政治、法律和意识形态含义的历史形态。华侨设会馆，办学校，办报纸，用中文进行教育。直至 20 世纪 50 年代之前，它一直是一种占统治地位的形态。第四种为华人形态（有时也称华裔形态），即 20 世纪 50 年代后，由于非殖民地化与东南亚建国，华侨形态转化为华人形态。②

在与祖籍国中国关系方面，特别是自 19 世纪中后叶以来，东南亚华人移民维系着一条连接居留地之间的，繁忙的经济、社会和文化纽带的"空中走廊"（"corridor"），且随着时代与形势的变化而变化。虽然这条历史"空中走廊"有时会停顿，但是 20 世纪 80 年代后又重新被打通，成为引领中国改革开放现代化建设的重要先锋载体。③ 在明清以降政府官方定性里，长期以来东南亚华人移民的形象经历了几个不同阶段的变化。第一阶段为负面、糟

---

① 庄国土：《论中国人移民东南亚的四次大潮》，《南洋问题研究》2008 年第 1 期，第 69—81 页。
② 王赓武：《王赓武自选集·中国移民形态的若干历史分析》，上海：上海教育出版社，2002 年，第 188—205 页。
③ Kuhn P A. *Chinese Among Others: Emigration in Modern Times*. Singapore: NUS Press, 2008, pp. 43-51; Kuhn P A. Why China historians should study the Chinese Diaspora, and vice-versa. *Journal of Chinese Overseas*, 2006, 2 (2): 163-172.

糕、不屑一顾的"海外弃民"形象,包括"逃亡犯"、"罪犯"和"潜在的奸贼",时间长达四个世纪,大致自明朝起一直延续到 19 世纪初叶。第二阶段为更负面、更敌视、更升级的"洋人奸贼"形象,这是由于清政府怀疑海外华人与洋人经常接触、通晓洋人语言、极可能与洋人串通合作等原因,时间主要是 19 世纪 40—60 年代的两次鸦片战争期间。第三阶段转变为同情华工移民悲惨境遇、关注他们基本劳动和生活权利的"劳工苦力"形象,时间为 19 世纪 60—70 年代。第四阶段则为更正面、更提升、更体面的"中华子民"与"华侨商绅"形象,这是由于清政府希望利用海外华人的经济实力与技能为国内近代化建设服务所致,时间为晚清王朝 1912 年覆灭前的最后四十多年。① 从海外华人对中国的作用功能角度,自 19 世纪 60 年代以降的一个半多世纪的历史互动中,更有学者把东南亚华人移民划分为三种明显不同的典型形象。第一种形象为"强迫移民"(involuntary migrants)。主要表现为西方列强的霸权欺凌、清政府的积贫积弱和中国社会经济的动荡混乱下持续的大规模对外移民潮与海外侨汇,时间大致自 19 世纪 60 年代始,直至 20 世纪早期。第二种形象为"政治革命者"(political revolutionaries)。时间主要为中华人民共和国成立后亚洲冷战与东南亚建国双重背景下的 20 世纪五六十年代。第三种形象为"经济充电池"(economic energisers)。时间从 20 世纪 70 年代末的中国改革开放始,直至 20 世纪 90 年代。上述三种典型形象不仅反映了祖籍国的政治经济形势和东南亚华人移民的角色地位,而且本身也成为建构东南亚华人移民身份认同的历史进程。②

---

① Yen C H. Ch'ing changing images of the overseas Chinese (1644-1912). *Modern Asian Studies*, 1981, 15 (2): 261-285.
② Cheung G C K. Involuntary migrants, political revolutionaries and economic energisers: A history of the image of overseas Chinese in Southeast Asia. *Journal of Contemporary China*, 2005, 14 (42): 55-66.

在中国民族主义的建构与宣示中，直至今日，海外华人依然成为一个重要元素；同样地，在世界各地海外华人的自我定位中，无论他们政治认同如何归属，中国（及其对应的华人与中华文明）依然成为牵系他们各自心扉的飘带，以及界定他们日常生活中跨文化互动的一个重要坐标。

东南亚华人与中国关系的程度性质，以第二次世界大战结束和1949年中华人民共和国成立为分水岭，在20世纪五六十年代出现了严重裂变，表现为从密切联系到有意疏远，甚至断绝联系，再到重新缓和，进而到全面提升和快速发展的新时期。首先，这一转变最明显的表现特征是东南亚华人的身份认同日益本土化，向各自东南亚国家认同归属，分别成为印度尼西亚华人、菲律宾华人、泰国华人、越南华人、缅甸华人、马来西亚华人和新加坡华人等。与此同时，东南亚华人与中国的联系纽带，特别是社会政治关系，越来越弱化淡薄，越来越被中国与东南亚双边多边国家关系和集体关系取代，华人所承载的主要为文化和经济含义。[1]其次，中国与东南亚互动，在移民问题上，呈现为双向流动，而非以前从中国单方面移民。当下越来越多的东南亚华人重新回到中国投资创业求学等，而中国到新加坡新移民的教育程度与专业水平，也越来越高，中国到东南亚投资办厂也开始增多。最后，中国与东南亚关系互动方面，自20世纪80年代以来，从传统闽粤侨乡，向广西、云南和中国主要大城市辐射转移。

在与居留地国家和社会关系方面，东南亚华人族群认同与社会组织大致经历了三个大的历史发展时期，各历史时期的标志性、结构性大事件应该分别是殖民主义统治推进和殖民主义经济扩张程度、中国对外移民潮的规模程度性质和移民社会（华侨社

---

[1] Yow C H. Weakening ties with the ancestral homeland in China: The case studies of contemporary Singapore and Malaysian Chinese. *Modern Asian Studies*, 2005, 39 (3): 559-597.

会)的形成,以及殖民主义瓦解和东南亚建国现代化建设发展进程。因而,19世纪中叶和20世纪中叶分别构成这些大的历史发展时期的时代分水岭。第一个历史时期最典型的类别是混血华人社会,主要是19世纪中叶之前殖民主义统治前期华族与土生妇女之间的异族通婚与土生华人身份认同,其类型分两大类:越南、柬埔寨和暹罗的华人与土著人通婚形成的混血人种,基本上属于同一种同化模式,即同化的社会政治法律比较有利,宗教文化差别较小。华人与安南人通婚而产生的混血人种被称为明乡(Minh-huong),华人与高棉人通婚而产生的混血人种被称为梅蒂(Meti),华人与暹罗人通婚而产生的混血人种被称为洛真(Lukjin)。在菲律宾、印尼与海峡殖民地,华人混血社会表现的是另一种文化变迁进程,他们不是同化而是涵化,主要为华菲混血儿(Chinese Mestizo)、土生华人(Chinese Peranakan)与峇峇或海峡华人(Chinese Baba)。这些混血华人社会既不是华人社会,也不是土著社会,而是一种具有独特文化特质的、稳定的第三种社会,或居间社会模式或"第三种文化"系统。大陆东南亚的混血华人社会主要是广东人特别是潮州人的同化适应模式,海岛东南亚的混血华人则主要是福建人的文化变异。而在福建人的华菲混血儿、土生华人与峇峇或海峡华人等三种文化类型中,不仅产生过新的不同族群,而且他们也同样形成不同的发展命运。

第二个历史时期最典型的类别便是我们通常所称的方言群社会,主要是19世纪中叶之后殖民主义统治黄金高潮及其衰落时期大量新客移民、方言群之间及土生华人与新客华人之间的分野互动经历了相当长时间的竞争、磨合、适应和联合的过程,东南亚华人族群的认同也同样是多重的,与华人内部上述各个族群分类社会文化属性相适应。这是东南亚华人方言群文化发展最全面、最鼎盛的时期,其间东南亚华社五大方言群依人口规模、政经实力、移民历史等不同发展程度在东南亚全面开花,建立了与上述要素相适应的宗祠、公司会馆、同业公会、学校、寺庙、坟山等系列组织。

第三个历史时期最典型的类别除了包括华人社会外,还包括与通常不同于东南亚华人的另外两类华人,即大陆东南亚的云南人和近二十年来从中国大陆、台湾甚至香港移居东南亚的新移民。华社内部族群主要表现是20世纪中叶之后东南亚独立建国和现代化历程背景下华人与其他族群之间、华校生与英校生之间、东南亚华人与中国新移民之间的分野互动。以东南亚的云南华人为例,位于"季风之北、彩云之南"云南,鉴于地理、历史、贸易、社会文化等诸种因素,历史上成为与缅甸、泰国和老挝大陆东南亚边界国家互动的中心枢纽,与中越边境呼应呈现出另一种陆路互动模式,明显有别于闽粤两省东南亚的传统海上互动模式。同样地,东南亚的云南华人也与来自闽粤五大主要方言群的华人不同,不仅移民潮的时间、背景、地区分布不同,而且他们根本是属于另一类型不同身份的华侨华人。[1]从移民潮的时间段看,虽然云南与大陆东南亚关系历史由来已久,然而与中国对外移民的四次浪潮不同,云南人大规模移民大陆东南亚只有三次浪潮,而且都是19世纪中后叶才开始,且是在不同时段、不同步调情形下独立进行的,即云南人的三次移民浪潮分别开始于19世纪中后叶、20世纪中叶以及20世纪末叶。从移民潮的背景看,与中国闽粤移民潮的殖民主义大背景不同,云南人移居大陆东南亚更与云南的地方和整个中国国内的政治大变局密切相关,带有强烈

---

[1] Yang B. *Between Winds and Clouds: The Making of Yunnan (Second Century BCE-Twentieth Century CE)*. New York: Columbia University Press, 2009; 另请参阅 Hill A M. *Merchants and Migrants: Ethnicity and Trade among Yunnanese Chinese in Southeast Asia*. New Haven: Yale Southeast Asia Studies, 1998; Lattimore O. Yunnan, pivot of Southeast Asia. *Foreign Affairs*, 1943, 21 (3): 476-493.

的回汉民族宗教冲突和国共政治意识形态对立的鲜明色彩。第一次云南移民潮与 1856—1873 年杜文秀领导的回民起义直接相关,起义失败的直接后果便是大批的回民马帮商人移居缅甸和泰国北部地区。1997 在清迈、清莱等地的回民后裔 2000 人左右,当下泰国北部回民约有 1 万人。① 第二次云南移民潮是 1950 年原国民党李文焕、段希文分别统帅下的第 3 军、第 5 军残部,他们先撤退到缅甸,后迁徙到泰国,主要为汉人军人及家属,20 世纪 80 年代前人数大约有 3 万人,与原来的移民后裔加起来,当下泰国北部的云南人约为 8 万人(包括 1 万名回民)。第三次云南移民浪潮始 20 世纪末、21 世纪初,比 20 世纪 80 年代开始的第四浪潮要晚得多,但移民的规模也却大得多。最显著的例子是,2000 年云南省竟跃升为当年中国对外移民人口总数的第一大省,占当年对外移民人口总数 76 万人的近 1/3,而 1995 年云南省对外移民则远不足当年中国对外移民人数 24 万人的 1%。② 从身份认同看,大陆东南亚云南人,19 世纪第一次移民潮的回民马帮被称为"老和人",20 世纪第二次移民潮的国民党士兵被称为"新和人"。无论是缅甸的"潘泰人"(Panthay)还是泰国的"和人"(Haw)或"秦和人"(Cin-Ho),无论是"老和人"还是"新和人"等,都是当地东南亚人包括东南亚华人对云南移民的一种专门分类,带有明显负面的、歧视性的阶级和族群的标签。这些云南人历经许多沧桑之后大部最终都取得了民权的合法身份成为当地居民,然而东南亚本土这些歧视性称呼背后的含义主要与未开化、落后、野蛮、叛乱、难民、暴力犯罪、武装贩毒、走私等"边缘云南人"的形象

---

① Atwill D G. Blinkered visions: Islamic identity, Hui Ethnicity, and the Panthay Rebellion in Southwest China, 1856-1873. *The Journal of Asian Studies*, 2003, 62 (4): 1079-1108; Wang L. Yunnanese Muslims along the Northern Thai border. *Kyoto Review of Southeast Asia*, 2004, 5.

② Liang Z, Morooka H. Recent trends of emigration from China: 1982-2000. *International Migration*, 2004, 42 (3): 145-164.

与活动相联系，意味着他们与当地东南亚人特别是东南亚华人相区别的不同族群社会分类，揭示了东南亚华人方言群和族群的另外一层重要含义。实际上，缅甸和泰国的云南移民则喜欢自称为"云南人"或"华人"，其自身的身份认同往往同时又是复杂的、多重的、分裂的，甚至是非常抗拒、苦涩和伤感的。①东南亚云南人的这种族群身份与当下东南亚对来自中国的新移民争论既相似又不同：相似的是，它们延续和重复着历史上一个多世纪以来的"土生华人"与"新客移民"亘古弥新的课题；不同的是，带有更强烈的社会排斥性的另类边缘性。实际上，闽粤五大方言群中相对弱势的族群海南人和客家人，其边缘性虽然与云南人的边缘性质决然不同，但华社内部族群等级性社会文化分类的共同一致性，大致应该是毫无疑义的。同样地，在当今东南亚华社，如果说云南人与新移民可以同属于方言群分类的话，那么，与东南亚其他华社方言群相比，云南人和新移民到底是属于同类方言群，还是属于另类方言群呢？华人内部族群的边缘性与适应性，在马来西亚沙巴的另一类"华北人"独特社区中，可以得到有趣的印证。②

---

① 详情请参阅 Hill A M. Chinese funerals and Chinese ethnicity in Chiang Mai, Thailand. *Ethnology*, 1992, 31 (4): 315-330; Chang W C. From war refugees to immigrants: The case of the KMT Yunnanese Chinese in Northern Thailand. *The International Migration Review*, 2001, 35 (4): 1086-1105; Chang W C. Identification of leadership among the KMT Yunnanese Chinese in Northern Thailand. *Journal of Southeast Asian Studies*, 2002, 33 (1): 123-145; Huang S M. The articulation of culture, agriculture, and the environment of Chinese in Northern Thailand. *Ethnology*, 2005, 44 (1): 1-11; Chang W C. Home away from home: Migrant Yunnanese Chinese in Northern Thailand. *International Journal of Asian Studies*, 2006, 3 (1): 49-76; Duan Y. Kuomintang soldiers and their descendants in Northern Thailand: An ethnographic study. *Journal of Chinese Overseas*, 2008, 4 (2): 238-257.

② Tan C B. The Northern Chinese of Sabah, Malaysia: Origin and some sociocultural aspects. *Asian Culture*, 1997, 21: 19-37; Wong T D. Chinese migration to Sabah before the Second World War. *Archipel*, 1999, 58 (3): 131-158.

三、东南亚华人方言群：历史特征与发展动力

方言群或方言群认同，按麦留芳的经典研究，有狭义和广义之分：前者基于祖籍的观念，对应的是民间金石资料所反映的自我认同，比较适合新马早期移民社会的历史境况；后者则基于操相同或相似的方言，对应的是官方人口普查统计资料中的分类法则，比较符合新马华人社会的一般经验。[①]东南亚华人方言群，过去常常通称为基于传统乡党观念的"帮"，甚至英文文献中也借用并接受了这种用法（即 Bang），在东南亚历史语境中，"帮"应该主要是华社内部同一族群之间基于血缘、乡土、方言坐标，而不是华族与非华族之间基于种族甚至民族界限的族群分野[②]；东南亚各地在不同时期呈现或一帮独大，或两帮争斗，或越帮参与，或群帮共处而安的局面，皆为帮权社会与帮派政治。"帮"既代表了学界关注社会组织形式及其权力关系的传统研究取向，也切合了华社一种历史与社会的日常语境；前者多少带有或迎合了殖民国家政治社会意识形态取向的工具霸权的意味，后者则真实地反映了当时华社社会经济权利关系的基本历史生态；"工具霸权的意味"暗示着一种高高在上的界定社会组织合法性、正统性、规范性与成熟性的判官定性，"日常话语的历史生态"则揭示了一种与闽粤农村和城市下层劳工移民社会教育文化程度水平相适应的一种独特而鲜活的最直观、最贴切、最容易理解的词汇表现方式，更反映了

---

① 麦留芳：《方言群认同：早期星马华人的分类法则》，《"中央研究院"民族学研究所专刊·乙种·第十四号》，台北：台湾"中央研究院"民族学研究所，1985年，第15—16、181—183页。
② 关于"帮"和"帮权"最新、最全面的讨论，请参阅吴龙云：《遭遇帮群：槟城华人社会的跨帮组织研究》，新加坡：新加坡国立大学中文系、八方文化创作室，2009年，第6—13、220—224页。

移民社会与殖民国家之间互动、整合、权责关系的定位和错位。

然而,"方言群"绝非简单地等同于"帮",它远远超越了"帮"的含义范畴,而且"帮"已然不是华社政治和身份认同的主流,早已融入现代民族主义和建国工程的历史大潮中。可否这么说,相对于传统的"帮"的称谓,"方言群"的术语,更多的是一种常态、中性、客观、多元、开放而自信的社会文化关怀与视角。从这种意义上,1985年麦留芳的提法尤为难能可贵。今日东南亚方言群研究的学术价值在于去原来研究中国家社会政治意识形态的单一价值取向,回归和发掘华人方言群社会族群间(内部与外部)政治经济社会文化互动的整体历史现实与深刻含义;不仅彰显华社方言群政治经济社会文化互动的整体历史现实与深刻含义,而且需要结合更广阔的政治经济社会历史结构性变迁进程中追问和探讨这些含义后面的变化是如何发生的?各个因素是如何相互影响、相互作用的?为什么会发生?等等。不可置疑的是,当下方言群研究兴趣的复兴与转型,固然一方面反映了方言群语言和方言群社会在国内层面的双双衰落和在跨国层面的活跃勃兴的客观现实,以及国家和社会之间关系的发展变化,同时另一方面不排除政治上的考量,客家族群的研究即是最好的例证。①

按方言、地缘划分,东南亚华社主要包括五大方言群,即福建人、广府人(或广东人)、潮州人、客家人和海南人;除此五大方言群外,还包括福州人、兴化人、福清人、广西人、云南人以及今天的新移民等其他小的方言群。按中国省级行政单元划分,东南亚华社 30% 为福建人,60% 为广东人,其他省籍的人占

---

① 请参阅刘宏、张慧梅:《原生性认同、祖籍地联系与跨国网络的建构:二战后新马客家人与潮州人社群之比较研究》,《台湾东南亚学刊》2007 年第 4 卷第 1 期,第 78—82 页;Hsiao H M, Lim K T. The formation and limitation of Hakka identity in Southeast Asia. *Taiwan Journal of Southeast Asian Studies*, 2007, 4 (1): 3-28.

10%。作为省籍的福建,与作为方言群的福建话或闽南话不同,涵盖的范围更广,除闽南人外,还包括福州人、福清人、兴化人以及闽西的客家人;同样地,作为省籍的广东,与作为方言群的广东话或广府人不同,涵盖的范围还包括潮州人、海南人以及粤东的客家人。所以,在东南亚方言群背景下,福建人应该指狭义上的以厦门、漳州、泉州为中心的、说闽南话的闽南人,而不包括福建境内的其他族群;广东人则专指以广州珠江三角洲为中心的、说广东话的广府人,而不包括广东境内的其他方言族群;潮州人指以潮州、汕头为中心的、说潮州话的族群;客家人则指以广东东部、福建西部、赣州南部的结合部为中心的、说客家话的族群;海南人则自然指以雷州半岛为中心的、说海南话的琼州人。方言群对于东南亚华社生态形成的重要作用在于:早期华社方言群社会的形成不仅与移民历史背景有主要关系,而且与各方言群族人在东南亚各国的政治经济表现密切相关,因为各方言群每一位先贤背后是成批的家族、宗族、邻里乡亲。连锁移民本身的结果是形成各个最核心、最直接的不同方言群社会和认同。然而,方言群的族群边界,也并不是等齐划一、泾渭分明的。例如,福佬人(潮州人)与客家人,同属中原遗族,但迁徙进入广东的时间与路线不同:福佬人较早,经福建,从水路进入潮州;客家人较迟,经江西,从陆路进入潮州。两个族群,虽然语言与文化各异,但由于居住地的改变,在相互交往过程中,各自文化出现某种同化现象:原来操福佬语,移入客区则成为客家人;反之,客家人入居福佬语区,则成为福佬人。所以,陈春声认为,饶宗颐谓"客家根本是潮州学内涵的一部分,不容加以分割的",即是从地域与人文的角度而非族群的角度来界定潮州学的。①

---

① 陈春声:《地域社会史研究中的族群问题——以"潮州人"与"客家人"的分界为例》,《汕头大学学报(人文社会科学版)》2007年第2期,第73—77页。

以 1950 年施坚雅的统计为例，五大方言群在东南亚的分布情况大致如下：第一，就整个东南亚各国（地）分布的比率而言，依次为潮州人、福建人、广府人、客家人和海南人，占东南亚华人总人口比率各为 28.5%、24.3%、18.2%、15.2%、6.8%，潮州人人数最多，海南人人数最少。第二，就东南亚各国（地）分布而言，潮州人分布最多的国家是泰国、柬埔寨、老挝；福建人分布最多的国家与地区是菲律宾、印度尼西亚、西马、新加坡和缅甸；广府人分布最多的国家是越南；客家人分布最多的地区是沙涝越与北婆罗洲；海南人没有在任何一个国家与地区占据人口绝大优势，海南人比率人口最高的国家是泰国，与客家人人口并列第二，两大族群 1950 年人口在泰国各为 36 万，各占泰国华社人口比率的 12%。一般地，1950 年五大方言群在东南亚国家与地区之间的分布比例，时至今日，其总体趋势应该大致不变，虽然在个别城市与地区，各方言群人口比例的排名不排除会有些质的变化（表 1）。

表 1　1950 年东南亚各国（地）华人方言群人口比率　　单位：人

国（地）名（华人总人口）	潮州人（占华人总数比率）	福建人（占华人总数比率）	广府人（占华人总数比率）	客家人（占华人总数比率）	海南人（占华人总数比率）
缅甸 231 000	3 000 (1%)⑤	120 000 (40%)①	75 000 (25%)②	24 000 (8%)③	9 000 (3%)④
泰国 2 910 000	1 800 000 (60%)①	90 000 (3%)⑤	300 000 (10%)④	360 000 (12%)②	360 000 (12%)②
越南 717 000	225 000 (30%)②	60 000 (8%)④	337 000 (45%)①	75 000 (10%)③	30 000 (4%)⑤
柬埔寨/老挝 235 000	150 000 (60%)①	15 000 (7%)③	50 000 (20%)②	10 000 (4%)④	10 000 (4%)④
马来亚联合邦 1 845 000	219 000 (10.9%)④	574 000 (28.1%)①	516 000 (25.1%)②	424 000 (21%)③	112 000 (5.6%)⑤
沙涝越	(8.7%)④	(15.2)②	(10.6%)③	(31.4%)①	(3.0%)⑤
北婆罗洲	(5%)④	(7%)③	(26%)②	(56%)①	(3%)⑤
新加坡 754 000	170 000 (21.5%)③	313 000 (39.6%)①	171 000 (21.6%)②	45 000 (5.5%)⑤	57 000 (7.2%)④

续表

国(地)名 (华人总人口)	潮州人(占华人总数比率)	福建人(占华人总数比率)	广府人(占华人总数比率)	客家人(占华人总数比率)	海南人(占华人总数比率)
印度尼西亚 1 911 000	168 000 (8%)④	987 000 (47%)①	252 000 (12%)③	441 000 (21%)②	63 000 (3%)⑤
菲律宾 223 100	4 600 (2%)④	161 000 (70%)①	46 000 (20%)②	4 600 (2%)④	6 900 (3%)③
全东南亚总计	28.5%①	24.3%②	18.2%③	15.2%④	6.8%⑤

资料来源：Skinner G W. *Report on the Chinese in Southeast Asia, Dec. 1950*. Ithaca: Southeast Asia Project, Cornell University, 1951. 转引自李恩涵：《东南亚华人史》，台北：五南图书出版公司，2003年，第1章，表5

注：①②③④⑤ 分别表示方言群在华社的人口比率次序

第二次世界大战后东南亚华人社会组织的转型与战后非殖民主义化及建国背景下华社自身的转型进程密切相关。东南亚华社是一个文化族群，但同时是一个一直在变化、在发展的族群，受区域内部与外部大的政治、经济、历史发展等结构性要素的影响。所以，华社，作为一个概念，其内涵与界定，也是变化的、与时俱进的。战后东南亚华社的认同与界定，政治上，地区内主要受国家认同和公民权要素的影响，地区外主要受冷战与海峡两岸政治意识形态的影响；经济上，则受政治社会重组背景下的政策转向、资源分配和国际参与的制约。与战前相比，东南亚华社其中一个最主要的不同点与变化特征在于，华社原本居支配主导地位的地缘、血缘、业缘、方言群为分野的团体，面临着认同危机和转向，以及相应的社团产权、功能的转变与困境。同样地，战前华社方言群认同、帮权政治逐步被摒弃，被建国工程与公民权认同所替代；公共领域中各大方言也被统一纳入建国工程中的华语。经过战后近半个多世纪的历程，如今在国家认同与公民身份认同已形成之后，方言群学获得应有的价值回归与尊重，被重新赋予了新的时代内涵。有关东南亚华人社会文化认同与族群动力，地方历史与文化遗产等问题，纷纷引发国家、社会与学界等各方的重新审视与关注。东南亚方言群的历史重要性与发展进程至少大致呈现如下几个特征。

第一,在殖民主义背景下,东南亚方言群不仅是一种具有独特历史的社会文化现象,而且具有显著的政治经济特征。或者说,历史上各方言群成为华人移民族群内和族群间社会、政治、经济和文化活动的基本组织单位与主要结构形式。在东南亚殖民经济社会背景下,不仅各方言群特有的社会文化飞地(enclave),如公司、会馆、宗祠、庙宇、墓地、书院等,一般主要依托于各自的方言群社会,而且方言群政治组织、殖民地经济竞争,甚至居住模式等都是依托方言群来组织进行的,如私会党和公司制度、行业组织、市场划分(如饷码制度)、移民目的地选择等。

第二,殖民主义政策实践成为东南亚华人方言群社会、政治、经济与文化最重要的结构性因素。与殖民主义政策实践和东南亚华人方言群社会生态结构相对应的是东南亚社会华人移民独特的经济制度、社会政治控制、教育文化政策等结构性制度支撑。而且,这些东南亚华人方言群结构性制度的形成和演变,随着殖民主义统治扩张推进的发展而变化。由于历史、政治、经济与人口等因素的综合作用,在东南亚许多主要城市和港口涌现了某一方言群为主导地位或某一方言称为通用语的局面,每个主要方言群不仅大致与某一行业存在历史关联性和亲和力,而且各方言群区位分布呈现物以类聚、据地而居的独特群落生态,形成独特的东南亚方言群社会、方言群经济和方言群文化生态。[①] 东南亚

[①] 麦留芳:《方言群认同:早期星马华人的分类法则》,《"中央研究院"民族学研究所专刊·乙种·第十四号》,台北:台湾"中央研究院"民族学研究所,1985年,第65~94页;Mak L F. *The Dynamics of Chinese Dialect Groups in Early Malaya*. Singapore: Singapore Society of Asian Studies, 1995;甘永川:《新加坡客家人的经济生活》,张翰璧:《新加坡当铺与客家族群》,载黄贤强主编:《新加坡客家》,桂林:广西师范大学出版社,2007年,第73~111页;吴慧娟:《客家传统行业与新加坡中药业的发展》,载黄贤强主编:《新加坡客家文化与社群》,新加坡:新加坡国立大学中文系、新加坡南洋客属总会、新加坡茶阳(大埔)会馆,2008年,第59~68页。

各方言群的经典形象是：福建人主要经商、广府人以饮食业与机械修理业最负盛名、潮州人从事种植业与米较（碾米）业、客家人主要为矿工与劳工、海南人主要从事帮佣与白领。当然这只是大致、相对而言，也不是绝对的。

第三，从历史的长时段视角考察，东南亚华社当下的现状和可预见的趋势是华人方言群身份越来越淡化，方言乡音越来越弱化，方言群组织越来越边缘化、空心化，东南亚方言、方言群组织、方言群政治、方言群居住模式随着形势发展出现了一系列阶段性、革命性变化：从以方言群为依托暴力性的私会党向世俗化会馆的方向转变[①]，再从世俗化会馆到各种现代政党组织、专业性团体和非政府组织的方向转变，从方言群为分野的帮会组织向跨方言群区域组织联合的方向转变，从以方言为主要通用语和家庭用语向华语、英语、马来语或其他本土官方统一国语的方向转变[②]，从各方言聚族而居、聚众而居到各自分散独立居住的转变，等等。

第四，在东南亚五大方言群中，虽然已经有东南亚潮州学和东南亚福建学的著作出版[③]，但是相比较而言，学界客家学的发展与建构却最为显著，也最为成熟。在学者眼里，"客家学"（Hakkaology）一词似乎理所当然、顺理成章。那么，客家人的族群与文化特质到底有何不同之处呢？至少有如下几点：其一，在

---

① Ng W C. Urban Chinese social organization: Some unexplored aspects in huiguan development in Singapore, 1900-1941. *Modern Asian Studies*, 1992, 26 (3): 469-494.
② 〔日〕荒井茂夫：《马来西亚华人社会的语言生活和认同结构——以问卷调查为基础的分析》，《华侨华人历史研究》2007年第2期，第23—35页；洪丽芬：《试析马来西亚华人母语的转移现象》，《华侨华人历史研究》2008年第1期，第32—41页；同时详细参阅洪丽芬：《马来西亚社会变迁与当地华人语言转移现象研究——一个华裔的视角》，厦门大学博士学位论文，2006年。
③ 例如，李志贤主编：《海外潮人的移民经验》，新加坡：新加坡潮州八邑会馆、八方文化企业公司，2003年；林忠强等主编：《东南亚的福建人》，厦门：厦门大学出版社，2006年。

于它的移民性。客家人一直处于迁徙、寄居、离散的状态。其二，在于它的边缘性。客家人的著名族群特征是被长期称为"棚民"，长期处于社会的底层，汉族边陲和地理的边缘，长期与少数民族保持着密切的互动，但是客家却自称为最纯粹的汉人，一直以汉民族自居。其三，在于它的性别特征。客家女人与其他方言群的"小脚女人"不同，一直以"大脚女人"著称，是主外的，像男人一样能干粗活、重活。客家人本来发源于中原，从中原迁徙到客家原乡闽西、粤东与赣南三省交会地；再从原乡迁徙到四川、广西、台湾，东南亚及世界各地。① 所以，客家人始终处于动荡迁徙的路上，"时时为客，处处为家"；在抗争的路上，从边缘向中心流动；在发展的路上，从分散到团结，到文化自觉。② 客家人移居东南亚的历史始自 13 世纪的宋元交替时期，大量移民在 1840 年鸦片战争之后。早期客家人移民最先抵达的国家是印度尼西亚，然后扩大到马来西亚、泰国、新加坡、缅甸、越南、老挝、柬埔寨、菲律宾等整个东南亚地区。③ 东南亚的客家人大约 400 万人，主要分布如下：印度尼西亚，150 万人；马来西亚，125 万人；泰国，55 万人；新加坡，20 万人；越南，15 万人；缅甸，5.5 万人；柬埔寨，1 万人；文莱，0.8 万人；菲律宾，0.68 万人。④ 由于边缘性与移民性，与其他华人方言群相比，在公共领域，东南亚客家意识与族群认同尤其呈现出与其本身文化特质向

---

① 庄英章：《试论客家学的建构：族群互动、认同与文化实作》，《广西民族学院学报（哲学社会科学版）》2002 年第 4 期，第 40—43 页。
② 周建新：《在路上：客家人的族群意象和文化建构》，《思想战线》2007 年第 3 期，第 17—22 页；同时参见周建新：《族群认同、文化自觉与客家研究》，《广西民族学院学报（哲学社会科学版）》2005 年第 2 期，第 75—79 页；周大鸣：《动荡中的客家族群与族群意识——粤东地区潮客村落的比较研究》，《广西民族学院学报（哲学社会科学版）》2005 年第 5 期，第 13—20、77 页。
③ 罗英祥：《略论客家人在东南亚的地位与作用》，《嘉应大学学报（社会科学）》1996 年第 5 期，第 90—95 页。
④ 黄贤强主编：《新加坡客家》，桂林：广西师范大学出版社，2007 年，第 240 页。

悖论的隐性特征，而且是互为因果关系的、双重的隐性特质：其一，在机构体制层面上，政府政策和强势社会团体力量有意压制或无意忽视；其二，日常生活中，客家人积极或被迫地向主流族群和文化调适。①

早期东南亚的客家人主要以开采金矿和锡矿为主，从18世纪中叶到19世纪中叶，客家人垄断了东南亚的金锡矿开采达一个世纪之久。客家人也在东南亚乡村定居，客家农耕者一般选择靠近矿区附近，从事小规模水稻、蔬菜和水果的种植，而非像潮州人那样大规模地种植胡椒与甘蜜等经济作物。②近代东南亚客家人主要从事典当业、药材业、眼镜业、洋服与制鞋业等。虽然客家人经济影响力远不如福建人、潮州人和广府人，但是历史上东南亚的客家人却产生过不少华族名人，如18世纪创办印尼"兰芳公司"的罗芳伯，19世纪马来西亚锡矿大王吉隆坡开埠功臣叶亚来、霹雳州的姚德胜和胡子春，19世纪、20世纪之交南洋红顶富商张弼士，20世纪上半叶缅甸、新加坡的万金油大王胡文虎，以及当代新加坡开国元勋李光耀，等等，不一而足。以新加坡为例，客家人在新加坡为少数族群，当下人口约为20万人，仅略超过海南人（多3万人左右），客家人在新加坡1965年建国前的居住特征是"大分散、小聚居"，即总体上是分散住居的，但在小范围内是集中居住在一起。主要分布在三巴旺的西山园与军港、武吉班让的"十英里"地段、武吉知马山脚、德光岛、波那维斯达的双龙山、维多利亚街、漆木街、马来街、马厘巷以及牙笼街三巷等，聚居密集程度从千人到几百人、几十户人，甚至是十几户

---

① 张翰璧、张维安：《东南亚客家族群认同与族群关系：以中央大学马来西亚客籍侨生为例》，《台湾东南亚学刊》2005年第1期，第127—154页；Hsiao H M, Lim K T. The formation and limitation of Hakka identity in Southeast Asia. *Taiwan Journal of Southeast Asian Studies*, 2007, 4 (1): 3-28.

② 颜清湟主编：《东南亚历史上的客家人》，《南洋问题研究》2006年第1期，第54—60页。

人不等。早期新加坡客家人大多数是工匠和劳工阶级，主要以鞋业、藤器家具业和建筑业为主，经商者很少。19世纪后，客家人开始向工商业转变，逐渐在典当业、药材业、眼镜业等领域崭露头角。例如，新加坡典当业约90%—100%是华人，华人中又以大埔人为最多，约占90%。新加坡药材店大约80%是客家人经营的，其中大埔人开设的药材店大约有300家，永定人的药店有50—60家。所以，新加坡客家人人数虽少，但作用很大，不可小视。①

四、尾 论

既然东南亚华人方言群的族群绝大部分都是汉人，都属于同一"汉"民族。那么，方言群的含义更多带有地方文化、语言、历史传统的色彩，而非生物人种学意义上的本质差异。同样，方言学的定义，在东南亚华人社会的语境里，不是纯粹地方语言学、语音学的含义，更多地包括以地缘、方言、族群为基础来界定的华人社会历史、社会文化单元以及相应的政治经济含义。在广大东南亚华侨华人日常生活的语境里，它们更多的是与家乡、乡土、乡音、乡情、风俗文化相对应的具体、真切和现实的含义。在20世纪50年代中期之前，东南亚华人社会一直是以方言群为分类原则和主要分野，来组织各自的社会、经济、文化，甚至政治活动，方言群基本上成为东南亚华侨社会组织架构原则和殖民政治控制手段。所以，东南亚华社历史上的方言群，不仅仅是华社主要的社会文化单位，而且还规定了华社的经济、政治框架。帮权政治或者族群经济，一直成为20世纪50年代中期前东

---

① 黄贤强主编：《新加坡客家》，桂林：广西师范大学出版社，2007年，第73—108、241—243页。

南亚华社的主要特征，其中某些特征，如族群经济和城市风格，时至今日依然可以辨析历史的传统印记。长期以来，无论是宗庙、会馆、私会党公冢，还是经济活动、行业组织等，甚至地方城镇族群分布模式与权力文化生态，基本上受方言群的影响，以方言群为主要单位、要素和特征。所以，我们今日有客家学、潮州学、福建学等学术关怀与建构的浓厚兴趣与理论探讨。

13
地区政治、家族历史与权力关系：
以槟城庄氏为个案的研究（1857—1916）*

　　移民与经济整合等形式引发的人员流动和商业网络，乃地区间跨国界互动之显著特性。该跨国界互动，不仅包括新移民、寓居者和定居者之间的社会交往与调适，也涉及各不同国家政体与制度之间的政治冲突与磨合。鉴于东南亚西方殖民主义背景与多元种族社会结构的双重因素，该特性与复杂性则显得尤为突出。国家的不同方面和含义被不同种族集团掌控，而不同种族集团对国家有着不同的诉求，且通常在各自不同的、互为补充的领域里谨慎地运作。在该背景下，当各集团间互动、国家间竞争和各种错综复杂利益交汇时，发生紧张与冲突，在所难免。这实际上一直是根植于东南亚殖民国家形成和地区化历史进程的一个根本性问题。

　　华人在殖民时期东南亚的商业活动，本质上，为多种族、跨国界的互动。例如，在马六甲海峡北部的英属海峡殖民地（Straits

---

* 本章系根据两篇论文整合、重新改写而成。分别原载何国忠主编：《百年回眸：马华社会与政治》，吉隆坡：华社资料中心，2005 年，第 103—126 页；《南洋问题研究》2005 年第 1 期，第 80—87 页。

Settlements)槟城（Penang）和马来苏丹国吉打（Kedah）之间，即存在一个一体化的华人商业社区，分别代表着两种不同模式的商业社会互动。第一种模式是从槟城到吉打，即槟城华商到吉打投资，但依旧是槟城人。第二种模式是从吉打到槟城，即吉打华商移居并投资槟城，但依然保留其在吉打的商业利益。与以华人为主导的海峡殖民地和以华人经济为重要支撑的马来联邦不同的是，在英国殖民时期，北马地区的马来属邦吉打州为马来人占多数和政治上占主导的州属。但是，如同柔佛州与新加坡的关系一样，由于与槟城社会经济政治的密切联系，吉打经济与政治发展深受槟城和槟城华人资本的影响。此华人商业网络最深刻、最有趣的特征之一在于：地区经济的整合性、国家政治的分散性与各种族势力，在不同领域范围独领风骚却彼此异彩纷呈，形成强烈的反差。在多种族、跨国界的互动中，同时也衍生了殖民时代的法制困境。①

鉴于此，本章拟以槟城庄氏家族为个案，考察现代东南亚地区政治、家族历史与权力关系。通过集中探讨多种族、跨国界的权力关系，本章旨在揭示华人移民本土化与跨国化的一些历史含义。

资料除官方档案和报纸外，大部分来源于田野调查搜集的族谱、碑铭、实物和口述历史。本章包括四部分：第一，中国侨乡：庄氏家族背景；第二，东南亚地区背景：华人移民、槟城和吉打；第三，泰南与北马：移民流动和家族发展；第四，家族商业网络与权力关系。

---

① Wu X A. *Chinese Business in the Making of a Malay State, 1882-1941: Kedah and Penang*. London: RoutledgeCurzon, 2003, pp. 82-85, 137-42.

一、中国侨乡：庄氏家族背景

1. 关于庄清建几份记载

庄氏家族第一代创业者为庄清建，福建同安县人氏，生于1857年，卒于1916年。有关庄清建本人可查的明确文字记载很少，较完整但却是孤立、光秃的残迹主要有如下几种。

记载一，林博爱主编的《南洋名人传》庄清建条目。云：

> 庄君清建，字思齐，闽同安霞（下）祥露社人。十九岁弃书，南来暹属之通扣坡为商佣。以俭积资，移居吉礁坡。自创万发蛮珍海错肆，并万恒美谷业。以诚信闻于吉打政府。吉酋长任为司库，出入井井有条，主攫不差，益信任之。于是信用昭著。所营商业，获利渐丰。乃分商号于槟城。初仅万成一号，专营欧洲手工物及铁器等，俗称刀仔店。嗣以其子来福来兴年均长，能继父志，遂增设米较日万福美，椰油较日万兴美。日福日兴，凡以明二子福与兴能管业业。二较资本百万，用工人至数百，时人称为最大企业。性勤而俭，平居常戒家人勿奢侈。至引同埠某也不勤不俭，而致家贫，终身潦倒。某也克勤克俭，而致兴家立业，一世安富。滔滔汩汩，真如婆姬训儿曹语。人以为教子义方，复怜才奖善。有任其役者，苟才而善也。不吝奖赏，广厦所庇，致富颇多。晚近益仁善。振恤之事，如内地诸灾，南洋善举，皆随量捐。教育之经济，尤乐补助。父焯，母氏王。妻林氏，有淑德，善持家。长子来福（另有传），次来兴，次来朝，来带，皆长成，各立商业。来朝现在厦门，建设大东

方洋行，尤有声华云。①

记载二，与吉礁福建公会的建立相联系的"勉善碑"。吉礁福建公会的前身为成立于1903年的福寿宫。当时由吉打华商庄清建、周永盛、谢启训、钟神佑，以及在吉打有很多商业和产业的槟城华商如林耀煌等百余人组织而成。1901年以庄清建名义立石的"勉善碑"云：

> 尝思谨痒序以成人，材施药石以拯疾苦。诚以童蒙无知固宜教读，贫病交加更为可怜。朱子所谓："子孙虽愚，经书不可不读"；孟子所谓："守望相助，疾病相扶持。"可见古人立意立言必以栽培救苦为急务者，无如人心不一、贫富莫齐，虽欲效之不可得也。今吉礁境地偏小，华人无多，所以未设义塾、医院。致贫者失学，病者失养，不及星洲、槟城于万一也。况天地生人民胞物兴；大舜博施济众；文王发政施仁，昔人德泽累累，何止恒河沙数，可谓指不胜屈、笔不胜书矣。[清]建心存隐恻，愿学义举，不吝囊金，先筑此室。俾童蒙读书有处，疾病栖身有所，即山顶来往人亦可以驻驿于兹矣。
> 光绪辛丑元月谷旦绅士庄清建谨立②

记载三，中国侨乡庄氏"建五福堂石碑"。1996年1月，笔者在中国福建侨乡庄氏的故乡从事田野调查时，发现一块庄清建衣锦还乡时建造三座金碧辉煌大厦后，在家庙"五福堂"所立石碑。石碑刻立时间应为1907年。据"建五福堂石碑"载：

> 古人筑宗庙于居室之先者，凡所以慎终追远而昭诚敬也。清建自幼往南洋吉礁坡，经商三十余载。自洋返梓，观本房旧

---

① 林博爱主编：《南洋名人集传》，第二集上册，槟城：槟城点石斋印，1923年，第81页。
② 《星洲日报》，1980年8月8日。又见钟锡金：《吉打河，历史的河流》，亚罗士打：赤土文丛，禾浪波外第一集，1981年，第19页。但个中字词，排版有误。

小宗毁坏，祖先神位乏处可以恭奉。[清]建不认（忍）坐视，乃邀本房父老兄弟咸集会议。就建之地择吉筑造，本意众悦。落成日，告以化私为公，永远六房小宗。夫以子孙为祖宗建祠宇，原属本分（份）。至于从前基址，仍望和衷倡筑，而为我后者。对于斯堂，勿稍存意见，永远孝思。是为序。

光绪丁未年季冬季十四世孙庄清建立①

记载四，1916年庄清建去世时的报载讣告。曰：

哲人其萎：殷商庄君清建，实业家也。向经商于吉礁，历有年所。嗣复扩张商业，开设火较、油较于本屿，获利尤溥。近因抱恙，医药周效，遂于本月廿二晚三点竟赴瑶台，闻者莫不惜之。查庄君现年享寿六十岁，遗子女十余人，内外孙及女孙等数十人，可谓一门衍庆。现尚未定出殡日期，料属时之到场执绋者，当有车马灵屯之盛也。②

另外，在关于吉打州历史的开拓性著作中，沙惹门·阿哈穆德（Sharom Ahmat）曾多次提到庄清建的名字。但是，华人研究并非其关注的焦点。所以，庄清建名字主要是引自20世纪10年代《吉打年度报告》列表中多次作为吉打著名的华人包税商出现。情况较孤立，而非深入。著作中唯一带解读性的一句话为：

林[庄]清建是吉打州最大的包税商之一。在以前的年代里，他对苏丹有着巨大的影响力。③

就笔者所掌握的材料而言，这些很有可能是有关庄清建散

---

① 1996年1月12日，笔者在中国福建庄氏家乡田野调查。
② 《槟城新报》，1916年6月23日。
③ Sharom A. *Tradition and Change in a Malay State: A Study of the Economic and Political Development of Kedah, 1878-1923*. Kuala Lumpur: Printed for the Council of the Malaysian Branch of the Royal Asiatic Society by Art Printing Works, 1984, p. 117.

落于中国和南洋间的主要文字记载——孤零、散乱却已是万分难得。至于以后散见于一些纪念特刊和人物词典的条目,来源基本上出乎记载一《南洋名人传》和记载二"建五福堂石碑"。①所以,把庄氏家族的历史放在吉打州地方史,乃至更大范围的地区史背景下进行考察,挑战与困难是可想而知的。

2. 中国侨乡背景

庄清建出生和出洋的时代表现为如下几大特征:第一,对外方面,自第一次鸦片战争,中国沿海五口被迫对外开放通商,闽粤移民出洋更加便利和通畅。而第二次鸦片战争,则以条约的形式把中国对外劳工输出合法化。第二,对内方面,太平天国起义及在福建的小刀会起义正如火如荼地进行着。闽粤大批赤贫的农民和城市平民,生活更加艰难,纷纷出洋避难谋生。第三,具体运作上,由于闽粤为传统的侨乡,与南洋有着长期的、持续不断的历史联系与交往。通过老移民的推拉帮带,南洋移民不仅成为现实可能,更成为历史文化传统。例如,在北马的槟城与泰南的省份,当地开拓者大多来自厦门附近的原海澄、同安县治下的三都、集美及附近的乡村一带,主要以邱、林、陈、王、谢、杨、吴等几大姓为主。

庄清建出生的同安县鼎美辖区之下的祥露村,正是厦门口岸附近的著名侨乡三都的邻里。所谓三都,即指位于今厦门市海沧区石塘村(谢姓)、新垵村(邱姓)、霞阳村(杨姓)组成。三都各村的谢、邱和杨皆为槟城之大姓。据庄氏族谱载,福建庄氏源于中原河南省光州固始县。唐朝时约886—888年间入闽。而庄清

---

① 《槟城华人大会堂庆祝成立一百周年新厦落成开幕纪念特刊》,槟城,1983 年,第 174—175 页。又见 Lee K H, Chow M S. eds. *Biographic Dictionary of the Chinese in Malaysia*. Petaling Jaya: Pelanduk Publication, 1997. 其中词条"庄清建"(Choong Cheng Kean)、"庄来福"(Choong Lye Hock)、"庄来兴"(Choong Lye Hin)等系笔者撰写。

建所在的祥露村庄氏，则发祥于福建永春湖洋桃源里，历传十八世至其开基始祖庄氏勤励公。今祥露村仍存的至少建于清代的庄氏祖厝大门石刻对联："源来锦绣无双本，派衍青阳第一枝"，即谓此故。明永乐十四年（1416）勤励公移居同安县西之两祥露。庄勤励生七子，分宗七个房派，其中长、四、六、七等四房派定居于今厦门海沧区祥露村，二、三、五等三个房派定居于今同安县西桥头顶祥露，以示分别。①

今天的祥露村，位于厦门海沧台商投资区北部，四周大部分环山，只剩东北一出海口，与厦门相连。几年前，连接海沧与厦门岛的跨海大桥，正式通车，车程半小时左右。但在19世纪及20世纪上半叶，从祥露村到厦门，必须坐小木船。如不顺风，须两小时半的航程。据《同安县志》载：

> 鼎美，在县西南。与海澄之新安相接。居厦门西北，水程五十里。②

我们不知道，19世纪中叶的祥露村到底有多少人口。但据老人回忆，20世纪50年代前，祥露村共有500多口人丁，其中庄姓最多，约占80%；次为欧阳氏。农业主要为捕鱼及其他经济作物的种植等。有海外关系的约占50%，主要分布于马来西亚、菲律宾、缅甸和印度尼西亚等地。③ 在海外祥露村同时代的乡亲中（十四世子孙），至少有三位很有影响力的名人：一为缅甸华侨总会会长、革命党人、民国元勋庄银安（1856—1938）；其他二人为菲律宾富商庄天来，以及马来亚富商庄清建。有趣的是，缅甸的庄银安仅比庄清建早一年出生，而且很多时间在槟城、吉打等地

---

① 祥露庄氏祥溪堂监纂：《厦门市同安县祥露庄氏族谱》，（公元1994年岁次甲戌仲夏），第9—10页。上一次修谱为缅甸华侨庄银安于民国十三年发起。此谱即参照庄银安版本修撰。
② 林学增等修：《福建省同安县志》（一），成文出版社，民国十八年铅印本影印，第562页。
③ 据祥露村庄恭国（1923年12月生人）老人访谈，访谈时间为2002年8月5日。

从事同盟会筹款、开会和办报纸等活动。虽然我们没有直接证据显示两人有过密切的交往，但据庄清建在中国的亲属传言及亲身所见，孙中山先生曾授予庄清建奖状，表彰其对辛亥革命的贡献。联系以上背景，这应该是可信的，虽然庄清建作为商人，无论是殖民政府抑或是东南亚地方政府的档案资料都没有显示他有密切直接的卷入。① 而菲律宾富商庄天来，像庄清建一样，在海外发达后，回乡在祥露村建了一座非常时髦的、像宾馆式的洋楼。应该不是巧合的是，祥露村全村庙宇广惠宫 1903 年重修，排名前两名的捐银人，即为二位。第一名捐银人为庄天来，捐银 1130 元；第二名捐银人为庄清建，捐银 400 元。余下捐银分别为 200 元、100 元、80 元、50 元、40 元，甚至 2 元不等。广惠宫大门至今立有两大青石龙柱，右边刻有："本社弟子庄天来敬奉"；左边刻有："本社弟子庄清建敬奉"。②

3. 中国家庭背景

庄清建出生于祥露村的一个贫困的家庭，父名焯，母王氏。可以肯定的是，庄清建在很小的时候父亲便去世了。但是，到底在哪里去世，南洋抑或是中国福建？我们并不清楚。1996 年 1 月，在庄氏在中国的后人的带领下，笔者实地探访过庄清建父亲的坟冢：一个荒芜、不起眼的小土坟，甚至墓碑都被人偷走，不见一丝笔墨记载。而且，这还是新迁的坟址。这大概与上述其早死、家贫，甚至客死南洋不无关系。尽管如此，庄清建却很幸运地有机会读书识字。这为他日后在南洋发达奠定了很重要的知识基础，因为当时南洋的中国大批劳工为目不识丁的农民与城市贫

---

① 据祥露村林泗宗（1932—1998）访谈，访谈时间为 1996 年 1 月 2 日。林泗宗为庄清建在中国的养子庄来添的孙女婿。他说，他见过该奖状，但至笔者访谈时，奖状已丢失。
② 2002 年 8 月 9 日，笔者中国侨乡实地调查。

民。庄清建小时读书,因没法买纸,只好用包装纸来写字。为维持家计,他母亲帮人家舂米。母亲甚至拾别人丢在垃圾里的菜回家洗后再煮着吃。庄清建还有一妹妹,但因家贫被饿死。庄清建的母亲寿命很长,应该说很有福气享受儿子发迹后的荣华富贵。只可惜老太太在庄清建死后四年(1920 年)才去世,很不幸。①

据说庄清建是 19 岁(一说为 15 岁)时在中国结婚后才去南洋的。他在中国有两个老婆,一为李氏,一为杨氏名环。②李氏为原配,早死。庄清建回国探亲后再娶杨氏。作为第一代新客移民,庄清建与家乡维系着较强的联系。在中国,每当庄清建在南洋生了一个儿子其在中国的老婆都会替他领养一个孩子。两个老婆共领养儿子五人,其中李氏领养来添,其余四人名来带、来和、来朝、来宜由杨环领养。但其在中国的养子,大都早夭,仅剩来朝一人活至 20 世纪 40 年代中后期。为维持母亲、老婆和养子及后代们在中国的生活,除定期或不定期地寄钱之外,庄清建在厦门还购置了资本不菲的产业。在 20 世纪 10 年代,庄清建吩咐南洋出生的儿子来兴回厦门添置价值 70 000 元的物业。③这大概是林博爱《南洋名人集传》里所指的由养子来朝打理的大东方洋行。④例如,仅位于厦门市区黄金地段厦门码头附近原市外贸公司大厦旧址的大千旅社,房屋就占 99 间。到第三代于抗日战争前被卖掉,南洋方面仍然是来兴过来处理。⑤另外,庄氏还在厦门鼓浪

---

① 在中国侨乡庄清建所建之正屋里,依然存有老太太的单人照和"小姐楼"落成后庄清建与祥露全家所照的合影。而老太太在祥露的坟墓,也保存完好;每年清明节等节日,都有后裔去扫墓。
② 据新坡村庄银治老人访谈,访谈时间为 2002 年 8 月 7 日。庄银治乃庄清建在中国的第四代孙女,1925 年出生。她于 1936 年陪同庄清建儿媳邱梅娘到槟城处理庄清建遗产分割事宜,并住了 6 个月之久。又见 Wu X A. *Chinese Business in the Making of a Malay State, 1882-1941: Kedah and Penang*. London: RoutledgeCurzon, 2003, p. 45; 又见 Straits Echo, 19 August 1918.
③ Feldwick W. ed. *Present Day Impressions of the Far East and Prominent and Progressive Chinese at Home and Abroad*. London: Globe Encyclopedia, 1917, p. 856.
④ 林博爱主编:《南洋名人集传》,第二集上册,槟城:槟城点石斋印,1923 年,第 81 页。
⑤ 据祥露村庄妈德(1924 年生人,来朝之子)老人访谈,访谈时间为 2002 年 8 月 5 日。

屿置有别墅,其第二、第三代养子、太太、小姐等,20世纪50年代前常于夏天去那里避暑。

南洋槟城庄氏与中国厦门宗亲之间的经济和社会联系,一直维系到1959年,即庄清建长子来福去世前夕为止。第二代在中国遗留下踪迹,除了祥露村庄氏宗亲保留的许多通信往来外,最著名的要数闽南保生大帝庙宇的修建。创建于1037年、位于福建龙海市角美镇白礁村的保生大帝庙宇,始祖吴本(吴真人)为同安县积善里白礁村人,距庄氏祥露村不远。1923年,由白礁社王尼姑、王长根等发起,由新加坡中华总商会李光前、陈云使和槟城华商庄来福(庄清建长子)、王自成等发动资助重修。这种联系既有家族地域文化的原因,也与庄清建遗嘱下中国老婆及后裔所享有的遗产继承问题所带来的权利与义务有关。而联系的中断,甚至长时间的中断,不仅与代际更替以及由此带来的语言障碍问题,也与当时中国国内政治形势的发展有关。当然,中国方面现存的宗亲全都是领养关系,而非血缘关系,不能说没有影响。

庄清建发迹后回乡探亲至少四次以上。第一次大约是1894年,他带着在南洋的正房太太林玉枝衣锦还乡,荣归故里。也就是这次,庄清建兴建了供母亲等大家族居住的三排里外成四合院式的豪宅。该屋至今为其在中国的后代子孙居住,繁衍生息。第二次为1907年。这次,庄清建建了两座大建筑:一为供老婆丫鬟居住的所谓"小姐楼";一为供庄氏本房供奉的祖宗宗祠,曰"五福堂"。前者破落不堪,年久失修,但至今仍有人居住。后者于1981年底被火烧掉,但遗迹依存。第三次为1912年或1913年。这一次,庄清建在中国待了四个月左右。这大概与他本人身体开始不适,而事业也后继有人有关。最后一次为1915年农历八月份。由于身体欠佳以及母亲年迈,庄清建回中国住了六个月左右。但在国内受凉感冒生病。回南洋途中,已经很严重了。随后几个月，庄清建病情加重。1916年6月23日，庄清建在槟城去世，享年59岁。①

二、东南亚地区背景：华人移民、槟城和吉打

移民劳工，主要为华人和印度劳工，被西方殖民主义者有意识大规模地引入东南亚，参与当地社会经济开发，成为东南亚近现代史发展过程中非常重要的一章。大规模移民社区的形成恰好与西方殖民征服、官僚机构的重建和社会经济变迁同步进行；殖民主义者至高无上的政治权威、东南亚本土各宪政当局与移民华人社会经济优势并列互补、异彩纷呈。因此，包税商的经济机制（revenue farming）使华人经济活动合法化并得以进一步巩固，就像华人的社会政治组织被合法化一样，如甲必丹（Kapitan）制度、公司会馆（kongsi and association）制度和私会党（secret societies）制度等。这些华人经济、社会、政治组织，相互渗透、支撑和重叠，形成殖民主义时期东南亚华人移民社会富有特色的社会经济特征和权力关系。不仅在维系政府运转（如税收）方面，而且在促进东南亚当地正在进行的社会经济变迁方面，殖民者与本土当局都必须依赖移民社区的力量。下面，笔者将简要介绍历史上马六甲海峡北部槟城—吉打跨国界间权力与财富互动关系。

槟城处于马六甲海峡北部的战略要冲，1786年由英国人从吉打苏丹手中割让，很快发展成为地区性权力中心与贸易重镇。印尼北苏门答腊、泰国南部、马来西亚北部各州，甚至缅甸的丹那

---

① Wu X A. *Chinese Business in the Making of a Malay State, 1882-1941: Kedah and Penang*. London: RoutledgeCurzon, 2003, pp. 46-48.

沙林（Tenasserim）地区，皆纳入以槟城为中心的发展轨道。作为一个多种族的社会，几乎从开埠时起，移民便一直成为槟城贸易繁荣的一个重要因素和动力。绝大部分移民成为贸易与农业经济作物种植的主力军。当时的英国人写道：

> ［槟城］有三千华人，其中有木工、泥瓦匠、铁匠、商人、杂货店主和种植园主——所举的这些职业足以很好地说明槟城华人的功能……有一千印度的褚利亚人（Chulias）（泰米尔人，Tamils）……其中部分人为杂货店主或劳工。有一百暹罗人和缅甸人，主要为农业种植工人；阿拉伯人和布吉斯人（Bugis，其家乡为印尼的西里博斯岛 Celebes）主要从事贸易。最后为马来人，在槟城开埠初时人口上占主导地位；他们来自吉打、马来半岛其他部分、苏门答腊，甚至爪哇；主要从事农业，种植水稻、甘蔗和水果，其他一些人从事捕鱼。[1]

如下两段引文足以说明华人社区对槟城经济发展的重要性。1794 年，英国驻槟城最高军事行政长官莱特（Francis Light）在其报告中写道：

> 华人是我们居民中最有价值的部分……他们是唯一让政府不需要费时、费财、费力得以征税的、来自东方的民族……他们始终在不知疲倦、孜孜以求地追逐财富与金钱；而且像欧洲人一样，他们也毫不吝啬地大把大把地花钱，采购那些能满足他们品位和口味的物品。[2]

1834 年，在东南亚马来群岛居住约二十年之久的戴维斯（John Davis），在描述槟城华人时同样证实了这点：

---

[1] Courtenay P P. *Penang: The Economic Geography of a Free Port*. London: University of London, 1962, pp. 19-20.

[2] Purcell V. *The Chinese in Malaya*. London: Oxford University Press, 1967, p. 40.

[华人]他们是一群热诚、有进取心的商人,在每一笔交易中,尽显精明,乃行家老手;他们比任何其他民族更能在这些国家居住得更好,更深谙在此地经商的特性与秘诀;他们似乎有着非常准确的资讯,并且接受得也非常快。那些享有很高声望的人,通常都极其执着、讲究诚信,做生意时都非常准时。作为商业民族,我不认为他们会被当地国家的土著民族超过,包括欧洲国家的人民。①

相互关联的贸易与农业是槟城这个新兴港口的主要经济活动。19世纪中叶前的各不同时期,胡椒、豆蔻、丁香、甘蔗、甘蜜(gambier)、椰子等一直是槟城的主要种植作物。19世纪70年代后,锡矿和橡胶种植则为地方与地区经济提供了新的发展动力;而华人资本与华人劳工又积极参与该新经济活动的开发,并成为先驱者。基于此种农业种植与锡矿开采经济,国家的税收也主要通过华人移民来管理,如上所述的包税商制度成为激活资源流通渠道的主要机制。随着殖民主义政治与商业的扩张,在槟城北部的吉打(Kedah)、玻璃市(Perlis)等州属,一种新的贸易开始繁荣发展。而这要归功于由于两次英缅战争(1824—1826年和1852—1854年),暹罗入侵占领吉打(1821—1841年)后政治稳定的恢复,以及霹雳州(Perak)和泰国南部的锡矿陆续开发。

就槟城—吉打互动关系而论,在19世纪,如果说吉打政治上是在暹罗宗主国庇护下的独立的马来苏丹国;那么,商业上,吉打却是英属槟城的附属地。几乎投资于吉打的每一块钱都是来自槟城;而吉打几乎所有的商人都与槟城的商家有这样或那样的联系。②

---

① Purcell V. *The Chinese in Malaya*. London: Oxford University Press, 1967, p. 52.
② Colonial Office Files in London(英国伦敦档案馆,英国殖民部档案,下为"CO"),编号273/311, Memorandum on the Present Condition of Affairs in Kedah by Warren D. Barnes, Secretary for Chinese Affairs, Singapore, 21 January 1905.

在吉打，大多的包税商，或本身是槟城的闻商，或是这些商人的代理、密友等圈内人物。为了在吉打做生意，这些槟城的商人通常任命吉打的地方居民为代理人管理业务。① 很多槟城著名华商在吉打也创建一些较大的企业，这些企业构成华人在该地区经济帝国的一个重要组成部分。简而言之，像海峡殖民地和一些马来联邦州属一样，包税商制度构成吉打政府税收的全部基础和最重要来源；而这些税收却几乎全由华人掌控经营。华人包税垄断涉及鸦片、赌博、酒类、典当、稻米与谷物、海关、渡口、禽类、锡米、木材、牛、猪、鸡蛋、市场等，几乎涵盖了吉打经济社会生活的方方面面。除了承包税收，华人也开锡矿、建种植园、设碾米厂、经营贸易等。难怪，吉打首任英国顾问官哈特（Hart）不得不承认："吉打的繁荣在很大程度上归功于华人。"②

19 世纪 80 年代，吉打英国领事馆的设立也许揭示了英国殖民主义扩张的另一种模式，一种反映特定地区政治与经济现实的模式。这里，论及英国人与吉打马来人互动关系时，我们无法回避强调华人商业渗透的工具性的作用。英国殖民当局相信，在吉打任命英国领事将明确地反映英国在该地区商业与政治利益的程度和重要性；而这种商业与政治利益又是通过不同政治实体治下的各族群间频繁的社会经济接触和交往来实现的。为强调该领事馆的重要性，英属马来亚殖民当局向伦敦申述了两条令人信服的理由：第一，经济上，这将使英帝国与印度的利益受益匪浅，因为提议中的领事辖区的殖民地商人仅仅主要是"英国制造业的分配商。他们获得的只是佣金和商业利润；而工资、资本收益与运费等则全归大英帝国的制造商、工人和英国船主所有"。第二，政治

---

① Khoo K J. Revenue farming and state centralization in nineteenth-century Kedah. In Butcher J, Dick H. eds. *The Rise and Fall of Revenue Farming*. New York: St. Martin's Press, 1993, pp. 125-141.

② Kedah Annual Report, British Malaya, September1906-February 1908, p. 3.

上,优势也主要是帝国的。其一,"倘如法国在[马来]半岛获得立足之地,印度必将像皇家殖民地一样深受其害"。①其二,而相反,该英国领事官员的经常出现将对"我们的合法性影响的扩大贡献良多,并俾使英王陛下政府最早获得当地任何阴谋的端倪,从而及时加以反制和摧毁"②。

该时期设立英国领事馆的主要理由是借以保护英国臣民。以种族论,理论上英国在该地区的臣民主要指英国人、锡克人(Sikhs)、泰米尔人(Tamils)和海峡华人(Straits Chinese)。但是实际上,19世纪80年代英国在该地区的臣民几乎清一色为华人和马来人。③ 1890年,海峡殖民地代理总督迪克森(F. Dickson)访问暹属马来各州时即注意到:

> 在拉廊、通扣和董里府,矿业与种植农业主要掌控在华人手中,其中很多人是英国臣民;人称为"拉廊王"的人即为槟城峇峇(Penang Baba),意即槟城出生的华裔,也是槟城人;而且新任命的董里府尹是他的弟弟,也是槟城出生的英国臣民。④

19世纪80年代中期至1905年吉打州英国臣民登记的详细情况,我们无法了解。然而,我们却知道,大多数英国臣民可能都是有身份地位的人士,特别是那些经常来往西海岸暹属马来各州经商的槟城华商,因为只有很少有地位的新客华人(singkeh)才有资格登记为英国臣民。这里,不仅有财产要求,而且登记费也

---

① CO 273/150, Foreign Office: Appointment of a Consular Officer at Kedah. Bangkok, 22 February 1887.
② CO 273/141/371, Appointment of an Agent at Kedah, 29 October 1886.
③ CO 273/150, Foreign Office to Colonial Office: Appointment of Consular Office in Kedah. 16 July 1887.
④ Foreign Office Files in London(英国伦敦档案馆,英国外交部档案,简称"FO"),FO 422/30, Acting Governor Sir F. Dickson to Lord Knutsford, 28 October 1890.

成为一般人难以逾越的门槛。例如，1897年4月，两位在槟城开店的广东人向华人护卫司（the Protector of Chinese）申请注册为英国臣民。他们的申请支付了202元叻币（straits dollar）之后登记费被核准，这笔费用比当时七个苦力劳工一年的总收入还要多。①

实际上，整个计划由槟城地方殖民当局一手策划推动，以便槟城英国参政官（the British Resident Councillor）得以合法授权与暹属马来州属首领直接接洽，谋求包税垄断、采矿与土地证和领事服务等事宜。为更好地理解槟城英国殖民当局的考量，在有关英国臣民问题上，还是让我们看看英国、暹罗和地方马来州属间的通信沟通管道和办事程序。槟城英国臣民的任何投诉，惯例做法是由英国参政司先知会暹罗驻槟城领事；通过暹罗驻槟城领事，再转达给曼谷英国部长兼总领事；然后通过后者照会暹罗政府。经过漫长的地方调查核实，最后由暹罗政府向地方马来统治者发出裁决指令。这种复杂的、繁文缛节的官僚程序，加上曼谷与当时西海岸暹属马来各州陆路交通往来的困难，英国臣民的投诉要得到所谓的司法公正、伸张正义，几乎是异想天开、难于上青天。即便是英国驻曼谷部长兼总领事，由于通常对投诉一无所知，甚至不能确定原告是否是英国臣民，其本人很难判断哪些案子应该紧急照会暹罗政府。因此，海峡殖民地殖民官员与英国臣民常常向英国驻曼谷部长兼总领事投诉"地方首领任意地压迫"，或"无法从地方首领治下的一些人犯下的私人过错获得赔偿"，或"向英王陛下驻曼谷使团申诉的困难与迟误"。②

鉴于此，1886年10月29日，在给海峡殖民地总督威尔德（F. M. Weld）的信中，英国驻曼谷部长兼总领事萨涛（Satow）建

---

① Pinang Sin Pao, 7 April 1897.
② CO 273/141/371, H.B.M's Minister Resident and Consul General Bangkok to Sir F.A. Weld, 29 October 1886.

议，所有的纠纷案件应首先提交新加坡总督或槟城参政司，且同马来地方首领之间应当有沟通的管道。萨涛还建议，为惠泽皇家海峡殖民地，保护贸易和扩大英国的影响，应在暹属马来州属设立英国领事或副领事。1886 年 11 月 12 日，总督威尔德向殖民部发函正式请求支持。①同时，萨涛也从曼谷分别于 1886 年 11 月 2 日和 1887 年 2 月 22 日向外交部呈交提案和在吉打设立领事馆的详细计划书，如预算、领事职责概要、权限和责任等。萨涛提案中特别强调，拟设的领事"在有关影响英国臣民利益或罪犯引渡等问题上，应听命于海峡殖民地总督或槟城参政司。尽管如此，他仍然必须向英王陛下驻曼谷外交使团报告其无法直接与［马来］地方当局解决的所有问题"②。

不过，对该计划外交部并非像地方殖民官员那样热情。外交部认为，那不过是关涉殖民部的事务而已，而非帝国范围的事务，因为那里大多数的英国臣民主要是海峡殖民地的华人和马来人，而非本土英国人。③尽管如此，作为妥协，外交部回应说，除非领事馆的运作费用从殖民部经费（colonial fund）中支出，否则，该计划必须暂时搁置。本来，总督威尔德期望，并且得到曼谷英国部长兼总领事萨涛支持的如意算盘是，开始的两三年领事馆费用由外交部帝国经费款项（imperial fund）中支出，然后再由海峡皇家殖民地贡献一笔定额资金。即便如此，威尔德仍然担心他未必能够最终让海峡殖民地立法院投票支持该项拨款。既然外交部如此答复，威尔德只得向伦敦承诺说，海峡殖民地将准备愿意承担此开销，继续坚持在吉打设立赋有领事授权的政府代表。④

① CO 273/141/371, The Governor of S.S. F. Weld to the Colonial Office, 12 November 1886.
② CO 273/141/371, H.B. M's Minister Resident and Consul General Bangkok to Sir F.A. Weld, 29 October 1886.
③ CO 273/150, Foreign Office to Colonial Office, 16 July 1887.
④ CO 273/146/347, Consular Agent at Kedah. 22 August 1887.

外交部在收到殖民部的承诺后，1887年11月16日回复道，他们"并不反对该项任命的建议"①。1888年3月，外交部批复同意将设立英国驻吉打领事的责权授予槟城参政司。于是，殖民部提议现任槟城参政司施坚雅（A. M. Skinner）为驻吉打英国领事，并抄送外交部备案。施坚雅是马来文化学者，为许多马来人所熟悉。就任槟城参政司前，他为新加坡海峡殖民地代理殖民秘书。②4月16日，外交部的两份批复电报由殖民部转达槟城参政司施坚雅：第一份电文是关于任命他为英国领事的任命书以及领事辖区（即马来半岛西海岸暹属马来州属，包括吉打、玻璃市、普吉等地）；第二份电文涉及领事的职能与责任等。③ 同时，英国驻曼谷总领事受命照会暹罗政府关于槟城参政司施坚雅被任命为英国驻暹属马来各州一事，并代为申请全权证书。④

从华人移民和商业活动与英国殖民主义政治经济考量的关系角度，我们已论及英国驻吉打领事的设置的意义与经过。那么，槟城地方社区是如何看待这一事件的呢？这里，引用槟城地方报纸《槟城公报》（the Pinang Gazette and Straits Chronicle）一篇评论即可说明：

> 该职位的设置，对我们关注马来半岛事务的全体读者来说，实属可喜可贺之举。倘如半世纪前英国领事便已任命的话，那麽，只能更是感激不尽；且我们对该地区的影响力会比现在更大。……它［英国领事一职］只不过是对长年以来我们在该地区一直行使的责任的一种迟到的正式承认罢了，因为那里关乎大英帝国的"声望"；因为那里，就吉打而论，

---

① CO 273/150, Foreign Office: Establishment of a Consular Agency at Kedah. 16 November 1887.
② CO 273/156, Foreign Office: British Consular Officer for Kedah, 16 March 1888.
③ CO 273/156, Foreign Office to Colonial Office: Consul at Kedah, 16 April 1888.
④ CO 273/156, Skinner as British Consul at Kedah. Foreign Office to E. B. Gould, 27 April 1888.

我们有着明显的责任。①

但是，问题并没有就此结束，地区大国间权力斗争仍待进行，因为暹罗政府建议授权证书颁发之前，必须应先达成一些协议。1888年5月28日，英国驻曼谷代理部长兼总领事古尔德（E. B. Gould）即向暹罗外交部部长丹戎亲王（Prince Damrong）照会此项任命；但是，暹罗政府却在敷衍拖延办理。6月10日，古尔德约见丹戎亲王。丹戎亲王告知，他的政府担心，"若这样在毫无任何安排的情况下便授予此授权证书，将会为法国人提供一个仿效的先例口实"②。同月19日，古尔德从曼谷电告伦敦，报告暹罗政府建议授权证书颁发前，在《清迈条约》的基础上缔结一协议安排。本质上，此乃英国与暹罗之间司法裁判权的争议。《清迈条约》缔结于1883年，目的为移居暹罗从事木材生意的、来自英属缅甸的印度、英国臣民设立特别地方法庭行使司法裁判权；但条约保留收回任何英国臣民免予暹罗司法裁判权的权利。新加坡海峡殖民地政府一直寻求英国臣民不受任何暹罗或马来司法裁判权的约束，当然不会接受此项安排。于是，1888年7月2日，海峡殖民地总督史密斯（C. Smith）焦急地向伦敦方面写信，询问此方面的进展情况。③

鉴于此，伦敦方面指示古尔德说，施坚雅领事授权证书的发放应基于1855年的《英暹条约》和此后暹罗政府与其他各国缔结的相关协定。据此，大英帝国完全有权优先，且有资格在暹罗境内任命领事官员。但随后外交部与暹罗政府就此事交涉并不顺利。④

---

① The Pinang Gazette and Straits Chronicle, 25 May 1888.
② CO 273/156, Mr Skinner as British Consul at Kedah: E.B. Gould to Foreign Office, 11 June 1888.
③ CO 273/154/30, Appointment of Skinner as H.M. Consul for Certain States on the Malay Peninsular.
④ For the details of the dealings, see CO 273/156, Foreign Office to Colonial Office: Consul for the Malay States, 28 August 1888; CO 273/155/520, Skinner as Consul at Kedah.

1889年1月24日，施坚雅领事授权证书最终被发放，但其范围职能却与暹罗对其他国家的授权无异。① 尽管如此，英国槟城参政司毕竟终于能够对西海岸暹属马来各州，特别是吉打，同时行使领事职权。作为英国领事，槟城参政司通常定期对其领事辖区进行访问，例行职责，保护英国臣民的权益。

三、泰南与北马：移民流动和家族发展

1. 泰南通扣坡

泰南的普吉府（Phuket）成为庄清建下南洋的第一站。它是暹罗在马来半岛西岸的第一个港口，同时也是暹罗行政辖地普吉府最高专员署的总部。华人称之为通扣坡（Tongkah），是一个繁华的贸易港口城市，时以锡矿的开采为主，福建人居多，更像英属马来亚的槟城和新加坡，而不像暹罗其他省份。庄清建是什么时候、又是怎样到南洋的？一说由其父亲带出去的，后他父亲死在南洋②；一说是由其舅舅带到南洋的③。无论是15岁抑或为19岁出洋，可以肯定的是，庄清建移民南洋时应该是19世纪70年代初期。在泰南与北马，那是一个在英国殖民主义背景下，以华人资本和劳工为主体、以锡矿开采和经济农作物的种植为主要形式的大变动时代的前奏，蕴含巨大的商业机会。由于地理交通和社会经济等因素，华南闽粤沿海、香港、新加坡、槟城、普吉及缅

---

① CO 273/163, Foreign to Colonial Office: British Consul at Kedah.
② 据新埞村庄银治访谈，访谈时间为2002年8月7日。
③ 据祥露村庄万治（1939年生人，庄清建在中国第四代孙女）访谈，访谈时间为2002年8月7日。

甸南部等地串联成一个整体的中国移民、贸易与文化网络。① 因此，通扣坡与槟城和北马暹属马来州属的经济社会联系，更甚于遥远的首都曼谷。而且，一些华人家族，如著名的许氏家族，控制着地方政府。②庄清建初到通扣坡时，为某店商佣。其具体详情，我们并不清楚。但以后的发展证实了庄清建与通扣坡这一特殊的联系。例如，19世纪末叶，庄清建自吉打发迹后，在通扣坡开了一家当铺，市值约叻币20 000元。约1900年，庄清建还在通扣坡娶了一位小老婆，名叫林玉田，并与她生了一个儿子叫来忠。不久后，他们母子随庄清建移居槟城。③另外，据说庄清建与正房太太生子来兴的媳妇，也来自泰南一华裔富商家庭。这也证实了庄清建与该地区的社会商业联系。

2. 马来苏丹国吉打

庄清建事业的发源地和根基在北马吉打州。吉打是马来苏丹国，在19世纪后期，马来人占绝大多数（90%以上）。政治上，吉打名义上附属于暹罗；但经济活动方面，吉打同英属海峡殖民地槟城的联系却非常紧密。苏丹小心翼翼却很智慧地周旋于暹罗与英国人之间，努力保持政治现状，发展吉打经济。庄清建初到吉打时，应该正是该州政治上相对稳定、经济还未被外来资本开发但已在开发、变动的前夕。应该说，庄清建来到吉打正是时候，赶上了第一波浪潮。庄清建到底是哪一年，以及为什么要离开通

---

① Callahan W A. Diaspora, cosmopolitanism, and nationalism: Overseas Chinese and neo-nationalism in China and Thailand. *Southeast Asian Research Centre Working Papers Series*, 2002, 1-34. See also Songprasert P. The implication of Penang connection in Southern Thailand. *The Penang Story-International Conference*, 2002, 18-21: 1-16.

② 参阅 Cushman J W. *Family and State: The Formation of a Sino-Thai Tin-Mining Dynasty, 1797-1932*. Singapore: Oxford University Press, 1991.

③ Wu X A. *Chinese Business in the Making of a Malay State, 1882-1941: Kedah and Penang*. London and New York: RoutledgeCurzon, 2003, p. 46.

扣坡到吉打？我们并不清楚。但笔者通过在该州的访谈了解到，华人（即使当时健在的年长华人）从泰南移民到北马，是较正常和频繁的事。从其长子来福出生日期1882年5月推测，作为一名新客，庄清建并没用太长时间，便在吉打站稳了脚跟，并可罕见地安身立命。

那么，庄清建又是如何在吉打崛起的呢？在中国流传说，庄清建的发达与南洋一华人头家有关。据说庄清建为该头家挑水、烧茶。烧茶时，用于烧茶而搭砌的四块砖，是金的。但庄清建并未贪婪。庄清建很勤劳、很守信用，慢慢得到该华人头家和老婆的信任。后头家突然死去，该家族遂由庄清建接管，他本人也因此开始发达。①这种与槟城流传的说法相印证，很难说没有道理，尽管个中有些传奇的成分。在槟城，有传庄清建是由其岳父资助开始建立其自己的事业的。② 但是，流传的更广的故事却是与吉打王室有关。庄清建移居吉打后，最初也是在一家杂货店做商佣。杂货店的老板是吉打苏丹弟弟的朋友。王子经常光临杂货店同老朋友聊天喝茶。时间久了，王子注意到庄清建是位不错的小伙子。所以，后来当庄清建遇到麻烦，需要帮助的时候，王子挺身而出，站在庄清建一边。事情是这样的：农历华人新年前夕，庄清建像往常一样出外为老板挑水。但是他挑水扁担不小心把老板家象征富贵安泰的传统灯笼戳了一个大洞。老板大为光火，把庄清建赶出家门。吉打王子正好光临杂货店，目睹此事，替庄清建向朋友求情，但无济于事。王子很同情庄清建，便收留他在自己的王宫里做园丁之类的工作。庄清建在新主人家工作很卖力，王子很赏识，鼓励庄清建自己开一家杂货店。庄清建照办，而且很成功。于是王子给庄清建另一个挑战，予以吉打州鸦片和赌博

---

① 据祥露村庄友乾（1939年9月生人）访谈，访谈时间为2002年8月5日。
② 据槟城邱事理访谈，访谈时间为1996年3月28日。

饷码的垄断权。该王子乃吉打摄政王东姑阿布杜拉阿齐兹（Tunku Abdul Aziz）。其长兄苏丹自 1895 年患病后，东姑阿齐兹实际掌管行政事务。①

庄清建不是华人甲必丹，但在 20 世纪 10 年代前至少 30 多年里，他却是全吉打最富有、最有影响力的华商。他一直是吉打华社最有代表性的经济、社会与政治机构的领袖，即鸦片饷码的总承包商、"华商俱乐部"主席、"福建公会"前身"福寿宫"的总理，以及吉打市政局代表华社的议员（其商业网络与权力关系，见本章第四部分）。吉打是庄清建安家、事业发达、孩子们出生及成长的地方；庄清建在吉打马来政治社区及遍及全州社会商业网络，构成庄清建与槟城等地对外交往的权力基础。作为吉打州华人的定位与认同，贯穿了庄清建大部分人生轨迹。庄清建在吉打的正房太太林玉枝，应该是土生土长的吉打华人。庄清建与她生的两个儿子来福和来兴，不仅出生在吉打，而且应该也是在吉打结婚成家的。庄清建在吉打还有一个叫王氏（Ong Ee Gaik）的小老婆，长期住在吉打。据说王氏原是庄清建吉打正房太太林玉枝的丫鬟，后被庄清建纳为小妾。即使后来庄清建全家移居到槟城后，王氏小老婆也仍留在吉打。庄清建会习惯地定期从槟城到吉打看看。平均每月一次，有时两次。每次约在吉打待一星期左右。就是 1915 年他去世前最后一次到中国探亲时，庄清建也是带吉打小老婆一起去的。去前，庄清建还特地前往吉打向华、巫、欧等异族友人告别。

3. 英属海峡殖民地槟城

自 1786 年英国人莱特从吉打苏丹手里割让槟榔屿之后，槟城

---

① Wu X A. *Chinese Business in the Making of a Malay State, 1882-1941: Kedah and Penang*. London: RoutledgeCurzon, 2003, pp. 48-49.

一直是英国皇家殖民管辖地，慢慢发展为泰南、北苏门答腊和北马吉打、霹雳、玻璃市等地区贸易重镇和政治中心。很有意思的是，当初第一个上岸向莱特奉送渔网以示友谊和敬意的华人领袖辜礼欢，正是来自吉打。辜氏家族后一直住在槟城，成为吉打和槟城的名门望族。19世纪中下半叶，吉打逐渐成为槟城华人资本的拓荒地。而很多吉打华人一旦发达变成富商后，通常会移居到槟城，变为槟城华人。在这之前，他们常常在槟城开一分店，来回穿梭于两地之间。而当他们定居槟城之后，他们继续保留吉打方面的业务；尽管随着岁月和代际间的更替，业务的重心随着生活的重心的改变逐渐转移。也许，正是这种流动，使得原本并不很遥远的吉打现代社会经济史，到今天已变得有些物是人非，甚至灰飞烟灭。需要指出的是，这种吉打—槟城的流动并非单向的。反过来，也有些槟城华人涌向吉打淘金，慢慢变为吉打富商闻人，逐步把吉打当作永久居留地，变为吉打华人了，虽然他们与槟城之间的业务与社会联系依然不断。与槟城相比，不同的是，不仅移居吉打的华人大多开始时是事业刚刚起步，甚至未起步；而且定居吉打的华商大多为中小地主、杂货店主、小种植园主、小商小贩等。

庄清建也不例外。1900年左右，庄清建全家从吉打正式移居槟城，开始了影响庄氏家族企业与子孙后代发展的另一次有影响的大流动。庄清建的正房太太林玉枝及他们的两个儿子来福和来兴与各自的家室，也都移居槟城。大儿子来福及其家庭分开来居，落户于马来由街43号。小儿子来兴及其家室与母亲林玉枝一道，居住于亚齐街145号。这大概也与槟城华族富子女婚嫁习俗有些不同。但也难怪，像庄家一样，两位公子媳妇都不是槟城本地人。来福的太太林柳色应该来自吉打，家庭并很不富裕，而且林柳色母亲早逝。来兴太太尽管来自富商家庭，但是在外地泰南,而非槟城。而庄清建在通扣坡的小老婆林玉田,在随后的一二年里,也因儿子来忠的出世,随庄清建移居槟城。他们先住在 Maxwell 路,在那里住了 7 年多,后搬到缅甸路。而庄清建另一个吉打王氏小老婆,虽也曾住庄清建位于亚齐大街的房子里。但王氏的永久居地是吉打首府亚罗士打,占据着庄清建在那里的一套房子。在初搬到槟城的七八年里,庄清建有时与正房太太林玉枝一起住,有时与通扣坡小老婆林玉田一起住,有时到吉打与另一位小老婆王氏一起住。当然,如前所说,这中间,庄清建几次回中国看看那里的母亲和太太,与她们小住和生活。但在他死前的 10 多年里,庄清建主要与通扣坡的小老婆和儿子来忠住在一起。

移居槟城后,庄氏家族在第二代来福和来兴兄弟的经营下,一方面巩固和扩大在吉打的根基,另一方面开拓和发展在槟城的事业。稳扎稳打,苦心经营,最终融入成为槟城商业精英社会。时至今日,庄氏已发展到第五和第六代;家族及企业在槟城依然显赫有名。当然,现代庄氏家族成员的教育背景和职业构成,也发生了实质性变化。他们大都受西式英文教育。除了家族各后代代表成员依然在槟城守候着家族基业外,不少后裔,或因移民,或因婚姻,或因就业关系,现分散于中国香港、新加坡、英国、澳大利亚、北美等地,加上中国的庄氏后裔,形成一个规模不小的跨种族、跨国界的庄氏裔群。

四、家族商业网络与权力关系

1. 庄氏家族商业网络

庄氏家族商业,在以吉打—槟城地区为轴心的北马地区,主要以鸦片等饷码包税商和米较业为主。这也是吉打经济的两大支柱。前者为20世纪初之前东南亚大部分地区（包括英属马来亚）主要经济制度。后者特别是吉打州的经济命脉，因为吉打是马来亚半岛最大的稻米供应地。两者自19世纪80年代后开始正是其发展的黄金时期。庄氏家族以鸦片等饷码保税商的身份奠定第一代家族基业，由创始人庄清建一代完成。随着饷码保税制度于20世纪初衰落，第二代庄来福、庄来兴开始涉足米较业，并成为垄断北马地区米较业少数几个最重要的核心华人家族之一。因为本章研究时段的下限为1916年，这里主要着重于鸦片和其他饷码部分；而米较业方面，笔者则不多谈。①

据统计，1875—1905年，鸦片税收在海峡殖民地收入所占比例一直处于43.0%—56.7%。②由于地缘政治和经济的原因，柔佛和吉打分别紧邻新加坡和槟城，这种形势同样适用于它们。鸦片政治经济与全球和地区经济形势、移民劳工人口的变化等大环境密切相关。在吉打，不少马来人吸食鸦片，甚至于1910年后法律明令禁止马来人吸食，该形势依然如故。但他们多属中上层阶层，因为大多马来人很贫困。对1892—1909年吉打鸦片税收的分析表明，移民华工是该税收的主要来源。19世纪后叶和20世纪初期，东南亚包税商制度的普遍繁荣往往与殖民经济的发展和大批移民劳工的涌入相吻合。而该时期鸦片收入的变动又与世界贸易形势和移民数量的波动密切相关。与1895—1897年包税期相比，1898—1900年吉打鸦片饷码每年租金增加了约25%。这种增长即归因于华人资本和劳工对吉打州的开发。但鸦片税收更显著的增长期为1901—1903年，年租金由125 000元猛增至212 400元，

---

① Wu X A. *Chinese Business in the Making of a Malay State, 1882-1941: Kedah and Penang*. London: RoutledgeCurzon, 2003, pp. 127-133, 146-151, 157-159.
② Cheng U W. Opium in the Straits Settlements, 1867-1910. *Journal of Southeast Asian History*, 1961, 2 (1): 52-75.

年净增长为 87 400 元（表 1）。这种大幅度的增长本身便是对该地区持续繁荣与进步的象征和信念。另外，1907—1912 年吉打州鸦片销售量的变化，则从反面反映了鸦片收入的剧降与贸易萧条和移民劳工锐减之间的关系（表 2）。例如，1907—1909 年销售量的减少源于锡矿业的萧条和锡矿工向新的工作领域间的流动。1910 年特别糟糕，严重干旱、霍乱流行、稻米歉收等一系列灾害给全州带来了更严重的打击。1911 年形势有了转机，华工涌入橡胶园带来了鸦片销售量的增长。①

表 1 和表 3 说明，庄氏家族承包的饷码占吉打政府税收中最大部分，并且渗透到吉打各区县和社会经济生活的各方面。这还不包括我们未穷尽的部分饷码和散见于槟城、通扣坡、玻璃市、Situl 等地的商业活动。

表 1 吉打州庄清建名下主要饷码，1897—1909 年
（鸦片与槟城林克全合包） 单位：元

名称	地域	时间	年租
鸦片	全州	1898—1900 年	125 000
鸦片	全州	1901—1903 年	212 400
鸦片	全州	1904—1906 年	516 000
鸦片	全州	1907—1909 年	462 000
赌博	哥达士打	1897—1903 年	25 000
赌博	sala	1897—1903 年	250
赌博	成杰	1900—1904 年	600
锡	居林和加拉岸	1898—1903 年	7 200
木茨	居林和加拉岸	1900—1906 年	7 000
猪	哥达士打	1900—1903 年	2 100
海关	哥达士打	1908—1914 年	46 000
典当	哥达士打	1908—1914 年	8 000

① Wu X A. *Chinese Family Business Networks in the Making of a Malay State: Kedah and the Region c. 1882-1941*. Ph.D. dissertation, University of Amsterdam, 1999, pp. 128-129.

续表

名称	地域	时间	年租
综合饷码（鱼、禽、出口税、海关）	浮罗交怡	1904—1910 年	7 000
海关	瓜拉务拉和马莫	1908—1911 年	19 000
典当	瓜拉务拉和马莫	1908—1914 年	1 000
赌博	瓜拉务拉和马莫	1908—1910 年	34 000
酒	瓜拉务拉和马莫	1908—1910 年	10 000
典当	居林	1909—1915 年	2 000
综合饷码	吉辇	1907—1913 年	10 000
木茨出口税	瓜拉务拉和马莫	1908—1911 年	7 000

资料来源：Wu X A. *Chinese Family Business Networks in the Making of a Malay State: Kedah and the Region c. 1882-1941*. Ph.D. dissertation, University of Amsterdam, 1999, pp. 132-133

表 2　吉打熟鸦片销售额，1907—1912 年　　单位：两

时间	数量
1907 年	262 914
1908 年	236 400
1909 年	225 000
1910 年	195 540
1911 年	234 264
1912 年	230 550

资料来源：Wu X A. *Chinese Family Business Networks in the Making of a Malay State: Kedah and the Region c. 1882-1941*. Ph.D. dissertation, University of Amsterdam, 1999, pp. 134-135

表 3　吉打鸦片包税商，1895—1909 年　　单位：元

包税时间	年租	包税商
1892—1894 年	44 000	周兴扬、庄清建
1895—1897 年	103 000	颜宏基、庄清建
1898—1900 年	125 000	林克全、庄清建
1901—1903 年	212 400	林克全、庄清建
1904—1906 年	516 000	林克全、庄清建
1907—1909 年	462 000	林克全、庄清建

资料来源：Wu X A. *Chinese Business in the Making of a Malay State, 1882-1941: Kedah and Penang*. London: RoutledgeCurzon, 2003, p. 87

2. 庄氏与马来权力精英

庄氏家族的商业网络与权力关系在于庄家处于吉打马来政治社区和槟城商业社区之间的独特地位和作用。对于苏丹,庄清建是吉打州处理槟城业务的联络代理;而对于槟城,庄清建又是他们同吉打王室打交道的重要纽带。庄清建这种跨社区、跨边界的多重身份和作用,为家族商业的发展奠定了坚实的商业和权力基础。

庄清建与吉打政权的核心阶层保持良好的私人交情和互动,包括苏丹、苏丹的弟弟摄政王东姑阿齐兹、很有权势的苏丹私人秘书阿惹芬(Che Ariffin),以及苏丹的母亲玛万贝莎(Mah Wan Besar)等。我们上面谈到庄清建的发迹与苏丹的弟弟摄政王东姑阿齐兹的关系,也提到庄清建对苏丹有着巨大的影响力。据说苏丹夫人非常疼爱庄清建出生不久的两个儿子来福和来兴,以致苏丹想过要领养他们。有人甚至见过苏丹的王宫里摆放着来福、来兴的照片。① 许多苏丹给槟城英国参政司(Resident Councillor)、暹罗驻槟城领事、槟城华族和其他种族商人的信件,大多是由庄清建本人亲手转交。苏丹到槟城的赛马活动,也经庄清建和他在槟城的合伙人安排。② 有时据说苏丹甚至住在槟城庄清建所建的别墅里。庄清建与苏丹的特殊关系,还可以从下面刊登于当地报纸中一则有趣的合伙告示中略见一斑:

> 轮船告白:兹有吉礁王仝我庄清建合置火船一艘。船大有[约]四十九吨,本月三十日川行吉礁埠。船内客位极然好势、茶水充足。诸君如要配搭者,请到港仔口街万成号内

---

① 据槟城庄秀珍(1938年生人)访谈,访谈时间为2002年4月21日。
② Wu X A. *Chinese Business in the Making of a Malay State, 1882-1941: Kedah and Penang*. London: RoutledgeCurzon, 2003, pp. 86-87.

相商。特此布闻。松。

光绪辛丑年七月廿八日庄清建告白①

也许庄清建与苏丹母亲的长期商业特殊关系更有说服力。长期以来，庄清建一直替苏丹的母亲玛万贝莎打理浮罗交怡（Langkawi）综合饷码。浮罗交怡综合饷码，是苏丹赏封与其母亲的俸礼，由后者转让给庄清建经营。位于浮罗交怡的鸦片饷码，也因此一直排斥在槟城—吉打鸦片联合竞标安排之外独立运作，可见其特殊地位。浮罗交怡综合饷码包括鸦片、酒类、典当、码头税、禽与鱼类出口税及很多其他的垄断权。1902年，庄清建向苏丹母亲交付押金20 000元，提前再次买断自1910年始的8年垄断权。在这之前，庄清建到底替苏丹母亲管理浮罗交怡综合饷码多少年，我们并不清楚。1905年，吉打面临财政危机，政府破产，被迫向暹罗政府求助。暹罗政府在吉打重组政府，任命英国人哈特为财政顾问官，监督吉打政府运作。经总会计查账发现，作为总包税人，庄清建比被允许征收的税率要高。政务院乘机决定向庄清建收回浮罗交怡综合饷码牌照，杀一儆百。有趣的是，直至1910年英国从暹罗接管吉打时，庄清建却依然承包管理浮罗交怡综合饷码。政府会计司并没有该饷码的重新招标的纪录，政府官员也似乎一直蒙在鼓里。直到1911年英国人从暹罗手中接管吉打时，首任英国顾问官麦克斯维尔（W. G. Maxwell）第一次巡视浮罗交怡检查各类饷码与文件，才发现它们的存在。经过漫长的讨价还价，庄清建最后同意提前向吉打政府交还浮罗交怡综合饷码，但前提条件是归还押金，外加12%利息，共16 800元，问题才告了结。从中可见庄清建与吉打王室关系的深厚。②

---

① 《槟城新报》，1901年9月10日。
② Wu X A. *Chinese Family Business Networks in the Making of a Malay State: Kedah and the Region c. 1882-1941*. Ph. D. dissertation, University of Amsterdam, 1999, pp. 186-187.

3. 庄氏与槟城商业社区

槟城是庄氏家族商业网络与权力关系中的另一重要支柱。庄氏家族与槟城商业社区之间的密切关系，不仅仅对庄家本身和吉打当局市场融资有着重要意义，而且也无疑为庄家家族企业向槟城的渗透与扩张提供了宝贵机会。证据表明，早在19世纪80年代，庄家即与槟城印度资本有融资关系，更不要说华人资本。庄清建长子来福一个女儿的婚事还是槟城印度齐智高利贷者做媒的呢。至于同槟城华社的关系，略举数例，足以说明。槟城最有权势的两位闻人林克全、林花镲，跟庄清建都有很好的交情。林克全是成立于1903年的槟城中华总商会的创始人之一和首任主席。至少自1895年，约15年间，林克全是庄清建吉打鸦片饷码的槟城合伙人。1901年，鸦片包税商成立自己的社会俱乐部"槟城文学社"，主席为林克全，财政为颜五美，执委包括胡子春、蔡有格、庄清建等，全为华社、商社最有影响力的领袖和鸦片包税商。而林花镲，则是槟城福帮无可争议的领袖，秘密会社"建德社"执委，长期为林氏九龙堂家长及林氏敦本堂暨勉述堂社长（1818—1912）。1900年，林花镲长女生男庆典，亲朋致贺，见报的头面人物便有近200人，清建芳名排名第十二位。① 再如，1904年，槟城"同学善堂"公推1904—1905年度总理、协理，总理十二位，其中包括庄清建，林花镲和林克全分别排名第一位和第二位。②

除鸦片合伙人林克全及其他重要社会关系外，庄氏家族与槟城林[潘]兴隆和蔡有格家族之间的合作关系，应该说非常重要。林兴隆为福建安溪人，槟城米较业先驱之一。1895年，林兴

---

① 《槟城新报》，1900年7月30日。
② 《槟城新报》，1904年3月17日。

隆向吉打苏丹承包了该州稻米饷码。由于两者各自的商业优势，庄家与林家开始了重要的合作。1895 年，林氏"开恒美"、庄清建及其他友人等，合股联本共作生理，建号"锦隆美"于槟城，"建南美"于望葛滕、"锦南兴"于实叻。① 林［潘］家"开恒美"与庄家"福美记"合伙在吉打营建谷粟生理店"开恒美"号，又布匹生理店"万发"号。直到 1911 年，"开恒美"号东主林兴隆长子林清德方才退出，"万恒美"与"万发"号归庄家独立经营。② "万恒美"号，庄家后发展为吉打最大的米较。另外，庄家与林家还在别的方面合作。例如，1908 年，庄清建与林［潘］兴隆长子林清德合伙，成功承包吉礁当店、居林当店以及高仔武胜当店等。③ 而蔡有格则为槟城航运业巨子和米较业重要人物，19 世纪末叶在槟城权倾一时。庄氏在 20 世纪初在槟城所设米较"万福美"，即与蔡有格之子蔡其意合伙。蔡其意一直是米较的经理，直至 20 年代中期去世为止。甚至蔡其意死后，庄氏家族最重要的母公司"福兴兄弟有限公司"也有他们家的重要参股（100 000 元）。新兴的米较业奠定了庄家第二代家族企业转型和扩张的最重要的基石，蔡家的参与和专业经验，可谓功不可没。实际上，庄家自 20 世纪 20 年代起，即控制了整个槟城、吉打、霹雳等北马米较业，事业发展势头，如日中天。

4. 庄氏与欧洲社区

1891 年 12 月，通过庄清建作为代理人，苏丹给暹罗驻槟城领事写信，请他帮忙偿还向槟城著名律师骆乾（D. Logan）借的一笔 9000 元的款项。这仅仅是庄清建在欧洲社区与吉打当局间角色之

---

① 《槟城新报》，1897 年 5 月 10 日。
② 《槟城新报》，1911 年 1 月 11 日。
③ 《槟城新报》，1908 年 10 月 17 日。

一。欧洲人还利用庄清建的名义与管理，暗中购买产业以及合伙经营。当然，他们也向庄清建提供专业的法律、医疗服务和政治庇护与影响力。从表4中，即可见一斑。

表4　庄清建与欧洲社区关系简介（1916年前止）

姓名	背景	关系
哥麦斯（H. G. Gomes）	在吉打行医近36年	认识庄清建33年左右；常见到庄清建，不时给他看病，时常到庄清建家拜访；在庄清建名下有一些财产，一座火砖房屋和一些其他财产。庄清建1916年最后一次见面时，并问候苏丹的健康情况，也问候庄清建私交阿惹芬（Che Ariffin）的情况
霍布斯（A. L. Hoops）	自1906年起为吉打州政府外科医生；并兼代理英顾问官	称与庄清建很熟（1906—1915年）；在1911年前，给庄清建看过一段时间的病；庄清建1915年回中国探亲前，看过他，并向他说再见
葛苏讷（T. Gawthorne）	自1889年来一直在槟城当律师	认识庄清建20多年，并为庄清建提供过专业服务；也跟庄清建儿子来福、来兴很熟；为庄清建起草第二份遗嘱
骆乾和罗思（Messrs Logan and Ross）	自1874年来一直在槟城当律师	由于业务关系，认识庄清建至少10年以上；1912年为庄清建起草第一份遗嘱
布赖特（W. H. N. Bright）	自1905年或1906年起在槟城行医	1911—1916年经常为庄清建看病

资料来源：Wu X A. *Chinese Business in the Making of a Malay State, 1882-1941: Kedah and Penang*. London: RoutledgeCurzon, 2003, p. 94

五、尾　　论

围绕第一代新客移民庄清建，笔者简单地描述了庄氏家族在中国厦门、泰南通扣坡、北马吉打和槟城等地移民创业发展踪迹。这里呈现的是一张跨地区、跨边境、跨族群的移民商业网络。庄氏家族商业发展史实质上是自19世纪中叶开始、由西方殖民主义引发的结构性变化下的产物：一方面表现为东亚与东南亚地区间的大规模劳工移民贸易流动；另一方面表现为东南亚地区内的社会经济大变动和贸易与劳工流动。特别地，庄氏家族在吉打苏丹国的商业网络与权力关系，表明以庄氏家族为代表的华人移民史是吉打历史和以槟城为中心的地区史的重要组成部分。很难想象，无视这些所谓"外来"或"边缘"族群和社区的历史，所谓"正统"或合法的"国家历史"会不会是全面、客观和公正的，还会不会有"国家历史"的合法性与权威性。

在中国近现代史上，具有讽刺意味的是，来自华南沿海下层边缘的、贫穷的、目不识丁的破产农民与城市贫民，而非来此权力中心的士绅精英阶层，一直幸运地或不幸地成为中国对外交往互动的开拓者与主要角色。一方面是政府的闭关被动、不鼓励对外移民；另一方面是移民的逆势而行、积极移民；再便是西方殖民主义强迫中国开放、移民合法化。而在东南亚，与中国侨乡角色构成强烈反差的，正是这些边缘的、贫困的移民华人积极参与当地的社会经济开发，一部分人成为富有的工商阶层。19世纪末20世纪初，积贫积弱腐朽的清政府本身成为西方殖民主义欺凌的对象，根本无力向海外的华侨华人移民提供领事保护。因而，广大的华商转而向殖民宗主国，如英国、法国、荷兰等西方国家，寻求政治领事法律保护。

综上所述，一方面，历史现实是跨国界、跨族群的华人移民与商业活动；另一方面，政治角力却是英国殖民主义扩张与东南亚地区大国间权力斗争。华人移民跨国界、跨族群和商业活动所面临的一系列现实性问题，与英国殖民主义权力斗争、政治商业扩张的战略目标结合在一起，前者成为后者实现其战略目标的工具性手段。华人移民跨国界、跨族群的商业社会往来，同时揭示了原有旧的法律制度的困境，为东南亚法律秩序的重建提出了新的课题、增添了新的内涵。反过来，这又引发了英国人、暹罗人和马来人之间权力斗争。这也许是东南亚移民华人本土化和跨国化历史进程中的一个重要历史含义与方面，如果当时还不能称之为全球化进程。

针对东南亚研究中欧洲中心论与民族主义历史两个极端视角，20世纪60年代斯迈尔（John Smail）呼吁东南亚"自治的历史"（autonomous history）[1]；而在全球化背景下的今天，相对于中心与霸权的民族"国家的历史"（national history），旅美泰国学者颂差（Thongchai Winichakul）则呼吁撰写东南亚"缝隙间的历史"（history at the interstices）。[2]两个富有代表性的范式与视角，皆强调在正常与自信、而非政治意识工具性霸权与反霸权的心态下，客观、公正、全面地承认东南亚民族"国家的历史"中长期被边缘化、被忽视、被抹杀的地区和族群独特的历史。正视这部分处于边缘、缝隙间的地区和族群的历史，并非为了否定和挑战民族"国家的历史"的正统性和民族国家的合法性；相反，这只会丰富、完善和发展民族"国家的历史"的多样性，并使民族国家更加合法化。

---

[1] Smail J R W. On the possibility of an autonomous history of modern Southeast Asia. *Journal of Southeast Asian History*, 1961, 2 (2): 72-102.

[2] Winichakul T. Writing at the interstices: Southeast Asian histories and postnational histories in Southeast Asia. *In* Ahmad A T, Tan L E. eds. *New Terrains in Southeast Asian History*. Athens: Ohio University Press, 2003, pp. 3-29.

参 考 文 献

一、英文档案

Colonial Office Files in London（英国伦敦档案馆，英国殖民部档案，下为"CO"）：CO 273/311, Memorandum on the Present Condition of Affairs in Kedah by Warren D. Barnes, Secretary for Chinese Affairs, Singapore, 21 January 1905.

CO 273/141/371, Appointment of an Agent at Kedah, 29 October 1886.

CO 273/141/371, H. B. M's Minister Resident and Consul General Bangkok to Sir F. A. Weld, 29 October 1886.

CO 273/141/371, H. B. M's Minister Resident and Consul General Bangkok to Sir F. A. Weld, 29 October 1886.

CO 273/141/371, The Governor of S. S. F. Weld to the Colonial Office, 12 November 1886.

CO 273/146/347, Consular Agent at Kedah. 22 August 1887.

CO 273/150, Foreign Office to Colonial Office, 16 July 1887.

CO 273/150, Foreign Office to Colonial Office: Appointment of Consular Office in Kedah. 16 July 1887.

CO 273/150, Foreign Office: Appointment of a Consular Officer at Kedah. Bangkok, 22 February 1887.

CO 273/150, Foreign Office: Establishment of a Consular Agency at Kedah. 16 November 1887.

CO 273/154/30, Appointment of Skinner as H. M. Consul for Certain States on the

Malay Peninsula.

CO 273/156, Foreign Office to Colonial Office: Consul at Kedah, 16 April 1888.

CO 273/156, Foreign Office to Colonial Office: Consul for the Malay States, 28 August 1888; CO 273/155/520.

CO 273/156, Foreign Office: British Consular Officer for Kedah, 16 March 1888.

CO 273/156, Mr Skinner as British Consul at Kedah: E. B. Gould to Foreign Office, 11 June 1888.

CO 273/156, Skinner as British Consul at Kedah. Foreign Office to E. B. Gould, 27 April 1888.

CO 273/163, Foreign to Colonial Office: British Consul at Kedah.

Foreign Office Files in London（英国伦敦档案馆，英国外交部档案，简称"FO"），FO 422/30, Acting Governor Sir F. Dickson to Lord Knutsford, 28 October 1890. *Kedah Annual Report, British Malaya,* September1906-February 1908.

二、英文报刊

Global Times, 16 January 2019.

Pinang Sin Pao, 7 April 1897.

Straits Echo, 19 August 1918.

The Pinang Gazette and Straits Chronicle, 25 May 1888.

三、英文论著

Balmori D, Voss S F, Wortman M. *Notable Family Networks in Latin America.* Chicago: University of Chicago Press, 1984.

Barnard A. *History and Theory in Anthropology.* Cambridge: Cambridge University Press, 2004.

Barth F. ed. *Ethnic Groups and Boundaries: The Social Organization of Culture Difference.* London: George Allen & Unwin, 1969.

Bastin J, Benda H J. *A History of Modern Southeast Asia.* Englewood Cliffs: Prentice-Hall, 1968.

Benda H. *Continuity and Change in Southeast Asia: Collected Journal Articles of Harry Benda.* New Haven: Yale University Southeast Asian Studies, Monograph Series No.18, 1972.

Blusse L, Chen M H. eds. *The Archives of the Kong Koan of Batavia.* Leiden: Brill, 2003.

Blussé L. *Strange Company: Chinese Settlers, Mestizo Women and the Dutch in VOC Batavia.* Dordrecht: Foris Publications, 1986.

Cheah B K. *Malaysia: The Making of a Nation.* Singapore: ISEAS, 2002.

Chen T. *Emigrant Communities in South China,* Shanghai: Kelly and Walsh, Ltd., 1939.

Cheng L K. *Social Change and the Chinese in Singapore.* Singapore: Singapore University Press, 1985.

Chew D. *Chinese Pioneers on the Sarawak Frontier, 1841-1941.* Singapore: Oxford University Press, 1990.

Courtenay P P. *Penang: The Economic Geography of a Free Port.* London: University of London, 1962.

Cribb R. Introduction: The late colonial state in Indonesia. *In* Cribb R. ed. *The Late Colonial State in Indonesia: Political and Economic Foundations of the Netherlands Indies 1880-1942.* Leiden: KITLV Press, 1994.

Cushman J W. *Family and State: The Formation of a Sino-Thai Tin-mining Dynasty, 1797-1932.* Singapore: Oxford University Press, 1991.

Day T. *Fluid Iron: State Formation in Southeast Asia.* Honolulu: University of Hawaii Press, 2002.

Dean K. *Lord of the Three in One: The Spread of a Cult in Southeast China.* Princeton: Princeton University Press, 1998.

DeBernardi J. *Rites of Belonging: Memory, Modernity, and Identity in a Malaysian Chinese Community.* Stanford: Stanford University Press, 2004.

Dobbin C. *Asian Entrepreneurial Minorities: Conjoint Communities in the Making of the World-Economy, 1570-1940.* London: Curzon Press, 1996.

Feldwick W. ed. *Present Day Impressions of the Far East and Prominent and Progressive Chinese at Home and Abroad.* London: Globe Encyclopedia, 1917.

Freedman M. *Chinese Lineage and Society: Fukien and Kwangtung.* London: London School of Economics and Political Science, Monographs on Social Anthropology, 1966.

Freedman M. *Lineage Organization in Southeastern China.* London: London School of Economics and Political Science, Monographs on Social Anthropology, 1958.

Freedman M. *The Study of Chinese Society: Essays by Maurice Freedman*. Stanford: Stanford University Press, 1979.

Ganesan N. State-society relations in Southeast Asia. *In* Ganesan N, Hlaing K Y. eds. *Myanmar: State, Society and Ethnicity.* Singapore: ISEAS Publishing, 2007.

Geertz C. *The Interpretation of Cultures*. New York: Basic Books, 1973.

Goh B L. ed. *Decentring and Diversifying Southeast Asian Studies: Perspectives from the Region.* Singapore: ISEAS Publishing, 2011.

Goto K. *Tensions of Empire: Japan and Southeast Asia in the Colonial and Postcolonial World.* Athens: Ohio University Press, 2003.

Haacke J. The significance of Beijing's bilateral relations: Looking "below" the regional level in China-ASEAN Ties. *In* Ho K L, Ku S C Y. eds. *China and Southeast Asia: Economic Statecraft and Strategic Engagement.* Singapore: ISEAS, 2005.

Hajime S. Southeast Asia as a regional concept in Modern Japan. *In* Kratosaka P H, Raben R, Nordholt H S. eds. *Locating Southeast Asia: Geographies of Knowledge and Politics of Space.* Singapore: Singapore University Press, 2005.

Hall K R. *Maritime Trade and State Development in Early Southeast Asia*. Honolulu: University of Hawaii Press, 1985.

Hefner R W, Patricia H. eds. *Islam in an Era of Nation-States: Politics and Religious Renewal in Muslim Southeast Asia.* Honolulu: University of Hawaii Press, 1997.

Heidhues M S. *Southeast Asia: A Concise History*. London: Thames & Hudson, 2000.

Hill A M. *Merchants and Migrants: Ethnicity and Trade among Yunnanese Chinese in Southeast Asia*. New Haven: Yale Southeast Asia Studies, 1998.

Hill M, Lian K F. eds. *The Politics of Nation Building and Citizenship in Singapore.* London: Routledge, 1995.

Ho K L, Ku S C Y. eds. *China and Southeast Asia: Global Changes and Regional Challenges.* Singapore: ISEAS, 2005.

Hook B. *Fujian: Gateway to Taiwan*. Oxford: Oxford University Press, 1996.

Kathirithamby-Wells J, Villiers J. eds. *The Southeast Asian Port and Polity: Rise and Demise.* Singapore: Singapore University Press, 1990.

Khoo K J. Revenue farming and state centralization in nineteenth-century Kedah. *In* Butcher J, Dick H. eds. *The Rise and Fall of Revenue Farming.* New York: St. Martin's Press, 1993.

Knaap G, Sutherland H. *Monsoon Traders: Ships, Skippers and Commodities in Eighteenth-Century Makassar*. Leiden: KITLV Press, 2004.

Kuah K E. *Rebuilding the Ancestral Village: Singaporeans in China*. Aldershor, England: Ashgate, 2000.

Kuhn P A. *Chinese Among Others: Emigration in Modern Times*. Singapore: NUS Press, 2008.

Kuhn P A. *The Homeland: Thinking about the History of Chinese Overseas*. The fifty-eighth George Ernest Morrison Lecture in Ethnology 1997, Australian National University.

Kulke H. The early and the imperial kingdom in Southeast Asian history. *In* Marr D G, Milner A C. eds. *Southeast Asia in the 9th to 14th Centuries*. Singapore: Institute of Southeast Asian Studies, 1986.

Landon K P. *The Chinese in Thailand*. New York: Institute of Pacific Relations, 1941.

Lang O. *Chinese Family and Society*. New Haven: Yale University Press, 1946.

Lee K H, Chow M S. eds. *Biographic dictionary of the Chinese in Malaysia*. Petaling Jaya: Pelanduk Publication, 1997.

Lee K H, Tan C B. eds. *The Chinese in Malaysia*. Kuala Lumpur: Oxford University Press, 2000.

Lee P P. *Chinese Society in Nineteenth Century Singapore*. Kuala Lumpur: Oxford University Press, 1978.

Legge J D. Southeast Asian history and social sciences. *In* Cowan C D, Wolters O W, Echols J M. eds. *Southeast Asian History and Historiography: Essays Presented to D. G. E. Hall*. Ithaca: Cornell University Press, 1976.

Leur J C V. *Indonesian Trade and Society: Essays in Asian Social and Economic History*. English edition, The Hague and Bandung, 1955.

LSE IDEAS. *China's Belt and Road Initiative (BRI) and Southeast Asia*. Kuala Lumpur: CIMB Southeast Asia Research Sdn Bhd (CARI), 2018.

Maeda K. *Alor Janggues: A Chinese Community in Malaysia*. translated by Gluck S H, Kyoto: The Center for Southeast Asian Studies, Kyoto University, 1967.

Mak L F. *The Dynamics of Chinese Dialect Groups in Early Malaya*. Singapore: Singapore Society of Asian Studies, 1995.

Mak L F. *The Sociology of Secret Societies: A Study of Chinese Secret Societies in*

Singapore and Peninsular Malaysia. Kuala Lumpur: Oxford University Press, 1981.

McCoy A W. *An Anarchy of Families: State and Family in the Philippines*. Madison: The University of Wisconsin Press, Center for Southeast Asian Studies, in cooperation with Ateneo de Manila University Press, 1993.

McVey R. Introduction: Local voices, central power. *In* McVey R. ed. *Southeast Asian Transitions: Approaches through Social History*. New Haven and London: Yale University Press, 1978.

Moser L J. *The Chinese Mosaic: The Peoples and Provinces of China*. Boulder & London: Westview Press, 1985.

Neher C D. *Southeast Asia in the New International Era*. Boulder & London: Westview Press, 2002.

Ng C K. *Trade and Society: The Amoy Network on the China Coast, 1683-1735*. Singapore: Singapore University Press, 1983.

Pieke F N, Nyíri P, Thun M, et al. *Transnational Chinese: Fujianese Migrants in Europe*. Stanford: Stanford University Press, 2004.

Pluvier J M. *South-East Asia from Colonialism to Independence*. Kuala Lumpur: Oxford University Press, 1977.

Purcell V. *The Chinese in Malaya*. London: Oxford University Press, 1967.

Purcell V. *The Chinese in Southeast Asia*. Kuala Lumpur: Oxford University Press, 1980.

Reid A, Castles L. eds. *Pre-Colonial State Systems in Southeast Asia: The Malay Peninsula, Sumatra, Bali-Lombok, South Celebes*. Kuala Lumpur: Council of the Malaysian Branch of the Royal Asiatic Society, 1975.

Reid A. Flows and seepages in the long-term Chinese interaction with Southeast Asia. *In* Reid A. ed. *Sojourners and Settlers: Histories of Southeast Asia and the Chinese*. St Leonards, NSW: Allen & Unwin, 1996.

Reid A. *Mataram: A Novel of Love, Faith and Power in Early Java*. Leicestershire: Monsoon Books Ltd., 2018.

Reid A. *Southeast Asia in the Age of Commerce, 1450-1680, Volume One: The Lands below the Winds*. New Haven: Yale University Press, 1988.

Reid A. *Southeast Asia in the Age of Commerce, 1450-1680, Volume Two: Expansion and Crisis*. New Haven: Yale University Press, 1993.

Rigg J. *Southeast Asia: A Region in Transition*. London: Unwin Hyman, 1991.

Safman R M. Minorities and state-building in mainland Southeast Asia. *In* Ganesan N, Hlaing K Y. eds. *Myanmar: State, Society and Ethnicity*. Singapore: ISEAS Publishing, 2007.

Schendel W V. Geographies of knowing, geographies of ignorance: Jumping scale in Southeast Asia. *In* Kratoska P H, Raben R, Nordholt H S. eds. *Locating Southeast Asia: Geographies of Knowledge and Politics of Space*. Singapore: Singapore University Press, 2005.

Scott J C. *The Art of Not Being Governed: An Anarchist History of Upland Southeast Asia*. Singapore: NUS Press, 2010.

Sears L J. ed. *Autonomous Histories, Particular Truths: Essays in Honor of John R. W. Smail*. University of Wisconsin, Center for Southeast Asian Studies, Monograph No.11, 1993.

Sharom A. *Tradition and Change in a Malay State: A Study of the Economic and Political Development of Kedah, 1878-1923*. Kuala Lumpur: Printed for the Council of the Malaysian Branch of the Royal Asiatic Society by Art Printing Works, 1984.

Skinner G W. *Chinese Society in Thailand: An Analytical History*. Ithaca: Cornell University Press, 1957.

So B K L. *Prosperity, Region, and Institutions in Maritime China: The South Fukien Pattern, 946—1368*. Cambridge: Harvard University Asia Center, 2000.

Stevens M L, Miller-Idriss C, Shami S. *Seeing the World: How U. S. Universities Make Knowledge in a Global Era*. Princeton: Princeton University Press, 2018.

Sudo S. *The Fukuda Doctrine and ASEAN: New Dimensions in Japanese Foreign Policy*. Singapore: Institute of Southeast Asian Studies, 1992.

Sung Y W. *The Emergence of Greater China: The Economic Integration of Mainland China, Taiwan and Hong Kong*. New York: Palgrave Macmillan, 2005.

Suryadinata L. ed. *Ethnic Chinese as Southeast Asians*. Singapore: ISEAS, 1997.

Suryadinata L. ed. *Ethnic Relations and Nation-Building in Southeast Asia*. Singapore: ISEAS, 2004.

Suryadinata L. *Peranakan Chinese Politics in Java, 1917-1942*. Singapore: Singapore University Press, 1981 &2005.

Sutherland H. *Between Conflict and Accommodation: History, Colonialism, Politics and Southeast Asia*. Amsterdam: Vrije Universiteit, 1976.

Sutherland H. *From the Particular to the General: Local Communities and Collective History*. Newsletter of Chinese Heritage Centre, Singapore, 2003, No. 1.

Sutherland H. Trepang and wangkang. The China trade of eighteenth century Makassar. *In* Roger T. ed. *Authority and Enterprise among the Peoples of Southeast Sulawesi*. Leiden: KITLV Press, 2000.

Szanton D L. *The Politics of Knowledge: Area Studies and the Disciplines*. Berkeley: University of California Press, 2004.

Tan C B. *Chinese Minority in a Malay State: The Case of Terengganu in Malaysia*. Singapore: Eastern Universities Press, 2002.

Tan C B. *The Baba of Melaka: Culture and Identity of a Chinese Peranakan Community in Malaysia*. Petaling Jaya: Pelanduk Publications, 1988.

Tarling N. *Nations and States in Southeast Asia*. Cambridge: Cambridge University Press, 1998.

Teo K S. *The Peranakan Chinese of Kelantan: A Study of the Culture, Language and Communication of an Assimilated Group in Malaysia*. London: Asean Academic Press, 2003.

Tien J K. *The Chinese of Sarawak: A Study of Social Structure*. London: Lund Humphries, Monographs on Social Anthropology, No. 12, the London School of Economics and Political Science, 1956.

Trocki C A. *Prince of Pirates: The Temmenggongs and the Development of Singapore 1784-1885*. Singapore: Singapore University Press, 1979.

Tu W M. Cultural China: The periphery as the center. *In* Tu W M. ed. *The Living Tree: The Changing Meaning of Being Chinese Today*. Stanford: Stanford University Press, 1994.

Twang P Y. *The Chinese Business Elite in Indonesia and the Transition to Independence 1940-1950*. Kuala Lumpur: Oxford University Press, 1998.

Vermeulen H, Govers C. eds. *The Anthropology of Ethnicity: Beyond Ethnic Groups and Boundaries*. Amsterdam: Het Spinhuis, 1994.

Von der Mehden F R. *Southeast Asia 1930-1970: The Legacy of Colonialism and Nationalism*. London: Thames and Hudson, 1974.

Wang G W. China and Southeast Asia: The context of a new beginning. *In* Shambaugh D. ed. *Power Shift: China and Asia's New Dynamics*. Berkeley: University of

California Press, 2005.

Wang G W. *China and the Chinese Overseas*. Singapore: Times Academic Press, 1991.

Wang G W. *Home is Not Here*. Singapore: The National University of Singapore Press, 2018.

Wang G W. ed. *Nation-Building: Five Southeast Asian Histories*. Singapore: ISEAS, 2005.

Wesley-Smith T, Goss J. eds. *Remaking Area Studies: Teaching and Learning across Asia and the Pacific*. Honolulu: University of Hawaii Press, 2010.

Wickberg E. *The Chinese in Philippine Life, 1850-1898*. New Haven: Yale University Press, 1965.

Winichakul T. Writing at the interstices: Southeast Asian histories and postnational histories in Southeast Asia. *In* Ahmad A T, Tan L E. eds. *New Terrains in Southeast Asian History*. Athens: Ohio University Press, 2003.

Wolters O W. *History, Culture, and Region in Southeast Asian Perspective*. Singapore: Institute of Southeast Asian Studies, 1982.

Wolters O W. *The Fall of Srivijaya in Malay History*. London: Lund Humphries, 1970.

Wong D T K. *The Transformation of an Immigrant Society: A Study of the Chinese of Sabah*. London: Asean Academic Press, 1998.

Wu X A. China Meets Southeast Asia: A Long-Term Historical Review. *In* Ho K L. ed. *Distancing and Connecting: Southeast Asia and China in Perspective*. Singapore: Institute of Southeast Asian Studies Press (ISEAS Press) and the Singapore Society for Asian Studies (SSAS), 2009.

Wu X A. *Chinese Business in the Making of a Malay State, 1882-1941: Kedah and Penang*. London: RoutledgeCurzon, 2003; Singapore: The National University of Singapore Press, 2010.

Wu X A. In Search of Chineseness: Conceptualization and Paradigms. *In Malaysia and the Chinese Community in Transition: Selected Papers on The Second Biennial International Conference on Malaysian Chinese Studies, Vol. 2 (Community and Politics)*. Kuala Lumpur: Centre for Malaysian Chinese Studies, 2015.

Yang B. *Between Winds and Clouds: The Making of Yunnan (Second Century BCE-Twentieth Century CE)*. New York: Columbia University Press, 2009.

Yano T. The concept of the petty patrimonial state: Traditional structures in contemporary

Southeast Asia. *In* Kenji T. ed. *"States" in Southeast Asia from "Tradition" to "Modernity"*. Kyoto: Center for Southeast Asian Studies, Kyoto University, 1984.

Yeung Y M, Chu David K Y. eds. *Fujian: A Coastal Province in Transition and Transformation*. Hong Kong: The Chinese University Press, 2000.

Yoshihara K. *Oei Tiong Ham Concern: The First Business Empire of Southeast Asia*. Kyoto University, the Center for Southeast Asian Studies, 1989.

Zhuang G T. *Tea, Silver, Opium and War: The International Tea Trade and Western Commercial Expansion into China in 1740-1840*. Xiamen: Xiamen University Press, 1993.

四、英文论文

Aceto M. Ethnic personal names and multiple identities in Anglophone Caribbean speech communities in Latin America. *Language in Society*, 2002, 34 (4): 577-608.

Aguilar F, Hau C, Rafael V, et al. Benedict Anderson, comparatively speaking: On area studies, theory, and "gentlemanly" polemics. *Philippine Studies*, 2011, 59 (1): 107-139.

Andaya B W. Oceans unbounded: Transversing Asia across "area studies". *The Journal of Asian Studies*, 2006, 65 (4): 669-690.

Atarashi K. Japan's economic cooperation policy towards the ASEAN countries. *International Affairs (Royal Institute of International Affairs 1944-)*, 1984, 61 (1): 109-127.

Atwill D G. Blinkered visions: Islamic identity, Hui Ethnicity, and the Panthay Rebellion in Southwest China, 1856-1873. *The Journal of Asian Studies*, 2003, 62 (4): 1079-1108.

Ba Alice D. China and Asean: Renavigating relations for a 21st-century Asia. *Asian Survey*, 2003, 43 (4): 622-647.

Banlaoi R C. Southeast Asian perspectives on the rise of China: Regional security after 9/11. *Parameters*, 2003: 98-107.

Barnett P G. The Chinese in Southeastern Asia and the Philippines. *The ANNALS of the American Academy of Political and Social Science*, 1943, 226: 32-49.

Bates R H. Area studies and the discipline: A useful controversy? *PS: Political Science and Politics*, 1997, 30 (2): 166-169.

Benda H. The structure of Southeast Asian history: Some preliminary observations. *Journal of Southeast Asian History*, 1962, 3 (1): 106-138.

Bentley G C. Indigenous states of Southeast Asia. *Annual Review of Anthropology*, 1986, 15 (1): 275-305.

Blussé L. No boats to China. The Dutch East India company and the changing pattern of the China sea trade, 1635-1690. *Modern Asian Studies*, 1996, 30 (1): 51-76.

Bolt P J. Contemporary Sino-Southeast Asian relations. *China: An International Journal*, 2011, 9 (2): 276-295.

Brown D. From peripheral communities to ethnic nations: Separatism in Southeast Asia. *Pacific Affairs*, 1988, 61 (1): 51-77.

Cahnman W J. Outline of a theory of area studies. *Annals of the Association of American Geographers*, 1948, 38 (4): 233-243.

Callahan W A. Diaspora, cosmopolitanism, and nationalism: Overseas Chinese and neo-nationalism in China and Thailand. *Southeast Asian Research Centre Working Papers Series*, 2002, 1-34.

Cartier C. State formation and comparative area studies—between globalization and territorialization. *The Journal of Asian Studies*, 2011, 70 (4): 965-970.

Chabal P. Area studies and comparative politics: Africa in context. *Africa Spectrum*, 2005, 40 (3): 471-484.

Chan H L. The 'Chinese Barbarian Officials' in the foreign tributary missions to China during the Ming Dynasty. *Journal of the American Oriental Society*, 1968, 88 (3): 411-418.

Chang W C. From war refugees to immigrants: The case of the KMT Yunnanese Chinese in Northern Thailand. *The International Migration Review*, 2001, 35 (4): 1086-1105.

Chang W C. Home away from home: Migrant Yunnanese Chinese in Northern Thailand. *International Journal of Asian Studies*, 2006, 3 (1): 49-76.

Chang W C. Identification of leadership among the KMT Yunnanese Chinese in Northern Thailand. *Journal of Southeast Asian Studies*, 2002, 33 (1): 123-145.

Chen J W. Achieving supreme excellence: How China is using agreements with ASEAN to overcome obstacles to its leadership in Asian regional economic integration. *Chicago Journal of International Law*, 2007, 7 (2): 655-674.

Cheng U W. Opium in the Straits Settlements, 1867-1910. *Journal of Southeast Asian*

History, 1961, 2 (1): 52-75.

Cheung G C K. Involuntary migrants, political revolutionaries and economic energisers: A history of the image of overseas Chinese in Southeast Asia. *Journal of Contemporary China*, 2005, 14 (42): 55-66.

Chun A. Fuck Chineseness: On the ambiguities of ethnicity as culture as identity. *Boundary 2*, 1996, 23 (2): 111-138.

Cook J A. *Bridges to Modernity: Xiamen, Overseas Chinese and Southeast Coast Modernization, 1843-1939*. Ph. D. dissertation, University of California at San Diego, 1998.

Day T, Reynolds C J. Cosmologies, truth regimes, and the states in Southeast Asia. *Modern Asian Studies*, 2000, 34 (1): 1-55.

Denoon D B H, Frieman W. China's security strategy: The view from Beijing, ASEAN, and Washington. *Asian Survey*, 1996, 36 (4): 422-439.

Duan Y. Kuomintang soldiers and their descendants in Northern Thailand: An ethnographic study. *Journal of Chinese Overseas*, 2008, 4 (2): 238-257.

Duara P. Transnationalism and the predicament of sovereignty: China, 1900-1945. *The American Historical Review*, 1997, 102 (4): 1030-1051.

Fairbank J K, Teng S Y. On the Ch'ing tributary system. *Harvard Journal of Asiatic Studies*, 1941, 6 (2): 135-246.

Fairbank J K. Tributary trade and China's relations with the West. *The Far Eastern Quarterly*, 1942, 1 (2): 129-149.

Farmer B H. Geography, area studies and the study of area. *Transactions of the Institute of British Geographers*, 1973, 60: 1-15.

Finlay R. Portuguese and Chinese maritime imperialism: Camoes's lusiads and Luo Maodeng's voyage of the San Bao eunuch. *Comparative Studies in Society and History*, 1992, 34 (2): 225-241.

Fogg G E. The royal society and the South Seas. *Notes & Records of the Royal Society of London*, 2001, 55 (1): 81-103.

Freedman M. What social science can do for Chinese studies? *The Journal of Asian Studies*, 1964, 23 (4): 523-529.

Furuoka F. Challenges for Japanese diplomacy after the end of the Cold War. *Contemporary Southeast Asia*, 2002, 24 (1): 68-81.

Ganesan N. ASEAN's relations with major external powers. *Contemporary Southeast Asia*, 2000, 22 (2): 258-278.

Geiger J. Imagined islands: 'White Shadows in the South Seas' and cultural ambivalence. *Cinema Journal*, 2002, 41 (3): 98-121.

Gerke S, Evers H D. Globalizing local knowledge: Social science research on Southeast Asia, 1970-2000. *Sojourn: Journal of Social Issues in Southeast Asia*, 2006, 21 (1): 1-21.

Ginsburg T. The state of sovereignty in Southeast Asia. *Proceedings of the ASIL Annual Meeting*, 2005, 99: 419-422.

Godley M R. The late Ch'ing courtship of the Chinese in Southeast Asia. *The Journal of Asian Studies*, 1975, 34 (2): 361-385.

Graham L, Kantor J M. "Soft" area studies versus "hard" social science: A false opposition. *Slavic Review*, 2007, 66 (1): 1-19.

Grant R, Nijman J. Historical changes in U. S. and Japanese foreign aid to the Asia-Pacific Region. *Annals of the Association of American Geographers*, 1997, 87 (1): 32-51.

Gunew S. Postcolonialism and multiculturalism: Between race and ethnicity. *The Yearbook of English Studies*, 1997, 27: 22-39.

Guyer J I. Anthropology in area studies. *Annual Review of Anthropology*, 2004, 33: 499-523.

Hall K R. Small Asian nations in the shadow of the large: Early Asian history through the eyes of Southeast Asia. *Journal of the Economic and Social History of the Orient*, 1984, 27 (1): 56-88.

Hall K R. The textile industry in Southeast Asia, 1400-1800. *Journal of the Economic and Social History of the Orient*, 1996, 39 (2): 87-135.

Hamayotsu K. Islam and nation building in Southeast Asia: Malaysia and Indonesia in comparative perspective. *Pacific Affairs*, 2002, 75 (3): 353-375.

Harding H. The concept of "Greater China": Themes, variations and reservations. *The China Quarterly*, 1993, 136: 660-686.

Hasan Abdul Rahman and Norfariza Hanim Kasim. Malaysian Population Census: Review of Enumeration Strategies and Topics. Department of Statistics Malaysia. www.statistics.gov.my/eng/images/stories/files/.../population.pdf, 访问日期: 2009

年11月1日。

Hay A M. Concepts of equity, fairness and justice in geographical studies. *Transactions of the Institute of British Geographers*, 1995, 20 (4): 500-508.

Hellmann D C. Japan and Southeast Asia: Continuity amidst change. *Asian Survey*, 1979, 19 (12): 1189-1198.

Herschede F. Trade between China and ASEAN: The impact of the Pacific Rim era. *Pacific Affairs*, 1991, 64 (2): 179-193.

Hill A M. Chinese funerals and Chinese ethnicity in Chiang Mai, Thailand. *Ethnology*, 1992, 31 (4): 315-330.

Hill H. ASEAN economic development: An analytical survey-the state of the field. *The Journal of Asian Studies*, 1994, 53 (3): 832-866.

Hirschman C. The meaning and measurement of ethnicity in Malaysia: An analysis of census classifications. *The Journal of Asian Studies*, 1987, 46 (3): 555-582.

Ho P T. In defense of sinicization: A rebuttal of Evelyn Rawski's "reenvisioning the Qing". *The Journal of Asian Studies*, 1998, 57 (1): 123-155.

Hsiao H M, Lim K T. The formation and limitation of Hakka identity in Southeast Asia. *Taiwan Journal of Southeast Asian Studies*, 2007, 4 (1): 3-28.

Huang J L. Conceptualizing Chinese migration and Chinese overseas: The contribution of Wang Gungwu. *Journal of Chinese Overseas*, 2010, 6 (1): 1-21.

Huang S M. The articulation of culture, agriculture, and the environment of Chinese in Northern Thailand. *Ethnology*, 2005, 44 (1): 1-11.

Jackson P A. Space, theory, and hegemony: The dual crises of Asian area studies and cultural studies. *Sojourn: Journal of Social Issues in Southeast Asia*, 2003, 18 (1): 1-41.

Jo Y H. Regional cooperation in Southeast Asia and Japan's role. *The Journal of Politics*, 1968, 30 (3): 780-797.

Johnstone C B. Paradigms lost: Japan's Asia policy in a time of growing Chinese power. *Contemporary Southeast Asia*, 1999, 21 (3): 365-385.

Kahin G M. The Chinese in Indonesia. *Far Eastern Survey*, 1946, 15 (21): 326-329.

Karp I. Does theory travel? Area studies and cultural studies. *Africa Today*, 1997, 44 (3): 281-295.

Katzenstein P J. Area studies, regional studies, and international relations. *Journal of*

East Asian Studies, 2002, 2 (1): 127-137.

Keyes C. Presidential Address: "The Peoples of Asia"-science and politics in the classification of ethnic groups in Thailand, China and Vietnam. *The Journal of Asian Studies*, 2002, 61 (4): 1163-1203.

Khamchoo C. Japan's role in Southeast Asian security: 'Plus ca change'. *Pacific Affairs*, 1991, 64 (1): 7-22.

Kikuchi T. Japan in an insecure East Asia: Redefining its role in East Asian community-building. *Southeast Asian Affairs*, 2006, 1: 39-54.

King V T. Review: The problem with areas: Asia and area studies. *Bijdragen tot de Taal-, Landen Volkenkunde*, 2012, 168 (2/3): 314-324.

Koga K. Japan's "strategic coordination" in 2015: ASEAN, Southeast Asia, and Abe's diplomatic agenda. *Southeast Asian Affairs*, 2016, 67-79.

Kolluoglu-Kirli B. From Orientalism to area studies. *The New Centennial Review*, 2003, 3 (3): 93-111.

Kuhn P A. Area studies and the disciplines. *Bulletin of the American Academy of Arts and Sciences*, 1984, 37 (4): 5-8.

Kuhn P A. Why China historians should study the Chinese Diaspora, and vice-versa. *Journal of Chinese Overseas*, 2006, 2 (2): 163-172.

Kuik C C. Multilaterialism in China's ASEAN policy: Its evolution, characteristics, and aspiration. *Contemporary Southeast Asia*, 2005, 27 (1): 102-122.

Kurlantzick J. China's charm offensive in Southeast Asia. *Current History*, 2006, 105 (692): 270-276.

Landé C H. Ethnic conflict, ethnic accommodation, and nation-building in Southeast Asia. *Studies in Comparative International Development*, 1999, 33 (4): 89-117.

Landon K P. The problem of the Chinese in Thailand. *Pacific Affairs*, 1940, 13 (2): 149-161.

Lasker B. The role of the Chinese in the Netherlands Indies. *The Far Eastern Quarterly*, 1946, 5 (2): 162-171.

Lattimore O. Yunnan, pivot of Southeast Asia. *Foreign Affairs*, 1943, 21 (3): 476-493.

Lee K Y. ASEAN must balance China in Asia. *New Perspective Quarterly*, 2001, 18 (3): 20-23.

Lee L T. ASEAN-PRC political and security cooperation: Problems, proposals, and prospects. *Asian Survey,* 1993, 33 (11): 1095-1104.

Lee L, Lee J. Japan-India cooperation and Abe's democratic security diamond: Possibilities, limitations and the view from Southeast Asia. *Contemporary Southeast Asia.* 2016, 38 (2): 284-308.

Lee R H. The Chinese abroad. *Phylon,* 1956, 17 (3): 257-270.

Lee S M. Female immigrants and labor in colonial Malaya: 1860-1947. *International Migration Review,* 1989, 23 (2): 309-331.

Lee Y L. The population of British Borneo. *Population Studies,* 1962, 15 (3): 226-243.

Lewis M W, Wigen K. A maritime response to the crisis in area studies. *Geographical Review,* 1999, 89 (2): 161-168.

Li M H. From 'sons of the Yellow Emperor' to 'children of Indonesian soil': Studying Peranakan Chinese based on the Batavia Kong Koan archives. *Journal of Southeast Asian Studies,* 2003, 34 (2): 215-230.

Li T N. A view from the sea: Perspectives on the northern and central Vietnamese coast. *Journal of Southeast Asian Studies,* 2006, 37 (1): 83-102.

Liang Z, Morooka H. Recent trends of emigration from China: 1982-2000. *International Migration,* 2004, 42 (3): 145-164.

Lim T W. The rise of China and India: Geo-political narratives from the Singaporean perspective. *China: An International Journal,* 2009, 7 (1): 81-104.

Ling P. Causes of Chinese emigration. *Annals of the American Academy of Political and Social Science,* 1912, 39: 74-82.

Liow J C. U. S.-Southeast Asia relations under the Trump Administration. *Asia Policy,* 2017, (24): 53-58.

Llewellyn J. Japan's return to international diplomacy and Southeast Asia: Japanese mediation in *Konfrontasi,* 1963-66. *Asian Studies Review,* 2006, 30 (4): 355-374.

Lo J P. The emergence of China as a sea power during the late Sung and early Yuan periods. *The Journal of Asian Studies,* 1955, 14 (4): 489-503.

MacDonald K. An integrative evolutionary perspective on ethnicity. *Politics and the Life Sciences,* 2001, 20 (1): 67-80.

Mackie J A C. ASEAN perspectives on China: A rejoinder to Peter Polomka. *The Australian Journal of Chinese Affairs,* 1983, (9): 75-80.

Manguin P Y. The merchant and the king: Political myths of Southeast Asian coastal polities. *Indonesia*, 1991, 52: 41-54.

Manguin P Y. Trading ships of the South China Sea. Shipbuilding Techniques and Their Role in the History of the Development of Asian Trade Networks. *Journal of the Economic and Social History of the Orient*, 1993, 36 (3): 253-280.

Matsuda Y. Engagement and hedging: Japan's strategy toward China. *SAIS Review of International Affairs*, 2012, 32 (2): 109-119.

McKeown A. Global migration, 1846-1940. *Journal of World History*, 2004, 15 (2): 155-189.

McVey R. Change and continuity in Southeast Asian studies. *Journal of Southeast Asian Studies*, 1995, 26 (1): 1-9.

Nagel J. Constructing ethnicity: Creating and recreating ethnic identity and culture. *Social Problems*, 1994, 41 (1): 152-176.

Neal P. Justice as fairness: Political or metaphysical? *Political Theory*, 1990, 18 (1): 24-50.

Ng W C. Urban Chinese social organization: Some unexplored aspects in huiguan development in Singapore, 1900-1941. *Modern Asian Studies*, 1992, 26 (3): 469-494.

O'Connor R A. Agricultural change and ethnic succession in Southeast Asian States: A case for regional Anthropology. *The Journal of Asian Studies*, 1995, 54 (4): 968-996.

Pei M X. A play for global leadership. *Journal of Democracy*, 2018, 29 (2): 37-51.

Polomka Peter ASEAN perspectives on China: Implications for Western interests. *The Australian Journal of Chinese Affairs*, 1982, (8): 85-99.

Portes A. On the sociology of national development: Theories and issues. *American Journal of Sociology*, 1976, 82 (1): 55-85.

Powers M K. Area studies. *The Journal of Higher Education*, 1955, 26 (2): 82-89, 113.

Proschan F. Peoples of the gourd: Imagined ethnicities in Highland Southeast Asia. *The Journal of Asian Studies*, 2001, 60 (4): 999-1032.

Ptak R. China and the trade in cloves, circa 960-1435. *Journal of the American Oriental Society*, 1993, 113 (1): 1-13.

Ptak R. From Quanzhou to the Sulu Zone and beyond: Questions related to the early fourteenth century. *Journal of Southeast Asian Studies*, 1998, 29 (2): 269-294.

Purcell V. Overseas Chinese and "People's Republic". *Far Eastern Survey*, 1950, 19 (18): 194-196.

Pyle K B. Japan's return to great power politics: Abe's restoration. *Asia Policy*, 2018, 13 (2): 69-90.

Rafael V L. The cultures of area studies in the United States. *Social Text*, 1994, 41: 91-111.

Rawls J. Justice as fairness. *The Philosophical Review*, 1958, 67 (2): 164-194.

Reid A. An "age of commerce" in Southeast Asian history. *Modern Asian Studies*, 1990, 24 (1): 1-30.

Rejai M, Enloe C H. Nation-states and state-nations. *International Studies Quarterly*, 1969, 13 (2): 140-158.

Roy D. Southeast Asia and China: Balancing or bandwagoning? *Contemporary Southeast Asia: A Journal of International & Strategic Affairs*, 2005, 27 (2): 305-322.

Rudner M. Japanese official development assistance to Southeast Asia. *Modern Asian Studies*, 1989, 23 (1): 73-116.

Rudolph S H. Presidential Address: State formation in Asia-Prolegomenon to a comparative studies. *The Journal of Asian Studies*, 1987, 46 (4): 731-746.

Salmon C. The Han family of East Java: Entrepreneurship and politics (18th-19th centuries). *Archipel*, 1991, 41: 53-87.

Schulz M. The global debt crisis and the shift of Japan's economic relations with Southeast Asia. *Journal of Southeast Asian Economies (JSEAE)*, 2013, 30 (2): 143-163.

Schwartz B I. Presidential address: Area studies as a critical discipline. *The Journal of Asian Studies*, 1980, 40, (1): 15-25.

Shambaugh D. U.S.-China rivalry in Southeast Asia: Power shift or competitive coexistence? *International Security*, 2018, 42 (4): 85-127.

Shao C L. Communist China's economic relations with Southeast Asia. *Far Eastern Survey*, 1959, 28 (1): 1-11.

Sheng L J. China's influence in Southeast Asia. *Trends in Southeast Asia Series*, 2006, (4): 1-11.

Shohat E. Area studies, transnationalism, and the feminist production of knowledge. *Signs: Journal of Women in Culture and Society*, 2001, 26 (4): 1269-1272.

Sidaway J D. Long live trans-area studies! *Bijdragen tot de Taal-, Land-, en Volkenkunde*, 2012, 168 (4): 506-508.

Singh B. Asean's perceptions of Japan: Change and continuity. *Asian Survey*, 2002, 42 (2): 276-296.

Singh B. Japan's Post-Cold War security policy: Bringing back the normal state. *Contemporary Southeast Asia*, 2002, 24 (1): 82-105.

Singh D. American foreign policy and Southeast Asia. *Southeast Asian Affairs*, 2020, 2020: 57-75.

Skinner G W. Overseas Chinese in Southeast Asia. *The ANNALS of the American Academy of Political and Social Science*, 1959, 321: 136-147.

Skinner G W. *Report on the Chinese in Southeast Asia, Dec. 1950*. Ithaca: Southeast Asia Project, Cornell University, 1951.

Skinner G W. What the study of China can do for social science. *The Journal of Asian Studies*, 1964, 23 (4): 517-522.

Slocum K, Thomas D A. Rethinking global and area studies: Insights from Caribbeanist Anthropology. *American Anthropologist*, 2003, 105 (3): 553-565.

Smail J R W. On the possibility of an autonomous history of modern Southeast Asia. *Journal of Southeast Asian History*, 1961, 2 (2): 72-102.

Smith A. Trans-locals, critical area studies and geography's others, or why 'development' should not be geography's organizing framework: A response to Potter. *Area*, 2002, 34 (2): 210-213.

So B K L. Dissolving hegemony or changing trade pattern? Images of Srivijaya in the Chinese sources of the twelfth and thirteenth centuries. *Journal of Southeast Asian Studies*, 1998, 29 (2): 295-308.

Songprasert P. The implication of Penang connection in Southern Thailand. *The Penang Story-International Conference*, 2002, 18-21: 1-16.

Spencer J. Post-Colonialism and the political imagination. *The Journal of the Royal Anthropological Institute*, 1997, 3 (1): 1-19.

Stanley M. Social development as a normative concept. *The Journal of Developing Areas*, 1967, 1 (3): 301-316.

Stockwell A J. Conceptions of community in Colonial Southeast Asia. *Transactions of the Royal Historical Society*, 1998, 8: 337-355.

Strauch J. Multiple ethnicities in Malaysia: The shifting relevance of alternative Chinese categories. *Modern Asian Studies*, 1981, 15 (2): 235-260.

Stuart-Fox M. Southeast Asia and China: The role of history and culture in shaping future relations. *Contemporary Southeast Asia*, 2004, 26 (1): 116-139.

Sudo S. Japan-Asean relations: New dimensions in Japanese foreign policy. *Asian Survey*, 1988, 28 (5): 509-525.

Sudo S. The road to becoming a regional leader: Japanese attempts in Southeast Asia, 1975-1980. *Pacific Affairs*, 1988, 61 (1): 27-50.

Suehiro A. The road to economic re-entry: Japan's policy toward Southeast Asian development in the 1950s and 1960s. *Social Science Japan Journal*, 1999, 2 (1): 85-105.

Sun L C. Military technology transfers Ming China and the emergence of northern mainland Southeast Asia (c. 1390-1527). *Journal of Southeast Asian Studies*, 2003, 34 (3): 495-517.

Sutherland H. Believing is seeing: Perspectives on political power and economic activity in the Malay world 1700-1940. *Journal of Southeast Asian Studies*, 1995, 26 (1): 133-146.

Sutherland H. The Sulu Zone revisited. *Journal of Southeast Asian Studies*, 2004, 35 (1): 133-157.

Sutherland H. Writing history of Southeast Sumatra: A review article. *Indonesia*, 1994, 58: 103-108.

Sutherland H. Writing indonesian history in the Netherlands: Rethinking the past. *Bijdragen tot de Taal-, Land-, en Volkenkunde van Nederlandsch-Indie*, 1994, 150 (4): 785-804.

Tan C B. The Northern Chinese of Sabah, Malaysia: Origin and some sociocultural aspects. *Asian Culture*, 1997, 21: 19-37.

Thiam S H. Derek. Export commodity and regional currency: The role of Chinese copper coins in the Melaka Straits, tenth to fourteenth centuries. *Journal of Southeast Asian Studies*, 2006, 37 (2): 179-203.

Tokuchi H. The role of Japan in sustaining regional order in East Asia. *Asia Policy*, 2018, 25 (2): 32-38.

Tsu J. New area studies and languages on the move. *PMLA*, 2011, 126 (3): 693-700.

Ukaegbu C C. Commentary: Area studies and the disciplines. *Africa Today*, 1998, 45 (3-4): 323-336.

Unger L. The Chinese in Southeast Asia. *Geographical Review,* 1944, 34 (2): 196-217.

Vandenbosch A. A problem in Java: The Chinese in the Dutch East Indies. *Pacific Affairs,* 1930, 3 (11): 1001-1017.

Vandenbosch A. The problem in Java: The Chinese in Southeast Asia. *The Journal of Politics,* 1947, 9 (1): 80-95.

Vatikiotis M R J. Catching the dragon's tail: China and Southeast Asia in the 21st century. *Contemporary Southeast Asia,* 2003, 25 (1): 65-78.

Wakeman Frederic Jr. Voyages. *The American Historical Review,* 1993, 98 (1): 1-17.

Wallerstein I. The development of the concept of development. *Sociological Theory,* 1984, 2: 102-116.

Wang G W. Greater China and the Chinese Overseas. *The China Quarterly,* 1993, 136: 926-948.

Wang L L. Yunnanese Muslims along the Northern Thai border. *Kyoto Review of Southeast Asia,* 2004, 5.

Watkins J. The new mediterranean studies: A mediator between area studies and global studies. *Mediterranean Studies,* 2005, 21 (2): 149-154.

Whiting A S. ASEAN eyes China: The security dimension. *Asian Survey,* 1997, 37 (4): 299-322.

Whitmore J K. The rise of the coast: Trade, state and culture in early Dai Viet. *Journal of Southeast Asian Studies,* 2006, 37 (1): 103-122.

Wickberg E. Early Chinese economic influence in the Philippines, 1850-1898. *Pacific Affairs,* 1962, 35 (3): 275-285.

Winichakul T. Asian studies across academies. *The Journal of Asian Studies*, 2014, 73 (4): 879-897.

Winzeler R L, Cohen R, Hunt R, et al. Ecology, culture, social organization, and state formation in Southeast Asia. *Current Anthropology,* 1976, 17 (4): 623-640.

Wolters O W. Restudying some Chinese writings on Sriwijaya. *Indonesia,* 1986, 42: 1-41.

Womack B. China and Southeast Asia: Asymmetry, leadership and normalcy. *Pacific Affairs,* 2003-2004, 76 (4): 529-548.

Wong J, Chan S. China-Asean Free Trade Agreement: Shaping future economic relations. *Asian Survey,* 2003, 43 (3): 507-526.

Wong J. Southeast Asia's growing trade relations with socialist economies. *Asian Survey*, 1977, 17 (4): 330-344.

Wong T D. Chinese migration to Sabah before the Second World War. *Archipel*, 1999, 58 (3): 131-158.

Wood H A. Toward a geographical concept of development. *Geographical Review*, 1977, 67 (4): 462-468.

Woodside A. History, ideology, and foreign policy: A review of some recent Western works on Chinese relations with Southeast Asia. *Modern China*, 1978, 4 (2): 215-246.

Wright M C. The social sciences and the Chinese historical record. *The Journal of Asian Studies*, 1961, 20 (2): 218-221.

Wu X A. Centers for Chinese studies in SEA. *Kyoto Review of Southeast Asia*, 2003, (3).

Wu X A. *Chinese Family Business Networks in the Making of a Malay State: Kedah and the Region c. 1882-1941*. Ph. D. dissertation, University of Amsterdam, 1999.

Wu X A. Review Essay of Wang Gungwu. *Home is Not Here*. Singapore: The National University of Singapore Press, 2018. *Journal of the Malaysian Branch of the Royal Asiatic Society*, 2019, 92 (2): 163-176.

Yen C H. Ch'ing changing images of the overseas Chinese (1644-1912). *Modern Asian Studies*, 1981, 15 (2): 261-285.

Yeo L H. Japan, ASEAN, and the construction of an East Asian community. *Contemporary Southeast Asia*, 2006, 28 (2): 259-275.

Young F W. Durkheim and development theory. *Sociological Theory*, 1994, 12 (1): 73-82.

Yow C H. Weakening ties with the ancestral homeland in China: The case studies of contemporary Singapore and Malaysian Chinese. *Modern Asian Studies*, 2005, 39 (3): 559-597.

Zagoria D S. The end of the Cold War in Asia: Its impact on China. *Proceedings of the Academy of Political Science, The China Challenge: American Policies in East Asia*, 1991, 38 (2): 1-11.

五、中文报刊

《槟城新报》，1897 年 5 月 10 日。

《槟城新报》，1900 年 7 月 30 日。

《槟城新报》，1901 年 9 月 10 日。
《槟城新报》，1904 年 3 月 17 日。
《槟城新报》，1908 年 10 月 17 日。
《槟城新报》，1911 年 1 月 11 日。
《槟城新报》，1916 年 6 月 23 日。
《联合早报》，2006 年 10 月 13 日，2007 年 7 月 18、19、21、23 日和 8 月 3 日。
《星洲日报》，1980 年 8 月 8 日。

六、访谈

槟城邱事理访谈，访谈时间为 1996 年 3 月 28 日。
槟城庄秀珍（1938 年生人）访谈，访谈时间为 2002 年 4 月 21 日。
祥露村林泗宗（1932—1998）访谈，访谈时间为 1996 年 1 月 2 日。
祥露村庄恭国（1923 年 12 月生人）老人访谈，访谈时间为 2002 年 8 月 5 日。
祥露村庄万治（1939 年生人，庄清建在中国第四代孙女）访谈，访谈时间为 2002 年 8 月 7 日。
祥露村庄友乾（1939 年 9 月生人）访谈，访谈时间为 2002 年 8 月 5 日。
祥露村庄妈德（1924 年生人，来朝之子）老人访谈，访谈时间为 2002 年 8 月 5 日。
新垵村庄银治访谈，访谈时间为 2002 年 8 月 7 日。
1996 年 1 月 12 日，笔者在中国福建庄氏家乡田野调查。
2002 年 8 月 9 日，笔者在中国侨乡实地调查。

七、中文专著

（汉）班固：《汉书·贾谊传》，北京：中华书局，1962 年。
（汉）司马迁：《汉书》卷五六《董仲舒传》第二十六，北京：中华书局，1982 年。
（汉）司马迁：《史记》卷二七《天官书》第五，北京：中华书局，1982 年。
（汉）司马迁：《史记》卷五三《萧相国世家》第二十三，北京：中华书局，1982 年。
（汉）司马迁：《史记》卷一二九《货殖列传》第六十九，北京：中华书局，1982 年。
（宋）朱熹：《四书章句集注·论语集注》卷八《季氏第十六》，北京：中华书局，

2014年。

（宋）朱熹：《四书章句集注·中庸章句》，北京：中华书局，2014年。

（战国）荀况撰，梁启雄整理：《荀子简释·不苟》，北京：中华书局，1983年。

《说文解字》，清代陈昌治刻本。

陈守国：《华人混血儿与菲律宾民族的形成》，吴文焕译，马尼拉：菲律宾华裔青年联合会，1989年。

陈支平、詹石窗主编：《透视中国东南：文化经济的整合研究》，厦门：厦门大学出版社，2003年。

甘永川：《新加坡客家人的经济生活》，载黄贤强主编：《新加坡客家》，桂林：广西师范大学出版社，2007年。

关世杰主编：《人类文明中的秩序、公平公正与社会发展》，北京：北京大学出版社，2009年。

郝时远主编：《海外华人研究论集》，北京：中国社会科学出版社，2002年。

何炳棣：《读史阅世六十年》，桂林：广西师范大学出版社，2005年。

黄宗智：《学术理论与中国近现代史研究——四个陷阱和一个问题》，载黄宗智主编：《中国研究的范式问题讨论》，北京：社会科学文献出版社，2003年。

李恩涵：《东南亚华人史》，台北：五南图书出版公司，2003年。

李庆新：《郑和下西洋与朝贡体系》，载王天有、徐凯、万明编：《郑和远航与世界文明——纪念郑和下西洋600周年论文集》，北京：北京大学出版社，2005年。

李文主编：《东南亚：政治变革与社会转型》，北京：中国社会科学出版社，2006年。

李业霖主编：《南洋大学史论集》，吉隆坡：马来西亚南洋大学校友会，2004年。

李亦园：《一个移殖的市镇：马来西亚华人市镇生活的调查研究》，《"中央研究院"民族学研究所专刊·乙种·第一号》，台北：台湾"中央研究院"民族学研究所，1970年。

李志贤主编：《东南亚与中国——连接、疏远、定位》，新加坡：新加坡亚洲研究学会出版，2009年。

李志贤主编：《海外潮人的移民经验》，新加坡：新加坡潮州八邑会馆、八方文化企业公司，2003年。

梁启超：《清代学术概论·张岱年序》，北京：东方出版社，1996年。

梁漱溟：《中国文化要义》第2版，上海：上海人民出版社，2011年。

林博爱主编:《南洋名人集传》第二集,上册,槟城:槟城点石斋印,1923 年。

林忠强等主编:《东南亚的福建人》,厦门:厦门大学出版社,2006 年。

陆尔奎、方毅等编:《辞源》(上),北京:警官教育出版社,1994 年。

麦留芳:《方言群认同:早期星马华人的分类法则》,《"中央研究院"民族学研究所专刊・乙种・第十四号》,台北:台湾"中央研究院"民族学研究所,1985 年。

聂德宁、侯真平、〔荷〕包乐史,等校注:《公案簿》(第三辑),厦门:厦门大学出版社,2004 年。

牛可:《区域研究、学科体系与大学组织—〈看世界:美国大学如何在全球化时代生产知识〉述评》,载王缉思主编:《中国国际战略评论2019(上)》,北京:世界知识出版社,2019 年。

潘翎主编,崔贵强编译:《海外华人百科全书》,香港:三联书店(香港)有限公司,1998 年。

沈立新主编:《华侨华人百科全书・社区民俗卷》,北京:中国华侨出版社,2000 年。

王赓武:《王赓武自选集》,上海:上海教育出版社,2002 年。

吴慧娟:《客家传统行业与新加坡中药业的发展》,载黄贤强主编:《新加坡客家文化与社群》,新加坡:新加坡国立大学中文系、新加坡南洋客属总会、新加坡茶阳(大埔)会馆,2008 年。

吴龙云:《遭遇帮群:槟城华人社会的跨帮组织研究》,新加坡:新加坡国立大学中文系、八方文化创作室,2009 年。

吴小安、黄子坚主编:《全球视野下的马新华人研究・导论》,北京:科学出版社,2019 年。

吴小安:《从"南洋研究"到"东南亚研究":一位中国学者的观察与思考》,载李晨阳、祝湘辉主编:《〈剑桥东南亚史〉评述与中国东南亚史研究》,广州:广东世界图书出版公司,2010 年。

吴小安:《概念脉络、文化关怀与比较视角:华侨华人研究的再梳理》,载李卓彬主编:《中国华侨历史博物馆开馆纪念特刊》,北京:中国华侨出版社,2014 年。

吴小安:《公平的尺度:试论中华性与华人社会的共赢发展》,载中国社会科学院社会学研究所主编:《公平与发展:海峡两岸暨香港人文社会科学论坛论文集(2014)》,北京:社会科学文献出版社,2017 年。

吴小安：《侨社、侨情与侨联：新形势下中国华侨历史学会的机遇与挑战》，载《亚太研究论丛》第 11 辑，北京：北京大学出版社，2014 年。

吴小安：《试论历史上的东南亚国家与国家形成：形态、属性和功能》，载《亚太研究论丛》第 5 辑，北京：北京大学出版社，2008 年。

吴小安：《移民、族群与认同：东南亚华人方言群的历史特征与发展动力》，载黄贤强主编：《族群、历史与文化：跨域研究东南亚和东亚》（上册），新加坡：新加坡国立大学中文系、八方文化创作室，2011 年。

吴小安：《英暹时期北马地区华人家族历史与权力关系，1857—1916：以槟城庄氏家族为个案的研究》，载何国忠编：《百年回眸：马华社会与政治》，吉隆坡：华社研究中心，2005 年。

吴小安：《再论南洋研究：历史的观察与方法论的反思》，载李志贤主编：《南洋研究：回顾、现状与展望》，新加坡：南洋学会、八方文化创作室，2012 年。

许云樵：《50 年来的南洋研究》，载刘问渠主编：《这半个世纪（1910—1960）：光华日报金禧纪念增刊》，槟城：光华日报，1960 年。

袁冰凌、〔法〕苏尔梦校注：《公案簿》（第二辑），厦门：厦门大学出版社，2004 年。

张翰璧：《新加坡当铺与客家族群》，载黄贤强主编：《新加坡客家》，桂林：广西师范大学出版社，2007 年。

张秋生：《澳大利亚华侨华人史》，北京：外语教学与研究出版社，1998 年。

中共泉州市委宣传部编：《闽南文化研究》，北京：中央文献出版社，2003 年。

〔澳〕杨进发：《新金山：澳大利亚华人，1901—1921 年》，姚楠、陈立贵译，上海：上海译文出版社，1988 年。

〔荷〕包乐史、吴凤斌：《吧城公馆档案研究：18 世纪末吧达维亚唐人社会》，厦门：厦门大学出版社，2002 年。

〔荷〕包乐史、吴凤斌校注：《公案簿》（第一辑），厦门：厦门大学出版社，2002 年。

〔荷〕包乐史：《巴达维亚华人与中荷贸易》，庄国土、吴龙、张晓宁译，南宁：广西人民出版社，1997 年。

〔马来〕钟锡金：《吉打河，历史的河流》，《禾浪波外》第一集，亚罗士打：赤土书局，1981 年。

〔美〕本尼迪克特·安德森：《椰壳碗外的人生：本尼迪克特·安德森回忆录》，徐德林译，上海：上海人民出版社，2018 年。

〔美〕杜赞奇：《为什么历史是反理论的？》，载黄宗智主编：《中国研究的范式问题讨论》，北京：社会科学文献出版社，2003年。

〔美〕罗尔斯：《作为公平的正义：正义新论》，姚大志译，上海：上海三联书店，2002年。

八、中文论文

安刚：《对中国区域国别研究的几点思考——访北京大学副教授牛可、云南大学教授卢光盛》，《世界知识》2018年第12期，第64—67页。

白如纯：《日本对东盟政策与中日关系》，《日本学刊》2006年第6期，第81—93页。

包霞琴、黄贝：《浅析安倍内阁的东南亚安全外交》，《国际观察》2014年第6期，第54—65页。

陈春声：《地域社会史研究中的族群问题——以"潮州人"与"客家人"的分界为例》，《汕头大学学报（人文社会科学版）》2007年第2期，第73—77页。

陈春声：《中国社会史研究必须重视田野调查》，《历史研究》1993年第2期，第11—12页。

陈从阳：《"经济外交"与50年代日本对东南亚的战争赔偿》，《咸宁师专学报》1995年第4期，第1—6页。

陈奉林：《关于50、60年代日本与东南亚国家关系的评估》，《东南亚纵横》1994年第1期，第52—55页。

陈隆深：《日本利用"战争赔偿"向东南亚扩张》，《国际问题研究》1959年第3期，第45—48页。

陈鑫：《浅析安倍"战略外交"》，《现代国际关系》2014年第9期，第15—22页。

程多闻：《国际学界对区域研究的反思与再定位》，《国际论坛》2019年第2期，第125—139、159—160页。

崔瑾：《安倍主义的渊源与特点》，《江南社会学院学报》2012年第3期，第37—41页。

戴一峰：《18—19世纪中国与东南亚的海参贸易》，《中国社会经济史研究》1998年第4期，第71—81页。

戴一峰：《饮食文化与海外市场：清代中国与南洋的海参贸易》，《中国经济史研究》2003年第1期，第83—91页。

方福祺:《古代的海上贸易与南海诸国的中国移民》,《云南教育学院学报》1993 年第 4 期,第 47—52 页。

冯先铭、冯小琦:《荷兰东印度公司与中国明清瓷器》,《江西文物》1990 年第 2 期,第 101—104、117 页。

郭梁:《鸦片战争以前华侨历史的发展阶段》,《南洋问题研究》1982 年第 4 期,第 78—93 页。

和洪勇:《明前期中国与东南亚国家的朝贡贸易》,《云南社会科学》2003 年第 1 期,第 86—90 页。

洪丽芬:《马来西亚社会变迁与当地华人语言转移现象研究——一个华裔的视角》,厦门大学博士学位论文,2006 年。

洪丽芬:《试析马来西亚华人母语的转移现象》,《华侨华人历史研究》2008 年第 1 期,第 32—41 页。

胡德坤、徐建华:《美国东亚遏制战略与日本对东南亚经济外交》,《世界历史》2002 年第 5 期,第 35—42 页。

黄大慧:《岸信介的大亚洲主义思想及其实践》,《外国问题研究》1993 年第 3 期,第 27—32 页。

贾超为:《日本与东盟关系的新阶段》,《现代国际关系》1997 年第 4 期,第 7—9、6 页。

贾中海、温丽娟:《当代西方公平正义理论及其元哲学问题》,《学习与探索》2008 年第 3 期,第 17—20 页。

金熙德:《日本对东南亚外交的转折——从福田主义到桥本主义》,《当代亚太》1998 年第 7 期,第 3—9 页。

凯尔逊、耿焱如:《什么是正义》,《现代外国哲学社会科学文摘》1961 年第 8 期,第 6—9 页。

李晨阳:《关于新时代中国特色国别与区域研究范式的思考》,《世界经济与政治》2019 年第 10 期,第 143—155、160 页。

李国栋:《冷战后美国"区域研究"的危机与挑战》,《国际观察》2019 年第 3 期,第 139—156 页。

李金明:《明代海外朝贡贸易中的华籍使者》,《南洋问题研究》1986 年第 4 期,第 107—118 页。

李金明:《清代前期中国与东南亚的大米贸易》,《南洋问题研究》1990 年第 4 期,第 96—104 页。

李金明:《清康熙时期中国与东南亚的海上贸易》,《南洋问题研究》1990 年第 2 期,第 48—58 页。

李金生:《一个南洋、各自界说:"南洋概念的历史转变"》,《亚洲文化》2006 年第 30 期,第 113—123 页。

李云泉:《略论宋代中外朝贡关系与朝贡制度》,《山东师范大学学报(人文社会科学版)》2003 年第 2 期,第 102 页。

李云泉:《明清朝贡制度研究》,暨南大学博士学位论文,2003 年。

廖赤阳:《"菲律宾华侨华人之研究"与日本》,《华侨华人历史研究》2007 年第 2 期,第 75—79 页。

廖建裕:《全球化中的中华移民与华侨华人研究》,《华侨华人历史研究》2012 年第 1 期,第 1—17 页。

廖文辉:《从"南洋研究"到"华人研究":20 世纪新马华文源流马新史学发展分期刍论》,《马来西亚华人研究学刊》2003 年第 6 期,第 71—100 页。

刘昌黎:《小泉东盟五国之行与"小泉构想"》,《现代日本经济》2002 年第 4 期,第 1—6 页。

刘宏、张慧梅:《原生性认同、祖籍地联系与跨国网络的建构:二战后新马客家人与潮州人社群之比较研究》,《台湾东南亚学刊》2007 年第 4 卷第 1 期,第 65—90 页。

卢光盛、聂姣:《中国和印度与东南亚区域合作的比较与竞合》,《南亚研究》2020 年第 1 期,第 74—100 页。

罗英祥:《略论客家人在东南亚的地位与作用》,《嘉应大学学报(社会科学)》1996 年第 5 期,第 90—95 页。

牛可:《地区研究创生史十年:知识构建、学术规划和政治—学术关系》,《北京大学教育评论》2016 年第 1 期,第 31—61、189 页。

欧阳俊:《冷战后的日本对东南亚关系》,《东南亚》1998 年第 3 期,第 27—35 页。

彭蕙:《明代洪武年间出使南洋使节研究》,《东南亚研究》2004 年第 1 期,第 80—86 页。

钱江:《清代中国与苏禄的贸易》,《南洋问题研究》1988 年第 1 期,第 85—92 页。

钱江:《十七至十八世纪中国与荷兰的瓷器贸易》,《南洋问题研究》1989 年第 1 期,第 80—91 页。

钱学明：《1986年日本外交的新发展》，《日本学刊》1987年第3期，第1—6页。

乔林生：《福田主义与日本的东盟外交》，《日本研究》2007年第2期，第60—64页。

丘立本：《从世界史角度研究近代中国移民问题刍议》，《世界历史》1986年第3期，第1—7页。

任晓、孙志强：《区域国别研究的发展历程、趋势和方向——任晓教授访谈》，《国际政治研究》2020年第1期，第134—160页。

任晓：《再论区域国别研究》，《世界经济与政治》2019年第1期，第59—77、158页。

商国珍：《日本调整东南亚政策意图何在》，《东南亚纵横》1999年第5、6期，第36—37页。

沈红芳：《战后日本对东盟国家的直接投资——回顾与展望》，《南洋问题研究》1988年第3期，第61—66页。

时永明：《后冷战时期日本亚洲外交的布局》，《和平与发展》2007年第4期，第43—47页。

司春燕：《法与正义关系的历史考察》，《黑龙江省政法管理干部学院学报》2011年第4期，第139—142页。

孙键：《南海沉船与宋代瓷器外销》，《中国文化遗产》2007年第4期，第32—45页。

孙来臣：《明清时期中缅贸易关系及其特点》，《东南亚研究》1989年第4期，第17—26页。

谭保斌：《论墨子公平正义观》，《湘南学院学报》2011年第1期，第23—29页。

汤开建、彭蕙：《爪哇与中国明朝贸易关系考述》，《东南亚纵横》2003年第6期，第53—59页。

汤开建、田渝：《雍乾时期中国与暹罗的大米贸易》，《中国经济史研究》2004年第1期，第81—88页。

王冬青：《明清朝贡体系与十八世纪西人入华策略》，复旦大学历史系博士论文，2005年。

王赓武：《海外华人研究的地位》，《华侨华人历史研究》1993年第2期，第1—8页。

王赓武：《新加坡和中国关于东南亚研究的两种不同观点》，《南洋问题研究》2004年第2期，第1—15页。

王公龙：《90年代日本对东盟的外交政策》，《日本学刊》1997年第4期，第55—68页。

王缉思：《专题研究 中国的地区国别政治研究：历史、理论与方法》，《国际政治研究》2016年第5期，第9—10页。

王珞：《大国竞相拓展与东盟关系》，《国际问题研究》2004年第1期，第26—29、52页。

王勤：《日本在东盟国家的直接投资及其影响》，《当代亚太》1995年第3期，第16—20页。

王勤：《日本在东盟国家直接投资的新特点》，《国际展望》1990年第21期，第16—17页。

王勇、克香：《战后日本经济外交与中曾根内阁的大国外交构想》，《内蒙古农业大学学报（社会科学版）》2005年第4期，第234—236页。

王元林、林杏容：《十四至十八世纪欧亚的西洋布贸易》，《东南亚研究》2005年第4期，第86—91页。

韦民：《重新定位的日本—东盟关系》，《21世纪》1997年第4期，第14—16页。

文平强：《马来西亚华裔人口与方言群的分布》，《华研通讯》2007年第1期，第27—35页。

吴小安：《"我在等风"：跨界与比较视野中的本·安德森回忆录》，《澎湃新闻·私家历史》2019年3月8日。

吴小安：《东南亚华侨华人研究的观察与思考》，《华侨华人历史研究》2009年第4期，第19—20页。

吴小安：《东南亚研究与东南亚华人研究：田野调查的经验》，《云大地区研究》（创刊号）2019年第1期，第120—136页。

吴小安：《福建学与东南亚福建学：个案透视与学术建构》，《华侨华人历史研究》2005年第4期，第10—21页。

吴小安：《华侨华人学科建设的反思：东南亚历史研究的视角与经验》，《华侨华人历史研究》2003年第3期，第19—29页。

吴小安：《英暹时期东南亚北马地区华人家族历史与权力关系，1857—1916》，《"马来西亚华人社会百年：回顾与前瞻"国际学术研讨会论文》，吉隆坡，2003年11月。

吴小安：《战后日本与东南亚关系，1946—2008：中日关系架构下的历史考察》，《南洋学报》2010年第64卷，第1—21页。

吴小安：《殖民主义、本土国家与东南亚华人移民：中国跨国化的一些历史含义》，《南洋问题研究》2005 年第 1 期，第 80—87 页。

吴小安：《中国与东南亚的互动：长时段的历史考察》，《东南亚纵横》2020 年第 4 期，第 15—33 页。

杨淑梅：《"福田主义"与战后日本对东南亚政策》，《东南亚》2002 年第 1 期，第 31—34、30 页。

姚文礼：《转型期的日本外交——评大平、铃木、中曾根内阁外交》，《日本学刊》1996 年第 4 期，第 43—54 页。

喻常森：《试论朝贡制度的演变》，《南洋问题研究》2000 年第 1 期，第 55—65 页。

张碧清：《从中曾根出访看日本和东盟的关系》，《国际问题研究》1983 年第 4 期，第 54—58 页。

张翰璧、张维安：《东南亚客家族群认同与族群关系：以中央大学马来西亚客籍侨生为例》，《台湾东南亚学刊》2005 年第 1 期，第 127—154 页。

张历历：《试论日本岸信介内阁的对华政策》，《历史教学》1988 年第 11 期，第 13—18 页。

张廷铮：《日本的战争赔偿是侵略东南亚的武器》，《世界知识》1960 年第 2 期，第 11—14 页。

张锡镇：《东南亚在日本经济发展和对外战略中的地位》，《亚太研究》1994 年第 2 期，第 48—53 页。

张应龙：《鸦片战争前中荷茶叶贸易初探》，《暨南学报（哲学社会科学）》1998 年第 3 期，第 93—99 页。

赵阶琦：《日本亚洲外交的新趋向》，《当代亚太》1993 年第 2 期，第 29—34 页。

赵志辉：《"宫泽主义"与日美外交》，《淮北煤师院学报（社会科学版）》1993 年第 2 期，第 29—34 页。

周大鸣：《动荡中的客家族群与族群意识——粤东地区潮客村落的比较研究》，《广西民族学院学报（哲学社会科学版）》2005 年第 5 期，第 13—20、77 页。

周建新：《在路上：客家人的族群意象和文化建构》，《思想战线》2007 年第 3 期，第 17—22 页。

周建新：《族群认同、文化自觉与客家研究》，《广西民族学院学报（哲学社会科学版）》2005 年第 2 期，第 75—79 页。

周杰：《战后初期日本对东南亚"赔偿外交"的策略变化分析》，《浙江师范大学学报(社会科学版)》2007年第5期,第70—74页。

周伟洲:《唐代与南海诸国通贡关系研究》,《中国史研究》2002年第3期,第59—73页。

周伟洲:《西汉长安与南海诸国的交通及往来》,《中国历史地理论丛》2003年第18卷第4辑,第38—44、158—159页。

朱实:《铃木内阁外交政策剖析》,《国际展望》1981年第35期,第1—8页。

朱振明:《战后日本与东南亚国家关系的发展》,《现代国际关系》1989年第4期,第27—33页。

庄国土:《茶叶、白银和鸦片:1750—1840年中西贸易结构》,《中国经济史研究》1995年第3期,第64—76页。

庄国土:《海外贸易和南洋开发与闽南华侨出国的关系——兼论华侨出国的原因》,《华侨华人历史研究》1994年第2期,第55—59页。

庄国土:《论中国人移民东南亚的四次大潮》,《南洋问题研究》2008年第1期,第69—81页。

庄国土:《略论朝贡制度的虚幻:以古代中国与东南亚的朝贡关系为例》,《南洋问题研究》2005年第3期,第1—8、96页。

庄涛:《日本岸信介内阁的对外政策》,《世界知识》1958年第14期,第13—15页。

庄英章:《试论客家学的建构:族群互动、认同与文化实作》,《广西民族学院学报(哲学社会科学版)》2002年第4期,第40—43页。

卓建明:《试论义净在唐朝和南海诸国关系史上的作用》,《世界历史》1992年第6期,第74—79页。

〔澳〕颜清湟:《澳大利亚华人的历史、现状与将来—1986年11月底在"全澳洲华人大会"上的专题讲演》,《华侨华人历史研究》1987年第1期,第16—19页。

〔澳〕颜清湟:《东南亚历史上的客家人》,《南洋问题研究》2006年第1期,第54—60页。

〔澳〕颜清湟:《新加坡、马来亚华人社会的阶级构成和社会地位变动》(上),吴凤斌译,《南洋资料译丛》1987年第3期,第102—112页。

〔澳〕颜清湟:《新加坡、马来亚华人社会的阶级构成和社会地位变动》(下),吴凤斌译,《南洋资料译丛》1987年第4期,第109—120、108页。

〔缅〕貌貌李:《缅甸华人穆斯林研究——曼德勒"潘泰"社群的形成》,《南洋问题研究》2007 年第 1 期，第 50—55、84 页。

〔日〕东方经济学家：《日本与东南亚国家的经济合作》，《东南亚研究》1959 年第 2 期，第 104—108、84 页。

〔日〕渡边利夫：《日本对发展中国家的经济援助是一种贸易政策——日本对东南亚援助的事例研究》，《南洋资料译丛》1974 年第 1 期，第 17—37 页。

〔日〕荒井茂夫：《马来西亚华人社会的语言生活和认同结构——以问卷调查为基础的分析》，《华侨华人历史研究》2007 年第 2 期，第 23—35 页。

〔日〕铃木佑司：《东南亚和日本外交的进程》，黄元焕译，《东南亚研究》1981 年第 4 期，第 1—13 页。

跋

文科学人最重要的学术身份标识是书，这是与理工科强调论文高规格及时发表所不同的地方。书，存在专业与通俗、教科书与专著、编著与主编、独著与合著、中文与外文、学术专业出版社与非学术专业出版社之分。这里，笔者所指的书当然是学术专著。所以，应该准确地说，学术专著是学人安身立命之本。学术专著不一定就是代表作，但最能成为学人代表作的却一定是学术专著。任何个人学术专著，大概不外乎两大类：其一，命题作文，作为课题项目研究成果。其二，系列论文，作为学人经年系列研究成果。至于第二类，一般都应该是挑选最满意的、最相关的论文，或以学人名字统领，或以主题贯穿，或在书之名目下囊括。无论哪一类，学术专著强调论，不是述；强调专，不是介绍。简言之，学人鲜明个性的专业关怀与系统性的专题思考，大概是专著之所以成为专著的最靓丽之处。

毕业的博士成为学者之路，不仅需要把博士论文整理成专书出版，更需要超越博士论文专题，独立地开拓自己的研究领域，其中最重要的是拓展自己对本学科的、跨学科的和跨领域的相关理论和知识。对每个学人而言，这是很艰难的转型；全球视域下，几乎很少有例外的。人文社会科学学者除了定期写作论文发表外，更重要的专业标识是专著出版，否则没有集群性效应的学术标识。这里，同样地，也几乎是没有例外的。这种意义上，这本中文拙著，或许堪称自己第一本中文代表作，也是笔者毕业后努力走出博士论文专门研究阴影的尝试。相信有些读者或许已经发现，本书的课题与范围明显地广阔而多元，实际上涉及很多宏大的理论与方法论、东南亚研究与华侨华人研究相关的重要课题。上述学术关怀，反过来，应该与笔者第一本英文专著对照比较，才会发现其中的选题用心。实际上，就笔者学术职业生涯而言，第一本英文专著应该是自己的代表作，但那是针对国际学术界而言，国内影响非常有限。

如果说，笔者的第一本英文拙著足足花了十年时间，而且是全职的和全身心的，几乎没有任何其他发表；那么，这本中文拙著前后磕磕碰碰却花了二十年的时间。本书竟然姗姗来迟，倒是本人委实没有想到的。如果说，地方的便是全球的；那么，既然我在国内大学任教，对笔者个人而言，自己国际的发表同时也应该是国内的学术。这里，需要特别说明的是，近二十年来，笔者虽然坚持中文、英文双语写作发表，然而笔者一直有意识地把两者各自独立分开，并没有同时把英文论文翻译成中文发表、中文论著翻译成英文发表。如同这本中文拙著一样，这些年笔者在国际上同时发表了一系列英文论文，其关怀也是系统性框架的，应该足够整理为一本像样的英文专著出版。这应该是这本中文拙著交稿付梓之后，笔者下一阶段工作专注的重点。

自古以来，无论是"陆上丝绸之路"，还是"海上丝绸之路"，都是长路漫漫、崎岖艰险；然而"一带一路"却一直绵延了中国与东南亚地区两千多年互动的悠久历史。学术之路，同样不是一帆风顺。如果不是因为新型冠状病毒疫情一直闭关不能出门，大概笔者不会得以静下心来总结近二十年走过的路。无论是这本中文拙著，还是笔者即将着手整理的下一本英文拙著，整理是为了总结，总结是为了忘却，忘却是为了展望新的路。没有一本书是完美的，所以，学无止境，止于至善。没有一本书是完美的，所以，于诚惶诚恐中，笔者借此抛砖引玉，请教方家，别无他。

感谢北京大学历史学系博士研究生陈非儿同学对全书初稿统一体例与参考书目的整理，陈非儿和陈乙燊同学分别翻译了本书第九章的前四部分和第五部分。笔者对翻译文本最后统一审校，文中所有责任皆由笔者承担。

吴小安

2020年仲秋于京西五道口